böhlau

Frank Trommler

DIE HELLEN JAHRE ÜBER DEM ATLANTIK

Leben zwischen Deutschland und Amerika

BÖHLAU VERLAG WIEN KÖLN

Bibliografische Information der Deutschen Nationalbibliothek:
Die Deutsche Nationalbibliothek verzeichnet diese Publikation in der
Deutschen Nationalbibliografie; detaillierte bibliografische Daten sind
im Internet über http://dnb.d-nb.de abrufbar.

© 2022 Böhlau, Lindenstraße 14, D-50674 Köln, ein Imprint der Brill-Gruppe
(Koninklijke Brill NV, Leiden, Niederlande; Brill USA Inc., Boston MA, USA; Brill Asia Pte Ltd,
Singapore; Brill Deutschland GmbH, Paderborn, Deutschland; Brill Österreich GmbH, Wien,
Österreich)
Koninklijke Brill NV umfasst die Imprints Brill, Brill Nijhoff, Brill Hotei, Brill Schöningh, Brill
Fink, Brill mentis, Vandenhoeck & Ruprecht, Böhlau und V&R unipress.
Alle Rechte vorbehalten. Das Werk und seine Teile sind urheberrechtlich geschützt.
Jede Verwertung in anderen als den gesetzlich zugelassenen Fällen bedarf der vorherigen
schriftlichen Einwilligung des Verlages.

Umschlagabbildung: Skyline von Downtown Manhattan, New York (USA). Foto, Datum
unbekannt (vor 11.09.2001) © ClassicStock / akg-images / Camerique

Korrektorat: TextAkzente, Gründau
Einbandgestaltung: Michael Haderer, Wien
Satz: Michael Rauscher, Wien
Druck und Bindung: Hubert & Co. BuchPartner, Göttingen
Gedruckt auf chlor- und säurefreiem Papier
Printed in the EU

Vandenhoeck & Ruprecht Verlage | www.vandenhoeck-ruprecht-verlage.com

ISBN 978-3-412-52542-2

Für Natalie, Alex, Martina

Inhalt

Einführung 13

1. Eine östliche Kindheit 15
Das waren die Amerikaner 15
Das waren die Russen 19
Klein, aber mächtig 22
Der Weg zur Chefin 25
Die Mutter kämpft um den Besitz 29
Was sind schon Ruinenstädte für einen Jungen? 31
Eine gelbliche Postkarte mit 24 Worten 33
Vatersuche 37
Sich auslöschen 42

2. Meine Offenbachiade 44
Auf Kühe schießen 44
Was heißt hier Erziehung? 47
Erweckungen, halb erwachsen 50
Schreiben lernen, um gedruckt zu werden 54
Volontär bei der *Offenbach Post* 56

3. Hitlers Erben auf Reisen 61
Dann geh ich eben weg! 61
England: Der Blitz zündet noch 62
Die Begleiter in Griechenland: Partisanen, Fallschirmjäger, Ingenieure . . 64
Tunesien: Rommel als Begleiter 69
Nassers Triumph und Cheops' Rache 71
Doch kein richtiger Ausbruch 73
Ein Nachspiel für den Erben des Kaisers 76

4. München leuchtete: Ein Gruppenbild 78
Berlin und Wien, kriegsversehrt 78
Politik, aber keine politische Karriere 82
Der Altherrenverein Münchener Dichter, hautnah 85
Germanistik, wie ich sie verstand 88

Platz für die neue Linke, weniger für Alfred Kantorowicz 91
Freundschaften in München 95
Kunischs Doktorprüfung mit Kohlenlieferung 98
Als Piefke auf Österreich-Mission 100

5. Amerika: Nord und Süd 103
Nikolaus Pevsners Architekturkurs mit Toast und Marmelade 103
Zwischen Frankreich und Amerika 106
Civil Rights und schwarzer Glamour 108
Mit Musil und Roth auf Continental Trailways 112
Kein Zeitungsengagement 116
Auf Humboldts Spuren, mit schwierigen Grenzübergängen 118
Che Guevaras Schatten über Bolivien 120
Die staubigen Mühen der Entwicklungshilfe 123

6. Harvard – ein Intermezzo 126
Amerika modern? Nicht in Boston und Philadelphia 126
Germanistische Weiterbildung mit Jost Hermand 128
Wer denkt schon in Harvard an Revolution! 132
Das *Old Boys Network* in Aktion 135

7. Eine Weltreise vor der Globalisierung 138
Eine spleenige Idee 138
Goethe-Institute als *intellectual clearing houses* 140
Durch Breschnews Sowjetunion 144
Vietnam-Krieg: unsichtbar, jedoch überall präsent 149
Der Elefant im Raum: China 153
Japanische Gymnasten und Germanisten 159
Ausklang mit Sonnenfinsternis 163
Eine ältere Welt kurz vor dem Vergehen 165

8. Mit Philadelphia leben – als Aussteiger und Einsteiger 167
Die siebziger Jahre: ein Scharnierjahrzehnt 167
Hans Mayer macht's möglich 169
Auch die Magie des Reisens hilft nicht mehr 172
Transatlantische Distanz: Verlust und Gewinn 173
Im Osten was Neues: Schreiben über DDR-Literatur 175
Linkes Engagement, aber keine rote Fahne 178

9. Es wird ernst mit Amerika ... 182
Zwei Wege, amerikanische Kultur zu erfahren ... 182
Das, worüber man hinweggeht ... 188
Die Tricentennial Conference, akademisches Großereignis,
voll und halb gelungen ... 190
Von Emigranten lernen ... 197
Wie man zwischen den Kontinenten eine Familie gründet ... 203

10. Die amerikanische Universität bietet besondere Chancen ... 207
Auslandsgermanistik ist passé ... 207
Barbara Herrnstein-Smith und die Mangelerfahrungen des
Germanisten ... 210
Kein exemplarischer Guggenheim Fellow ... 212
Modernism auf Englisch oder Deutsch? ... 217
Faszinosum Technik und ihre kulturelle Leuchtkraft ... 219
Thomas Hughes und ein Eklat am Berliner Wissenschaftskolleg ... 221
Als Zielscheibe für Feministinnen ... 224
West Philadelphia: Leben mit Schwarzen ... 225
Konträre Kriegsvergangenheiten, hautnah ... 229

11. German Studies: ein Reformprojekt ... 233
Eine Blamage und ihre Folgen ... 233
Die German Studies Association hilft bei der Reform der Germanistik ... 236
Der Fall der Mauer und die Rettung des deutschen Geistes ... 242
Noch eine Blamage, aber nicht nur meine ... 246
Leben mit der German Studies Association ... 249

12. Der jüdische Anteil an German Studies ... 252
Die Frage am Ankunftstag in New York ... 252
Erhellungen durch David Bronsen, Thomas Koebner, Herbert Strauss ... 253
Deutsche Schuld und innerjüdischer Disput ... 258
Juden als Mitschöpfer der kulturellen Agenda ... 261

13. Amerikas Flamingos und der Wechsel der Erzählungen ... 271
Ein großer Abend in Nashvilles Opryland ... 271
Vorortidyll dank des Mauerfalls ... 272
Die Heimsuchung der Fremdsprachen ... 275
Eine brillante Frauenriege in New York ... 278

Kafka als Anker für Germanisten 280
»Body Architecture«: Natalies neue Zugnummer 282
Der Schock vor der Londoner Hochzeit 286
Eine späte Ehrung in der sächsischen Heimatstadt 288

14. Der fremde Blick auf deutsche Kultur: The Washington Connection 291
Engagement am American Institute for Contemporary German Studies . 291
Deutsch-amerikanische Interaktionen in der Kulturpolitik 296
Intellektuelle Fixpunkte der neunziger Jahre 302

15. Transatlantische Prestigeunternehmungen und zwei Pleiten 309
Der Glanz der hellen Jahre 309
Wissenschaftsprestige braucht Evaluierung 313
Zweimal Glanz und zweimal Pleite in Berlin 317

16. Die Rettung der deutsch-amerikanischen Bibliothek in Philadelphia 322
Heftig angestaubt: ein Dokument deutscher Einwandererkultur 322
Deutsche Stiftungen als Helfer 324
Die letzte öffentliche deutsch-amerikanische
Bestandsaufnahme des 20. Jahrhunderts 328

17. Das Ende der Selbstgewissheit 333
Jack Janes und die Suche nach einer neuen Sprache 333
The Americans are from Mars, the Europeans from Venus 335
Schluss mit den Gemeinsamkeiten 337
Zurück zu zwei Sprachen 339
The Many Faces of Germany 341
»Stecken Sie sich das Verdienstkreuz selber an« 344

18. Was heißt und wie geht Retirement? 347
»Don't stop!« Was die Freunde tun 347
Die Vergangenheit holt mich ein, die Kinder nicht 351
Der leere Schreibtisch inspiriert 353

19. Man kann so etwas nicht vorhersehen 357
Wer sagt jetzt die Himmelsrichtung an? 357

Zwei öffentliche Auftritte vor gemischtem Publikum 361
In weiter Ferne so nahe: die Familiengeschichte 365

Personenregister 369

Ortsregister 381

Einführung

Die hellen Jahre über dem Atlantik haben ihre Vorgeschichte in einer entfernten Berglandschaft Deutschlands, in die im Frühling 1945, kurz vor Kriegsende, amerikanische Bombenflugzeuge flogen und ihre Last abluden. Diese Kindheitserinnerung aus dem Erzgebirge gehört erwähnt (und erzählt), gerade weil diese erste intensive Erfahrung mit Amerika nichts mit dem gängigen Muster zu tun hat, nach dem junge Deutsche die Gegenwart Amerikas im Nachkriegsdeutschland erlebten, eine Gegenwart mit Jazz, Filmen und aufmüpfigen Lebensformen. Wenn ich von den hellen Jahren über dem Atlantik spreche, meine ich spätere Jahre, Jahre kultureller und politischer Wechselseitigkeit zwischen Europa und den USA, die von vielen meiner Altersgenossen als Teil ihres Lebens im Pro und Contra gewertet wurden. Amerika warf sein Licht über das Deutschland des Kalten Krieges und der Wiedervereinigung und erzeugte, wie viele nicht müde wurden zu betonen, damit auch gewaltige Schatten.

Hat das etwas mit dem Erzgebirge zu tun? Nur so viel, dass diese Heimatlandschaft zu meiner Lebenserzählung gehört, die in den ersten Jahrzehnten durchaus nicht auf Amerika ausgerichtet war. Bis auf die Besatzungssoldaten im Frankfurter Straßenbild, die Hollywoodfilme und das gelegentliche Hören des AFN, des American Forces Network, ist mir Amerika, wie man sagt, kaum nachdrücklich in die jugendliche Seele gedrungen. Mit anderen Worten: Meine Erzählung über Leben zwischen Deutschland und Amerika ist wohl darin ungewöhnlich, als ich sie nicht der Amerikabegeisterung verdanke, vielmehr Zufällen, Reisen, beruflichen Chancen und erfolgreichen Unternehmungen auf dem Gebiet deutsch-amerikanischer Beziehungen, ohne die kritische Distanz aufzugeben. Der Journalist, der in Deutschland auf keinen Fall Professor werden wollte, ließ sich in Amerika von einem attraktiven Universitätssystem fesseln, das ihm schließlich erlaubte, die Verbundenheit zwischen beiden Ländern intellektuell und organisatorisch zu verfestigen. Diese Verfestigung geschah viele Jahre während der organisatorischen Reformen des akademischen Studiums deutscher Sprache und Kultur, später als Präsident der German Studies Association, schließlich bei den Bemühungen um kulturpolitische Verflechtungen der beiden Länder auf dem einflussreichen Forum des American Institute for Contemporary German Studies in Washington.

Einige der frühen Reisen, darunter auch einer Weltreise, hatten nur bedingt mit Amerika zu tun, führten mich jedoch tiefer in das Denken über das *big pic-*

ture hinein, das ich brauchte, um mit gescheiten Kollegen zwischen New York, Philadelphia und Washington einigermaßen mithalten zu können. Was nicht heißt, dass Amerikaner, und unter ihnen New Yorker, nicht von einen ausgesprochen provinzlerischen Geist heimgesucht werden können.

Dank der lange zurückreichenden Großzügigkeit im akademischen Leben der Vereinigten Staaten konnte ich, ohne von den harten Arbeits- und Alltagsherausforderungen des Landes verschlungen zu werden, eine kritische Perspektive entwickeln, die ungefähr in der Mitte über dem Atlantik angesiedelt ist, von wo aus beide Länder gleichermaßen scharfe Konturen erhalten. Wenn man sie sehen will. Und wenn die Umstände dafürsprechen.

Die Umstände aber sind seit dem Terrorangriff auf New York und Washington im Jahr 2001 nicht mehr dieselben wie in den vorhergehenden Jahrzehnten des 20. Jahrhunderts. Der Schock, der die Amerikaner viel tiefer traf als die Europäer, hat die Entfremdung zwischen den Kontinenten so stark vorangetrieben, dass ich meinen Lebensentwurf überdenken musste. Was ich im Mit- und Gegeneinander der beiden Kulturen erfahren und in mein Leben eingebracht habe, wurde bei dem Temperatursturz zwischen Amerika und Europa in den Hintergrund gedrängt. Das Auseinanderdriften brachte eine andere Sprache hervor, ein anderes Erleben der beiden Länder. Mit den Verwerfungen der transatlantischen Beziehungen, bei denen sich Nähe und Ferne abwechseln, ist das Licht jener hellen Jahre ferngerückt, bleibt jedoch inspirierend.

1. Eine östliche Kindheit

Das waren die Amerikaner

Von den Amerikanern hatte der sechsjährige Junge in dem kleinen erzgebirgischen Städtchen Zwönitz vor Kriegsende schon öfters gehört. Ihre Erwähnung war freundlicher gemeint als die der Russen, viel freundlicher. Aber die Amerikaner waren weit weg, und die Russen rückten immer näher. Plötzlich, im April 1945, kamen Tage, an denen das nicht mehr stimmte. Da warnten die Älteren die Kinder davor, weit hinaus ins Freie zu gehen, denn es waren amerikanische Tiefflieger gesichtet worden, die Leute auf Landstraßen unter Beschuss nahmen. Mitten am Tage sausten sie heran, ganz schnell. Und ganz schnell musste man sich in die Büsche schlagen.

Schließlich stimmte es überhaupt nicht mehr, das mit den Amerikanern.

Es geschah an einem sonnigen Mittag kurz nach der Entwarnung von einem Fliegerangriff. Vom Luftschutzkeller, in dem die Hausbewohner die nahen Einschläge der Bomben voller Angst wahrgenommen hatten, war die Mutter auf den Dachboden hinaufgeeilt, hatte, herunterstolpernd, gerufen, dass die Fabrik getroffen worden sei, und war mit dem Fahrrad losgestürmt. Alles wussten, dass der Vater dort auf Brandwache stand. Alle bangten um ihn. Bei den Fliegerangriffen war er für die im Keller der Villa Versammelten zu einer Art Brandaufseher und Beschützer geworden.

Die Hausbewohner versammelten sich auf dem Hof, die Erwachsenen in verschreckte Gespräche vertieft, die Kinder von der ungewohnten Situation verunsichert. Onkel Heiner, auf zwei Krücken gestützt, und Tante Beate, die sich aus Zwickau zum Haus der Schwester in Zwönitz gerettet hatten, sprachen mit Großmutter Trommler, deren Haus vor wenigen Wochen beim großen Luftangriff auf Dresden abgebrannt war. Dazu gesellten sich Elfriede, die Hausangestellte, Frau Prill, die Frau des Gärtners, mit ihren Kindern, die Flüchtlingsfamilien Rode aus Ostpreußen, die Mutter Reinisch mit drei großen Jungen aus Schlesien, Vater und Mutter Könen mit der lustigen Gerti, die mit den Hahnemanns nach dem großen Bombenangriffen auf Köln evakuiert worden waren, schließlich die besten Spielgefährten der Trommler-Kinder, Giga und Niko Kircheisen, die aus der Großstadt Chemnitz mehr Mut und Unternehmungsgeist mitbrachten, als man in dieser wohlgeordneten, wenngleich mit Flüchtlingen vollgestopften Villa gewohnt war. Selbst die Chemnitzer standen eine Zeit lang bedrückt an der Seite ihrer Mutter, die sonst gar nicht zum Schweigen neigte.

Sie waren die ersten, die aus der Runde ausbrachen und die anderen Kinder anstifteten, selbst zum Dachboden hinaufzusteigen, um das Feuer zu sehen. Als letzter stand Frank, der Junge, am Dachfenster, nachdem Klaus und Gisela, die älteren Geschwister, viel zu lange die Sicht versperrt hatten. Über Bäumen und Dächern, knapp neben dem rundgedrehten Kirchturm, kroch die riesige Rauchwolke, ein schwarzer Trichter zum blauen Himmel hinauf, darunter die gelb-roten Flammen. Die Flammen dort, wo der Vater Brandwache hielt.

In diesem April kamen die Bomber am helllichten Tag, nicht wie üblich in der Nacht. Tagsüber waren sie bisher in großer Höhe entlanggebrummt und hatten, jeweils in Formationen von drei und vier nebeneinander, Streifen an den Himmel gezeichnet. Nun kamen die Tiefflieger hinzu und die Ermahnungen der Großen, sich sofort unter Bäumen und Büschen zu verstecken. Als Kind wusste man, wie man sich versteckt. Wichtiger war, was der Bruder auf dem Schulweg zurück von Aue im Dittersdorfer Wald gesehen hatte: dass ein Flugzeug abgestürzt war, abgeschossen, ausgebrannt. Ein ganzes Flugzeug. Das hätte Frank gern gesehen.

Über die Brummer ganz droben in der Höhe hatte der alte Hahnemann gesagt: Das ist der Churchill. Der macht das. Für den Jungen klang schon im Wort Tschörtschill das hässliche Geräusch der Flieger an. Die sah man an vielen Tagen. Die Chemnitzer bestätigten, dass das die Engländer waren. Aber dann berichtigte Herr Könen, dass es alle hören konnten: Die Engländer fliegen meistens nachts. Tagsüber jetzt, das sind die Amerikaner. Herr Könen musste es wissen, er war aus Köln evakuiert.

Als der Junge vom Dachboden herunter in den Hof zu den anderen trat, hörte er es:

Das waren die Amerikaner.

Herr Könen musste es wissen.

Nun war nicht nur der Vater weg, sondern auch die Mutter, die das Haus mit all den Flüchtlingen und Evakuierten übersah. Das brachte alles zum Stillstand. Selbst die Chemnitzer wagten sich nicht so recht an das Indianerspiel heran, das die Kinder im Keller beschlossen hatten. Das Einzige, was man machen konnte, um die Zeit bis zur Rückkehr der Mutter zu füllen war Schaukeln. Es war kein gewöhnliches Schaukeln mit bloßem Hin und Her, es war Schaukeln mit Absprung über die Hecke. Wer nicht weit genug sprang, blieb in den stachligen Büschen hängen. Das tat sehr weh. Niko schaukelte mit gewaltigem Schwung, sprang mit großem Bogen, die Reinisch-Jungen schafften es auch. Sollte es

Frank ihnen gleichtun? Er hatte es noch nicht gewagt. Klaus, der große Bruder, schaffte es, blieb aber fast hängen. Die Mädchen waren am Haus stehen geblieben, schwatzten. Jetzt gab es kein Entrinnen mehr. Wenn er jetzt schlappmachte, würden sie wieder spotten: Du bist eben noch zu klein. Das ärgerte ihn maßlos. Das hatte er satt. Er hatte willig beim Lehrer Rode aus Ostpreußen oben im Mansardenzimmer Schreiben und Lesen gelernt, bevor er eingeschult würde, weil er es satthatte, die Älteren zu bitten, ihm vorzulesen. Du bist eben noch zu klein, neckten sie. Das stach noch mehr als eine Landung in der Hecke. Er schaukelte mit großem Schwung, und dann geschah es. Es ging wie von selbst, knapp hinter der Hecke.

Er hoffte auf Lob. Aber da war die Mutter zurückgekommen und alle drängelten sich um sie. Der Vater war am Leben, aber alles andere war schrecklich.

Die ganze Fabrik in Brand? fragte Onkel Heiner.

Du weißt doch, darin ist ein riesiges Schuhlager, und das wird noch lange brennen. Sie haben Phosphorkanister geworfen. Die Fabrikation ist im Betrieb II und III, zum Glück.

Sind Leute umgekommen?

Weiß man noch nicht, einige Häuser brennen. Viel Glas und Scherben auf den Straßen, ich habe es trotzdem geschafft, ohne Panne. Es wird lange dauern, bis Vati zurückkommt.

Der Junge ahnte, dass es mit der Macht des Vaters doch nicht so weit her war, wenn er nicht verhindern konnte, dass der Betrieb I abbrannte. Er hatte sie alle in den Nächten im Keller beschützt. Er wusste, was vorging. Nie wieder würde Frank den Moment vergessen, da ihn der Vater in der Februarnacht, als er nach dem langen Sirenenton der Entwarnung aufwachte, an die Hand nahm, die Kellertreppe hinaufstieg und die Haustür öffnete. Anstatt der dunklen Nacht erblickte der Junge den Himmel so rot, dass er zurückprallte. So rot war der Himmel, dass der Schnee vorm Haus leuchtete, als brenne er auch. Der Junge drückte die Hand des Vaters fester, krallte sich hinein. Oben der brandrote Himmel mitten in der kalten Nacht, unten der rote Schnee. Frank blickte zum Vater hinauf, hörte ihn tonlos sagen:

Das muss Dresden sein.

Nun aber war helllichter Tag, und die Firma brannte lichterloh hier im Ort.

Jemand rief: Es ist doch Führers Geburtstag!

Was war damit gemeint? Hatte das etwas mit den Bomben zu tun?

Den roten Himmel über Dresden habe ich so wenig vergessen wie den Tag, an dem ich zum ersten Mal von der Schaukel mit Schwung über die Hecke sprang, während die Fabrik abbrannte. Für ein Kind sind die großen Momente der Erwachsenen nicht wichtiger als die eigenen großen Momente. Was da in der Welt passiert, ist etwas, wofür die Erwachsenen da sind. Sie nehmen einen an der Hand und ziehen einen fort, ohne Erklärung. Sie weinen, sie schimpfen, hin und wieder küssen sie einen, als ob man sie retten könnte. Bei den eigenen großen Momenten gilt das nicht. Die entstehen, weil einem bei einem Wagnis das Herz fast zerspringt oder weil man die Mutter, die selten weint, in Tränen ausbrechen sieht, oder weil man aus der festen Welt, in der man sich sicher fühlt, herausgeschleudert wird. Später spricht man davon, wie ahnungslos man als Kind war. Aber ganz so ahnungslos sind Kinder nicht. Ich habe später gesagt bekommen, dass mir nicht in den Kopf wollte, dass der Vater an dem Tag, als der Krieg aufhörte, verkündete: Ich hoffe wir kriegen die Amerikaner, nicht die Russen. Warum sagte er das, wenn kurz zuvor die Amerikaner unsere Firma zerbombt hatten? Das waren doch die Feinde! Und jetzt wollte er die Amerikaner?

Ich hatte an dem schönen Tag im Mai, als der Krieg aufhörte, den schrecklich langgezogenen Sirenenton, der den Feind ankündigte, an der Verladerampe des Betriebes II vernommen und war unter der Rampe in eines der großen Metallrohre gekrochen, die beim kleinsten Antippen mächtig laut dröhnten. Wenn jetzt die Feinde kamen, würden sie mich nicht finden. Auf der Rampe war die Arbeit eingestellt. Da war niemand mehr. Wenn jetzt die Russen einmarschierten, würden sie alle Türen verschlossen finden. Der große Betrieb, dessen Hämmern und Schleifen sonst weit in die Nachbarschaft drang, war still. Man musste aufpassen, dass man nicht in eine Falle geriet. Das geschah beim Indianerspielen immer, wenn alles still war. Plötzlich sprang der Feind auf einen los.

Nach einer Weile wurde es mir in dem großen Rohr zu langweilig. Großen Lärm wollte ich nicht machen. Erst zwei Tage später sah ich einen Jeep mit den fremden Soldaten, einem Neger am Steuer. Das mussten die Amerikaner sein. Sie beachteten die Leute auf der Bahnhofstraße gar nicht, fuhren entlang, in irgendein Gespräch vertieft, seltsame Feinde. Kurz darauf erzählte Frau Reinisch, dass sie Russen gesehen habe. Russen? Ja Russen. Sie kannte sie, hatte sie in Schlesien erlebt. Das waren Russen, in der kackbraunen Uniform und mit einer Knarre über der Schulter. Sie waren auf einem Lastwagen über den Marktplatz gerumpelt.

Es gab sie also doch, die Feinde. Nur dass sie kaum zu sehen waren. Von einem Einmarsch war nichts zu spüren. Der Krieg war aus, und die Feinde fuhren im Ort spazieren, als wäre es Sonntagnachmittag. Warum waren die Amerikaner so viel besser als die Russen? Und wo steckten sie eigentlich? Noch vor wenigen Tagen hatten die Fenster vom Kanonendonner geklirrt. Der Amerikaner steht bei Hartenstein und Raum, hatte Herr Fleischer erklärt, der Nachbar, der alle wissen ließ, dass er schon mal in England war. Und die Russen?

Als der Vater abends vom Rathaus zurückkehrte, um noch etwas vom Abendbrot zu bekommen, merkte man, wie aufgeregt er war. Irgendetwas musste geschehen sein. Da ging es nicht um die Firma, sondern um einen Ausschuss.

Was ist ein Ausschuss, Vati?

Das verstehst Du noch nicht.

Sind da die Russen und die Amerikaner?

Nein. Lass Dir das von Klaus erklären, ich muss rasch wieder zurück ins Rathaus.

Der Bruder nahm die Gelegenheit wahr zu zeigen, dass er sechs Jahre älter war, eigentlich fast erwachsen. Er erklärte, dass unser Heimatort Zwönitz im Niemandsland lag, zwischen den Russen und den Amerikanern. Niemandsland?

Niemandsland, ohne die Feinde. Jetzt geht es darum, ob die Amerikaner uns besetzen oder die Russen.

Die Amerikaner haben die Bomben geworfen!

Ja, aber sie sind nicht so schlimm wie die Russen.

Was machen denn die Russen?

Das waren die Russen

Ernst Trommler, mein Vater, war 1932 in der Stadtverordnetenversammlung von Zwönitz auf der Bürgerliste gegen die Nationalsozialisten angetreten und hatte auch nach deren Machtübernahme in seiner Firma, der zweitgrößten Kinderschuhfabrik Deutschlands, dafür gesorgt, dass deren Einfluss eingedämmt wurde, soweit das möglich war. Als nach dem 8. Mai 1945, dem Tag der deutschen Kapitulation, politisch Aktive in dem unbesetzten Gebiet zwischen Chemnitz und dem Erzgebirge, zu dem Zwönitz, Aue, Schwarzenberg und Schneeberg gehörten, antifaschistische Ausschüsse gründeten, um Ordnung und Versorgung sicherzustellen, gehörte er in Zwönitz dem ersten Antifa-Ausschuss an, zusammen mit anderen Demokraten der Stadtverordnetenversammlung von 1932. Das währte allerdings nur wenige Tage. Kommunisten nahmen Anstoß daran, dass ein Kapitalist Mitglied dieses Ausschusses war. Der zweite Ausschuss enthielt neben Kommunisten und Sozialdemokraten den Apotheker Joseph Hensgens als einzigen Bürgervertreter, nicht jedoch den Fabrikanten.

Ernst Trommler setzte alle Kraft dafür ein, die Firma trotz der gewaltigen Brandschäden im Betrieb I als Produktionsstätte wieder in Gang zu bringen. Er tat das in Zusammenarbeit mit seinem Vetter Paul Trommler, dessen Talente mehr der Buchhaltung und inneren Organisation zugutekamen. Der Vetter stieg, als mein Vater als reaktivierter Offizier der Nachrichtentruppe im Zweiten Weltkrieg in Polen, Frankreich und der Sowjetunion eingesetzt war, zum De-facto-Chef des Unternehmens auf. (Mein Vater hatte schon im Ersten Weltkrieg in der Nachrichtentruppe gedient, war aus der Schlacht an der Somme heil herausgekommen.) Mit Ernsts Entlassung aus der Wehrmacht als Major im Sommer 1944 rückte Paul danach wieder in die zweite Position. Onkel Paul war ein ruhiger Mann, der einen prüfend über seine rahmenlosen Brillengläser hinweg anblickte, sich jedoch nicht als Ordnungshüter aufspielte, wenn wir beim Spielen in seinem Garten an der Bahnhofstraße mit seinen drei blondgelockten Töchtern Ellen, Ina und Dagmar die Büsche und Blumenrabatten nicht besonders schonten. Die Töchter waren lieb und wohlerzogen, wie es sich in einem so geordneten Elternhaus gehörte. Diese Spiele mit den Mädchen waren demgemäß nicht allzu wild. Keine Indianer, keine Verfolgungsjagden, der Schaden nicht sehr groß.

Ende Juni 1945 war es mit dem Niemandsland zu Ende. Was Schulmeister Rode aus Ostpreußen und Mutter Reinisch aus Schlesien über die Russen erzählten, stimmte mit den Berichten über plündernde Soldaten überein, die in den Ortschaften des unbesetzten Gebietes Angst und Schrecken verbreiteten. Diese Soldaten gehörten jedoch kaum noch zur kämpfenden Truppe, die beim Vormarsch im Winter zuvor Millionen von Flüchtlingen vor sich her getrieben hatte. Schon bevor eine Infanterieeinheit am 7. Juli 1945 auf dem Zwönitzer Marktplatz mit zahlreichen Panjewagen abprotzte, hatten Sowjetoffiziere Verbindung zur Stadt aufgenommen, um eine Kommandantur zu errichten. Einige sprachen Deutsch, konzentrierten sich auf Verwaltung und die einheimische Industrie.

Die Anstrengungen des Vaters galten der Bemühung, die noch vorhandenen Bestände an Leder vor dem Zugriff der Russen zu retten. Als Beutegut war Leder gut transportierbar und als Material zur Herstellung von Militärstiefeln begehrt. Ernst, dem Wodka nicht bekam, musste mehrere Abende hintereinander unter jovialem Zuprosten und anwachsenden Kopfschmerzen mit den russischen Offizieren verhandeln, konnte nur wenig retten, am wenigsten sich selbst.

An einem heißen Sommertag wurde der Vater, nur mit seinem leichten Sommeranzug bekleidet, verhaftet und in die Festung Hoheneck nahe der Kreisstadt Stollberg eingeliefert. Sie war für ihre eiskalten Kellerräume berüchtigt. Das spornte Mutter Thea zu verzweifelten Anstrengungen an, ihm Pullover und Wolldecke zukommen zu lassen, ein aussichtsloses Unterfangen. Während der drei Wochen, in denen er unter erschreckenden Verhältnissen von Russen ver-

1 Familie Ernst Trommler 1942 (von links Gisela, Ernst, Frank, Klaus, Thea).

hört wurde, befahl die Besatzungsmacht, fünfzig Prozent des Maschinenparks der Firma zu demontieren und in die Sowjetunion zu verfrachten. Als der Vater ohne jede Erklärung der Verhaftung und Freilassung zurückkehrte, stand bereits eine Riesenzahl an frisch genagelten Kisten auf der Verladerampe. Sie gehörten zu dem ersten Teil der Reparationen, die die sowjetische Besatzungsmacht aus ihrer Zone abzog. Die Maschinen würden ohne das entsprechende Fachpersonal nur von geringem Nutzen sein. Wie nachgewiesen wurde, standen sie noch Jahre später, verrostet, auf einem Abstellgleis in der Ukraine.

Ungewöhnlich war weder die Verhaftung des Firmenchefs ohne jede Erklärung noch die Demontage der Hälfte der Maschinen, ohne die der Betrieb nur unter großen Schwierigkeiten – viele Arbeiter mussten entlassen werden – die Produktion wieder aufnehmen konnte. Tausende von Männern wurden im Sommer 1945 von der Besatzungsmacht ohne Angabe von Gründen häufig von der Straße weg verhaftet und in Straflager gebracht, Nazis ebenso wie Nichtnazis, alte wie junge. Diese Aktion, mit der sich die Sowjets eigenmächtig über die von den Alliierten im Potsdamer Abkommen beschlossenen Strafmaßnahmen gegen ehemalige Nazis hinwegsetzten, galt im Kern der Eliminierung der führenden Bürgerschicht von Unternehmern, Juristen, Regierungspräsidenten, Verwaltungschefs, all derer, die dem Aufbau einer eigenen sowjethörigen Führungsschicht gefährlich werden konnten, selbst auf Kosten der Tatsache, dass damit ein wichtiger Teil des zum Aufbau notwendigen Leitungspersonals eliminiert wurde.

Der Vater brachte es in der Tat fertig, die Schuhproduktion im Herbst wieder in Gang zu setzen. Seine Stärke lag in der Kombination von gründlichem Fach- und Führungswissen und freundlich ermunterndem Umgang mit Menschen. In den zwanziger Jahren hatte er die führenden Schuhfabriken in Boston besucht und die modernsten Neuerungen für die Massenproduktion bei der Firma Bata in der Tschechoslowakei inspiziert. Die Misere des Jahres 1945 nahm er offenbar als eine Herausforderung an, bei der er fähig war, die Beschäftigten der Firma zum Neuaufbau zu inspirieren. Mit seinem unternehmerischen Geschick hatte er es fertiggebracht, dass die Firma die Weltwirtschaftskrise, nachdem er noch 1929 einen zweiten Fabrikationsbetrieb einweihte, ohne lebensgefährliche Verluste überstand. Nun sah er zwar einen Teil seines Lebenswerks zerstört, vermochte jedoch, einen neuen Anlauf zu nehmen. Das Produkt waren und blieben Kinderschuhe der Marke Trommler, und diese Marke hatte sich einen guten Namen erworben. Ein großes Händlernetz würde sich damit aktivieren lassen.

Klein, aber mächtig

Ein unvergesslicher Moment. Als an einem der sonnigen Frühlingsachmittage Frau Schurath, die im ehemaligen Schlafzimmer einquartiert worden war, in die Küche gestürzt kam und verkündete, sie habe gesehen, dass drei russische Soldaten auf dem Weg zum Haus waren, verbarg die Mutter ihren Schrecken nicht. Ihre Augen fielen auf den Jungen, sie stutzte, packte den Sechsjährigen fest an der Hand. Der Junge spürte das Besondere dieses Augenblicks, erkannte, dass die Mutter, während der Vater in der Firma war, allein mit der für sie gefährlichen Situation zurechtkommen musste und ihn irgendwie brauchte. Was in ihr vorging, wusste er nicht. Er folgte, trippelte neben ihr her zur Haustür, als es schellte, zweimal, dreimal. Die Mutter holte tief Atem, öffnete die Tür und achtete darauf, dass der kleine Junge vor ihr zu stehen kam. Eine Mutter mit einem Kind öffnet die Tür, nicht eine blonde, hübsche, junge Frau. Eine Mutter mit einem lieb aufblickenden Jungen. Der erfasst die Augen des einen Soldaten, der sein Gewehr im Anschlag hält. Der Russe, blond, glattrasiert, runzelt die Stirn, senkt das Gewehr.

Wo ist der Mann?

Nicht hier, hört der Junge die Mutter sagen. Aber es sind viele Leute im Haus. Der Mann kommt wieder.

Die Russen blicken sich an, sprechen miteinander.

Der Junge spürt, wie die ineinander verkrampften Hände heiß und schwitzig werden. Der eine Russe, der mit seinem schwarzen Haarschopf in der Stirn am gefährlichsten aussieht, lässt sich vom Blick des Jungen ablenken.

Frau, sagt der Blonde, Haussuchung!

So schlimm es ist, dass diese Soldaten nun alles durchwühlen werden, so intensiv lässt die Mutter dem Jungen mit Händedruck erkennen, dass die erste Gefahr erst einmal vorüber ist. Was sie darstellt, entgeht ihm. Dem Jungen entgeht nicht, dass die Russen die Schränke öffnen und Schubladen herausziehen, zögern und offenbar mehr vom Küchengeruch angezogen werden als von der Aussicht, Waffen, Kamera oder was immer zu finden. Er hört ihre schweren Stiefel auf dem Parkett widerhallen, folgt ihnen vorsichtig in die Küche, wo Frau Reinisch einen großen Topf auf dem Herd umrührt. Die Linsensuppe riecht verführerisch. Frau Reinisch, deren Augen ganz klein werden, baut sich am Herd auf, die Arme auf die Hüften gestützt, und fixiert durchdringend die jungen Burschen. Sie hat Erfahrung mit dem Iwan, wie sie danach erklärt, tut das einzig Richtige, wischt sich die Hände an der Schürze ab, holt drei Teller und bietet ihnen die duftende Linsensuppe an. Zunächst unschlüssig, lehnen die Drei in ihren kackbraunen Uniformen die Gewehre an die Tischkante, setzen sich an den Küchentisch, löffeln die Suppe und verlangen unmissverständlich, dass ihnen die Frau auch den Rest austeilt. Für ihre drei Jungen bleibt nichts übrig.

Plündernde Soldaten lassen sich in diesem Frühjahr öfters sehen. Frank weiß, was er zu tun hat. Der Ruf der Mutter ist in diesem Moment so anders als sonst, bittend. Er kommt sofort, freiwillig. Er wird gebraucht. Die Mutter nimmt nicht die anderen Kinder. Sie braucht ihn, gerade weil er noch so klein ist. Nicht schlecht.

Sonst hilft ihm das gar nicht. Vor kurzem hätte er deswegen fast Prügel bezogen, die den Größeren zugedacht waren. Da hatte Niko die anderen angestiftet, das kleine Leiterwägelchen vom Bauern unweit vom Haus zum Spielen aus der Scheune zu stibitzen und mit zwei, drei Passagieren herumzufahren. Es geschah unter Jubel und Geschrei, Frank am lautesten. Bis er merkt, dass die anderen plötzlich verschwunden sind und er allein auf dem Wägelchen thront. So schnell kann er nicht herunterklettern, da ist der Bauer schon da. Klar, dass er es nicht war. Er hat nur mitgemacht. Aber der Bauer schimpft, hat einen der Bengel vor sich und droht zu prügeln.

Ich wars nich! Glaubense mir!

Red nicht so dummes Zeuch! Seid Ihr von driehm gekommen, von der Trommler-Villa?

Mich hamse bloß mitgenommen!

Na warte, Euch Lümmel krieg ich noch! Hau ab!

Das Kleinsein hat Vor- und Nachteile. Erst im Nachhinein habe ich voll verstanden, warum ich mich in dieser Zeit ständiger Angst und Bedrohung vergleichsweise frei gefühlt habe. Am wichtigsten war natürlich die fehlende Aufsicht durch die Erwachsenen, verbunden mit den immer neuen Spielen, die sich Kinder einfallen lassen. Der Garten war groß, mit vielen Bäumen, auch Kletterbäumen, wie geschaffen für Indianerkämpfe, dazu ein Schwimmbad. Am Zaun in Richtung Bahnhof fanden wir mehrere Orden, Metallspangen mit Schwert und Handgranate darauf, Kriegsabzeichen, die von deutschen Soldaten auf der Flucht in die Tannen geworfen worden waren. Die lieferten wir nicht ab. Nur die Wehrmachtsuniform, Patronen und zwei Pistolen, die brachten wir zum Rathaus. Ansonsten zählte man als kleiner Junge nicht. Man war ein Nichts, ein kleiner Steppke, höchstens ein Störfaktor. Das verschaffte Gelegenheiten, herumzustrolchen und die Russen aus einer Nähe zu beobachten, die den Erwachsenen verwehrt war. Russen mochten Kinder. Sie ließen uns ganz nahe herankommen, wenn sie ihre Pferde zum Triemer-Schmied zum Beschlagen der Hufe brachten, wartend herumstanden, nichts taten und sogar den abgebrochenen Spazierstock mit Horngriff fingen und uns zurückwarfen. Das war nicht die kämpfende Truppe, der Krieg war aus.

Sogar als die Russen das vom Brand verschonte Firmenkontor im Betrieb I beschlagnahmten, um ihre Kommandantur einzurichten, hatte ich Glück. Das Kontor musste ausgeräumt und im Betrieb II installiert werden. Das verlangte einen mühsamen Umzug des Inventars durch den ganzen Ort, mühsam, da der einsetzbare Lastwagen der Firma als Holzvergaser den steilen Postberg mit den vielen Kisten nur schleifend und singend im Schritttempo bewältigen konnte. Aber das machte mir gar nichts, denn ich durfte im Fahrerhaus beim Meier Rud sitzen und wurde zum offiziellen Beifahrer ernannt. Der Rudi Meier, ein junger Mann, unversehrt aus dem Krieg heimgekehrt, braungebrannt, fremd und doch anziehend nach Schweiß und Zigaretten riechend, was sich mit dem Holzrauch des Vergaserlastwagens mischte, nahm den Sohn des Chefs zu seinem Beifahrer, machte mich mit den Packern auf der Laderampe bekannt, und nannte mich »Mei Kolleche«.

Nur einmal, es war kurz nach Kriegsende, schimpfte mich die Mutter aus. Da war ich nahe an eine seltsame Gruppe von Leuten herangeschlendert, die sich an den Bäumen gegenüber dem Gewächshaus auf die Wiese lagerten und angestrengt zum Haus herüberblickten, entkräftet und still. Unser Grundstück grenzte an den Bahnhof, und in diesen Jahren, da die Züge ständig überfüllt waren, wenn sie überhaupt fuhren, stahlen sich häufig erschöpfte Fahrgäste durch die offene Pforte unter die Bäume im Garten. Manchmal erbettelten sie sich Wasser oder Brot. Diese Ansammlung von Menschen sah jedoch anders aus, wie ich bei meiner Erkundungstour feststellte. Sie hatten gestreifte Pyjamas an, in abgewetztem gelblichem Grau, sahen völlig abgemagert und müde aus, ohne Koffer. Als ich das der Mutter berichtete und sie die Gruppe gewahrte, verbot sie mir, wieder hinzugehen. Diese Gruppierung von erschöpft dahingelagerten Männern und Frauen wirkte unheimlich. Unverwandt blickten sie zum Haus herüber, bis einer aufstand und mit langsamen Schritten über die Wiese herankam. Die Mutter, in der Waschküche beschäftigt, öffnete die Tür, fuhr den Mann barsch an. Er sprach gebrochen Deutsch, was ich nicht verstand. Aber es war unmissverständlich, was er wollte. Ich weiß nicht mehr, wie viel Brot sie ihm mitgab, dazu zwei Krüge mit Wasser. Ich fürchte, es war viel zu wenig. Nein, ich weiß: Es war viel zu wenig.

Der Weg zur Chefin

Der 30. November 1945 wurde zum schwarzen Tag für uns. Wieder standen drei russische Soldaten mit Gewehren an der Haustür. Sie sprachen im Kommandoton, befahlen sofort, für eine Haussuchung Schränke und Türen zu öffnen. Es war bestimmt die fünfte oder sechste. Diesmal spielte ich keine Rolle, im Gegenteil, die Kinder wurden weggeschickt, die Bewohner sollten in ihren Zimmern bleiben. Jetzt überfiel auch mich Angst. Das waren die Russen, die alle fürchteten. Sie hatten Gewehre umhängen, die Uniformjacken zugeknöpft, die Hände frei, um die Schränke nach doppelten Böden abzuklopfen. Wir sahen durch einen Türspalt, dass sie den Vater beiseitedrängten, als er sich vor die Glasvitrine stellte. Sie befahlen ihm und der Mutter etwas, das wir nicht verstanden. Mutter suchte offenbar die verlangten Sachen zusammen, allerdings ging es nicht um Fotoapparat, Schmuck oder Stiefel, wonach sie sonst suchten, sondern um Wollpullover, Socken, Handschuhe.

Der Schrecken überfiel uns wie ein Hieb: Sie waren dabei, den Vater mitzunehmen. Die Mutter musste ein Köfferchen mit Anziehsachen packen. Wir hörten sie im beschwörenden Ton bitten, wonach sie noch einmal zurückeilte und den Trainingsanzug aus der Schublade zog, die der Vater bei nächtlichem Fliegeralarm hin und wieder im Keller getragen hatte. Wenigstens etwas Warmes zum Anziehen.

Noch einmal der harte Befehlston. Dann herrscht einen Moment lang Stille.

Mutter ruft uns, zur Treppe zu kommen. Auf halber Höhe befiehlt uns einer der Russen barsch stehenzubleiben. Der Vater steht im dunkelblauen Trainingsanzug in der Diele, die Arme öffnend, als wolle er uns umarmen, dann lässt er sie sinken. Als die Schwester losweint, stürzen auch mir die Tränen heraus. Klaus lehnt am Geländer. Dieses Bild von oben, der Vater hilflos in dem schrecklichen Trainingsanzug, die Mutter das Köfferchen in der Hand haltend, die Russen auf Abgang drängend, ist mir geblieben. Daneben ist mir die Zwangsvorstellung geblieben, dass der Vater den Ehering, auf den sie immer scharf waren, im Sessel des Herrenzimmers hat verschwinden lassen. Noch Jahre danach habe ich ihn zwischen Kissen und Lehne des Sessels gesucht.

Wie hat die Mutter das alles ausgehalten? Ihr Leben war ihr anders vorgezeichnet worden. Eine lebenslustige höhere Tochter aus gutem Elternhaus in Limbach bei Chemnitz hatte einen erfolgreichen, wenn auch sechzehn Jahre älteren Schuhfabrikanten geheiratet und erlebte in den dreißiger Jahren als Mutter von drei Kindern in einer modernen Villa mit Gärtner und Personal die Erfüllung ihrer Jungmädchenwünsche. Dieses Familienglück, von ihren Eltern stolz unterstützt, ging auf Kosten ihrer Vorliebe für Flirt, Tanz und gesellschaftliche Unterhaltung (sie heiratete mit neunzehn Jahren), für welche die Kleinstadt Zwönitz keine Gelegenheit bot. Im Gegenteil, die junge Frau wurde zwar als Gattin des Firmenchefs im Ort hofiert, fühlte sich jedoch dabei unter ständiger Beobachtung und konnte für ihr Temperament und ihre Weltläufigkeit auch unter Ernsts Verwandten nur wenig Resonanz finden.

Immerhin hatten ihr die Eltern, obgleich unter einigen Schwierigkeiten, in den zwanziger Jahren Aufenthalte in Lausanne, um Französisch zu lernen, und Eastbourne, um Englisch zu lernen, ermöglicht. Die damals geschlossenen Freundschaften hatte sie gepflegt, sie kamen ihr nach dem Krieg zugute, als sie in der sowjetischen Besatzungszone von neuen Kontakten abgeschnitten war. Die Chemnitzer Gesellschaft, in die sie als junges Mädchen mit ihrem geliebten, nur zwei Jahr älteren Bruder Heiner eingeführt worden war, konzentrierte sich um das »Casino«, den traditionsreichen Gesellschaftsclub der aufstrebenden Industriestadt. Dort hatte sie Ernst Trommler kennengelernt, dorthin führte er sie aus, bevor Kinder kamen, so oft es ging. Hin und wieder nahm er sie zu Geschäftsreisen nach Berlin mit, wo sie im Hotel Bristol, dem Hotel der Geschäftsleute, abstiegen, dessen Personal sie bald kannte.

Wenn wir Kinder spürten, dass sie an manchen Abenden nach dem Krieg, ohne Nachricht von ihrem Mann und in ständiger Sorge um Haus und Familie, der Erschöpfung nahekam – und wenn sich nicht einer ihren heftigen Migräneanfälle ankündigte –, brachten wie sie auf andere Gedanken, indem wir die Fotoalben aus dem Versteck hinter dem Sofa holten und sie drängten, von früher zu erzählen, vom Leben vor dem Krieg, als die Sonne, den Fotos nach urteilen, öfters geschienen hatte. Mehrere Male gelang es auch, den ebenfalls versteckten Projektor aufzustellen und die von ihr gedrehten Familienfilme vom Bau der Villa, von der Olympiade in Berlin, von Reisen an die Ostsee und in die Schweiz vorzuführen, begleitet vom magischen Tick-tick der Filmspule. Durch Fotos und Filme waren wir mit Verwandten und Bekannten vertraut. Wenn nicht, kam sie ins Erklären und schließlich ins Erzählen.

Gisela konnte nicht genug von der schönsten Ballnacht im Hotel Esplanade in Berlin hören. Später erläuterte die Mutter, dass das in der Silvesternacht 1937 geschah, als noch Frieden herrschte, bevor Hitler über die Grenzen marschieren ließ. In dieser Ballnacht, die die Eltern mit den Michalkes und Schulzes feierten, trat Barnabás von Géczy dort zum letzten Mal auf, der berühmte ungarische Geiger mit seinem Swingorchester, der mit seiner mitreißenden Musik und feschen Art, die Tänzer in Gruppen zu formieren und mit- und gegeneinander tanzen zu lassen, einen besonderen Lichtpunkt in ihrer Erinnerung darstellte. Das war große Welt voller Eleganz und ohne ständige Beaufsichtigung durch die Nazis erlebt, die sich an diesem Platz, wie sie hinzusetzte, deklassiert fühlten und das Esplanade mieden.

Mein Vater hatte sich 1936 als Reserveoffizier reaktivieren lassen, weil er glaubte, mit dieser Verpflichtung in der Deutschen Wehrmacht einer Parteimitgliedschaft aus dem Wege gehen zu können und der Firma, die lange mit ihren vorbildlichen sozialen Einrichtungen und Betriebsfahrten als Hort der Resistenz galt, ein Schutzschild verschaffen zu können. Wie sich Anfang des Krieges herausstellte, ging seine Rechnung auf tragische Weise nicht auf. Schon in den letzten Augusttagen 1939 konnte er bei meiner Taufe nicht mehr dabei sein, da er als Nachrichtenoffizier von der geheimen Mobilmachung erfasst wurde. Es war der Moment, da meine Mutter als Hüterin des Hauses auch den Verwandten gegenüber in die Verantwortung treten musste. Nur am Abend konnte er sich von dem Nachrichtenkommando in Dresden für ein paar Stunden freimachen.

Für Thea Trommler begann mit meiner Taufe am 29. August 1939 ein anderes Leben, das Leben in Angst, den Mann zu verlieren, vor allem aber das Leben als Verantwortliche für Familie, Haus und Garten. Sie tat es bedingungslos in seinem Auftrag, fand in diesem Bezug die Kraft, schwierige Entscheidungen zu fällen, bei denen sie nur in Paul Trommler eine Stütze hatte. Als sich im Laufe des Krieges die Anzeichen häuften, dass das abgelegene Erzgebirgsstädtchen keineswegs von der Welle der Evakuierten und Flüchtlinge verschont bleiben würde, sagte Ernst den Satz, den sie später oft wiederholte:

a Frank, siebenjährig mit seiner Ziege 1946.

Gib ihnen so viel wie möglich, solange wir es haben. Wenn wir den Krieg verlieren, verlieren wir es sowieso, und sollten wir den Krieg gewinnen, bekommen wir es zurück.

Sie verlor ihren Mann zunächst an den Krieg und nach dem Schicksalsjahr 1945, in dem er noch einmal die Zügel der Verantwortung aufzunehmen versuchte, an die Gefangenschaft in Russland. Aus der fröhlich-temperamentvollen Thea, die in der Ehe mit dem beliebten und auch unter Seinesgleichen geschätzten Unternehmer ihr Glück fand, wurde eine kritisch prüfende Frau, die lernte, hart zu sein, da sie sonst den Zuzug von Evakuierten und Flüchtlingen sowie die Arbeit mit einem großen Haushalt nicht hätte bewältigen können. Der ihr von Gärtner Prill verliehene Titel »Die Chefin« bürgerte sich ein.

Dieser Haushalt gedieh in den Kriegs- und Nachkriegsjahren zu einem veritablen Selbstversorgungsunternehmen mit Hühnern, Hasen, Ziegen und einem Schwein, der stattlichen Berta, die der Gärtner vor dem Zugriff der Russen zu bewahren verstand. Unter den Tieren fand ich in der Ziege Habbel einen Spielgefährten. Sie war, was man Ziegen nachsagt, intelligent und neugierig, folgte mir und lehrte mich Spiele, mit denen ich im täglichen Wettkampf um Anerkennung den anderen Kindern etwas voraus hatte.

Die Mutter kämpft um den Besitz

Die schlimmsten Stunden, Tage, Wochen dieser Jahre entsprangen den Auflagen der Besatzungsmacht, über welche die örtlichen Kommunisten ein Netz von Schikanen stülpten, die das alltägliche Leben bis in alle Einzelheiten durchtränkten. Viele besaßen ihren Ursprung im Befehl 124 der Sowjetischen Militäradministration, der das Eigentum ehemaliger Nazis unter Sequester stellte, oft auch direkt enteignen ließ. Die Firma Trommler wurde unter dem Vorwand, dass die Besitzer aktive Nazis waren, sequestriert, das heißt der Verfügungsgewalt der Eigentümer entzogen und zweimal unter Treuhänderschaft gestellt. Das geschah bereits kurz nach Ernsts Verhaftung. Alle Anstrengungen richteten sich darauf zu beweisen, dass Ernst Trommler kein Nazi war, obwohl er ab 1940 als Mitglied der NSDAP geführt wurde. Seine Reaktivierung als Wehrmachtsoffizier hatte ihn vor dem Druck der Zwönitzer Parteibonzen, der Partei beizutreten, nicht geschützt. Die Rechnung ging in der Tat nicht auf. Der Dienst in Hitlers Militär, wenngleich mit der Spezialität als Verantwortlicher für Telefon- und Nachrichtenübermittlung, machte ihn zudem für spätere Verleumdungen verwundbar.

Thea hatte seit jeher Politik gehasst und Ernsts Abwehrkampf gegen die Partei mit Unmut wahrgenommen. Nun musste sie lernen, mit Politik umzugehen. Wohl sprach man im Ort und im Betrieb davon, dass ihr Mann kein Nazi gewesen war. Jedoch genügte das keineswegs, zumal Verleumdungen gegen den Kapitalisten Trommler vor allem von kommunistischer Seite geschürt wurden. Neben Dokumenten mussten von bekannten Persönlichkeiten Leumundszeugnisse eingeholt werden, die dem Einspruch gegen die Sequestrierung Substanz verschafften. Die Tatsache, dass Trommler bis 1938 jüdische Vertreter beschäftigt hatte und dafür von der SS-Zeitung *Das Schwarze Korps* mit einem eigenen Anklageartikel bedacht wurde, galt ebenso als bedeutsames Zeugnis wie die in der Presse gegen die Firma gerichteten Vorwürfe, verdiente SA-Kämpfer nicht einzustellen. Besonders gewichtig war 1946 die Erklärung des Betriebsrates unter Vorsitz des Sozialdemokraten Ernst Leistner, der zufolge es ausgeschlossen sei, »daß einer der beiden Firmeninhaber, welche von jeher als sozial und fortschrittlich eingestellte Betriebsführer bekannt sind, unter die Bestimmungen des Befehls 124 fällt«.

Zwar wurde die Sequestrierung mit dem erfolgreichen Einspruch auf Eis gelegt, doch bedeutete das keineswegs, dass das Damoklesschwert über der Firma weggezogen wurde. Den kommunistischen Offiziellen verschaffte die Drohung der Sequestrierung mehr Macht als eine tatsächlich erfolgte Verstaatlichung.

1948 nahm die Drohung tatsächlich Gestalt an, diesmal im Hinblick auf das mit Flüchtlingen vollgestopfte Haus. Eine Delegation des Freien Deutschen Gewerkschaftsbundes hatte sich Zugang zu den Räumen erzwungen und plante, alle Bewohner zu entfernen und daraus ein FDGB-Heim zu machen. Die Funktionäre hatten es plötzlich eilig, da der Befehl 124, der als Grundlage der Enteignung diente, kurz darauf, Mitte 1948, aufgehoben würde. Nun ging die Jagd nach Unterlagen wieder los, und zwar musste erneut bewiesen werden, dass Ernst Trommler kein aktiver Nazi war. Das musste alles innerhalb eines Tages beigeschafft werden. Dazu kamen Anschuldigungen über seine Befugnisse als Offizier im Baltikum. Das war neu und brachte das Blut in Wallung. Er war über drei Jahre lang Nachrichtenkommandant in Reval, der Hauptstadt von Estland, gewesen, nicht in Riga. Reval und Riga: eine furchtbare Verwechslung. Der Name Riga war mit den schlimmsten Erschießungsaktionen gegen Juden verbunden.

Alles spitzte sich dramatisch auf eine Eingabe an die Kommission in Dresden zu. Sie musste der sächsischen CDU abgeliefert werden, die mit der LDPD die Befugnis besaß, bürgerliche Interessen zu vertreten. Es waren die nervenaufreibendsten Stunden, insofern nicht nur die schnelle Beschaffung und das Kopieren der Dokumente große Probleme bereitete (wobei mein Bruder Klaus zum ersten Mal seine Fähigkeit, Akten zu ordnen und auszuwerten, zum Nutzen der Familie praktizierte), vielmehr auch das Transportproblem, denn die Beweisführung musste bis 18 Uhr bei der CDU-Parteistelle in der Kreisstadt Stollberg abgeliefert werden, um dann noch am Abend in Dresden für den entscheidenden Verhandlungstag am Morgen bereitzustehen – was keineswegs garantiert war.

Wie sollte man für die fünf Flüchtlingsfamilien und die eigene Familie, die im Haus wohnten, Wohnungen in diesem Ort finden, der ohnehin mit Flüchtlingen überfüllt war? Die Frau des Hauses sah sich mitsamt ihrem Heiratsgut, Mobiliar und all den Familiensachen in einigen Tagen auf die Straße gesetzt. Da wurden auf einmal Urlaubsfahrkarten vom Krieg und der Aufenthaltsausweis für Reval zu wertvollen Beweisstücken dafür, dass Ernst Trommler eben nicht dort war, wohin ihn Denunzianten postierten: nach Riga, dem Ort unmenschlicher Exekutionen. Noch viele Jahre später beschäftigte die Mutter das Trauma dieser Tage, dass sie eben nicht mit einem besonderen Dokument die Denunziationen zurückweisen konnte. Man kann mit völliger Sicherheit beweisen, sagte sie wiederholt, dass jemand an einem Ort war. Aber man kann nicht mit derselben Sicherheit beweisen, dass jemand an einem Ort *nicht* war. Wenn es gerecht zugegangen wäre, setzte sie hinzu, hätte man von den Schuften verlangen können, es zu beweisen, aber das konnten sie gleich gar nicht.

»Sequestrierung« war eines der hässlichen Worte wie »Haussuchung«, kurz für Hausdurchsuchung, die mir als Kind den Himmel verdunkelten. Als die Mutter an einem sonnigen Julitag am Telefon die Nachricht erhielt, dass unser Haus als eines der ganz wenigen von der Prüfungskommission in Dresden freigegeben worden sei, erlebten wir eines der seltenen Male, dass sie vor unseren Augen die Tränen strömen ließ. Die Anspannung war ins kaum Erträgliche gestiegen. Ihre Existenz als Hüterin der Familie im Namen ihres Mannes, all das, was sie mit Aufbietung aller Kräfte zusammengehalten hatte, stand auf dem Spiel. Ungläubig, dass die positive Nachricht aus Dresden stimmte, zögerte sie zuerst, sie den Mitbewohnern mitzuteilen, die von der Drohung, ihre Wohnung zu verlieren, ebenfalls betroffen waren. Wie konnte man wissen, dass die Nachricht stimmte, solange keine offizielle Benachrichtigung erfolgte? Die kam erst nach einigen Monaten, in denen sich die Reste der Angst tief eingenistet hatten. Der offizielle Bescheid wurde vom Stollberger Landrat aus Schikane mehrere Monate lang zurückgehalten.

Was sind schon Ruinenstädte für einen Jungen?

Für das Thema Erziehung lässt sich die Mutter als Beispiel für gesunden Minimalismus anführen. Sie gab die Erziehung den Maximen anheim, die sich in diesen chaotisch bewegten Jahren für viele Kinder von selbst verstanden: zum einen, selbst darauf zu achten, dass man nicht zu viel Unsinniges fabrizierte und nicht in Bedrängnis geriet, und zum anderen, der belagerten Familie die Treue zu halten. Diese Verantwortlichkeiten setzte sie bald auch bei mir voraus, begrüßte jede Eigenständigkeit und ließ mich im Ort und in der Schule meine eigenen Wege gehen. Dieses Vertrauen blieb mir auch später erhalten, als ich den Wunsch äußerte, hinauszugehen und die – zunächst noch heimatlich anmutende – Welt zu erkunden.

Auf diese Weise kam ich dazu, bereits als Achtjähriger mit meiner vier Jahre älteren Schwester im Zug nach Chemnitz zu fahren, um die nicht besonders gut gewachsenen Zähne beim Zahnarzt, der den passenden Namen Dr. Schnabel führte, richten zu lassen. Das geschah wenige Monate später auch allein.

Chemnitz war als führende sächsische Industriestadt hoffnungslos zerbombt worden. Wir kannten uns gut in den Ruinen aus. Sie begrüßten einen gleich am Hauptbahnhof, von dessen Gleis 16 aus (Chemnitz-Aue-Adorf) wir unseren Weg nahmen. Das Erlebnis, an den versteinerten Baumstämmen entlangzugehen, die seit fünftausend Jahren an dieser Stelle standen und nun gut zu den Ruinen passten, war allerdings weniger eindrucksvoll, als in die Zimmer der drei-

und vierstöckigen Mietshäuser hinaufzublicken, die häufig ihre Fassade verloren hatten und Dinge freigaben, die sonst im Verborgenen blieben. Besonderen Eindruck machte auf uns eine Badewanne, die im dritten Stock an einer knallblauen Wand baumelte, und ein Prachtbalkon mit Figuren, der auf einen Portikus mit Säulen abgestürzt war und nun ein mindestens so eindrucksvolles Bild abgab wie das Foto vom Brandenburger Tor in Berlin.

Drüben grüßte das ausgebrannte Schauspielhaus, von dem ich die intensive Erinnerung an die Zeit vor der Zerstörung bewahrte, insofern ich dort als Fünfjähriger 1944 mein erstes großes Theaterspektakel erlebt hatte, die musikalische Version des Märchens von Frau Holle, *Goldmarie und Pechmarie* genannt. In meiner Erinnerung ist neben dem Stolz, noch vor dem Brand im großen Theater gewesen zu sein, die unvergessliche Szene haften geblieben, in der die Pechmarie, wie eine Hexe ganz in Schwarz gekleidet, mit ihrem ebenfalls schwarzen Schirm der Goldmarie in den Brunnen nachspringen will. Erst steht sie da und singt im grellen Bühnenlicht. Dann klettert sie, den schwarzen Schirm aufgespannt, auf den Brunnenrand und springt hinein. Bis heute habe ich nicht verstanden, wie es sein kann, dass die beiden Mädchen nach unten, in den Brunnen, springen, um zur Frau Holle zu gelangen, die den Schnee doch eigentlich von oben, vom Himmel, auf die Menschen ausschüttet.

Meine Begeisterung für Eisenbahnfahren wurde kaum davon gemildert, dass die Züge überfüllt waren und man als Kind immer stehen musste. Bei einer dieser Fahrten im Winter zum Zahnarzt nach Chemnitz, allein unternommen, war der Zug noch voller als sonst, das Geschiebe und Gedränge für das Kind noch beengender. Man blickt zwischen den Mänteln der Erwachsenen nach oben, während der Wagen ruckelt und zuckelt, plötzlich quietschend zum Stehen kommt, was alle Fahrgäste ineinander verknäuelt, und sucht, etwas Luft zu bekommen. Diesmal gelingt es nicht zwischen den stinkenden Mänteln. Ich kann gar nicht umfallen, da alle so dicht gedrängt stehen. Stattdessen kommt das magere Frühstück hoch. Ich versuche, es aufzuhalten. Aber das ist, wie ich mir Schrecken bemerke, vergeblich. Was tun? Der Zug ruckelt wieder an, alle sind da oben beschäftigt, während ich unten mit dem Brechreiz kämpfe. Nichts zu machen. Gibt es eine Lösung? Ich blicke auf. Da ist sie, direkt vor mir. Es ist höchste Eisenbahn, geht schnell: die Manteltasche eines Fahrgastes. Das *ist* die Lösung. Allerdings muss ich sofort nach der Befreiung versuchen, mit allen Mitteln aus dieser Mantelkonstellation in eine andere zu flüchten. Ein Junge, der seine Mutter sucht. Das ist nicht ungewöhnlich, auch wenn man ungern seinem Gedrängel nachgibt. Was hat er denn, der Kleene? In Meinersdorf und Burkhardsdorf öffnet sich die Abteiltür, es gibt Bewegung zwischen den Mänteln, und ich finde eine andere Lücke zum Stehen. Ich habe mein Opfer dargebracht, steige mit allen anderen im Chemnitzer Hauptbahnhof auf Gleis 16 aus, ein kleiner Junge auf dem Weg zum Kieferorthopäden Dr. Schnabel.

Ganz anders dann die Zugfahrt mit der Mutter, der Limbacher Großmutter und der Schwester 1949 nach Dresden. Mein Traum ging damit in Erfüllung, einmal im D-Zug mitzufahren, der die Strecke Aue-Chemnitz-Dresden gegen Abend zurücklegte. Im D-Zug, der sogar in Zwönitz hielt, bis Dresden mitfahren: Das war das Höchste! Gewiss, das Rot des Himmels über Dresden, das mir nicht aus dem Sinn ging, verhieß nichts Schönes. Aber Ruinen waren wir gewöhnt. Dresden war und blieb Traumziel. Selber sehen, selber dort sein, und sagen können, wie es die Erwachsenen taten: Ja, ich habe Dresden gesehn.

Das war also die schönste Stadt Deutschlands, von der die Eltern und Großeltern sprachen, als besäßen sie selber den Zwinger und das Grüne Gewölbe, die Oper und das italienische Dörfchen, den Großen Garten und das Schloss Pillnitz, die Brühlsche Terrasse und die Sixtinische Madonna. Sie besaßen das alles nicht mehr, lamentierten über die schwarz- und graugebrannten Ruinen. Sie sahen sie mit Schmerzen, ich sah sie mit Anerkennung. Warum Anerkennung? Wir verglichen. Die schönste Ruine war die der Frauenkirche, eigentlich ein wohlgeordneter Schutthaufen, hätte nicht das Luther-Denkmal davorgestanden. Und wir durften etwas sehen, was sonst keiner mitbekam. Renate Jeremias, Bildhauerin, entfernte Verwandte unserer Familie in Limbach, ließ uns ins Innere des Zwingers ein, ins Zentrum der Zerstörung der schönsten Barockanlage. Dort sah man die Ruinen von Walltor und Kronentor, die man eines Tages wieder aufrichten würde, und hinter einem Zaun unter provisorischen Dächern eine riesige Ansammlung von Skulpturen, Hunderte von Engeln, angekohlt, geschwärzt, ohne Arme, ohne Köpfe. Aber gleich daneben neue Engel, aus demselben Sandstein herausgehauen, ganz hell, nach authentischer Vorlage geschaffen. Die Bildhauerin zeigte uns einige Engel, die sie herausgehauen hatte. Den neuen Zwinger, den sie mit ihrem Meisel mit schuf, würden wir eines Tages noch erleben.

Das große Erlebnis Dresden. Auch auf der Rückfahrt bekam man als Kind im D-Zug einen Sitzplatz.

Eine gelbliche Postkarte mit 24 Worten

Die herausgehobene Stellung als Fabrikantenfamilie in dem kleinen Ort Zwönitz gab vielem, was wir in und außer Haus unternahmen, doppelte Bedeutung. Ich lernte, dass ein bestimmtes Auftreten unter Nachbarn, Gespräche über die Firma, Hinweise auf das, was im Haus geschah, in der Schule oder im Einkaufsladen, plötzlich als Ausweis für eine verdächtige Abweichung von der öffentlichen Norm gewertet werden konnten. Bereits als Acht- und Neunjähriger hatte ich bisweilen das Gefühl, beobachtet zu werden. Als bei einer Geldspende für die Jungen Pioniere, in der die Schüler je einen Groschen abliefern sollten, mein Klassenlehrer Bäuml in mein Portemonnaie blickte und zwischen den grauen Ostgroschen einen bronzenen Westgroschen entdeckte, rief er sofort laut, dass es die Klasse hörte:

Wo hast Du den Westgroschen her, Trommler?

Ich erschrak maßlos. Die Mutter hatte mich ausdrücklich ermahnt, die von ihr mitgebrachten Westmünzen nicht nach draußen mitzunehmen. Nun saß ich in der Klemme. Der Neulehrer und Oberkommunist hatte den Kapitalistensohn dabei ertappt, Beweise für den Kontakt mit dem feindlichen Westen mit sich herumzutragen. Mein Gestotter, dass mir ein Onkel beim Besuch aus dem Westen den Groschen geschenkt habe, traf auf süffisantes Lächeln.

Ich weiß schon, Trommler, was Eure Familie so treibt.

Er bestrafte mich nicht, das war das Schlimme. Was gab es da zu bestrafen? Er brauchte nichts mehr hinzuzufügen. Ich war von nun an gezeichnet. Ich hatte den Verdacht, dass wir ein falsches Spiel trieben, mit meiner blöden Naivität bestätigt.

Noch schlimmer, als seinen Blick auszuhalten, war es, der Mutter den Vorfall zu berichten. Zu meiner Überraschung erfolgte keine Strafpredigt. Sie blickte mich nur strafend an und wandte sich ab. Für sie war es wohl ebenfalls nur eine Bestätigung von etwas, das sie seit langem wusste.

Ich lernte, im gegebenen Moment zu schweigen und mich anzupassen. Mit zunehmendem Alter wuchs das Bedürfnis nach Anpassung, während im Kopf zugleich die warnende Stimme der Mutter lauter tönte. Die Spannung dazwischen entlud sich an dem Tag, als ich mit dem Anmeldeformular für die Jungen Pioniere nach Hause kam. Ich wollte gern dabei sein, wo die anderen Kinder schon hinzugehörten. Ich hatte bereits mein Plakat zum Weltjugendtreffen der Jugend im Mai 1950 gemalt. Auf ihm prangten links die aufgehende Sonne, das Symbol der Freien Deutschen Jugend, und rechts das der Jungen Pioniere, die Großbuchstaben JP mit der Fackel darüber. In der Mitte das Brandenburger Tor, durch das die Jugend der Welt marschiert, viele, viele Blauhemden.

Die Mutter brauchte nur zu unterschreiben. Als ich an ihren ovalen Schreibtisch trat, wusste ich bereits, was geschehen würde. Ganz wollte ich es ja nicht. Ich wollte mich nicht fragen lassen, was ich als Kapitalistensohn in diesem sozialistischen Jugendverband zu suchen habe.

Sie blickte zu mir auf, als sie das Blatt gelesen hatte.
Willst Du das wirklich?
Was sollte ich sagen? Mein Zögern gab bereits die Antwort.
Nein, nicht wirklich.

Meine beiden älteren Geschwister litten viel stärker unter dieser Doppelexistenz. Klaus, der seit den letzten Kriegsjahren die Oberschule in Aue besuchte, erfuhr, dass sein Schulabschluss ihn als Kapitalistensohn nicht zum Studium berechtigte, er damit aber auch im Westen nicht an einer Universität angenommen würde. Giselas Chancen, auf die Höhere Schule zu gehen, sanken zunehmend auf null, von meinen schlechten Aussichten ganz zu schweigen.

Mutters Planung lief darauf hinaus, dass Klaus sein Abitur im Westen machen und dafür zwei Schuljahre auf ein Gymnasium jenseits der Zonengrenze gehen müsse. Wie ließ sich das ohne Familie bewerkstelligen? Ich bekam das erst voll mit, als die vor allen geheim gehaltene Reise der Mutter im Herbst 1948 tatsächlich stattfand und ich nicht nur von Berlin, sondern von Göttingen hörte. Berlin war klar. Da gingen Flugzeuge nach Hannover, ohne dass man erwischt wurde. Würde Klaus das auch machen? Ich beneidete ihn. Das war was anderes als im Winter im Zug von Aue, von der Schule zurückkommend, unter den trinkenden, fluchenden und skatspielenden Bergarbeitern der Wismut seinen Platz zu suchen. Als dann feststand, dass er in einer Schülerpension in Göttingen unter einer, wie es schien, strengen Pensionsmutter leben würde, fand ich das nicht mehr so spannend. Die Mutter gab zu erkennen, wie schwierig diese Aktion war, für die sie die Zustimmung des Vaters nicht einholen konnte: woher sollte das dafür notwendige Westgeld beschafft werden? Wie sie uns erst später wissen ließ, verdankte sie der Erkundungstour des vorübergehend in Frankfurt wohnenden Bruders Heiner und seines Freundes, Klaus' Westaufenthalt mit dem Verkauf ihres wertvollsten Geschmeides finanziert zu haben. Schmuck war vom Vater auch als Geldanlage gekauft worden. Er hätte sicher zugestimmt.

Ich erinnere mich an den Nachmittag im Dezember 1946, als wir ein Jahr nach der Verhaftung des Vaters durch die russischen Soldaten das allererste, von ihm selbst verfasste Lebenszeichen erhielten: die berühmt-berüchtigte Postkarte mit 24 Worten aus sowjetischer Gefangenschaft. Ein Jahr lang hatten wir nichts von ihm selbst gehört. Die Mutter versammelte uns Kinder und die Schwiegermutter um den Tisch im Wohnzimmer. Ihre Aufgeregtheit ließ nicht erkennen, ob es geschah, um eine neue Schikane der Behörden mitzuteilen. Sie legte das kleine gelbliche, mit faseriger Tintenschrift bedeckte Stück Papier auf den Tisch. Wir wussten sofort Bescheid und begannen zu schluchzen. Die Frage »Wo mag

Vati sein?« hatte permanent über unserem Leben gestanden. Er war beim Gebet vor dem Einschlafen anwesend.

Nach bangen Wochen und Monaten hatte die Mutter von einem Bekannten herausgefunden, dass Ernst Trommler ins ehemalige KZ und jetzige NKWD-Speziallager Mühlberg an der Elbe eingeliefert worden war, von dem es hieß, dass die Häftlinge zu Tausenden an Krankheit, Hunger und Erschöpfung starben. Einmal hatte sie sich mit Schwager Paul auf den Weg gemacht, um dem Vater ein paar Ess- und Anziehsachen zukommen zu lassen. Das war misslungen. Jedoch konnte ein Mithäftling bestätigen, dass er am Leben war. Von einem anderen Bekannten hörte sie später, dass er mit Hunderten von Häftlingen von Mühlberg nach Liebau in Litauen gebracht wurde. Dann herrschte wieder mehrere Monate absolute Funkstille. Man hörte viel über die grausamen Umstände russischer Gefangenschaft, aber nichts von ihm. Der Lehrer Rode sprach davon: die Grausamkeit der Deutschen liege in ihrer Berechenbarkeit, die der Russen in ihrer Unberechenbarkeit.

Nun lag diese Postkarte vor uns. Adresse des Kriegsgefangenen: Rotes Kreuz, Postfach 349/3. Was konnte er schreiben, um uns mehr zu sagen als nur: Ich bin am Leben? Nichts über Russland, den Winter, das Lager. Vierundzwanzig Worte, wir zählten sie nach. Es war bedrückend, den Vater auf diese paar Zeilen reduziert zu sehen. Die Mutter las vor, an die Schwiegermutter gewendet: »Liebe Thea, Mama, Kinder. Ich bin gesund und hoffnungsvoll, in Gedanken immer bei Euch. Gratuliere herzlich fünfundsiebzigsten Geburtstag. Antwortet ausführlich. Herzlichste Weihnachtsgrüße, Euer Ernst.«

Das wars. Ohnehin konnte die Mutter nicht weitersprechen.

Später ist uns berichtet worden, dass der Vater die Ratschläge, sofort nach Ende des Krieges in den Westen zu gehen, ausgeschlagen hatte. Er suchte aufzubauen, krallte sich an seiner Lebensarbeit, der Firma, dem Besitz, der Familie fest, selbst als er die Unberechenbarkeit der russischen Besatzer am eigenen Leib verspürte. Er gehörte zu der Elite, die die Sowjets, ohne Anklage zu erheben, ohne Tribunal und Urteilsspruch verhafteten und in Lager hinter Moskau schickten. Diese hießen bei ihm Kriegsgefangenenlager Nummer 7064 (Morschansk) und 7185 (Michailowka). Da solche Maßnahmen gegen die in Potsdam verfügte Strafpolitik der Alliierten verstießen, die sich ausdrücklich gegen Nazis richtete, steckten die Russen die Gefangenen wiederum in Wehrmachtsuniformen und deklarierten sie als Kriegsgefangene, die sie häufig nicht waren. Der Unterschied zu den im Krieg Gefangenen war zumeist, dass sie, soweit sie Offiziere gewesen waren, keine Zwangsarbeit leisten mussten. Das wussten wir damals nicht, und wie mir später erklärt wurde, hatte es seine eigenen Beschwernisse.

Ernst Trommler muss maßlos darunter gelitten haben, in die Nutzlosigkeit gestoßen worden zu sein, in eine Fesselung der Existenz hinter unendlichen Sümpfen, Steppen, Wäldern und Stacheldraht. Das Fehlen jeglicher Anklagestellung bestätigt, dass er ein Opfer der Strategie war, die Eliten im Bereich der sowjetischen Besatzungszone auszuschalten, ganz gleich, ob sie Nazis waren oder nicht. Der Vater musste mit Nazis, die ihm bekannt waren, dieselbe Gefangenschaft teilen. Der schlimmste Moment – so kann ich nur rekonstruieren – muss die zufällige Begegnung mit seinem Schwager gewesen sein, der sich leidenschaftlich als Nazi betätigt und in der SS hervorgetan hatte. Noch schlimmer: Dieser Mann, seit jeher fanatisch in all seinem Handeln, war zum Kommunismus konvertiert und hielt im Lager entsprechende Lehrgänge über Marxismus-Leninismus ab.

Vatersuche

Nach dem Erhalt der Postkarte dauerte es weitere drei Jahre, bis der Vater aus der Gefangenschaft entlassen und nach Frankfurt an der Oder gebracht wurde. Dort, so hieß es, konnte er die Entscheidung fällen, ob er sofort in den Westen gehen würde.

Es wäre der Moment für den Absprung in den Westen gewesen. Dort hätte er an die alten Verbindungen anknüpfen können. Er hatte seinen Namen, seinen Ruf. Er hatte ein ungewöhnliches und doch nicht absonderliches Schicksal, war durchgekommen.

Er hatte die Kraft nicht.

Wir bekamen ihn wieder. Er bekam seine Frau, die Kinder, die Heimat zurück.

Seine Kraft reichte offenbar nur bis hierher. Vier Jahre der Entbehrung und Nutzlosigkeit hatten seine Initiative zerschlissen. Seine Lebenskraft war mit dem Überleben verbraucht worden. Er kehrte zurück, krank, mit kaum heilbaren Ödemen und Hautflechten an Beinen und Armen, gezwungen, ständig Bäder zu nehmen, um den Juckreiz zu mildern. Das Weihnachtsfest 1949 im Kreis der Familie wurde zum Höhepunkt seiner Rückkehr. Einen Moment lang war er ganz Vater, als er am Heiligen Abend lächelnd die Tür zum Weihnachtszimmer öffnete, das im warmen Kerzenlicht erstrahlte. Er stand aufrecht, überaus aufrecht. Aber schon beim Gänsebraten am Weihnachtstag ließ er, unruhig über den Teller gebeugt, unmissverständlich erkennen, dass er pflegebedürftig war. Die guten Speisen, die aufgespart worden waren, vertrug er nicht mehr.

Seine Entlassung vor Jahresende 1949 mit Tausenden anderer Gefangener ohne jede Erklärung entsprang der sowjetischen Besatzungspolitik, insofern Stalin nach Gründung der DDR Bürger dieses Staates nicht mehr ohne Gerichtsverfahren in Gefangenschaft halten konnte. Dieser Entlassungswelle folgten 1950 in der Sowjetunion eine Prozesswelle gegen die als Nazis und Kriegsverbrecher identifizierten Gefangenen, denen hohe Freiheitsstrafen erteilt wurden.

Inzwischen war sich die Mutter ihrer Entscheidungskraft sicher geworden, hatte die Übersiedlung in den Westen während zweier Reisen von Berlin aus vorbereitet. Dazu gehörte auch die Kontaktaufnahme mit Schuhfirmen, bei denen ihr Mann eine Beschäftigung auf seinem Gebiet finden konnte und die eventuell bereit waren, die gut eingeführte Kinderschuhmarke Trommler in die Produktion aufzunehmen.

War ihm das recht? Ich weiß nicht, welche Gespräche die Mutter mit ihm darüber führte, ich weiß nur, dass für ihn 1950, das Jahr der Entscheidungen, immer beschwerlicher wurde. Wenn die Mutter uns sagte, der Vater sei krank und brauche Zeit, um sich zu fangen und die Zukunft vorzubereiten, verbarg sich dahinter etwas, das sie wohl selbst nicht voll erfasste: Die schweren Depressionen, unter denen er litt, konnte sie mit Fürsorge, mehreren Arztbesuchen und aktiven Umzugsvorbereitungen allein nicht unter Kontrolle bringen. Es scheint vielmehr, dass er in seiner Schwäche gerade unter den Aktivitäten der Mutter litt, die ihn passiv machten, anstatt zu aktivieren.

Dennoch unternahm er eine Fahrt nach Berlin, wo er in einer Klinik Heilung suchte, und mit Repräsentanten der großen Konkurrenzfirma Gustav Hoffmann AG. zusammentraf, die ihre Kinderschuhe unter dem Emblem Elefantenmarke produzierte. Er verhandelte mit deren Aufsichtsrat Richard Freudenberg, dem ihm gut bekannten Chef der großen Lederfirma in Weinheim, der zu dieser Zeit als Abgeordneter im Bundestag Politik machte. Sowohl Freudenberg als auch Walther Siegert, der Chef von Hoffmann, hegten Sympathie für diesen Schuhfabrikanten, den sie als fairen und kompetenten Konkurrenten und Kunden offensichtlich so schätzten, dass sie ihm in seinem unverschuldeten Unglück Unterstützung anboten. Dabei spielte sicher die Aussicht, mit der Marke Trommler das Angebot zu erweitern, eine wichtige Rolle. Im Sommer 1950 boten sie ihm die Position als technischer Direktor an. Das setzte ihn unter Zugzwang, während die Mutter die Vorbereitungen für den Umzug in den Westen intensivierte.

Ich höre noch die Stimme der Mutter, die ihn Tag für Tag pflegte, unendlich viele Mullbinden und Tücher wusch und um seine Beine und Hände wickelte, während er sinnend, fast abwesend auf dem Sofa im Wohnzimmer lag. Komm, Ernst, lass uns disponieren! Sie liebte das Wort disponieren, weil es ihrem Willen entsprach, in den hundert Dingen, die tagtäglich in diesem Haushalt heranrollten, Ordnung zu schaffen und eine Schneise in die Zukunft zu schlagen. Genau dazu war er nicht in der Lage. Sie musste ihn zu allem antreiben. Ob er damit an den Tagen effektiv war, an denen er ins Büro der Firma ging und mit Paul in der Treuhänderfunktion Entscheidungen traf, bezweifle ich.

Das andere Wort, das mir noch in Erinnerung geblieben ist, kam in einem mahnend-spitzen Ton daher, den die Mutter sonst nicht verlauten ließ: Du mit deiner Unentschlossenheit! Ich verstand, was sie damit meinte, an dem Sommertag, an dem er sich mit uns Kindern auf eine Wanderung einließ, mit Butterbroten und Feldflasche im Rucksack und dick verbundenen Beinen unter grüner Wanderhose.

Wir wanderten zu den Greifensteinen, lange Wege durch den erzgebirgischen Wald, in dem der Vater, wie er sagte, heimisch war. Das überraschte uns, denn wir kannten ihn im Haus, in der Fabrik, beim Abschied an der Haustür, hinter der Zeitung, am besten am Schreibtisch im ehemaligen Herrenzimmer – wenn er nicht sinnend auf dem Sofa lag. Unser Vater, ein Mann des Waldes? Zu den Greifensteinen sei er als Kind und junger Mann oft gewandert. Er liebe die acht seltsam geformten Felsen, von denen einer besteigbar sei und eine schöne Aussicht biete. Darauf sollten wir uns freuen. Mit erstaunlichem Nachdruck verkündete er seine Kenntnis der Gegend mit ihren hohen Tannen und Fichten, erklärte den Unterschied zwischen den Baumsorten und stand plötzlich an einer Weggabelung, an der Hinweisschilder fehlten und man von den dunkelgrünen Bäumen vollkommen eingeschlossen war. Wir standen dort und erwarteten, dass er ohne großes Zögern den Weg weisen würde, denn er kannte ja die Gegend. Der eine Weg war etwas schmäler als der andere, aber keiner zeigte neuere Spuren von Wanderern.

Der Vater stand still, dachte nach. Vielleicht kommen Leute, die es besser wissen? Aus dem Wald tönte nur etwas Vogelzwitschern, dazwischen ein langgezogener Uhuu-Laut.

Sollten wir einfach einen der beiden Wege einschlagen? Nein, er sollte entscheiden, wohin wir gehen würden, auch wenn es falsch war.

Wir Kinder sind dann einfach losgezogen, er kopfschüttelnd hinterher. Es war der falsche Weg und wir mussten einen Umweg machen, um zu den Felsen mit Rundblick zu gelangen. Als wir dort ankamen und die Brote verschlungen hatten, dirigierte er uns nach oben, bemerkte lächelnd: Bringt mir ein Edelweiß mit!

Ja, ich wollte den Vater bewundern. Großvater Herold hatte einmal gesagt: Sei Dir bewusst, Dein Vater ist ein großer Mann, auch wenn es Dir heute nicht so scheint. Da der Großvater öfters große Sprüche machte, die zumeist Goethe und seinem Helden Faust galten, wusste ich nicht, wie ich das verstehen sollte. Großväter sprachen mit ihren Enkeln nicht über die Vorzüge des Vaters. Da musste etwas dahinterstecken. Kinder ließ man an solche Urteile nicht heran. Man sagte, es geht ihm schlecht, er hat viel gelitten, eine furchtbare Krankheit, Russland ist schrecklich, ein Tiefpunkt. Über Depressionen sprach man ohnehin nicht. Was es damit auf sich hatte, ist mir erst viel später von Schwester Gisela medizinisch erklärt worden. So genau allerdings, dass ich den Eindruck erhielt, sie sei mit ihren Gefühlen für den Vater in ein tiefes Loch hinabgeklettert, das ihr nicht gut bekam.

Nahm er mich überhaupt ernst? Der Bruder bekam mit dem Vater Krach, er sich nach Weihnachten 1949 nicht an die knappe Frist für die Beantragung des Interzonenpasses zur Rückfahrt nach Göttingen hielt und das Haus in Aufregung versetzte. Ich hörte die Stimme des Vaters laut werden und stellte mit Befriedigung fest, dass da jemand im Haus war, der den älteren Bruder scharf zurechtweisen konnte. So trat also der Vater auf. Würde er es auch mit mir so machen? Der jüngere Sohn hat da Vorteile. Aber man wusste nicht, ob das ausblieb, weil man mit zehn Jahren noch nicht zählte.

Wie konnte man ihn beeindrucken? Ich blickte oft zu ihm hinüber, wenn er am Tisch saß und las, suchte seine Augen, die müde und gütig waren, weckte hin und wieder mit meinen Malereien sein Interesse und spürte dann plötzlich seine weiche warme Hand auf der meinen und vernahm das Lob, ich solle so weitermachen und üben, ich wisse ja, der E. O. Plauen mit seinen Karikaturen zu »Vater und Sohn« habe sicher auch immer wieder geübt. Gemeinsam auf dem Sofa die Alben des großen Karikaturisten umblättern, in denen der Sohn den Vater austrickst, hin und wieder beide der Umwelt ein Schnippchen schlagen, so eng nebeneinandersitzend, dass man das männliche Rasierwasser erschnüffelte, ist mir nie mehr aus dem Sinn gekommen. Ich kann Plauens »Vater und Sohn« nicht anschauen, ohne an dieses Nebeneinander zu denken.

Nahm er mich ernst? Wir sahen ihn viele Tage lang erschöpft auf dem Sofa liegen, wenn ihn die Schmerzen und der Juckreiz überwältigten. Ein Kranker, fern und nicht einmal der Mutter zugänglich. Da wollte ich es wissen. Als er mich an einem der Nachmittage fragte, was ich mir für später wünsche, habe ich gesagt; ich will nichts für später, ich möchte einmal mit dir eine Autofahrt nach Oberwiesenthal machen und den Fichtelberg sehen, auf dem ihr im Winter skigefahren seid. Eine Autofahrt? Nur wir beide? Ich weiß noch, wie Gisela davon hörte und sofort eifersüchtig wurde. Es war eine Herausforderung, allein schon mit der Frage, ob Onkel Erich an einem der Tage als Chauffeur verfügbar war und das Benzin für den DKW besorgen konnte. Würde es der Vater durchsetzen?

Beim Mittagessen im Sporthotel in Oberwiesenthal, als Onkel Erich, noch ruhiger und bedächtiger als sein Bruder Paul Trommler, einen Spaziergang in Richtung Fichtelberg unternahm, kam der Moment, da sich der Vater auf der Sitzbank zurücklehnte, die Augen schloss und ich schon Angst hatte, er würde einschlafen. Er blickte auf, schnupperte den Zigarettenrauch, nahm die Leute an den Tischen ringsum wahr und senkte die Stimme. Ich merkte, er würde was erzählen. Über Russland? Er sprach nie darüber. Vielleicht jetzt? Dass er plötzlich ins Reden kam, ist mir noch in Erinnerung geblieben. Es war so unerwartet, vor allem weil er dabei nicht an mir vorbeiblickte, sondern mich fest in die Augen nahm.

Er sprach von den Wanderungen im Gebirge, die ihn einmal mit seinem Vater auch hierhergeführt hatten. Er kam tatsächlich ins Erzählen, so dass ich nachdenken konnte.

Wie war Dein Vater?

Streng, viel strenger als ich. Aber sie waren alle streng, bis auf Onkel Richard. Der war lustig, erzählte Geschichten. Die eine ist besonders gut. Die hat er oft erzählt. Wie er als junger Mann an einem Winterabend im Pferdeschlitten von Zwönitz noch nach Hause, nach Elterlein, über die verschneiten Höhen kutschieren musste, als es dunkel wurde. Du weißt, wie kalt es da oben ist, wenn der Wind pfeift. Und wie wenig man die Wege erkennen kann. Keine Spuren mehr und kein Stern zu sehen.

Ja, Vati ich weiß.

Naja, hm, vielleicht kannst Du es Dir denken. Und Du weißt, was dann geschehen ist?

Die Omi hat's erzählt.

Dann weißt Du, was passiert ist. Der Richard ist im Schlitten eingeschlafen! Alles im Winter, alles im Dunkel, in der Kälte. Das Pferd ist im Schnee weitergetrabt, immer weiter, ohne Kutscher, ohne Weg. und doch richtig. Und was hat die Omi weitererzählt?

Wie der Onkel Richard plötzlich aufgeweckt wird und erschrocken ist, alles dunkel ringsherum. Der Brettschneider mit der Laterne, der rüttelt den Onkel an der Schulter und ruft laut: Wach auf, Richard, du bist derheeme!

Das ist die einzige Geschichte, in der ich noch seine Stimme höre. Von dem Pferd, das allein in stockdunkler Nacht über die verschneiten Höhen den Weg nach Hause findet.

Sich auslöschen

Einige Wochen später schien sich der Vater auf den Umzug vorzubereiten. Die Mutter hatte unter schwierigsten Umständen – es durfte im Ort nicht bekannt werden – einen Transport mit Möbeln über Leipzig in den Westen arrangiert. An einem Sonnabend, als die Großeltern zu Besuch kamen und sie ablenkten, kam der Vater nicht zum Mittagessen. Sie ging sofort auf panische Suche nach ihm, benachrichtige Paul Trommler und sandte Frau Baier, unsere Waschfrau, die gerade in der Waschküche Wäsche faltete, in den Betrieb II.

Ich ging von der Schule, wo wir ein Theaterstück einübten, durch den Ort nach Hause, als oberhalb vom Postberg der mir bekannte DKW anhielt. Onkel Erich und der Prokurist Boerner kamen auf mich zu. Ich ahnte sofort: Das war so ungewöhnlich, dass etwas passiert sein musste, sicherlich mit dem Vater. Sie bemühten sich, das Kind mit den Worten, dass etwas Schlimmes passiert sei, auf etwas Furchtbares vorzubereiten. Aber ich wusste sofort: Der Vater lebte wohl nicht mehr, und sie glaubten, den Jungen schonen zu müssen. Auf den wenigen Minuten der Fahrt zu unserem Haus sank die schreckliche Nachricht in mich ein, während die beiden Männer schwiegen. War es wirklich wahr? Es stimmte, der Vater war in den letzten Wochen nur schwer ansprechbar gewesen. Aber wie konnte es so plötzlich geschehen?

Ich hörte kaum zu, als die Mutter auf mich einredete:

Frank, Vati lebt nicht mehr.

Sie sagte es so bestimmt, dass ich nicht wagte zu fragen, wie es geschehen sei. Es dauerte, bis Großmutter Herold mich beiseitenahm, meine Hände fasste und mich fest anblickte:

Frank, Dein guter Vater hat sich das Leben genommen, es war ihm zu schwer geworden. Wir können das nicht verstehen, aber er war krank schon aus Russland gekommen. Wir müssen jetzt alle der Mutti beistehen.

Als ich die Großmutter fragte, wie es geschehen sei, fasste sie mich noch fester ins Auge und sagte:

Du bist inzwischen ein großer Junge geworden. Du musst die Wahrheit hören. Frau Baier hat ihn im Sanitätsraum vom Betrieb zwei tot aufgefunden.

Sie fasste erneut meine Arme, sah die Tränen herausstürzen und barg meinen Kopf in ihren Händen.

Warum nistete sich diese seine letzte Tat lebenslang ins Gehirn ein und wurde doch in der Familie erst nach vielen, vielen Jahren voll zur Sprache gebracht? Es war zu schmerzhaft, um es sich auszumalen. Es war Folter und Schande zugleich. In einem Gespräch mit der Mutter brachte Gisela, die Kinderärztin, das Wort von der endogenen Depression auf und machte der Mutter Vorwürfe, dass sie das Phänomen nicht durchschaut und keine professionelle Hilfe in Anspruch genommen habe. Worauf die Mutter voller Erregung sinngemäß sagte: In Deiner medizinischen Welt sind die Sachen klar und lösbar. Wir haben aber nicht in dieser Welt gelebt. Wie schwer war es überhaupt, an Deinen Vater heranzukommen. Die Berliner Klinik war das Einzige, was zur Verfügung stand. In seiner Verzweiflung hat er sich aufgegeben. Denk an seinen Abschiedsbrief. Streut meine Asche in alle Winde. Was glaubst Du wohl, was eine Frau empfindet, wenn ihr Mann diese Worte schreibt?

Hier ging die Schwester nicht weiter.

Als wir Kinder später die Hemmungen überwanden, über dieses heikle Thema zu sprechen, beharrte die Schwester auf ihrer Kritik an der Mutter, während Bruder Klaus und ich abwiegelten. Ein Aspekt machte uns mehr zu schaffen: die Tatsache, dass der Vater alle Lebensdokumente, darunter Briefe und Aufzeichnungen aus der Zwischenkriegszeit, im Sommer vor seinem Tod vernichtete. Während meine Mutter durch eine schlimme Scharlacherkrankung ans Bett gefesselt war, hatte er seinen Schreibtisch nach diesen Dingen durchforstet und alles, was ihn in seiner großen Zeit als Geschäfts- und Ehemann definierte, im Kamin verbrannt. Klaus, als Steuerprüfer selbst an diese Welt gebunden, fand es unfassbar, wie sich ein solcher Mann vor den Augen der Welt und der Familie auslöschen wollte. Der Satz in seinem Abschiedsbrief, hatte sich tief eingebrannt: »Vergeßt mich!«

Am Abend, als die Mutter den Abschiedsbrief in seinem Schreibtisch fand, ging meine Kindheit zu Ende. Der Leichenzug, der sich an unserem Haus, wo mein Vater aufgebahrt gelegen hatte, in Bewegung setzte und langsam durch die Straßen zur Trinitatiskirche am anderen Ende des Ortes wand, war der größte, den die Erzgebirgsstadt je gesehen hat. Der von sechs Pferden gezogene schwarze Leichenwagen, der hinter den gläsernen Fenstern den Blick auf den Sarg freigab, wurde von dem immer grimmig dreinblickenden Kutscher Humann so langsam durch die Straßen gelenkt, dass sich, als wir an der Kirche ankamen, erst die Letzten am Haus in Bewegung setzten. Viele, wurde erzählt, gingen an diesem Oktobertag mit, nicht weil sie der Familie oder der Firma eng verbunden waren, sondern weil sie im Begräbnis von Trommler eine Welt mitbegruben, die sie erlebt und endgültig verloren hatten.

2. Meine Offenbachiade

Auf Kühe schießen

Diese östliche Kindheit ist mein Anteil an einer deutschen Familiengeschichte, die vor allem in den zwanziger und dreißiger Jahren spielt, den modernen Aufstieg des wirtschaftlich ausgerichteten Bürgertums illustriert und mit Krieg und sowjetischer Besatzung dessen Zerstörung vor Augen führt. Ein gewichtiger Teil vor allem des Bildungsbürgertums verlor bereits in der Inflation an Status und Sicherheit, jedoch bewegte sich das in der Produktion engagierte Bürgertum trotz der Wirtschaftskrise auf der um die Jahrhundertwende geschaffenen Bahn in Richtung Modernität und Status weiter, bis es sich in der selbstgelegten Schlinge der Politikferne verfing und verriet. Ein Abstieg, der kaum das Literarische an sich hatte, das viele noch zu dieser Zeit mit Thomas Manns *Buddenbrooks* assoziierten, und der doch als dramatischer Abstieg deutschen Bürgertums erfahren wurde, mehrdimensionaler und moderner ausgerichtet und ohne die hanseatische Stilisierung.

So ging der Vorhang erst einmal herunter, und was dann aus den zusammengestückelten Bekanntschaften und Hilfsmaßnahmen als Lebensform auftauchte, entzog sich den gewohnten Einordnungen. Das ließ sich von der Mutter nur schwer ertragen, und auch die Schwester fühlte sich von diesem Leben ins Dunkle ausgesetzt. Klaus, der fast erwachsene ältere Bruder, abrupt vom Thron des Kronprinzen gestoßen, musste sich ohne familiäre Patronage ins Leben finden. Als Abiturient in einer streng geführten Schülerpension in Göttingen wurde ihm dafür nicht allzu viel Zuspruch zuteil.

Unbequem und fremd war das alles für den Elfjährigen, jedoch auch ein wenig abenteuerlich. Da wir Trümmer gewöhnt waren, fand ich mich schnell mit dem Umzug in die niederrheinische Stadt Kleve an der holländischen Grenze ab, die zwei Feuerstürme durch Bomben nur mühsam überstanden hatte. Kleves Wahrzeichen, die Schwanenburg, ragte als Ruine über dem Ort auf. Die Einheimischen waren stolz darauf, dass auf dem Rheinarm unter der Burg der Legende nach der Schwanenritter Lohengrin sein Boot parkte, wobei ziemlich unklar blieb, was darauf folgte. Den Stolz teilte ich vorerst nicht, lernte vielmehr in dem bieder-katholischen Ort, wie groß Deutschland ist, das heißt, wie wenig manche Gegenden miteinander zu tun haben, die nicht nur aufgrund der geographischen Entfernung, sondern auch der gemeinsamen Sprache getrennt sind. Was die ostpreußischen Flüchtlinge bei uns im Erzgebirge lernen mussten, lernten wir am Niederrhein: Flüchtling sein ist eine Unternehmung ohne Betriebsanleitung. Man müht sich ab, mit den bisherigen Kenntnissen die neue Umgebung zu meistern, merkt jedoch, dass man die neuen Kenntnisse nur durch Mitmachen und Dabeisein erwerben kann, und gerade das wird einem auf subtile oder weniger subtile Weise verwehrt.

Dazu kommt, was mir in der Tragweite erst langsam aufging, dass die Beschwernisse zwischen Alten und Jungen im Allgemeinen ziemlich ungleich verteilt sind. Meine Mutter wurde, ob sie wollte oder nicht, an die Vergangenheit gefesselt, weil sie ihr den Zugang zu Wohnung und Dasein in Kleve verschaffte. Der Sohn, im Bewusstsein, dass die Kindheit hinter ihm liege, verschwendete kaum Anstrengungen daran, Vergangenes für sein Überleben aufzuwärmen. Kein Wunder, dass er nur langsam die Glücksumstände begriff, die ihm das Dach über dem Kopf und das Mittagessen auf dem Tisch bescherten.

Es war keineswegs selbstverständlich, dass die gute Reputation des Vaters und seines Namens der Familie noch über seinen Tod hinaus zugutekam. Bekannte und Freunde lebten in Hamburg und in Schwaben, wo Thea Trommler Chancen sah, mit dem bereits eingeleiteten Umzug nach dem Tod ihres Mannes eine Auffangstation zu finden. Nach den Kämpfen um Firma, Haus und Besitz gab es kein Zurück mehr. Oder doch? Die wohlhabende schwäbische Freundin schrieb, nachdem die Mutter sie gefragt hatte, ob ein Zwischenaufenthalt bei ihr möglich sei, dass sie sich den Weggang doch gründlich überlegen solle, da sie im Osten ihr Haus und ihre gewohnte Umgebung, im Westen jedoch keine Wurzeln besitze. Eine solche Absage grub sich schmerzlich ein, nicht zuletzt, da die Freundin als Empfängerin zahlreicher Postpakete mit Hausrat im Zentrum der Umzugspläne fungierte.

Während die aus der Jungmädchenzeit stammende Freundschaft nicht weit genug reichte, kam die Rettung aus der Stadt des Schwanenritters, ausgerechnet von dem einst stärksten Konkurrenten der Trommler-Schuhe: von Gustav Hoffmann, dem Produzenten der Elefantenmarke.

Es spricht für den Anstand und die außerordentliche Großzügigkeit des Firmenchefs Walther Siegert und seines Aufsichtsrates, Richard Freudenberg, des Chefs des Lederkonzerns Freudenberg in Weinheim, dass sie die Abmachung, die beide mit Ernst Trommler im Sommer 1950 über dessen zukünftige Mitarbeit als technischer Direktor schlossen, was den Umzug nach Kleve einbezog, auch nach dem Tod meines Vaters honoriert haben. Das heißt, dass Gustav Hoffmann der Witwe des ehemaligen Konkurrenten, von dem nicht mehr die Expertise, sondern möglicherweise nur noch der Markenname eingebracht werden konnte, vorläufige finanzielle Sicherheit gewährte und ihr ermöglichte, vorerst mit den Kindern in Kleve wohnen zu können. Wir erhielten im Gästehaus unweit der Firma eine Wohnung, die bald mit dem Umzugsgut, das bei Nacht und Nebel über die Zonengrenze transportiert worden war, möbliert wurde.

In Kleve lieferte die Siegert-Familie der Mutter und uns Kindern das Gefühl, gesellschaftlich nicht völlig abgestürzt zu sein. Wir erfuhren das Fortleben bürgerlicher Lebensformen im Westen, die sich nicht im bloß Ökonomischen äußerten, stark in der Hilfe, aber auch stark in den Verletzungen. Der Schuhfabrikant wurde auch nach dem Tod noch gewürdigt, dennoch ballten sich für Thea Trommler die Widrigkeiten zusammen: Ostflüchtling zu sein, Witwe zu sein, deklassiert zu sein.

Ich war ahnungslos, eigentlich gedankenlos genug, um das, was der Mutter zustieß, die sich als so stark erwiesen hatte, als Teil des Familienschicksals hinzunehmen, bei dem ich mir als eine Art Anhängsel vorkam. Gefangengenommen von einem neuen Freund, Rüdiger Schinkel, radelte ich an freien Nachmittagen übers total flache Land an Kanälen und Kühen vorüber zum Dorf Schneppenbaum. Dort leitete Rüdigers Vater als Lehrer eine Zwergschule. Links vom Gang die Wohnung, rechts das Schulzimmer. Ein freundlicher, lustig zwinkernder Mann, der die Fähigkeit besaß, vier und mehr Jahrgänge von Dorfschülern auf Trab zu halten, ohne zu schimpfen, nur kraft seiner Fähigkeit, die verschiedenen Interessen zu beschäftigen. Dabei erfuhren wir als Gymnasiasten, am Ofen in der Ecke auf einer Bank geduldet, dass auch wir über die Geschichte des Rheins nicht viel mehr wussten als die vier hellen Achtjährigen in der dritten Bankreihe. Die Dorfschule hatte es seit Generationen gegeben, wenn auch noch nicht zu der Zeit, da man dem Bauern Dirk Sneppe einen Schlagbaum vor den Hof setzte. Wahrscheinlich war auch der ein halber Holländer gewesen, erklärte Vater Schinkel, wie viele der Leute auf diesem platten Land der Hecken und Kühe.

Apropos Kühe: Eine Unternehmung frecher Jungen, mit der der Lehrersohn den Vater tatsächlich einmal zu einem Wutausbruch trieb, bestand darin, ihm die Luftbüchse aus dem hintersten Kommodenfach zu stibitzen und in gebührender Entfernung auf die friedlich grasenden Tiere anzulegen. Als Kriegskind entschlossen, nie in meinem Leben ein Gewehr anzurühren, habe ich den Entschluss einmal durchbrochen. Es war zu lustig, die Kühe hinter dem Zaun nach einem Moment, in dem das Schrot am Fell abprallte, langsam in Bewegung zu versetzen. Wenn zwei abdrückten, kam in die friedlich grasende Herde tatsächlich etwas Bewegung, ein Auf- und Abtauchen der Rücken über dem Zaun in schwerfälliger Eleganz.

Ich war jedoch nicht ahnungslos genug, um als Flüchtling und Außenseiter nicht die Selbstgefälligkeit der Einheimischen wahrzunehmen und die Mutter mit Zärtlichkeit in dieser Zeit seelischer Erschöpfung zu trösten. Dieser Part war mir schon in der alten Heimat zugewachsen. Nun kam er allerdings zunehmend mit der neuen Existenz als freiheitsliebender Zwölf- und Dreizehnjähriger in Konflikt, der auf Kühe schoss und später nach Hause kam, als versprochen.

Was heißt hier Erziehung?

Stiefväter kann man sich nicht aussuchen. Sonst wüsste ich, was zu tun ist. Meine Erfahrung sagt mir: Wenn Dein Vater gut war, such Dir einen aus, der ihm ähnlich ist, nur besser. Mein Stiefvater, den die Mutter nach zwei Jahren heiratete, war nicht besser, hatte aber im Unterschied zu meinem Vater Humor. Ansonsten redete Onkel Max, wie wir ihn nannten, in die ohnehin nicht vorhandene Erziehung nur wenig hinein. Das Einzige, was er mit Autorität lehrte, war der Umgang mit Autoritäten, den ein junger Mann in den fünfziger Jahren kennen musste, um sie umgehen oder nutzen zu können. Er bewies mit Erfolg, dass der Sums um die Bürgerlichkeit seine Berechtigung besaß: Er hatte selbst, wie er bekannte, dank Stil, Können und Willen nach dem Krieg seine bürgerliche Existenz wieder aufgebaut.

Dieser neue Ehemann, Maximilian Stadler, hatte in Rosswein in Sachsen Schuhe der Luxusmarke Romanus produziert, war ebenfalls wie unser Vater in zwei Weltkriegen Offizier gewesen, jedoch klugerweise bei Kriegsende nicht mehr in die sowjetische Besatzungszone zurückgekehrt. Ihm gelang es im Westen, in der Stadt Einbeck, mit Krediten vom Land Niedersachsen wieder eine Schuhfabrik aufzubauen, in deren Führung er die beiden erwachsenen Söhne Günter und Achim Stadler einbezog. Angesichts der erneuten Heirat besaß er die innere Freiheit, den Betrieb den Söhnen mit den Worten zu übertragen: Es ist besser, ich gehe, denn ich kann mit meinem guten Ruf als Schuhfabrikant schneller eine ansprechende Position erlangen als ihr. In der Tat wurde er alsbald von der Schuhhandelszentrale Conrad Tack, die ihren Sitz in Offenbach am Main hatte, als Direktor eingestellt.

Auf andere Weise kam der Mutter hier die Vergangenheit zugute. Die beiden sächsischen Familien waren miteinander gut bekannt und hatten in der Chemnitzer Gesellschaft oft zusammen gefeiert. Beim Wiedersehen mit Max Stadler nach vielen Jahren sprangen die Funken über. Beide hatten auf tragische Weise ihre Ehepartner verloren, in beiden Fällen durch Selbstmord. Das verband. Daraus der Umzug von Kleve nach Offenbach.

Mit dem Stiefvater bekam ich eine Stiefschwester hinzugeliefert, Inge, eine hübsche, lebenslustige Person, die im Gegensatz zu meiner Schwester vom Studium nicht viel wissen wollte. Meine Mutter, bei ihrer zweiten Heirat eine attraktive einundvierzigjährige Frau, blühte in der Liebe zu dem beträchtlich älteren Mann auf. Den beiden fast gleichaltrigen Mädchen, die ihre Ausbildung noch vor sich hatten, wurde damit eine Mutter und Stiefmutter zuteil, die zwar den Haushalt mustergültig führte, jedoch mit diesem stattlichen Mann einen lange angesammelten Liebesstau auslebte und als Ansprechpartnerin für die Töchter keine ideale Rolle spielte. Meine Schwester beklagte, dass die Mutter, die die Familie in Abwesenheit des Ehemannes als Chefin erfolgreich durch Kriegs- und Nachkriegsjahre hindurchgesteuert hatte, sich nun wieder in die Rolle der abhängigen Ehefrau fallen ließ, als sei nie eine Emanzipation erfolgt. Die Stiefschwester beklagte, dass die Stiefmutter dort, wo sie die veralteten männlichen Prioritäten des Vaters hätte beiseitedrängen können, nichts unternahm, ihr stattdessen vorhielt, liederlich zu sein und zu wenig für den Haushalt zu tun.

Mit dieser Familienkonstellation formten sich in mir vor allem zwei Erfahrungen. Die eine war, dass, wenn man sich einigermaßen vernünftig verhielt und in der Schule gut abschnitt, die Erziehungssache ad acta gelegt werden konnte. Das, was die Älteren an Maximen noch in den fünfziger Jahren von sich gaben, etwa »Jugend sollte idealistisch sein«, »als junger Mensch soll man lernen, sich in eine Gemeinschaft einzufügen« und dergleichen mehr, roch im besten Falle ranzig und im schlimmsten Falle nazistisch. Es wurde bei uns nur halbherzig vorgebracht, gerade genug, um in mir Widerstand zu wecken und gegen Idealismus zu stänkern und das Loblied auf meine Eigenwelt ohne Gemeinschaft zu singen.

Mir war es vergönnt, nicht durch Unleidlichkeit und Revolte, sondern durch ein kleines Bankkonto eine gewisse Unabhängigkeit entwickeln zu können. Hierbei kam auch mir Vergangenes zugute. Mit Mühe und Zähigkeit konnte die Familie aus dem einstigen Aktiendepot des Vaters nach entsprechender »Abwicklung« einen Restbetrag sichern und als Erbe verteilen. Wenngleich unter Mutters Verwaltung stehend, konnte ich bald bescheidene Beträge für das abzweigen, was ich bei einer reiselustigen Familie als Höchstes anstrebte: Fahrten zu unternehmen, zum Beispiel mit vierzehn Jahren auf dem Fahrrad zu den Großeltern durch den Schwarzwald nach Lörrach, mit sechzehn auf dem Moped nach Novara in Oberitalien, wo Onkel Heiner wohnte. Vierzehn Jahre ist früh, aber ich hatte meiner Mutter Unabhängigkeit bereits mit den Zugfahrten nach Chemnitz bewiesen. Was anderen Eltern Sorge bereitete und deren Erziehungsprinzipien auf den Kopf stellte, wertete meine Mutter eher als Erziehung: Risiken eingehen, um erwachsen zu werden.

Als Junge hatte ich es viel besser als meine Schwestern, die sich entsprechend oft wehren mussten und Tränen fließen ließen, denn in jenen Jahren wurde weibliche Emanzipation noch aktiv bekämpft. Schwester Gisela hatte es nicht leicht, ihren Entschluss, Kinderärztin zu werden, gegen die Mutter durchzusetzen. Stiefschwester Inge hatte es schwer, ihre Heirat in London mit Tom Pevsner, einem Filmproduzenten, gegen den Vater durchzusetzen.

Die andere Erfahrung war, dass man, wenn Familienleben ziemlich viele Kompromisse verlangt, eine Art Vorschule für Diplomatie durchläuft. Gelungene Familienfeste werden mit den strategischen Dispositionen, in denen eine Person die Zügel in der Hand hält, zu einer Art Vorbereitung organisatorischer Unternehmungen. Dazu gehört, dass man nicht alles planen darf, vielmehr ein wenig dem Zufall überlassen muss, solange man neben Plan A auch Plan B parat hat.

Was heißt hier Erziehung? Trotzdem lernte ich etwas in diesem bürgerlichen Familienhaushalt, was man früher als gute Kinderstube bezeichnet hat. Wenn man es nicht hatte, blamierte man sich. Das wollte ich nicht. Der Stiefvater schrieb selten etwas vor, achtete aber darauf, dass es eingehalten wurde. Was es war, kam kaum zur Sprache – der mysteriöse Restbestand bürgerlichen Lebens, den man nicht quantifizieren kann. Dazu gehörte, dass mir dieser sympathische und angesehene Mann den Verlust des Vaters in diesen Jahren weniger zum Bewusstsein kommen ließ. Ein Vater auf Abstand, nicht schlecht.

Was ich nicht in der Familie an Erziehung einatmete, holte ich im Besuch eines Gymnasiums mit altsprachlicher Abteilung nach, das heißt, der Brutstätte des Glaubens, dass Bildung, eingerahmt durch Latein und Griechisch, über alle Widrigkeiten des Lebens, vor allem politischer Art, eine gewisse Souveränität gewähre. Ausgerechnet in der roten Arbeiterstadt Offenbach wurden wir Gymnasiasten in der wieder eingerichteten altsprachlichen Abteilung des Leibniz-Gymnasiums als Erneuerer längst entschwundenen Bildungsbürgertums behandelt. Wir nahmen es als gegeben hin und behandelten die Studienräte und Assessoren, wenn sie sich Blößen gaben, so unbarmherzig, wie es von den Älteren in diversen Pennälergeschichten lange vor der *Feuerzangenbowle* von Heinrich Spoerl vorgezeichnet worden war.

Wir gehörten somit ebenso wie die Lehrer zu den Restbeständen des alten Bildungssystems, das sich durch die Nazizeit hindurchgerettet hatte. Wir wurden nicht im Geiste des Griechen-, sondern des Bürgertums erzogen, genauer im Geiste dessen, was noch davon übrig war: des autoritären Habitus, den zu durchlöchern man sich als Schulklasse zum Ziel setzte; des Bildungsstrebens als Selbstwert, was die Isolierung von der umgebenden Arbeitswelt verstärkte; des Unpolitischen als Tugend; schließlich des Aussparens von unbequemen Teilen der Geschichte, in diesem Falle der Nazizeit.

All dies hieß auch, dass wir noch Originale als Lehrer erlebten, denen wir gemäß der alten Rituale Spitznamen gaben. Einige verstanden darin, selbst wenn die Namen wenig schmeichelten, einen Beweis ihrer Originalität. So akzeptierte der Altphilologe Dr. Kredel, dem die Schulbibliothek mehr am Herzen lag als die Schüler, als unausweichliches Berufsrisiko, dass man ihn unter Schülern mit »Bembel«, der Bezeichnung für den Äbbelwoikrug (Apfelweinkrug) in der Frankfurter Gegend, beehrte, obgleich er für den Genuss von Apfelwein wenig Interesse verriet. Inspiriert war der Spitzname wohl eher von seiner Silhouette.

Gemäß der traditionellen Gymnasialüberlieferung formte sich die Klasse zu einem Interessenverein junger Männer, mit dem die Lehrerschaft eine Art Katz- und Mausspiel im Übermitteln ihres jeweiligen Stoffes unternahm, bei dem sie, wenn wir merkten, dass sie nur ein Ritual abspulten, öfters selber zur Maus mutierten, die nur noch aufgrund überlieferter Autorität, Zensuren auszuteilen, ernstgenommen wurde. Wenn Lehrer jedoch die Fähigkeit besaßen, unsere volle Aufmerksamkeit zu erlangen, wie es im Fall des Lateinlehrers Dr. Schuster, des Deutschlehrers Klaus Peuker und des Religionslehrers Pfarrer Kratz geschah, der uns mit den Problemen der Offenbacher Altstadtgemeinde, dem ärmsten Viertel der Arbeiterstadt, vertraut machte, strengten wir uns an und entwickelten so etwas wie Loyalität.

Natürlich gehörte zur kompletten Erziehung junger Männer deren Fernhalten vom anderen Geschlecht, mit anderen Worten: die Pflege sexueller Ahnungslosigkeit. Sie wurde durch übelste Schlüpfrigkeiten kompensiert, jedoch nicht durchbrochen, so wenig wie durch die Tanzstunde mit Mädchen der Ursulinenschule. Dabei ließen wir fast dieselbe peinvolle Unsicherheit dem weiblichen Geschlecht gegenüber erkennen wie unsere Vorfahren in den Bällen des wilhelminischen Zeitalters vor einem halben Jahrhundert.

Erweckungen, halb erwachsen

Unter diesen Umständen blieb uns Amerika als Quelle neuen jugendlichen Selbstbewusstseins mit Film, Songs, Rock 'n' Roll, Jeansmode und Sprachstil seltsam fern, obwohl oder gerade weil wir in einer Kernzone amerikanischer Armeeverwaltung lebten. Die braungrünen Armeelastwagen, die mit irgendwelchen Zielen vorbeidonnerten, hin und wieder, wenn ein hübsches Mädchen vorüberging, mit Fehlzündungen herumknallten, gehörten in Frankfurt und Offenbach zum Stadtbild, setzten jedoch kaum Amerikaphantasien in Bewegung. Mit dem Englisch, das man beim Soldatensender AFN lernte, konnte man bei uns nicht viel anfangen, irgendwie hörte es sich nach modischer Angeberei an. Da gab es AFN-Profis, die es perfekt beherrschten, doch die hatten wiederum an uns keinerlei Interesse.

Wenn Amerika auf einer, wie man damals sagte, höheren Ebene daherkam, vor allem mit Hemingway, Faulkner, Thomas Wolfe und Thornton Wilder, spürte ich einen besonderen Reiz. Mit deren Büchern nahm man sozusagen an einer Neuausgabe von Bildung teil, die kein Magendrücken verursachte. Was mich reizte, war weniger das Vordringen in den fernen Kontinent als die Verführung zum Selberschreiben, zum Sich-Bestätigen, wie es Wolfe mit seinem wunderbaren Roman *Schau heimwärts, Engel!* fertigbrachte. Wolfes Griff ins Epische und Große lieferte Modelle fürs eigene sprachliche Beschwören jugendlichen Aufbruchs. Gedichte konnten das nicht leisten. Ich fand es langweilig, nach innen zu lauschen, wollte vielmehr am Großen teilhaben, um mich zu spüren. Gedichte waren gut fürs Ironische und Großstädtische, wie es Erich Kästner vormachte. Darin übte ich mich bei Gelegenheit und fand in meinem humorvoll-urbanen Stiefvater einen kritischen Abnehmer.

Der Durchbruch, an einem Ereignis teilzuhaben, das international etwas von sich hermachte, geschah 1955 mit der Zugfahrt als Sechzehnjähriger zur ersten Documenta in Kassel, die ich von meinem Geld unternahm. Diese vielbeachtete erste große Ausstellung moderner Kunst in Deutschland nach dem Krieg, die den Makel der Entartung tilgen sollte, mit dem die Deutschen diese Kunst verfolgt hatten, erfüllte bei mir genau ihre Aufgabe: Sie gab den Anstoß, die seichte, bürgerlich anerkannte Bewunderung traditioneller Malerei fallenzulassen, die mit der Ablehnung des verrückten Expressionismus einherging, und mich mit der modernen Kunst auf eine Sache einzulassen, deren Verständnis so etwas wie Reife signalisierte.

Nicht die Tatsache, dass ich das Abstrakte verstand, war das Erlebnis, sondern dass ich wirklich vor Baumeister, Kandinsky und Picasso stand. Zu dieser Zeit bedeutete Picasso tatsächlich eine Provokation, Klee ein Magieerlebnis, Soulages lieferte mit seinen schwarzen Balken Tritte vors Schienbein. Und dann Beckmann! Sein kratzbürstiger Odysseus war endlich einer, dessen Irrfahrt zeitgenössische Erfahrungen assoziieren ließ. Schließlich Feininger! Er machte Mut, ins Abstrakte zu gehen, ohne Reales völlig zu verlassen. Ich kaufte mir in der Fischer Bücherei Werner Hofmanns *Zeichen und Gestalt, das* Taschenbuch über diese Maler, nach dessen Lektüre sich mir moderne Kunst in der Abfolge von Cézanne zu Kandinsky und Picasso als eine Entwicklung im Kopf einbrannte, ähnlich der Abfolge klassischer Musik von Haydn, Mozart zu Beethoven, die sich mir im Leben stets lebendig erhalten hat.

Kein Wunder, dass ich meine eigenen Exerzitien mit Stift, Tinte, Tempora und Öl, die in der Schublade endeten, von nun an als Experimente einer Entwicklung verstand. Ich holte gleichsam den Progress vom Gegenständlichen zur Abstrahierung nach und fand darin eine Rechtfertigung für vielen bunten Murks, den ich zögerte wegzuwerfen, weil er doch die Entwicklung der modernen Malerei offenbarte. Der Effekt war verblüffend. Als ich nach Jahren einmal beiden Elternteilen einige der besseren Kunstblätter vorführte, die sich angesammelt hatten, erklärten sie sich bereits von der Fülle erschlagen. Es ging weniger peinlich zu als bei der Vorführung vor einigen Klassenkameraden, die darin sehr genau die Prätention erkannten und »aha« sagten.

Im Allgemeinen behielt man solche ästhetischen Prätentionen für sich. Gemeinschaftliches Ästhetisieren war etwas, das man früher in jüngeren Generationen gepflegt hatte. Wenn wir Gemeinschaft suchten, pilgerten wir in Offenbach am Sonntag zu mehreren auf den Bieberer Berg, wie der Hügel heißt, auf dem das Fußballstadion steht, und sahen die Offenbacher Kickers in der Oberliga Süd spielen, enggedrängt auf der Tribüne stehend, schimpfend, wenn es gegen den Angstgegner 1. FC Nürnberg ging, und jubelnd, wenn Torjäger Preißendörfer dem VfB Stuttgart mit einem Gewaltschuss das Genick brach. Man hatte ein echtes Männererlebnis, komplett mit schlüpfrigen Witzen. Die allerdings meinem Klassenkameraden Hartmut Mecking nicht mundeten. Mit ihm war ich übereingekommen, Mitglied der Offenbacher Kickers zu werden, um Handball zu spielen (das gab es da auch), denn Schulsport existierte nicht. So wurden die Offenbacher Kickers der einzige deutsche Verein, dem ich je angehört habe. Für Fußball im Team war ich zu schlecht. Für Feldhandball langte es, weil ich, obwohl viel langsamer als der schnelle Hartmut, weit werfen konnte.

Jugendliches Selbstbewusstsein sollte sich, wenn man vom Gymnasialbesuch absah, aus Interesse am Zukünftigen entwickeln, wie man es mit Amerika geliefert bekam. Ich hatte nichts gegen Amerika und die Zukunft, wählte jedoch den Umweg über Bücher. In denen erfuhr ich etwas von der gewünschten Spannung, vor allem wenn sie von der gerade zurückliegenden Vergangenheit handelten. Genauer von den Dingen, welche die Erwachsenen erlebt hatten, jedoch mit viel Getue verschwiegen. Hätte ich mich in der Offenbacher Stadtbücherei von den jugendlichen Abenteuerromanen nicht zu der im ersten Stock der Empore aufgestellten Kriegsliteratur mit ihren weniger bunten Buchumschlägen durchgekämpft, wäre ich kaum zu meiner Entdeckung gekommen, dass da eine Art papierner Wochenschau herumstand. Mit ihr konnte man erfahren, was die Älteren eigentlich während der Kriegskatastrophe gemacht hatten, durch die uns das Leben mit allen möglichen Einschränkungen und Rücksichtnahmen versäuert wurde. Gerade weil die Älteren so taten, als sei das abgeschlossen und läge zum Glück hinter uns, wurde man neugierig. Und gerade weil sie die Gegenwart so öde wollten, von allen interessanten Sachen leergefegt, erwachte das intensive Bedürfnis nachzuholen, was wir versäumt hatten.

Ich stürzte mich in alle möglichen Bücher über den Krieg, in Plieviers traumatisierende Dokumentationen *Stalingrad* und *Moskau* ebenso wie in Hans Hellmut Kirsts Landsertrilogie *Null-acht-fünfzehn*, in Heinrich Gerlachs Stalingradroman *Die verratene Armee* und Josef Martin Bauers Sibirienfluchtepos *So weit die Füße tragen* ebenso wie Hugo Hartungs *Der Himmel war unten* über die Bombardierung deutscher Städte. Da kamen mir Fragen, die ich gerne beantwortet gehabt hätte. Ich hatte vom Stiefvater öfters gehört, dass er als Hauptmann mit der 17. Panzerdivision bis vor Moskau gelangt war. Wenn ich bei dem Dinnergerede der Bekannten dabeisitzen durfte, behandelten sie das Frontleben wie eine Art Schicksalstunnel, durch den man als deutscher Mann durchmusste, was viele nicht schafften. Die, die es schafften und in dieses Land zurückfanden, prosteten sich, wenn sie untereinander waren, bei Abendeinladungen zu und übertrumpften sich mit der Beschreibung der Bauernkaten und ihrer hochgemauerten Backöfen, auf denen sie sich unter niedriger Decke hinlagern und die kältesten Nächte des russischen Winters überleben konnten. Viel mehr war da nicht herauszuholen.

Oder doch? Was war mit den »schlimmen Dingen«, die der Stiefvater bei der Heimfahrt von der Front durchs Partisanengebiet der Pripyet-Sümpfe erfuhr? Wie kam er durch den russischen Winter, den der Vater in Gefangenschaft ebenfalls durchgemacht hatte?

Ich nahm diesem Mann seine Verachtung für Hitler ab, für den Gröfaz, den größten Feldherrn aller Zeiten, ebenso seine beglaubigte Distanz zu den lokalen Nazis als ein Großbürger in einer Kleinstadt. Max Stadler sprach ohne Verachtung von den Russen, die er jahrelang bekämpft hatte, zeigte Hochachtung für ihren Mut und ihr Durchhaltevermögen als Gegner. Er repräsentierte damit Schlüssel und zugleich Barriere im Verständnis der Kriegsvergangenheit der Deutschen mitsamt der Judenverfolgung. Er gab mir Einsichten und blockierte zugleich den Willen, dieser Vergangenheit, die hier im Persönlichen vor mir lebte, auf den Grund zu gehen.

So ahnte ich damals, irgendwie zu versagen, wenn ich nicht weiterfragte. Ich beließ es bei der Einsicht, dass das, was ich aus Eugen Kogons Bericht aus dem KZ Buchenwald, *Der SS-Staat*, aus Gerald Reitlingers *Die Endlösung* und Walther Hofers Fischer Taschenbuch über das Dritte Reich und die Judenverfolgung mitbekam, zum Komplex Krieg zählte, zu dem großen, fremden, dunklen Klumpen, den ich als Kind hinter dem Wald und dem abgestürzten Flugzeug, vielleicht auch den fremd am Waldrand im Garten hingelagerten Sträflingen vermutete. Aber warum sollte gerade ich diesen Klumpen auseinanderzerren?

Nicht das Interesse, in die Details der Nazi-Verwicklungen einzudringen, bewegte mich. Was reizte, war, die Älteren aus ihrer Selbstsicherheit auszuhebeln, mit der sie ihre gegenwärtigen Stellungen einnahmen und das Alte nicht angetastet haben wollten. Nur so fand ich als designierter Abiturredner des Leibniz-Gymnasiums im Frühjahr 1959 den Mut, diese Rede, die vor der versammelten Schüler-, Lehrer- und Elternschaft Wohlwollen und Dankbarkeit ausstrahlen sollte, zu einer Aufforderung an die Erzieher zu machen, sich der Nazi-Vergangenheit zu stellen. Diese Rede, von unseren Nachfolgern als provokant in der Schülerzeitschrift *Die Pauke* abgedruckt, hat nur den einzigen Nachteil, dass ich, um wenigstens einen großen Mann zu zitieren, ausgerechnet auf Martin Heidegger verfiel, weil der berühmt war und den brauchbaren Satz geprägt hatte: »Die Vergangenheit kommt aus der Zukunft auf uns zu; denn erst von der Erwartung wird unser Erbe lebendig.«

Das, was ich mit dem Zitat im Sinne hatte, war wohl nicht gerade im Sinne Heideggers – mir ging es um Aufklärung, nicht Verdunkelung. Nur durchschaute ich die erhebenden Worte über Vergangenheit und Zukunft so wenig wie die genannten Barrieren persönlicher Art.

Schreiben lernen, um gedruckt zu werden

Die Mitarbeit an der Zeitschrift *Die Pauke* bedeutete nicht, dass meine Künstlerambitionen ganz in den Schubläden verschwanden. *Die Pauke* war eine von allen Offenbacher höheren Schulen getragene Schülerzeitschrift, die landesweit Anerkennung fand und sogar den Preis der Jungen Presse zugesprochen bekam. Nicht nur schreiben, sondern gedruckt werden! Gelesen werden! Illustrationen herstellen, die im Druck erscheinen! In Titelbildern Originalität beweisen! In den beiden letzten Schuljahren wuchs die Begeisterung dafür reziprok zur verblassenden Schularbeit. An die Stelle der poetisch schwelgenden Erzählmelodie früher Schreibversuche trat eine zumeist ironisch gefärbte Kommunikationsform, die nicht immer als Schreiben ernstgenommen werden konnte, jedoch in den besten Fällen zu lesbaren Stellungnahmen über das Verhältnis von Jugend und Erwachsenenwelt führten. Dabei trafen die alten, abgestandenen Satireformen der Pennälerphantasie auf die neue ironische Kabarettsprache, in der ich mit den entsprechenden Karikaturen einige Fertigkeit gewann, wenn mich nicht der moralische Teufel ritt und zu Demokratiepredigten trieb, für die wir noch kaum Anwendungen zur Hand hatten.

Hierbei ging es weniger um Inhalte als um die Herstellung einer stilistischen Haltung, die man später als *cool* bezeichnet hätte. Sie fand zu dieser Zeit durch die Vorbilder Kurt Tucholsky, der in den bundesrepublikanischen Kabaretts ausführlich geplündert wurde, und Hans Magnus Enzensberger, der als Deutschlands *angry young man* galt, Anerkennung. Der Anlauf, den ich hier nehmen konnte, katapultierte mich beim Studium in München zu einem der sichtbarsten Mitarbeiter der Studentenzeitschrift *Profil*, sichtbar insofern, als ich sowohl Artikel zu Literatur und Germanistik als auch Karikaturen zu den nachnazistischen Absurditäten bundesrepublikanischen Lebens beisteuerte.

All dies wäre nie so weit und professionell gediehen, hätte nicht mein Klassen- und Reisekamerad Volker Müller mit seinem ausgeprägten Sinn für Politik und Organisation die entscheidenden Weichen gestellt. Ganz ohne Zweifel verschaffte mir Volker die meisten Gelegenheiten, mich aus der egomanischen Künstlerblase herauszuarbeiten. Damit vermochte ich jene stilistische Formel zu einer kritischen politischen Haltung auszubauen. Sie blieb vage, lieferte jedoch das Gefühl, die Nase über die staatlich sanktionierte Ahnungslosigkeit des Wirtschaftswunders hinauszustecken.

Volker Müller, der sich zum zweiten Vorsitzenden des Verbandes der Jungen Presse in Hessen sowie zum Bundesvorstand emporarbeitete, verdanke ich die beinahe lebenslange Bekanntschaft mit Dieter Grimm, dem späteren Bundesverfassungsrichter, dem als Mitorganisator der Jungen Presse bereits damals in allem, was er tat, Führungsanspruch zugestanden wurde. Mit klarer, bereits vom Jurastudium geprägter Diktion verstand es Grimm, uns Novizen das Gefühl zu geben, auf überregionalen Tagungen der Jungen Presse an einer Art Elitenförderung teilzunehmen. Das schloss Tagungsorganisation ebenso wie Diskussionen über Wirtschaftsfragen ein, bei denen der spätere nordrhein-westfälische Wirtschaftsminister Reimund Jochimsen referierte, sowie den Besuch eines gewaltig flammenden Stahlabstichs in der Dortmund-Hörder Hüttenunion, einer Art industriellen Primärerlebnisses. Siebzehn- und achtzehnjährige Schüler wurden aufgrund ihrer Presse-Aktivitäten als geschätzte Besucher ins Heiligtum der deutschen Stahlindustrie geführt. Wer sich da nicht wichtig vorkam, war für die Karriere bereits verdorben, auch wenn er sie noch nicht ins Auge gefasst hatte.

Grimm ließ keinen Zweifel daran, dass seine Karriere als Verfassungsrechtler bereits auf ihn wartete.

Als zeitweiliger Mitherausgeber vom *Informationsdienst Junge Presse* lernte ich auch die beschwerlichere Seite der Verbandsarbeit kennen: Briefe schreiben, Beiträge eintreiben, Layout vorbereiten, Informationen einholen und filtern. Hintergrundarbeit, die viel Ärger und wenig Anerkennung erzeugt. Anders die Vordergrundarbeit als *Pauke*-Redakteur. Die brachte örtliche Bekanntheit, jedoch auch gewaltiges Herzklopfen ein. Mir fiel die Aufgabe zu, die Pauke-Bälle in den Offenbacher Messehallen zu veranstalten, die bisweilen über tausend Schüler zählten und zur Finanzierung der Zeitschrift unumgänglich waren.

Zum Glück lief die Musik zum Tanzen einigermaßen von selbst. Der Frankfurter Routinier Willi Wildhardt lieferte mit seinen Mannen endlosen Swing, Walzer und Cha-Cha-Cha, und die Schülerband Blue Note Jazz Boys verdiente im Nebenraum mit ihrem Jazz mehr als sonst im Jahr. Weniger routiniert waren meine Begrüßungen, bis ich das Mikrofon zu manipulieren lernte und nicht mehr in der existentiellen Einsamkeit des nur kurz goutierten Offiziellen auf der Bühne vergaß, was ich sagen wollte.

Die größte Herausforderung lag dann noch vor mir: die Schülermeute zu vorgerückter Stunde zu der erst ausgebuhten, dann begeistert gefeierten Wahl der Miss Pauke zu animieren. Wir hatten uns eine geniale Form der Auswahl ausgedacht, die Willi Wildhardt mit Trommelwirbel ankündigte. Jemand stellte ein Lärmometer zur Verfügung, wie wir es nannten, das mit jedem neuen kostümierten Mädchen, das auf die Bühne stieg, seinen Zeiger ausschlagen ließ. Zehn Mädchen, zehnmal den Lärmpegel messen und daraus die Siegerin ermitteln. Da die Massen jeden ohrenbetäubenden Jubel aufs Neue überbieten wollten, waren die letzten Mädchen am besten dran. Beim Faschingsball kam die Siegerin im Indianerkostüm mit Bild in die Zeitung, die *Offenbach-Post*.

Volontär bei der *Offenbach Post*

Journalist sein, Unbekanntes schreibend bekannt machen, gelesen werden, in der Öffentlichkeit wirken: So ungefähr beantwortete ich für mich die Frage, was ich eigentlich mal beruflich machen wollte. Da mein Maltalent höchstens zu politischen Karikaturen reichte, mein Hunger auf Jura und Medizin schwach entwickelt war, sollte ich es wohl eher mit dem Schreiben versuchen. Für die *Offenbach Post* verfasste ich einige Artikel, darunter einen über den Besuch von Paris, während de Gaulle die Vierte Republik aushebelte, und einen darüber, wie Budapest vier Jahre nach der Revolution von 1956 aussah. Mit Udo Bintz, dem Mitverleger und Herausgeber der in Großstädten verbreiteten Boulevardzeitung *Frankfurter Abendpost* und der regional führenden *Offenbach Post*, konnte ich eine Vereinbarung treffen, aufgrund derer ich mein Volontariat während der Semesterferien absolvieren durfte, zunächst in der Lokalredaktion, dann in der politischen Redaktion.

Bintz, einst Redakteur im Ullstein-Verlag Berlin, ein pragmatischer Zeitungsmacher, der sich nach dem Krieg eine der ersten Lizenzen der amerikanischen Besatzungszone sichern konnte, liebte das Unkonventionelle und nahm es mit amüsiertem Kopfschütteln hin, dass sich da ein angehender Akademiker auf Fahrraddiebstähle einlassen wollte. Denn das war die erste, die größte Hürde, die zu nehmen war. Artikel über Paris im Belagerungszustand und Budapest im Trauerkostüm zu schreiben, konnte jeder. Fahrraddiebstähle im Einspalter so zu beschreiben, dass man mehr als die Überschrift las, erforderte wirkliches Können. Während ich die fünf großen »Ws« auf die Reihe zu bringen suchte – Wann? Was? Wie? Wo? Wer? –, vergaß ich Hesse, Camus und Thomas Wolfe und zog den Schwanz ein, denn die Kritik war harsch.

Es muss in Demut geschehen sein, dass ich den ersten Einspalter aufbewahrte, der unter dem Titel »Zechpreller« Folgendes verkündete: »Erst jetzt erstattete eine Offenbacher Gastwirtin bei der Polizei Betrugsanzeige gegen einen Herrn aus Mühlheim. Er hatte am 22. Juli bei ihr eine Zeche von 14,70 Mark gemacht, ohne im Besitz von Geld zu sein.« Im Polizeibericht hatte es wahrscheinlich lebendiger gestanden. Ich lernte, dass solche Meldungen nicht wegen ihres Inhalts zählten, sondern weil sie beim Umbruch der Seiten halfen, Lücken zu füllen. Nach dem Umbruch wurden diejenigen, die der Umbruchredakteur nicht brauchte, weggeworfen.

Die Feuertaufe hielt man für mich am zweiten Abend bereit, als der dafür designierte, ebenfalls junge Lokalreporter ausfiel, jedoch die Reportage über den nächtlichen Einsatz des Überfallkommandos der Polizei, das in Offenbach Eingreifkommando hieß, geliefert werden musste. Ich kam den älteren Lokalredakteuren gerade recht, ob erfahren oder nicht. Im engen Polizeiwagen OVID 3 mitzufahren, ewig zu warten, die schlüpfrigen Witze mit Lachen zu quittieren und aus eigenem Bestand zu ergänzen, unterhaltsam zu sein, wenn nichts passierte, und genau zu sein, wenn etwas passierte, was ich nicht sofort verstand, das war etwas für die Jüngeren. Ich zögerte, ob ich der Nachwelt überliefern sollte, dass der Polizeioberwachtmeister in dem schnell durchsuchten Bürogebäude in der Ludwigstraße den Einbrecher, den er bereits kannte, erst niederschlug und dann erst fragte, was er heute Nacht vorgehabt habe. Ich lernte, dass im Umgang mit Offiziellen Vorsicht am Platz geboten war. Sonst hätte ich nicht verschwiegen, was der über zwei Meter große, einschüchternde Polizeioberwachtmeister nach dem gekonnten Niederschlag befriedigt verkündete:

Kommir net widder ze nahe: Isch war Flüschelmann im Führerhauptquartier in Rastenburg!

Dennoch war ich nach dieser Nacht in OVID 3 dankbar, dass Alfred Behr ausfiel. Gerade dieser junge Journalist hat mir in der Folgezeit das Alphabet des unterhaltsamen Lokalreporters beigebracht. Ein spitzbübisches Gesicht unterm Stiftekopp, wie man es nannte, ein Egon Erwin Kisch des Lokalen; kein Wunder, dass ihn später die Lokalredaktion der *Frankfurter Allgemeinen* abwarb, denn im Rhein-Main-Gebiet gab es unter den Zeitungen, zu denen auch die *Frankfurter Rundschau* und die *Neue Presse* gehörten, viel Konkurrenz.

Die Lokalredaktion war fest in der Hand von Lothar Braun, der als »Ralo« jeden Morgen die Leser in einer besorgten oder witzigen Kolumne mit dem Leben in der nicht immer angenehmen Stadt Offenbach versöhnte. Er hatte die Redaktion, wie ich fand, zu einer gut geölten Nachrichtenmaschine gemacht, in der ich lernte, dass es nicht auf Originalität ankam und schon gar nicht auf stilistische Eleganz, sondern vor allem darauf, die Anzahl von Fehlern und Ungenauigkeiten zu begrenzen, um nicht erzürnte Leser ins Haus zu bekommen.

Das aber geschah in meinem Fall an dem Tag, an dem ich mit gewissem Stolz die Reportage über die Einweihung der neuen Schwimmhalle im Zentrum der Stadt im Druck sah. Am Nachmittag spürte ich Unruhe in meinem Rücken. Offenbar wurde jemand, dessen Stock ich auf dem Fußboden tappen hörte, zu mir geschickt. Als ich mich von der Schreibmaschine umwandte, sah ich im Grinsen des Redakteurs Stamm, dass ich »dran« war und von dem Mann mit dem Krückstock aufs Korn genommen wurde. Ein zerfurchtes Gesicht, abgetragener Anzug, sogar eine Krawatte.

Ob ich den Artikel geschrieben hätte. Ja. Ob ich mir bewusst sei, dass ich eine Schweinerei begangen hätte. Nein.

Nun legte der Mann los, hob den Krückstock drohend gegen mich.

Es dauerte eine Weile, bis ich herausbekam, dass ich den grimmig blitzenden Hinkefuß aufs Höchste beleidigt hatte. Bei der Kritik, dass in den Ankleidekabinen des neuen Hallenbades die Fußstützen zu hoch angebracht seien, hatte ich mit dem Hinweis auf ihn von einem Kranken gesprochen, dem es unmöglich sei, das Bein so hoch zu heben.

Was ich mir einbilde?

Kranker? Isch bin net krank! Isch hab des aane Baa in Russland gelasse. Midde Krigge des annere Baa so hoch heewe, geht net. Könne sisch net dängge, dass isch e Kriechsversehrter bin, mit Ausweis?

Was ich als Lokalreporter lernte und später den Studenten fürs akademische Schreiben mit auf den Weg gab, waren zwei Maximen: gut und klar zu formulieren sowie genau zu sein. Dafür schwitzte ich vor meiner Schreibmaschine, sei es bei der Abfassung von Gerichtsreportagen, die mir einmal sogar das Personal der nächtlichen Fahrt im Überfallkommando in anderer Beleuchtung zeigten, sei es beim Bericht über eine Aktionstagung der IG Metall oder bei einer Ausstellungskritik, bei der ich glaubte, den Malern nachgewiesen zu haben, dass sie nicht viel Neues boten. Einer der Maler konterte im Leserbrief, ich verstünde nichts von Malerei, worauf ein anderer antwortete, die Ausstellung sei wirklich eine schwache Angelegenheit. Ausführliche, verschiedentlich ganzseitige Reportagen über das Frankfurter Gaswerk, über die Kriegsheimkehrer vor zehn Jahren oder – mit eigenen Fotos – das Gesicht, das Offenbach einem Fremden bot, gaben mir das Gefühl, den Durchbruch als Lokaljournalist geleistet zu haben, bis ich mir sagen ließ, die Berichte seien zwar ganz gut geschrieben, aber existierten nur, um die Wochenendseiten für die Großanzeigen zu füllen.

Die politische Redaktion, für die ersten beiden Seiten der Zeitung verantwortlich, bestand aus einem einzigen Redakteur, Rolf Grossarth, einem ausgefuchsten, hessisch gemilderten Zyniker, der es fertigbrachte, aus den langweiligsten Meldungen der Presseagenturen so viel Saft zu pressen, dass sie lesbar wurden. Er brachte mir das Edieren aus dem Geist der Collage bei, denn die drei tickenden Fernschreiber der Deutschen Presse-Agentur, der United Press International und der Associated Press produzierten von einem Ereignis stilistisch und konzeptionell recht verschiedenartige Meldungen, die nur durch Collage der besten Absätze genießbar wurden. Mit Abstand lieferte die UPI, die leider später einging, die saftigste Substanz. Dort formulierte man die lebendigsten Aufmacher, und die nahmen wir oft für die Artikel.

Am spannendsten für mich waren die Stunden in der Setzerei und am Umbruchtisch am späten Abend, wenn die Bleimatrizen der drei Zeitungen von den Redakteuren der Spätschicht mitsamt der handgesetzten Überschriften für die großen Rotationsmaschinen verabschiedet wurden. Als erste kam die *Offenbach Post* dran. Hier konnte man eine Meldung über den Fehltritt eines Bonner Minister nach sachlichem Agenturmaterial lesen. Später folgte die *Abendpost*, in welcher die Meldung, wenn sich aus ihr durch weitere Recherche ein paar Funken über eine ministerielle Fehlleistung schlagen ließen, zur unterhaltsamen Provokation wurde. In letzter Minute stürmte an die Setzertheke der Kollege der *Bildzeitung*, deren Frankfurter Ausgabe im Verlag gedruckt wurde. Bei der *Bildzeitung* erkannten wir oft die Meldung nicht wieder, denn anstatt des Ein- oder Zweispalters schrie uns eine fingerdicke Schlagzeile mit sehr wenig Text die

Rüpelei eines Ministers in Gesicht, so dass man sich allen Ernstes fragte, ob der noch alle Tassen im Schrank habe.

Bei einer Quizsendung des Deutschen Fernsehens in den Offenbacher Messehallen, über die ich zum Glück nicht berichten musste, ließ der Conferencier eingangs sein Bedauern darüber verlauten, dass diese Stadt vom Schicksal nicht besonders bevorzugt worden sei. Großes Buhrufen. Er glaubte, die Sache mit einem Trost wiedergutmachen zu können, den er offenbar schon lange im Gepäck mitführte. Seine Worte: Seid dafür stolz, ihr seid die einzige Stadt in Deutschland mit einem Vornamen. Die Buhrufe verstärkten sich zum Krawall. Ich buhte mit. Die Stadt war nicht großartig. Aber verarschen wollte sie sich nicht lassen. Für meine Offenbachiade konnte ich einstehen. Sie hat kräftig dazu beigetragen, aus zahlreichen Ahnungslosigkeiten herauszuklettern.

3. Hitlers Erben auf Reisen

Dann geh ich eben weg!

Alles gut und schön, könnte man sagen, Gymnasium, Zeitungsvolontariat, gute Berufsaussichten. Eine erfreuliche Jugend. Nicht ganz ungewöhnlich, deshalb vielleicht repräsentativ für die aufstrebenden Nachkriegsjahrgänge in Westdeutschland. Geschah sonst nichts Originelleres? Waren wir wirklich so festgezurrt in den wieder etablierten Bahnen der Bürgerlichkeit? Wenn der Soziologe Helmut Schelsky das Schweigen als das Markanteste der Nachkriegsgeneration herausstellte, traf das, wie wir fanden, eher auf die Älteren zu. In meinen Jahrgängen fing man an, aus der Schicksalsblase deutscher Nachkriegsgegenwart den Kopf hinauszustecken. Es ging darum, was man aus der Ahnung machte, dass da draußen die Welt vorbeizog und die Deutschen im Käfig ihrer trübseligen Teilung schmoren ließ.

Ich habe den Drang nach Eigenerfahrungen zuerst auf Fahrradtouren durch Süddeutschland entwickelt und abreagiert. Noch heute bin ich beeindruckt von der Toleranz der Mutter, die den Vierzehnjährigen auf die Tour von Offenbach durch den Schwarzwald bis nach Lörrach radeln ließ, ohne von Katastrophenträumen heimgesucht zu werden. Da unten wohnten die Großeltern, die von Limbach in Sachsen bei den immer hilfreichen Verwandten Franz und Lotte Bochmann im Westen Unterschlupf gefunden hatten. Von Lörrach fuhr ich zum ersten Mal aus Deutschland heraus, im Vorortzug nach Basel. Mit dem Kinderpass konnte man das. In Basel hatte Frieden geherrscht, eine Stadt ohne Trümmer. Ich holte beim Gang durch die Freie Straße mit ihren glatt geputzten Fassaden nach, was die Mutter wohl meinte, wenn sie »im Frieden« sagte.

Als Sechzehnjähriger ging ich auf eine Mopedtour nach Novara nahe Mailand zu Mutters Bruder, Onkel Heiner, der dort nach dem Kriege wieder wie zuvor als Kompagnon einer Handschuhfabrik reüssierte und sich bei uns, nicht immer verständlich, rar machte, wie man sagte. Eine Gewalttour über die Alpen, die die legendäre Quickly nur schaffte, weil ich schwitzend in die Pedale trat. Die italienischen Mopeds waren schneller, hielten sich aber weise vor den Bergen zurück. Trotz der Pedaltreterei kam ich mir als König der Reisenden vor, grenzüberschreitend, international. Heinrich Herold, der elegante, weltläufige Onkel, in der Mailänder Geschäftswelt nach Kriegsunterbrechung wieder voll integriert, hatte wohl Gründe, sich von der engen Bundesrepublik fernzuhalten. Als ich ihn gelöst und souverän mit seinen Freunden, elegant herausgeputzten Mailändern, umgehen sah, ahnte ich, warum.

Von zuhause aus wurden der Reiselust keine Hindernisse in den Weg gelegt. Offenbar hatte sich die Mutter früh damit abgefunden, denn sie überlieferte den Spruch, den sie von ihrem Jungen, als er noch Kind war, vernommen haben will, wenn er etwas nicht wollte und beleidigt war: Dann geh ich eben weg!

England: Der Blitz zündet noch

Das erste gemeinschaftliche Auslandserlebnis nahm im Jahr zuvor, 1954, mit einer Fahrradtour durch England Gestalt an. Warum ausgerechnet zu den Engländern, die uns Deutschen nicht grün waren? Wahrscheinlich, weil unser Tourenführer, der Englischlehrer und ehemalige Expressionist Ludwig Breitwieser aus Darmstadt, in seiner jugendbewegten Zeit auf Fahrt gegangen war und dieses Erlebnis mitsamt fünfzehn Schülern wiederholen wollte. Ob es seinen Träumen entsprach, wage ich zu bezweifeln, da es in den drei Sommerwochen ununterbrochen regnete, sodass selbst Engländer fanden: *This summer is very wet, isn't it?*

Die englischen Kathedralen, allen voran die von Canterbury, York und Durham, sind mir bis auf den heutigen Tag noch gut vertraut, da wir sie, kunstgeschichtlich wenig gebildet, für ein, zwei Stunden als öde, aber praktische Rettungsstationen vor den Wassermassen viele Male durchwanderten. An den Abenden, wenn wir von Bauern für unsere Zeltlager ein Stückchen Wiese ergattert hatten, blieb dann buchstäblich kein Auge trocken, denn die kleinen Amizelte, einfache Zeltplanen über zwei Stöcke gebreitet, ließen das Wasser an den Seiten zwischen den Pflöcken herein. Seitdem bewerte ich Luftmatratzen danach, ob sie dem Benutzer eine erhöhte Lebenslage verschaffen. Heutige Zelte haben mit diesen Restbeständen des Zweiten Weltkrieges nichts mehr zu tun.

Dieser Krieg war 1954 im Land noch nicht vergessen. Das verschaffte jeder Begegnung mit den Einheimischen in den kleinen Orten mit ihren Lädchen, Fish-'n'-Chips-Buden, Schulräumen und Scheunen eine gewisse Spannung, je nachdem ob die Jungensmeute mit ihrem Appetit als exotische Abwechslung oder erneute teutonische Invasion aufgefasst wurde. Wir waren eine der ersten deutschen Schülergruppen, die so etwas unternahm, und man muss den Mut von Lu Breitwieser bewundern, dass er sich darauf einließ. Dieser Teddybär auf einer 250er-Zündapp verstand es mit erstaunlicher Ruhe, zivile Atmosphäre zu verbreiten. Ein Abend allerdings, an dem wir uns seiner Aufsicht entzogen, ist denkwürdig geblieben. Breitwiesers Zelt hielt dicht. Wenn er sich darin am Abend zurückzog, überließ er uns dem Kampf mit dem Regen.

Unweit auf dem Hügel außerhalb von Peterborough strahlten Lärm und Lichter der Kneipe weit in die Regennacht hinaus. Als Minderjährige sollten wir die Pubs meiden. Einige von uns wollten es darauf ankommen lassen. Das warme Ale schmeckte scheußlich, aber die Aussicht, dafür im Trockenen zu stehen, überdeckte alle Bitterkeit. Beim Eintritt empfingen uns ohrenbetäubender Lärm und Gelächter. Einen solchen Stehkonvent einschüchternd lärmender, rauchender, teilweise angetrunkener Männer kannten wir nur aus Wildwestfilmen. Das Tohuwabohu hatte den Vorteil, dass wir beim Bestellen an der Theke nicht besonders auffielen. Das war uns recht, denn die Erfahrung lehrte uns, dass eine solche Ansammlung geballter Manneskraft den ehemaligen Feinden, auch wenn sie jung und durchnässt an der Tür herumstanden, gefährlich werden konnte.

Plötzlich ein Pfeifen. Jemand rief mit Stentorstimme etwas über die Köpfe hinweg, was wir nicht verstanden. Es dauerte eine Weile, bis wir merkten, dass sich uns viele Augen zuwandten. Minderjährige mit Bier, keine gute Sache. Wir sahen uns an, fixierten die Tür. Bis dann einen Moment lang Stille eintrat, durchmischt mit Räuspern, Zischen, Gläserklingen. Die Stimme kam wieder. Nun sahen wir, sie gehörte dem Wirt, der beide Hände auf die Theke stützte und, nach vorn schauend, die Aufmerksamkeit auf uns lenkte.

Listen, you chaps from Germany!

Die Stille dehnte sich. Die Phalanx der Männer stand abwartend, einer hob die Hand.

Da hob auch der Wirt beide Hände. Seine Stentorstimme füllte den Raum:

We forgive you!

Zustimmung, Rufe, sogar Klatschen.

Darauf waren wir nicht gefasst. Wir versäumten den Moment, etwas wie Dank entgegenzurufen, aber da setzten Lärm und Gelächter wieder ein. Einige sprachen uns an, erwähnten den »Blitz«, nicht besonders freundlich. Wir retteten uns bald in den Regen hinaus.

We forgive you!

An den folgenden Tagen wurde darüber nicht gesprochen. Bis es an einem Abend hochkam, als wir vor dem Regen in einer Schule Unterschlupf fanden und die Zeit bis zum Ausbreiten der Luftmatratzen überbrücken mussten. Da brachte es Breitwieser auf. Was wir davon hielten? Jemand musste es ihm zugesteckt haben. Einige fanden es überheblich und reihten es in die Beweise für die britische Arroganz ein. Ich gehörte zu denen, die sich an unsere Tour durch die Kathedrale von Coventry hielten, die zum eindrucksvollen Mahnmal an den Bombenterror wieder aufgebaut wurde. Nur die Erwähnung von Dresden passte nicht ganz zu der lauten Mahnung der Vergebung. Ich verdrängte es, bis ich Jahre später bei meiner Stiefschwester Inge in London tagtäglich Nachhilfe im Verständnis für die verschiedenen englischen Einstellungen zu den Deutschen bekam. Inge heiratete 1958 Tom Pevsner, den Sohn des deutsch-jüdischen Kunsthistorikers Nikolaus Pevsner. Da kam die jüdische Komponente hinzu, allerdings anders als erwartet.

Die Begleiter in Griechenland: Partisanen, Fallschirmjäger, Ingenieure

Griechenland kam uns Gymnasiasten freundlicher entgegen. Wer sich Tag für Tag mit Homer, Platon und – am schwersten – mit Thukydides herumschlug, hatte schon den halben Schritt in dieses Land getan. Allerdings, kaum jemand tat den ganzen Schritt. Volker Müller und ich kochten die Sache aus. Während des Schuljahres im Klassenzimmer eher Konkurrenten, kamen wir fern der Heimat als Freunde zusammen. Ich erwähnte die Anstöße zum Schreiben und Organisieren, die mir Volker gab und die mir in Schul- und Studentenzeit geholfen haben, produktiv zu werden und darüber hinaus die Produktion in den Alltag einzubinden. Ein blendender Gefährte auf drei Mittelmeerreisen.

Ältere Männer, soweit es sie noch gab, wussten noch etwas mit der Antike anzufangen. Von ihren albernen Sprüchen über die alten Griechen hatten wir allerdings genug. Uns ging es darum, aus dem fünfjährigen Griechischunterricht im Gymnasium etwas zu machen. Er wurde unter Bildung geführt, ließ sich aber auch als Investition verstehen. Die Sprache war uns einigermaßen vertraut, wenngleich wir, um verständlich zu sein, den alten Worten eine moderne Aussprache angedeihen lassen mussten. Wir lernten das schnell auf der Reise. Das ging oft schief, sorgte jedoch für unmittelbaren Kontakt mit den Einheimischen und viel Gelächter.

Im Jahr 1957 war in Griechenland die brutale Besatzungsherrschaft der Deutschen Wehrmacht noch nicht vergessen. An den bekanntesten Altertümern von Mykenae, Delphi, Korinth und Olympia gab es kaum Probleme. Man sah nur wenige Touristen, meist aus England oder Amerika. Trat man dann an die Straße zum Autostopp, wurde einem, wenn man als Deutscher erkannt wurde, die geöffnete Autotür öfters vor der Nase zugeschlagen.

Auf Autos oder Lastwagen aber waren wir angewiesen, hin und wieder kam eine Busfahrt dazwischen. Zum Glück konnten die beiden antikebeflissenen Gymnasiasten bei den Gesprächen mit den Fahrern die schwer erkämpften Grie-

3 Auf dem Wege nach Phaistos (Kreta) 1957 (Frank Dritter von links), Volker Müller (Vierter) trinkt aus einer Wassermelone.

chischkenntnisse an den Mann bringen. (Es waren ja immer Männer.) Das erweckte bei den Einheimischen das Bedürfnis, den ersten Deutschen, mit denen sie seit dem Krieg ins Gespräch kamen, ihre Erfahrungen mit deutschen Soldaten aufzutischen. Tourismus war in diesen Jahren auf dem griechischen Land, etwa in den seit Jahrhunderten kaum veränderten Landschaften der Peleponnes, noch nicht angekommen. Mit der sprachlichen Verständigung drängte sich den Älteren häufig ein Aha-Erlebnis auf, das gewisse Neugier weckte oder die Distanz spüren ließ. Wir begriffen, dass wir oft tatsächlich die ersten jungen Deutschen waren, mit denen die Einheimischen seit den Wehrmachtssoldaten ins Gespräch kamen, wir also mit den Letzteren viel gemeinsam hatten, ebenfalls jungen Männern.

Eine nicht ungefährliche Bestätigung dafür verschaffte der Lastwagenfahrer auf der eng gewundenen Uferstraße zwischen Athen und Korinth, als er mehrmals anhielt, um den zwei jungen Deutschen die Stellungen zwischen den Felsen zu zeigen, an denen er als Partisan deutsche Soldaten beschossen und umgelegt hatte. Dazwischen übertönte er das laute Motorengeräusch mit dem Ratatat der Schüsse, schrie und fuchtelte sich in einen solchen Feuereifer hinein, dass wir, als sich seine Hände so weit und so lange vom Lenkrad ablösten, glaubten, dass es uns hier schließlich auch erwischen würde.

Kreta war von Besuchern noch weniger berührt. In Knossos, dem minoischen Palast, stießen wir auf Alexandrou, den Fremdenführer mit dem größten Schnurrbart der Gegend, ein Kreter, der sich rühmte, direkt von den Minoern abzustammen, da er genau den kleinen Wuchs besaß, der ihn befähigte, durch die Räume des König Minos zu gehen, ohne den Kopf einziehen zu müssen. Sein Deutsch stammte ursprünglich von den Soldaten, wie er stolz berichtete. Wir konnten die Fische, Badewannen und Königinnen ganz aus der Nähe betrachten. Alexandrou vermittelte uns danach einen mit Hühnern, kichernden Bäuerinnen und großäugigen Kindern vollgestopften Omnibus, dessen Fahrer uns versicherte, er würde uns sicher über das Gebirge bis nach Phaistos fahren, dem anderen minoischen Palast.

Nach langer, mühsamer Bergfahrt, eine große Staubwolke hinterlassend, lieferte uns der Bus erst einmal in einem gottverlassenen Gebirgsdorf vor einer Schenke ab, worauf die Bäuerinnen erneut ins Kichern verfielen. Irgendetwas musste in dem Dorf vorgefallen sein, das sie nicht mitteilen konnten oder wollten. Wir nahmen die Gelegenheit wahr, in der Schenke nach etwas Essbarem zu fragen, wurden beim Eintritt von einer Horde geräuschvoll gestikulierender Männer begrüßt, die plötzlich zur Decke deuteten, lachten und mit dem Kopf nickten. Natürlich waren sie längst darüber informiert, dass da zwei Deutsche waren, die unbedingt übers Gebirge wollten. Als wir zwei der Männer fragten, ob wir uns für die Suppe an ihren Tisch setzen dürften, bejahten sie, deuteten jedoch sofort auf unsere Gürtel und suchten nach etwas.

Machairi? Machairi? So ähnlich lautete das griechische Wort, das uns verwirrte, da sie zugleich ihre Arme hoben und etwas an der Decke suchten. Wir vertieften uns in die Suppe, hörten so etwas wie Alexiloto oder toto, dachten, dass es mit der Suppe zu tun hatte. Bis einer der Tischnachbarn meine Hand nahm und ein Gewehr oder einen Revolver markierte, den Finger am Abzug. Offenbar hatte es mit dem Krieg zu tun. Das war uns nicht neu. Bis der Groschen fiel und die beiden jungen Deutschen mit der Nase darauf gestoßen wurden, dass ihre Vorgänger mit Fallschirmen herabgesegelt waren, wo sie von den Einheimischen abgeknallt wurden. Das waren die Deutschen, die vom Himmel herunterkamen. Die am Berghang weitgehend zugewachsenen Soldatengräber bezeugten es. Kein Wunder, dass die Männer an unserem Gürtel nach dem Messer suchten, das Fallschirmjäger dort zum Kappen der Leinen bereithalten. Wir verstanden langsam, warum sie uns wie Bekannte begrüßten und sich über unsere Ahnungslosigkeit amüsierten. Sie gehörten zu denen, die der Besetzung Kretas durch deutsche Fallschirmjäger Widerstand entgegengesetzt hatten. Sie machten sich ein Vergnügen daraus, uns zu demonstrieren, wie man Fallschirmspringer vom

Himmel holt. Wir nickten verständnisvoll, stimmten in das allseitige Vergnügen allerdings nicht ein.

Nicht alles hatte mit dem Krieg zu tun, was die Deutschen betraf. Als wir gegen Abend erschöpft auf die kleine Weinschenke oberhalb des Phaistos-Palastes zusteuerten, wo sich zwei junge Engländer animiert mit dem Wirt unterhielten, wurden wir als Deutsche – wir hatten inzwischen zwei andere Burschen aus Köln und Rheydt ins Schlepptau genommen – willkommen geheißen. *Germans!* Der Wirt behandelte uns mit ungewohnter Aufmerksamkeit. Wir dürften über Nacht bleiben, jedoch keinesfalls auf dem Gelände des Palastes übernachten, der sich unter unseren Augen mit gekachelten Pracht- und Baderäumen, Theater, Korridoren, Mauern, allerdings ohne Bedachung von oben einsichtig, unterhalb der Schenke auf einem Bergplateau ausbreitet.

Wir nicken zustimmend, sind dann aber doch erstaunt, als uns der großnasige, schnurrbärtige Hüter des Palastes unaufgefordert eine dickbäuchige Karaffe mit rotem Marsalawein hinstellt. Während er sich weiter mit den Engländern zu schaffen macht, hochgewachsenen jungen Männern der Eton-Sorte, fixiert er uns eingehend, als erwarte er etwas von uns. Was können wir beitragen? Natürlich werden wir für den Wein aufkommen, etwas zu Essen bestellen und uns dann in den Büschen des Abhangs ein Nachtlager suchen. Die Nacht ist noch sehr warm, bei den wenigen Kerzen erkennen wir die Milchstraße über uns, das Gewirr der Palastmauern unter uns.

You are Germans?

Warum fragt er? Die Engländer haben das doch schon festgestellt.

Yes.

I have a problem.

With us?

Er überlegt.

No.

You notice, I have no electric light.

But you have candles.

In seinem einschüchternden Gesicht mit großen Bartsprossen zeichnet sich Unwillen ab.

You are Germans, you are engineers.

What?

All Germans are engineers.

My generator is kaput.

Er sagt tatsächlich kaputt. Das hat er von den Soldaten. Wir beginnen langsam zu verstehen: Da kommen vier Deutsche in seine Schenke. Einer ist sicher Ingenieur. Der muss den Generator reparieren.

Das Schwierige ist, den Wirt aus dem Raum, in dem der Dieselgenerator eine ganze Wand einnimmt, gegen seinen Willen hinauszukomplimentieren. Denn er möchte gern zusehen, wie die deutschen Ingenieure das Ding wieder in Gang bringen. Unsere selbstsichere Form absoluter Ahnungslosigkeit wird auf die Probe gestellt. Wir fragen nur, wie er die Maschine normalerweise in Bewegung setzt. Erst als wir ihn an seine Pflichten den anderen Gästen gegenüber erinnern, können wir beiden schließlich ungestört vor dem Monstrum unserer Ignoranz Luft machen. Denken hilft wenig. Wir müssen an allen Hebeln ziehen, vor allem den Schwunghebel ankurbeln. Volker meint, das wird das Ding in Gang setzen. Ich ziehe an Hebeln, weil ich glaube, dass seiner von ihnen den Anlasser blockiert. Draußen wird es dunkel und das Ding rührt sich nicht. Wir haben drei Kerzen.

Volker dreht das Schwungrad. Etwas pafft und stirbt wieder.

Ich ziehe an Hebeln.

Der Dilettantismus nagelt uns fest. Wir verspielen das Ansehen der Deutschen.

Ich weiß nicht, wie es schließlich geschah. In letzter Verzweiflung versetzten wir gemeinsam den Schwunghebel in so schnelle Drehung, dass er uns beinahe die Arme abschlug. Es knallte zweimal, und das Monstrum lief an.

Zwar war das Ansehen der Deutschen gerettet. Die an einer Leine aufgereihten Glühbirnen leuchteten weit in die Gegend hinaus. Die Engländer riefen Bravo. Aber nun mussten wir beweisen, dass wir Männer waren und ganze Karaffen von Marsala bewältigen konnten. Zunächst kredenzte uns der Wirt mit anerkennendem Blick Ouzo als eine Art Dankeschön. Dann kam unter Ermunterung der Engländer mehr Marsala auf den Tisch, schließlich verlangten sie Samos, den schwersten Wein. Die Lichterketten über den vier Tischen, die der Generator brummend mit Strom belieferte, kamen für uns ins Schwanken. Der Lärm nahm zu, die anderen Gäste verzogen sich. Volker und ich begannen, den Anfang der Odyssee zu rezitieren. Das imponierte den Engländern, ärgerte aber den aus Rheydt. Der machte den Engländern im unverkennbar singenden Tonfall vor, wie der kleine Klumpfüßige aus seiner Heimatstadt, der Doktor Goebbels, seine Propagandareden gehalten hatte. Das schallte so weit in die kretische Nacht hinaus, dass wir ihm vorwarfen, das sei geschmacklos. Wir begannen zu streiten, was die Engländer amüsiert verfolgten. Ihnen waren die deutschen Streitereien egal. Sie gaben uns unmissverständlich zu verstehen, dass sie daran interessiert waren, mit uns eine schöne Nacht zu verbringen.

Verfluchte Ahnungslosigkeit!

Natürlich missachteten wir die Mahnung des Wirtes, das Nachtlager nicht im Palast aufzuschlagen. Wir priesen mit Singsang die warme Nacht der hohen Sterne, stolperten zwischen den Mauern hinunter, versucht, uns in eine der Badewannen zu legen, erkannten das als zu unbequem. Schüttelten die Engländer ab, die noch betrunkener waren als wir, fanden nahe am Abhang so etwas wie Gras und rückten nahe zueinander, wie es Betrunkene tun.

Tunesien: Rommel als Begleiter

Wir wollten die Bazare in Tunis und Sfax sehen, die weißen Gassen von Kairouan, in denen August Macke die Wucht expressionistischer Farben heraufrief, vor allem aber die Wüste, wie wir sie imaginierten, als absoluten Grenzbereich menschlicher Erfahrung. Um so besser, wenn sie in diesen afrikanischen Gefilden römische Ruinen beherbergte. Was erlebten wir? Unweit des imposanten Amphitheaters von El Djem begann sie sich auszubreiten. Da verlor sich hinter den letzten Hütten und Sträuchern der ins Gelbliche verschwimmende Horizont. Hinter einigen dieser Sträucher breiteten wir am Spätnachmittag in der größten Hitze unsere Zeltplanen aus, waren erstaunt, dass hier noch ein Schäfer seine Ziegen vorbeitrieb.

In der Wüste schlafen ist sehr unbequem. Man muss sich gegen die gewaltige Nachtkälte, in der sich zwischen Vollmond und Sand kein mildernder Schleier breitet, wappnen, muss den Pullover noch in der Hitze überstülpen und kann sich vor dem Frieren doch nicht schützen.

Am Morgen hatten wir von der Wüste erst mal die Nase voll. Wir nahmen den römischen Kolossalbau mit neuen Augen wahr. Am Vortag hatten wir nur das registriert, was dem Kolosseum in Rom glich. Wir waren Kenner. Aber in dieser Stunde bemerkten wir etwas anderes: wie dieser Bau mit seiner gewaltigen Silhouette gegen den bleichgelben Morgenhimmel mehr und mehr den Charakter einer Trutzburg gegen die Leere annahm. Hier war eine brutale Kultur aufgetürmt worden für Tausende von Menschen, von denen nun jede Spur fehlte. War hier schon Wüste gewesen, als sie den Kämpfen der Sklaven gegen die Löwen beiwohnten? Wir beließen es dabei: Wir gehörten zu denen, für die diese Trutzburg gegen die Wüste nicht gebaut war. Wir wollten wieder weg.

Es dauerte mehrere Stunden, in denen die Sonne bereits ihre ganze Kraft spüren ließ, bis wir tatsächlich einen kleinen blauen Renault ausmachten, der ewig brauchte, um größer zu werden. Konnten wir ihn zum Halten veranlassen?

Die Tür wird aufgerissen, große fragende Augen vom Fahrer, der sich herüberbeugt.
Vous êtes Français?
Wiederum Ablehnung, das kennen wir.
Non, nous sommes Allemands!
Diese Antwort, und wir können einsteigen.

Zwar hatten wir bereits ausgiebig von der Befreiung von der französischen Besatzung zwei Jahre zuvor gehört, hatten den Stolz der Tunesier vor dem Palast in Tunis wahrgenommen, als ihr neuer Herrscher Habib Bourguiba am Mittag aus dem Tor heraustrat, die Front der Palastwache abschritt und unter großem Beifall der Zuschauer in einer schwarzen Limousine verschwand. Unsere Fragen an Einheimische hatten in einigen der Dörfer zu Ansammlungen von Kindern und jungen Männern geführt, die uns als Aleman bestaunten und abtasteten, alles in gebrochenem Französisch. Die Kinder bettelten nicht, sie wollten uns nur anfassen. Die Älteren, die sich dazustellten, sprachen uns mit *Gutentagscheißemensch!* an, dem linguistischen Restbestand des deutschen Afrikafeldzuges.

Was uns der ältere Geschäftsmann mit ergrautem Schnurrbart und riesigen Augenbrauen im blauen Renault offerierte, ging allerdings weit über diese Spontanverständigungen mit den Milchgesichtern aus dem fernen Deutschland hinaus. Irgendetwas begeisterte ihn an uns, was wir nicht herausfanden, wenn es auch mit Rommels Afrikafeldzug zu tun hatte. Soweit wir sein Französisch verstanden, wurden wir als junge Deutsche voll in Rommels Feldzug gegen die Engländer einbezogen, hörten mehr über die kühnen Strategien, als wir wissen wollten, mit denen Rommels Panzer auf dem Wege nach Ägypten die Tanks von Montgomery austricksten, bis sie der englischen Übermacht erlagen. Der Mann rühmte sich, Rommel selbst in seinem Kübelwagen vorbeifahren gesehen zu haben. Unwahrscheinlich war es nicht.

Auch sonst wurde Generalfeldmarschall Rommel zum Schutzheiligen unserer Reise durch Tunesien. Hin und wieder fanden wir, dass wir seiner nicht wert waren, da wir nur freundliches Kopfnicken, zwei Fotoapparate und zwei Zeltplanen für das Nachtlager aufzuweisen hatten, nicht mit einem staubbedeckten Kübelwagen quietschend zum Halt kamen. Anders war es beim Handeln um Parfümöl im verwirrenden Bazar. Da lernten wir, unerbittlich zu sein, harte Geschäftemacher, besonders beim Rosenöl, um nicht Spott auf uns zu lenken. Südlich von Sfax in einem größeren Wüstenstreifen war es dann mit Rommels Macht zu Ende. Da konnte er uns auch nicht weiterhelfen. Da war nichts mehr mit Autostopp zu machen.

Nach Dougga, dem phantastisch erhaltenen römischen Wüstenort im Nordwesten, kam Autostopp ohnehin nicht infrage. Auf der staubigsten und rasantesten Fahrt unseres Lebens im überhitzten Peugeot zwischen vier Arabern in weißen Dschellabas erfuhren wir, was Wüste für die Einheimischen bedeutete. Da verloren sich Camus' Worte von dem Ort existentieller Selbstfindung im sandigen Fahrtwind, der die Augen verklebte. Wir lernten Wüste als einen unerbittlichen Teil der Natur zu verstehen, den die Leute dort nicht besonders schätzten.

Nassers Triumph und Cheops' Rache

Noch einmal eine Reise mit einer deutschen Jugendgruppe, genauer mit einer Gruppe Frankfurter Studenten, die in Ägypten sowohl die Pyramiden besichtigen als auch im Namen des AStA der Universität die offizielle Gastfreundschaft des Nasser-Regimes genießen sollten. Das geschah 1960, dem Jahr von Gamal Abdel Nassers größtem Ansehen in der arabischen Welt, nachdem er 1956/57 als Gewinner aus der Suez-Krise hervorgegangen war, bei der Präsident Eisenhower der Selbstdemontage der Kolonialmächte England und Frankreich nachhalf. Wir hatten bereits in Tunis Nassers gewaltige Präsenz fern von Ägypten mitbekommen, als sich seine bellende Radiostimme über unser kleines, miefig überhitztes Hotelzimmer ergoss, unerbittlich überdröhnt vom Jubel der Massen, einschüchternd auch dadurch, dass das Porträt des ägyptischen Präsidenten bereits im Hoteleingang prangte. Die Entkolonialisierung, die für diese Zeit in Geschichtsbüchern thematisiert worden ist, äußerte sich in Nordafrika – Algerien erlangte 1962 nach schweren Kämpfen die Unabhängigkeit – in einer explosiven Aufbruchsgesinnung. Nasser war ihr Sprachrohr, Ägypten ihr Zentrum.

Ohne genaue Planung, eher von Reiselust als von einem Völkerverständigungsprogramm motiviert, bekamen Volker und ich als Randbeobachter politisch-militärische Entwicklungen mit, die nichts mehr mit dem Zweiten Weltkrieg zu tun hatten. Bei dem Festbankett in Port Said, das das ägyptische Innenministerium für die deutschen Studenten aus Frankfurt mit zwei englischen und einer deutschen Rede arrangierte, wurde uns nachdrücklich klargemacht, dass den Deutschen, auch denen aus der DDR, in der antikolonialen Weltbewegung ein Platz zukam. Das sorgte für unbehagliche Gefühle, jedoch auch für ein ausgezeichnetes Menü.

Volker und ich hatten uns darauf eingerichtet, die Pyramiden von Gizeh und die Säulen von Karnak zu sehen. Dafür handelten wir uns einen Zuschauerplatz beim explosiven Treffen zwischen Ost und West in der Dritten Welt ein. Es gab kein Entrinnen aus der Symbolik, dass der Assuan-Staudamm das wichtigste Vorhaben für den Jahrhundertaufstieg Ägyptens, nicht mehr vom freien Westen, vielmehr von der kommunistischen Sowjetunion gebaut wurde. Die wichtigtuerische Stimme des Offiziers, der uns in Sichtweite des bereits halb im Nil verschwundenen Tempels von Philae die Pläne für den neuen Assuan-Staudamm vorführte, stammte von Gamal Abdel Nasser selber. Hier wurde Geschichte neu gemacht. Um Millionen von Menschen besser ernähren zu können, musste die ganze Landschaft unter Wasser gesetzt werden.

Trotzdem schenkten wir der Manifestation dieser alterältesten Zivilisation mehr Aufmerksamkeit als der Politik. Dreißig Jahre früher hatten meine Eltern ihre Hochzeitsreise hierher unternommen, ohne Politik, aber mit derselben Hitze. Mutters Horror klang mir noch in den Ohren. Frühmorgens um fünf Uhr aufbrechend, um nicht zu zerschmelzen, vergeudet man zwischen Pyramiden und den Säulen von Karnak keine Zeit an die Weltlage. Am Mittag im Schatten streitet man höchstens darum, wie weit diese gewaltige Wüstenkultur reichte und ob sie den Ursprung unserer Weltkultur darstellt. Immerhin lernte ich dabei in unserer Gruppe, die zwei Ägyptenkenner aufwies, die klassische Gymnasiastenantike als Griechenkunde zum Remittenten zu machen, zur späteren Wiedervorlage, die es nie mehr gab, nicht zuletzt wegen der Reisen nach Südamerika, Indien, Mexiko.

Im Jahr 1960 durfte man noch auf die Cheopspyramide hinaufklettern, ein auch in der frühen Vormittagssonne anstrengendes Unternehmen, das einige aus der Gruppe wagten, mit Proviantbeutel und Wasserflasche bewaffnet. Es gab wenig Konkurrenz, da in diesen Jahren kriegerischer Spannungen der Tourismus spärlich lief. Es wurde von den Aufsehern als Spektakel gewertet, ähnlich wie das harmlose Besteigen der Kamele, die man für einen zweistündigen Ritt in die Wüste bis weit um die Sakkhara-Pyramide herum mietete. Wenn die Tiere ruhig vor einem lagerten, war schwer auszumachen, wie hoch sich das jeweilige Kamel aus seiner Lagerung hinaufschwingen würde. Erst nachdem man nach hinten und ruckhaft nach vorn geschleudert worden war, ließ sich die Welt wieder gliedern. In unserem Falle lief das darauf hinaus, dass ich auf einem jungen starken Tier ein Stockwerk höher zu sitzen kam als Volker, dessen altes Tier immer schwächer wurde und am Ende von ihm nur mit Mühe und Muskelkraft zum Anlegeplatz zurückbewegt wurde.

Mein Triumph war nur kurz, denn was sich dann auf der Spitze der Cheopspyramide abspielte, war mit der weiten Aussicht in die Wüste als Höhepunkt gedacht, wurde für mich jedoch zu einem Tiefpunkt, den ich sogar noch verheimlichen musste. Wer Montezumas Rache kennt, weiß, was einen in den delikatesten Momenten befallen kann. Sowohl Mexiko als auch Ägypten liefern dafür mit allen möglichen undefinierbaren Speisen die geeigneten Voraussetzungen. Hier führte das Heben der Beine über die großen Quader in Richtung Himmel zu einer höchst unwillkommenen körperlichen Zwangssituation, für die auch das Ausruhen auf der platten Pyramidenspitze mit phantastischer Aussicht in die flimmernde Wüste keine Beruhigung brachte. Cheops Rache verlangte nach unorthodoxen Mitteln. Mit den ausgeleerten Proviantbeuteln als Polsterung, zum Glück aus Plastik, ist mir der Abstieg ohne Unglück gelungen. Nur, wie gesagt, ließ sich die Heldentat nicht verkünden.

Von allen Seiten inspiziert, von der Pyramidenspitze, vom Kamelrücken, vom Nilufer aus verlor in Ägypten die Wüste für uns vieles von der Faszination, die uns in Tunesien gelockt hatte. Camus hatte sie als Existentialist zum poetischen Begegnungsort mit dem Absoluten, dem Nichts stilisiert und damit unserer Phantasie Richtung verschafft. Was wir wollten, war aber erlebte Poesie. Und die erfuhr man nicht von ihr. Wir begegneten poetischen Momenten eher beim gemächlichen Dahingleiten auf dem Nil, so auf der ächzenden Dschunke aus Kolonialzeiten, die uns nilaufwärts bis zum Sudan bringen sollte. Wir glitten an Booten mit kaum bewegten Segeln vorüber, in denen Fischer mit weißem Turban und lose hängenden Dschellabas saßen oder standen, freundlich nickend oder rufend. Die sengende Sonne über allem, die Fischer auf dem Nil, die waschenden Frauen am Ufer, die Esel im Schatten der Mauern, das rührte direkt vom alten Ägypten her.

Weiter südlich, wo die Hitze kaum noch auszuhalten war, erspähten wir am Ufer hin und wieder großgewachsene dunkelbraune Männer, Nubier, die zum Handeln an unsere zweistöckige Dschunke herankamen. Die meisten Nubier, die wir dann in Wadi Halfa, am Beginn des Sudan, als geschickte Händler trafen, hatten allerdings nichts mehr mit den dunkelbraunen Gestalten zu tun, auf die es Leni Riefenstahl in ihren fotografischen Rassephantasien abgesehen hatte. Die nubischen Händler in ihren verschmutzten Djellabas waren so laut und aufdringlich wie die Händler in Luxor und Kairo.

Doch kein richtiger Ausbruch

Damals dachte ich: Das Politische vergeht, das Touristische bleibt. Im Nachhinein war es eher umgekehrt, das Touristische verging, das Politische hakte sich fest, zumindest für die Auslandsreisen in den fünfziger Jahren, als wir lernten, dass wir als junge Deutsche nicht bloß Touristen waren. In Griechenland, Sizilien und Tunesien dämmerte es uns, dass wir Hitlers Erbe noch keineswegs abgeschüttelt hatten. Wir kamen aus den Spuren der Älteren nicht heraus, die sich uniformiert und mit Schießeisen fünfzehn Jahre früher dort breitgemacht hatten. Die Einheimischen sahen uns wohl in einer viel längeren Abfolge, als wir ahnten. Wir dachten, nur sie hielten an Traditionen fest und wir seien die inspirierten Neuerer. Aber auch wir folgten einer Tradition. Nicht der besten, wie man hinzufügen muss.

Dennoch – wenn man sich etwas von diesen Reisen aufschrieb, war es der gleißende Sonnenaufgang über der Insel Ithaka, an der wir mit dem Nachtschiff von Brindisi nach Patras vorbeiglitten, nicht politische Demonstrationen. In der Offenbacher Stadtbibliothek stöberte der Gymnasiast Schriftsteller wie Erhart Kästner und Eugen Gottlob Winkler auf, die mir in der Beschwörung mittelmeerischer Erfahrungen Anregungen lieferten. Die wollte ich übertrumpfen. Allerdings wurde das, was bei ihnen zu passabler Literatur geriet, bei mir zu einem schwer atmenden existentiellen Schaustück. Eine Sammlung von Wüstengesprächen, orientalischen Beobachtungen und griechischen Augenblicken ließ ich unter dem pathetischen Titel »Im Garten des Lichts« sogar zu einem Büchlein zusammenbinden, das dann mit alten Briefen und Fotos in einem Pappkarton auf dem Dachboden verschwand.

Was mich beim Schreiben antrieb – der Drang, die Erlebnisse ins Positive, ins Helle und Einprägsame zu wenden – stieß allerdings immer wieder an eine innere Barriere. Das waren die Klagen meiner Schwester, der diese Befreiung als junge Frau nicht offenstand. Wir waren uns nahe. Gisela ließ mich an vielen ihrer Gefühle teilhaben und vermittelte mir damit einen Zugang zu Mädchenerfahrungen, den man als junge Mann sonst nicht kannte. Dieser Zugang hat mein Verhältnis zum anderen Geschlecht entscheidend mitgeprägt. Die Schwester, vier Jahre älter, konnte sich in den fünfziger Jahren als junge Frau nicht einfach aufs Fahrrad schwingen und durch den Schwarzwald radeln oder am Stadtrand von Athen auf Autostopp gehen. Erst als Studentin konnte sie über Auslandsreisen freier verfügen. Allerdings tauchte sie dann mit dem Medizinstudium in eine Disziplin ein, in der das männliche Patriarchat ihr die Flügel für lange Jahre wieder stutzte. Ich lud sie oft nach München ein, arrangierte eine Fahrt mit dem Freund Wolfgang Hegels in meinem neuen Volkswagen nach Budapest und Prag. Später brachte sie die Restriktionen auf den traurigen Nenner, dass Frauen ihrer Generation für den Feminismus zu früh geboren waren.

Immerhin verdanke ich diesen Reisen das Gefühl, schreiben zu *müssen*. Dem kam zugute, dass wir, abgesehen von den griechischen Göttern und ihren Hinterlassenschaften, nur wenig über diese Länder wussten. Es gab noch keine festen Touristennarrative bis auf die Urlaubergeschichten der Deutschen an der Adria, die, mit Kraft-durch-Freude-Fahrten in den dreißiger Jahren begonnen, in den späten fünfziger Jahren bereits zum Spott führten. Wir wollten nicht das Bekannte, sondern das Unbekannte erleben. Und das Unbekannte gab es noch zuhauf.

Wie isoliert wir in unserer bundesrepublikanischen Welt aufgewachsen waren und wie weit wir sie mit uns mitschleppten, wurde uns auf der nächtlichen Passage zwischen Piräus und Heraklion auf Kreta vor Augen und Ohren geführt. Das geschah in einer wunderbar lauen Nacht auf einem mächtigen uralten Dampfer, der ganze Völkerscharen zwischen den Ländern des östlichen Mittelmeeres beförderte. Eine riesige Rauchfahne hinter sich herziehend, neigte sich das gewaltige Gefährt spürbar nach einer Seite, was wir beim steten Rollen des Schiffskörpers lange nicht wahrhaben wollten. Erinnerungswürdig wurde jedoch etwas anderes: das Singen, Musizieren, Tanzen, Rufen, Händeklatschen und Diskutieren von Hunderten Jugendlichen aus aller Herren Länder auf dem etwas schiefen Schiffsdeck zwischen Rucksäcken, Schifftauen und Zeltplanen. Unter flimmerndem Sternenhimmel, den die Rauchfahne hin und wieder verdeckte, animierten sich die vielen Akteure gegenseitig zu einem unvergesslichen Spektakel, bei dem sich mehrere Gruppierungen herausbildeten, in denen Engländer, Amerikaner, Franzosen, Holländer und Israelis miteinander wetteiferten.

Wenig sangeskundig und nicht von den Nachfahren der Jugendbewegung inspiriert, spürten wir plötzlich, dass wir nicht dazugehörten. Diese Kultur freien Umgangs, Singens und gutmütiger Polemik war uns neu und fremd. In einer Gruppe von Israelis wagten wir nicht zu bekennen, dass wir Deutsche waren, hatten aber das Gefühl, dass diese jungen Männer und Frauen sich einen feuchten Kehricht darum kümmerten, woher wir stammten. Wir kamen aus dem Land, in dem die Leute unter Juden was ganz anderes, Graues, Traurig-Verlorenes verstanden, nicht diese lustigen, selbstbewussten Jugendlichen, die sogar eine israelische Fahne ausbreiteten. Juden? Israelis? Hier traten wir tatsächlich aus unserer Nachkriegsblase heraus. Noch Zuschauer, spürten wir, wohin die Befreiung zielte.

Übrigens ging der alte Kasten tatsächlich ein halbes Jahr später unter, wie wir in der Zeitung lasen, zum Glück nahe an einem zyprischen Hafen, so dass das Unglück begrenzt blieb.

Ein Nachspiel für den Erben des Kaisers

Ich hätte nicht gedacht, dass ich einige Jahre später, am westlichen Rand Europas als Deutscher erkannt, sogar noch für Taten von Deutschen im Ersten Weltkrieg mit einem Redeschwall überschüttet werden würde. Da war ich im Jahr nach dem Studium allein auf einer Reise durch England, Schottland und Irland, die ich an einen mehrwöchigen Aufenthalt bei meiner Stiefschwester Inge Pevsner in London anschloss.

Irland stand am Ende der Reise. Zwar hatte ich das Pech, bei der morgendlichen Ankunft mit dem Nachtschiff aus Liverpool in Dublin in einen gewaltigen Wasserschwall zu geraten, konnte mich jedoch ohne Verzug in einer der vielen Hafenkneipen retten. Nur war der Preis fürs Austrocknen nicht gering. Er bestand aus zweierlei Dingen: zum einen darin, den sofort animierten Thekennachbarn hoch und heilig zu schwören, dass Guinness auch für den Deutschen das beste Bier der Welt war, und zum andern, dass man einen Iren, wenn er ins Erzählen gerät, nicht damit stoppen kann, mit dem Trinken aufzuhören. Das führte dazu, dass ich nach dem Anhören etlicher farbenvoller Lebensgeschichten bereits um zehn Uhr mit meinem Köfferchen ziemlich angetrunken auf die Straße stolperte. Nach zwei fehlgeschlagenen Versuchen zu entkommen, ging ich schwankend durch Joyces Dublin auf der Suche nach Stephen Daedalus.

Sonne und Ruhe. Im Park St. Stephen's Green glaubte ich sie am Nachmittag auf einer Bank zu finden, auf der nur ein alter Mann saß. Der Tag war anstrengend gewesen, das Bier hing schwer an den Beinen. Ich lieferte höflich mein britisches *How do you do?* ab und schloss die Augen. Ich weiß nicht, warum ich nach einer Weile die *Frankfurter Allgemeine* herausholte, die ich irgendwo aufgegabelt hatte. Ich nahm mir die Titelseite vor die etwas über die große Koalition in Bonn brachte, und spürte, dass der Alte irgendwas entdeckte und mir vorwurfsvoll sein runzliges Gesicht zuwandte, mit bösen Augen. Der Sprachschwall ließ mich erschrecken. Zunächst verstand ich gar nichts. Meine Englischkenntnisse waren zwar in London erweitert worden, verschafften jedoch keinen Zugang zum Dubliner Geschimpfe. War es das Übliche? Man ließ so was über sich ergehen.

Langsam dämmerte es mir. Ich verstand mehr, als ich dachte. Was dieser alte Dubliner Banknachbar von sich gab, war keineswegs die wohlbekannte Anklage an die Deutschen.

Are you a German? Are you really a German?

Der Alte klagte mich nicht deswegen an, vielmehr weil ich den Anschein gab, ich sei ein Brite. Das war also das Resultat meiner Londoner Lehrzeit, auf die ich sonst stolz war. Hier brachte es mich in die Bredouille. Bis ich diese Zeitung herausholte, offensichtlich nicht britisch, sondern deutsch.

Wusste ich denn nicht, dass zwischen Iren und Deutschen eine ganz andere Beziehung bestand als zwischen Briten und Deutschen?

Das war es also? Ich hatte verschwiegen, ein Deutscher zu sein. Fast hätte ich gelacht.

Das aber hätte ihn wirklich ärgerlich gemacht.

Plötzlich sprang er von der Bank auf, erstaunlich jugendlich, fixierte mich, trat einen Schritt vor und suchte nach meiner Hand. Ich gab sie willenlos, gewärtigte einen neuen Wortschwall, der auch kam.

Diesmal konnte ich verstehen, was aus ihm herausbrach.

You Germans. You should not forget. We did not forget.

Er riss meine Hand hoch, schüttelte sie und ich verstand:

And thank you for the machine guns when we needed them against the British!

Meinte er wirklich die Gewehre, die deutsche U-Boote im Ersten Weltkrieg an die irische Küste lieferten? So war es wohl, sonst hätte er dem harmlosen jungen Deutschen auf der Dubliner Parkbank nicht fünfzig Jahre später überschwänglich gedankt! Sollte ich damit vergessen, was wir ein Jahrzehnt früher als Hitlers Erben am Mittelmeer über den Zweiten Weltkrieg zu hören bekommen hatten? War das Erbe des Kaisers erfreulicher und langandauernder?

4. München leuchtete: Ein Gruppenbild

Berlin und Wien, kriegsversehrt

Studieren bot die Gelegenheit, woanders zu leben – wenn man es sich erlauben konnte. Während das Studium selbst wenig kostete, mussten die Lebenskosten in einer anderen Stadt erbracht werden. Dazu kamen in den fünfziger Jahren noch Statusbarrieren, die den Gymnasiasten privilegierten. Bei der Auswahl an Universitäten galt die Maxime, sich den Geist dort zu suchen, wo man glaubte, ihn in guten Instituten und bei guten Professoren zu finden.

Für mich zählten Professoren, die mir ohnehin unbekannt waren, weniger als die Stadt. Da kamen nur Berlin und München infrage. Berlin, kriegsversehrter Treffpunkt von Ost und West, erlaubte einen Schritt hinaus aus dem Wirtschaftswunderland. Damit verband sich der Vorteil, dass einen in der außerterritorialen Viersektorenstadt die Wehrkreisbehörde nicht einziehen konnte. Bloß nicht Soldat werden. Zudem versprach die erst seit zwölf Jahren bestehende, von Amerikanern unterstützte Freie Universität, dass man sich nicht in die abgestandene Spezialkultur der deutschen Akademiker einlassen musste, von der man in einem nichtakademischen Haus wenig hielt. Was mir von Traditionsplätzen wie Marburg, Heidelberg, Tübingen erzählt wurde, kleinstädtischen Hochburgen deutschen akademischen Eigenlebens, ließ mich kalt.

Ich war ein Nichtakademiker, wollte nur den Doktor haben, der einem als Journalisten nützt, wenn man hoch einsteigen möchte. Germanistik klang zwar eng und altmodisch, stand mir aber am nächsten. Dennoch geschah es, dass ich an der Freien Universität die meisten Vorlesungen und Vorträge aufregend fand, nur nicht das germanistische Seminar, ein düsterer Bau in der Boltzmannstraße, den ich fast bis zum Ende des zweiten Semesters vermied. Ich war eingeschüchtert von dem Fluidum von Seminarbeflissenheit, das über lesenden Studenten und wachsam blickender Aufsicht dünstete, und hatte mehr Glück bei der Materialsuche zu Paul Rebhun und Goethes Werther in der Universitätsbibliothek, die mit modernen Regalen und Arbeitsplätzen demokratische Anonymität verschaffte.

Germanistik an der Freien Universität Berlin hielt für einen Anfänger wie mich, der keine Kenntnisse von Seminar- und Forschungsritualen besaß, keinerlei Handreichung bereit. Man stolperte mit schulischen Praktiken einige Zeit vor sich hin, machte sich vor Mitstudenten als Schulstreber mehrere Male lächerlich, fand dann langsam, dass hinten sitzen, stumm sein und mitschreiben die beste Arbeitsstrategie bedeutete. Allerdings hielt die FU, gerade weil sie sich nicht auf Butzenscheibentraditionen berufen konnte, umso kräftiger an wissenschaftlichen Grundsatzritualen fest. Mit der Zulassung zu Hauptseminaren nach zwei Semestern bestaunte ich meine Fähigkeit, ein Gerüst aus Fußnoten, Dreiernoten und akademischem Opportunismus zu bauen, ohne zu wissen, wie das Gebäude selbst aussehen würde.

Verständlich, dass das erhoffte Erweckungserlebnis ohne die Erfahrung der Stadt Berlin weniger erinnerungswürdig ausgefallen wäre. 1959/60 stand die Mauer noch nicht. Mein Quartier hatte ich in Wilmersdorf in der Uhlandstraße, ausgerechnet bei einer Frau Elend, ein Name, zu dem jedem dasselbe einfiel. Eine fürsorgliche Berliner Rentnerin, die mir alles von den Bomben bis zur Luftbrücke authentisch machte, was ich seit langem wusste.

Vom Hohenzollernplatz konnte man mit derselben U-Bahnkarte für 25 Pfennig zur FU in Dahlem oder auf der anderen Seite des Bahnsteigs nach Pankow in Ostberlin fahren. Diese Tour gehörte zum Studium hinzu, wurde von uns Weststudenten zum Besuch des Berliner Ensembles, der Komischen Oper und der Buchhandlung Zinke oft unternommen. Bei Zinke war die Brecht'sche Gesamtausgabe für Spottgeld zu haben. Die Brecht-Aufführungen mit Helene Weigel zählten insofern zum festen Programm, als sie dem Berlinaufenthalt erst den gewünschten Ausnahmestatus bestätigten.

In Wilmersdorf fand ich einen ersten Arbeitgeber und eine desillusionierende Erfahrung zwischen zumeist weiblichen Angestellten. Im Springer-Wissenschaftsverlag verdiente ich in den Semesterferien damit Geld, dass ich mit dem Zentimetermaß die Rezensionen in den Fachzeitschriften ausmaß und damit das jeweilige Honorar des Verfassers bestimmte. Desillusionierend war weniger die von Kichern durchwehte Arbeitsatmosphäre zwischen den Schreibtischen als die Einsicht, dass selbst in der Wissenschaft nicht nach Geist, sondern Zeilenzahl honoriert wird, wie es bei der Zeitung üblich ist.

Das Erlebnis Berlin schaffte trotz der weitgehend vergeblichen Suche nach der einst stilsetzenden Hauptstadt Selbstbewusstsein. Das wollte ich. Was ich zunächst anstrebte, dann aber mehr und mehr beiseiteschob, war die Identifikation mit etwas Missionarischem, mit dem man sich als aktiver Teilnehmer des Ost-West-Konflikts auswies. Wollte ich hier mit meinem Dasein wirklich irgendein Zeugnis ablegen?

Daraus rührte der Entschluss, mich mit dem Flair einer ganz anderen Stadt einzulassen, die ich ein wenig kannte, von der ich aber unbedingt mehr erfahren wollte, eben wegen des Flairs, das ich im bundesdeutschen Alltag vermisste.

Wien hatte ich bei einer der Ferienfahrten mit der Quickly kennengelernt. In diesen Jahren zeigte die österreichische Hauptstadt noch viele Spuren vom Krieg, war arm, bürokratisch und altmodisch, auch das ein wichtiger Schritt weg vom Wirtschaftswunderland. Als ich meine Anmeldung an die Universität Wien beantragte, konnte ich mit den Scheinen von der FU zumindest erste Beglaubigungen vorweisen, dass ich es als Student der Germanistik ernst meinte und nicht nur darauf aus war, im Burgtheater, in der Staatsoper und den Wiener Konzertsälen meine Zelte aufzuschlagen. Letzteres gelang bestens auf den erschwinglichen Stehplätzen, musste aber geschickt mit den Pflichten als Student in Einklang gebracht werden, die mit den Kolloquien und Anwesenheitslisten einer strengeren Kontrolle unterlagen als in Berlin. Nicht zu vergessen, dass mich die Wehrkreisbehörde in Darmstadt, die mich als wehrdiensttauglich eingestuft hatte, in dieser Stadt im Ausland ebenfalls nicht erreichen konnte, Ich muss allerdings hinzufügen, dass die Leute im roten, SPD-regierten Darmstadt im Gegensatz zum schwarzen, CSU-regierten Ingolstadt in Bayern, wo sie meinen Freund Volker Müller einzogen, mehrere Augen zudrückten und schließlich, als ich dann in München landete, die Verfolgung aufgaben.

Apropos Sozialdemokraten. In Wien vor dem gotischen Rathaus habe ich 1960 dem größten und imposantesten sozialistischen Maiaufmarsch meines Lebens beigewohnt. Die Ostberliner Aufmärsche, zumeist ziemlich militärisch, kannten wir aus den Wochenschauen; wir wandten uns ab. Hier beeindruckte mich, wie junge Mannschaften in blauen Hemden, gestaffelt, geordnet, mit Singen sozialistischer Lieder und dröhnenden Ansprachen, vom Publikum gefeiert wurden – alles in einer bürgerlichen Stadt in einer westlichen Demokratie! An diesem Maisonntag dispensierten die Wiener Sozialisten die Regierungsbürokraten der Großen Koalition und demonstrierten für den Wiener Sozialismus, das rote Wien, die Stadt der Kämpfe gegen das schwarze Österreich.

Das geschah unweit des halbwegs wiederhergestellten Renaissancebaus der Universität. Hatte ich geglaubt, mit der Freien Universität den abgestandenen Akademikerritualen entgangen zu sein, holen sie mich an der Wiener Uni mit Wucht wieder ein. Über den Coburger Convent mit Gaudeamus Igitur, die schlagenden Verbindungen und die Feier eines großdeutschen Nationalismus hatte ich bisher nur in empörten Studentenblättern an der FU gelesen. Hier begegnete ich diesen Dingen leibhaftig, war mir jedoch unschlüssig, wie ich reagieren sollte, denn sie erschienen als Bestandteil der Lokaltraditionen, genauer Österreich-Traditionen, und die zu kritisieren, kam mir als deutschem Piefke nicht zu. Mich hatte ja eben das Verlangen hergebracht, in Österreich eine andere Variante deutschsprachiger Kultur kennenzulernen und nicht auf Kritik zu setzen.

Meine erste Wiener Wirtin hätte den Namen meiner Berliner Wirtin verdient, die mit »Frau Elend« anzureden immer eine gewisse Überwindung kostete. Das Zimmer in einem heruntergekommenen Prachtbau der Jahrhundertwende im Bezirk Wieden war ungeheizt und statt mit fließend Wasser mit Waschschüssel und Eimer, einem sogenannten Lavoir, ausgestattet. Das musste ich benutzen, nachdem mich die zänkische Wirtin – »Sie spucken ja in mein Waschbecken!« – nach zwei Tagen aus dem Badezimmer ausgesperrt hatte. Die Frau, die betonte, dass ihre Familie die Wohnung seit der Jahrhundertwende bewohnte, ging in ihrer Giftigkeit so weit, den Flur mit Packpapier auszulegen, damit ich das feine Parkett beim Gang vom Zimmer zur Wohnungstür nicht beschädigte. Als ich nach einem Monat meine Sachen packte, erwartete ich eine weitere giftige Suada, hörte aber nur die Worte: Recht iss, mei Packpapier iss ma derweil zu schad für Sie!

Die folgende Variante deutschsprachiger Kultur, diesmal etwas weiter draußen im Stadtteil Meidling, gab mir dann alle guten Geister zurück, obgleich mit völkischem Akzent. Als ich schellte und sich die Wohnungstür öffnete, sah ich in einem runden, freundlichen Großmuttergesicht ein Strahlen aufgehen und hörte die begeisterten Worte: A deitscher Student! Das war die Frau Morawek, die vom Sudetenland noch die Hoffnung auf das Reich mitgebracht hatte. Dieser rundlichen Knödelfürstin bot ich nun mehrere Monate lang in der engen Kammer, aber mit Badbenutzung und gelegentlichem Küchengastspiel als junger Reichsdeutscher Anlass zu weltpolitischen Predigten. Ich musste abwägen, ob die wunderbaren böhmischen Knödel mit Gulasch der immer mit sauberer Schürze bewehrten Wirtin die wiederholte Auflage des Strafgerichts über den Erzfeind England wert waren. Wäre nicht ihr Ehemann hin und wieder aus seiner Altersstarre erwacht – sie hatte ihn wegen seiner Pension als Straßenbahnschaffner geheiratet –, hätte ich mich wohl auf einen Streit über das längst lahm gewordene England eingelassen. Dass die Deitschen nichts mehr vom Reich wissen wollten, unterdrückte ich aus Eigeninteresse.

An einem regnerischen Sonntagnachmittag, als sie zu einem Kaffeekränzchen ausging, nahm mich der Achtzigjährige, voll erwacht, mit verschmitztem Lächeln beiseite und fischte aus der Tiefe des schweren Wohnzimmerschranks ein schwarz-goldenes Kästchen hervor, zu dem er seine Geschichte aufrollte. Er betonte, dass die kleine Schachtel nicht nur seine eigene Geschichte, vielmehr auch das Schicksal der alten Monarchie enthielt. Ich war bereits ein wenig darauf vorbereitet, dass er, als er vom Krieg sprach, den Ersten Weltkrieg meinte. In dem war er als k.u.k. Feldwebel einem türkischen Bataillon zugeteilt gewesen, hatte sich im Kampf gegen den russischen Zaren bewährt und einen türkischen Orden erhalten. Womit er vorsichtig das Kästchen öffnete, den silbrig leuchtenden Orden herausfischte und sich stolz umhängte. Ich war gebannt von diesem Moment, in dem die große österreichische Geschichte herbeigerufen wurde. Kein Wunder, dass er damit in diesem sudetendeutschen Haushalt zurückgehalten hatte.

Ich hörte aber auch, wie schwer es ein Feldwebel der österreich-ungarischen Armee 1919 hatte, als es mit der Monarchie vorbei war und er sich einen Broterwerb suchen musste. Seine soldatische Erfahrung war zu nichts mehr nütze. Was er von Galizien, von der Türkei, von den kaiserlichen Verordnungen kannte, zählte so viel wie ein Fliegendreck, wie er in seinem vernuschelten Wienerisch bilanzierte. Was blieb außer Polizist oder Straßenbahnschaffner? Was sowieso kaum zum Leben reichte?

Warum Straßenbahnschaffner? Warum nicht Polizist?

Er nickte, brachte ein Lächeln hervor, wobei er mit der Rechten die Geste des Geldzählens machte.

Weil's man aufm Bahnwagerl von Wiener Neustadt nach Wien immer noch a Trinkgöld kriagt hot. Als Kontrolleur hot man's halt a bisserl besser ghobt als a Wachtmann.

Was ich in Wien erlebte, war zugleich so bizarr, bunt, banal und nostalgisch, dass in mir das Verlangen erwachte, mit Literatur mehr als nur ein Instrument zur besseren Erfassung der Welt zu begreifen. Mit ihr konnte man tatsächlich Welt herstellen oder zumindest beobachten, wie eine Welt hergestellt wurde, mochte sie sich auch längst den Augen entzogen haben. Österreichische Schriftsteller wie Joseph Roth, Robert Musil und Hugo von Hofmannsthal hatten es auf ganz verschiedene Weise fertiggebracht, der Literatur diese Ermächtigung zu verschaffen. Die entscheidende Rolle spielte dabei die untergegangene Österreich-Ungarische Monarchie. Diese Vergegenwärtigung der Macht der Literatur aus dem Geist der Nostalgie reizte mich, zumal Anfang der sechziger Jahre, abgesehen von der Beweihräucherung des katholisch-konservativen Altösterreich und dem Beschwören des Operettenösterreich, kaum wissenschaftliche Studien über die Auseinandersetzung moderner Schriftsteller mit der k.u.k. Monarchie existierten. Warum sollte das Thema nicht für eine Dissertation taugen?

Politik, aber keine politische Karriere

Wenn ich auf die Frage, warum ich nach München zum Studium gehen wolle, auf die Losung der BILD-Zeitung hinwies, München sei die Stadt mit dem größten Freizeitwert Deutschlands, nickten die Fragenden meist

4 Der AStA der Universität München feiert Fasching 1962 (Frank Dritter von links, mit Kegelkugel; in vorderer Reihe Wolfgang Hegels mit vollem Glas; in hinterer Reihe Dritter von links Gundolf Seidenspinner; Fünfter Conrad Schuhler).

zustimmend. Einer bekannte Neid, ein anderer murmelte: Du Schlawiner, ein Dritter meinte, die Uni sei ziemlich reaktionär, vom bayerischen Kultusminister Maunz, der die Nürnberger Gesetze kommentiert habe, ganz zu schweigen. Das mit dem Freizeitwert erwies sich als richtig, vor allem da 1960 im Erleben Schwabings noch mehr Studentenromantik fassbar wurde als später.

Der Unterhaltungswert dieser Stadt war das Öl, das neue Freundschaften schmierte. Einige sind fürs Leben geblieben, die männlichen. Dazu kamen Begegnungen und Arbeitschancen, die mir, da ich nicht auf den Lehrerberuf zusteuerte, die Hoffnung gaben, dass ich mich nicht in einen Aktentaschenträger für irgendwelche Professoren verwandeln musste, um zum Oberseminar und zum Dr. phil. zu kommen. Zudem bot die Uni Gelegenheit, mit dem Engagement in der Studentenselbstverwaltung etwas gegen die reaktionäre Mentalität, die zweifellos herrschte, zu unternehmen.

So stolperte ich in Sachen hinein, die etwas anfachten, das man Politisierung nennen kann. Im Unterschied zu den Aktionen nach 1966 gab es keine »Bewegung«, keinen allgemeinen Aufbruch. Aber es gab im Juni 1962 die Schwabinger Krawalle, die an mehreren Abenden auf den Straßen Münchens die erste größere

Solidarisierung aus spontaner Empörung gegen die Autoritäten und ihre Polizisten bewerkstelligten, überraschend für die meisten, auch für mich und meine Münchener Freunde. Edgar Reitz hat das in seinem zweiten Heimatfilm recht authentisch festgehalten. Für das politische Erwachen der jüngeren Generation *vor* den Straßenaktionen von 1968 war München ein wichtiger Inkubationsort, während Frankfurt und Berlin zu zentralen Austragungsorten wurden.

Wenige Monate nach den Schwabinger Krawallen fachte die *Spiegel*-Affäre den Oppositionsgeist weiter an, der in Adenauer und Strauß die autoritären Akteure festnagelte. Überall lautstarke Debatten und Aktionsgruppen. Ich erlebte mit den Freunden des Liberalen Studentenbundes Deutschlands (LSD), zu denen Volker Müller, Alfred Edel, Michael Hereth, Hans Stein, Hans Bleibinhaus gehörten, bei Eggert Langmann in der Franz-Joseph-Straße den Auftritt des wortmächtigsten Inspirators einer außerparlamentarischen Widerstandsgesinnung, des großen Regisseurs Fritz Kortner. Er machte Ernst mit der Formel vom Wiedererstehen des Faschismus, dem wir wehren wollten. Er hatte ihn erlebt, er machte den Widerstand authentisch. Von Kortners scharfer, wienerisch modulierter Artikulation, seiner in Weimar und im Exil geschulten Politsprache waren wir so gebannt, dass wir den Anlass fast vergaßen. Wir wussten, wie unerbittlich er die Schauspieler der Kammerspiele zu ihren Höchstleistungen antrieb.

Zuvor hatte meine politische Karriere bereits ihr offizielles Ende gefunden. Mitverantwortlich für sie war Jurastudent Wolfgang Hegels, der mich tiefer in die Studentenverwaltung hineinzog, als ich geplant hatte. Aufgestellt auf der Liste der Unabhängigen, war ich in den Studentenkonvent gewählt und vom AStA zum Kulturreferenten bestimmt worden. Damit öffnete sich für mich eine Tür, die ich in der Folge separat behandeln muss, weil sie eine Momentaufnahme der literarischen Altherrenszene in München erlaubt.

Zunächst die Schicksalsfrage, die sich mir im Frühjahr 1962 stellte: Würde ich mich als Hegels' Nachfolger um den Vorsitz des AStA bewerben? Ich sagte zu, glaubte auch, ein besserer Kandidat als Gundolf Seidenspinner zu sein, der die wieder erstarkte katholisch-korporative Front vertrat. Von Wolfgang Hegels, der wie seine Vorgänger Ulrich Grosse und Harm Rösemann den AStA erfolgreich gegen rechts abgeschirmt hatte, sowie von Conrad Schuhler beraten, der als blendender Redner Jahre später die marxistische, schließlich stalinistische Linke aufwirbelte, stand ich dem Konvent Rede und Antwort. Im Vergleich zu den beiden glänzte ich nicht mit guter Rhetorik, hatte als Kulturmensch eine eher schwache Ausgangsbasis, auch wenn ich in der entscheidenden Abstimmung eine ansehnliche Minderheit zusammenbrachte. Natürlich waren die studentischen Korporationen nicht auf unserer Seite. Sie hatten in München, obgleich weniger als in Wien, eine starke Präsenz. Bei der Universitätsfeier des Volksaufstandes vom 17. Juni in der DDR konnten wir 1961 nur mit Mühe verhindern, dass die Nationalisten die erste Strophe »Deutschland, Deutschland über alles« sangen.

Von den Beteiligten als normaler Kampf um das politische Profil der Münchener Studentenschaft ziemlich schnell vergessen, erfuhr ich in der Abstimmungssitzung vieles über mich, was mich lange begleitet hat. Vor allem lernte ich, dass Politik tatsächlich wie ein Handwerk einer guten Lehrzeit bedarf und dass ich, obzwar politisch denkend, zum Politiker nicht tauge. Das sichere Auftreten vor einer großen Zuhörerschaft – mittelmäßige Redegabe hin und her – war nicht das Problem, vielmehr das mangelnde Bedürfnis, diese Zuhörerschaft zu bannen, zu überrumpeln. Ich liebte es, die Zuhörer auf eine, wie ich hoffte, unerwartete Reise mitzunehmen. Das genügt nicht für Politik.

Für die Mitarbeit bei der aufmüpfigen und höchst lesbaren linken Studentenzeitschrift *Profil* brachte ich eher Voraussetzungen mit. Das monatlich erscheinende Blatt wurde vom Liberalen Studentenbund herausgegeben. Volker Müller, der meine Schreib- und Zeichentalente von Offenbach her kannte, holte mich dazu. Den ins Sarkastische zielenden Stil hatte ich in der *Pauke* erprobt. Die Artikel über Hitlers Nachleben in München, Literatur der Gruppe 47, Junge Autoren stattete ich mit entsprechenden Karikaturen aus. Eine große Karikatur über die Einweihung des wiedererrichteten Opernhauses, offiziell Bayerisches Nationaltheater genannt, griff sich die SPD-Zeitung *Vorwärts* als Zeugnis für das Wiedererstehen des reaktionären Münchener Bürgertums. Ein Artikel über die Einäugigkeit der Germanistik unter dem Titel »Emigranten nicht gefragt« fand unter Gleichgesinnten Beifall, kam 1963 noch etwas zu früh. Der vielberufene Münchener Germanistentag, der mit der völkischen Vergangenheit der Germanistik abrechnete, fand drei Jahre später, 1966, statt.

Der Altherrenverein Münchener Dichter, hautnah

Hier nun die Momentaufnahme der literarischen Altherrenszene, die sich mir als Kulturreferent des AStA 1961/62 eröffnete. Unabhängig von der neu eingerichteten Poetik-Dozentur der Universität wurde mir als AStA-Kulturreferenten die Chance geboten, mit der Bayerischen Akademie der Schönen Künste, einem Altherrenverein, eine für beide Teile vorteilhafte Zusammenarbeit zu unternehmen, insofern die Akademie über Dichter verfügte, jedoch kaum junges Publikum anzog, der AStA keine Dichter, wohl aber genügend

Studentenpublikum anbieten konnte. Fast über Nacht war ich in der Lage, den Leuten, die ich seit langem im Vorzimmer gedruckter Ewigkeiten wähnte, die Hand zu drücken, einzuleiten und gegebenenfalls aufzufordern, sich etwas kürzer zu fassen.

Akademiepräsident Emil Preetorius, dessen schwungvolle Jugendstilgraphik noch in seinem ehrwürdigen Schwadronieren nachklang, und Generalsekretär Clemens Graf von Podewils, der die Launen der älteren Herrschaften zu moderieren wusste, hielten im ersten Stock des Prinz-Carl-Palais gegenüber dem Haus der Kunst Hof. Das war ein repräsentativer, mit abgewetzten Ledersesseln und einigen Tischen ziemlich nachlässig möblierter Saal, den in späteren Jahren Franz Joseph Strauß als Bayerischer Ministerpräsident, natürlich nach aufwendiger Renovierung, für sich beanspruchte. Nach Vorträgen und Lesungen trafen sich die Akademiemitglieder zu einer Art literarischer Kameraderie, bei der sie einander beim Wein mit Erinnerungen und frotzelnder Angeberei unterhielten. Sie griffen häufig so weit in die dreißiger und vierziger Jahre zurück, dass ich hier bereits die ersten Anregungen dafür erhielt, den Nullpunkt 1945 zu einer Erfindung zu erklären und stattdessen die Kontinuitäten dessen zu sehen, was man als moderne deutsche Literatur, oft als Nachkriegsliteratur etikettierte.

Eindrucksvoll zu erleben, wie der vielgeehrte Werner Bergengruen aufgereckt vor den in Sesseln zwanglos gruppierten Mitgliedern seine erzählerische Autorität wirken ließ, unter ihnen Emil Staiger, Gerd Gaiser, Curt Hohoff, Heinz Piontek, Paul Alverdes. Von ihnen kam die beinahe kindliche Bitte, endlich einmal davon zu erzählen, wie er vor dem Ersten Weltkrieg auf baltischen Gütern Kuckucksduelle als Russisch Roulette mitgemacht hatte, ohne erschossen zu werden. Bergengruen vermerkte zu aller Befriedigung, dass die Chancen dafür immer gegeben gewesen seien, da es nicht leicht war, im völlig verdunkelten Salon »Kuckuck« zu rufen und blitzschnell hinter einer Couch zu verschwinden, bevor der Gegner seinen einzigen erlaubten Pistolenschuss in Richtung Rufer abfeuerte. Bergengruens launig-knarrige Erzählmelodie zog alle in Bann. Wir verfolgten die Geräusche an der Spiegelwand, einen plumpen Fall und dann erst den Schuss, waren nicht wenig erstaunt zu erfahren, dass, als das Licht wieder anging, niemand hatte dran glauben müssen. Selbst Emil Staiger, der Meister immanenten Interpretierens, zeigte sich beeindruckt von diesem Schuss Realität.

Nach Günter Eichs Lesung war kein Platz für Erzählungen. Nachdem er vor 700 Studenten im Audimax mit der skurrilen Geschichte vom Stelzengänger die Spannung geweckt und mit dem Marionettenspiel »Die böhmischen Schneider« wieder verloren hatte, merkte man ihm die Anstrengung an, seine Geheimnisse der Menge zu präsentieren. Eich hatte wenig Lust, in der Runde von Hans Werner Richter, Georg von der Vring, Jürgen Eggebrecht, Georg Britting, Erhard Göpel die Frage zu beantworten, warum er so wenige Gedichte vorgelesen habe, die doch immer am stärksten wirkten. Erst als der Lyriker Georg Britting, breit und behäbig, seine Rolle als bayerisches Nilpferd spielte und bemerkte, die Gedichte seien sowieso nicht so gut wie die seinen, machte sich Eich zu einer witzigen Entgegnung auf. Dass neben Britting ausgerechnet die grazile Wienerin Ilse Aichinger zu sitzen kam, Eichs Ehefrau, gab der Unterhaltung weitere Würze. Es mochte damit zu tun haben, dass die Dichterin dem Bayern eins auswischen wollte, jedenfalls kam sie ins Schwärmen über Fontane und dessen Schilderungen märkischer Landschaft, weit droben in Preußen.

Die wohl größte Dichterveranstaltung ohne die Akademie trug mir im Juli 1961 den Unmut der über 1200 Leser von *Emil und die Detektive* in der Universitätsaula ein. Das geschah, weil ich dem Wunsch von Erich Kästner nachkommen musste, kein Mikrofon einzusetzen. Ich suchte ihn zu überzeugen, dass er mit einem Mikrofon für diese Zuhörermenge weniger Stimmaufwand brauchte. Aber offenbar war er überzeugt, dass er ohne technische Hilfsmittel näher an die ehemaligen Kinder herankommen könne. Die einzige Möglichkeit, ihn hör- und sichtbar zu machen, war, ihn auf eine Art Hochsitz klettern zu lassen, den wir aus dem Audimax anschleppten. Es geschah, und Joachim Kaiser, der Starkritiker der *Süddeutschen Zeitung*, schrieb: »So beispiellos überfüllt war die Aula der Universität, dass Erich Kästner beinahe nicht das Rednerpult hätte erreichen und aus seinen Werken lesen können. Studenten (nicht nur Kultursnobs oder Würdenträger) saßen, standen, hingen auf oder über jedem Quadratzentimeter. Krumm geschlossen, ohne Möglichkeit, sich, etwa für Beifall dankend, zu erheben, hielt Emils Vater den Abend durch.«

Ein solches Bild kann jeden Schreibenden erblassen lassen: der Dichter oben thronend, darunter die Tausend, die zu ihm aufschauen, seine Kinder.

Zu diesen Begegnungen mit den Alten zählte auch ein Nachmittag mit dem sensibelsten der Naturpoeten, Georg von der Vring, der dem jungen Germanisten die kriegerischen Erschütterungen des Jahrhunderts als ein Antriebsmoment seiner Gedichte beschwor. Allerdings brauchte ich, als er auf den Krieg anspielte, eine Weile, um zu verstehen, dass der Dichter den Ersten Weltkrieg meinte, dessen Grauen er in seinem Buch *Soldat Suhren* eingefangen hatte. Für uns war schon der Zweite Weltkrieg beinahe zu weit entrückt, um als Antriebsmoment zu überzeugen.

Angesichts dieser poetischen Erlebnismomente lernte ich mit dem umzugehen, was die Beteiligten unter Innerer Emigration verstanden, nämlich ein in deutsche Bürgerlichkeit eingebettetes Sprechen zu Lesern, die in ihrem Bescheidwissen bestärkt, jedoch nicht zu Taten gegen das Regime motiviert werden sollten. Das erleichterte ihre Lektüre auch nach dem Ende des Regimes, bestärkte wiederum das Gefühl, in der eigenen Lebensform dem kurzatmigen Nazigepolter überlegen zu sein.

Die poetischen Erlebnismomente, mit Atmosphäre und Überzeugung von den alten Herren geliefert (die gar nicht immer so alt waren), stellten sozusagen den Grundstock für die Beschäftigung mit »lebendiger Literatur« dar, wie man es im Gegensatz zu germanistischer Exegese toter Dichter nannte. So altmodisch es war, so sehr zündete es, meistens allerdings im Widerspruch.

Diesem Widerspruch schaffte ich wenige Zeit später in der linken Studentenzeitschrift *Profil* Raum, als ich auf die literarischen Emigranten aufmerksam machte, denen die Germanistik die kalte Schulter zeigte. Im Artikel »Emigranten nicht gefragt« rechnete ich mit der Praxis der Germanisten ab, die Literatur der letzten Jahrzehnte, Autoren wie Döblin, René Schickele oder Heinrich Mann, aus Forschung und Lehre auszusparen, weil sie angeblich keine festen Wissenschaftskriterien zulasse. Ich argumentierte, dass die Wissenschaft von der modernen deutschen Literatur erst dann festen Boden unter den Füßen gewönne, wenn sie die Literatur der Zwischenkriegszeit, ob im Dritten Reich oder in der Emigration, verarbeitet habe. Etwas hoch ins Pathos gegriffen, lautete meine Formel: »Emigration ist kein Begriff für Germanisten. Die unerhörte Tatsache, dass ein Volk einen Großteil seiner geistigen Elite verstößt, ist bei aller Bemühung um unsere Vergangenheit noch nicht ernsthaft untersucht, geschweige denn ›bewältigt‹. Die Untersuchungen der deutschen Nachkriegsentwicklungen werden solange ihrer Grundlage entbehren, bis die Epoche vor 1945 nicht aufgearbeitet ist.«

Germanistik, wie ich sie verstand

Beim Blick auf das mühsame Erlernen des germanistischen Handwerks, das manche der Tage nicht gerade verschönte, vergesse ich nicht, dass ich in den großen Vorlesungen in prall gefüllten Hörsälen der deutschen Literaturgeschichte doch nähergebracht worden bin. Von den vielen Stunden mit Helmut de Boor, Walther Killy und Wilhelm Emrich in Berlin, Otto Höfler und Moritz Enzinger in Wien und Hugo Kuhn, Ingrid Strohschneider-Kohrs, Hermann Kunisch und Walter Müller-Seidel in München hat sich mir das Studium der deutschen Literatur vor allem aus den großräumigen Erzählungen der Professoren erschlossen, die man mitschrieb und im Prüfungsgeist verinnerlichte. Zu dieser Zeit existierten kaum akzeptable Literaturgeschichten, und so sog man als Student Literatur aus den Narrativen, die sich diese Starvertreter des Fachs ausgedacht hatten und scheibchenweise den jungen Zuhörern zu schlucken gaben.

Da sprachen große Könner wie Otto Höfler in Wien und Hugo Kuhn in München, zwei grundverschiedene Gelehrte, die gleichermaßen Begeisterung über mittelalterliche Literatur weckten. Höfler, ein altgewordener, aber immer noch blondgelockter Siegfried, führte uns das Nibelungenlied in so lebendiger, ich muss sagen ergreifender Weise als das größte tragische Epos deutscher Geschichte vor, dass wir uns tatsächlich lesend auf diese rhetorische Oper im Wiener Hörsaal vorbereiteten und das missliebige Knarren der engen Bänke überhörten; Kuhn, ein Aufklärer über die Zusammenhänge der weltlichen und geistlichen Sphären im Mittelalter, lehrte uns, wie man als moderner Mensch mit den entsprechenden Fragestellungen an Artusepen oder die Welt des Minnesangs herangehen sollte.

Kuhns Menschenfreundlichkeit habe ich zu verdanken, dass ich nicht durchs Rigorosum der Älteren Germanistik gerasselt bin. Denn am Beginn der Prüfung, die Gottfried von Straßburgs Tristan-Epos zum Thema hatte, fragte er mich:

Sagen Sie, Herr Trommler, haben Sie meinen neuen Aufsatz über Gottfried in der Neuen Deutschen Biographie gelesen?

Das beschwor die Todsünde, die Sachen des Professors nicht zu kennen. Was sollte ich darauf antworten? Ich sagte: Leider nein! und wartete auf den Gnadenstoß. Kuhn sah mich eine Weile an und lächelte:

Gut, Herr Trommler, da können wir ja offen reden.

Das beflügelte mich, meine vorbereitete Theorie über Gottfried anzubringen, die er animiert zerlegte.

Da sprachen große Langweiler, besonders in der Wiener Germanistik, wo die Vorlesung von Moriz Enzinger über das 19. Jahrhundert unter besonderer Berücksichtigung Österreichs unumgänglich war. Wie Höfler wegen der NS-Partei-Zugehörigkeit einige Jahre vom Dienst an der Wiener Universität suspendiert, hatte Enzinger eine Variation näselnder Larmoyanz entwickelt, bei der sich wahrscheinlich Stifter selbst, dem seine ganze Zuneigung galt, vor Langeweile ein Buch gegriffen hätte. Noch langweiliger machte es der ebenfalls NS-versehrte Hans Rupprich ausgerechnet über Sturm und Drang, von dem man sich bei dem rhetorisch ausgreifenden, prominent NS-belasteten Herrscher der Wiener Theaterwissenschaft, Heinz Kindermann, erholte.]

Unvergleichlich jedoch die rhetorische Brillanz, mit der Friedrich Heer in 45 Minuten das halbe Abendland im Lichte österreichischer Katholizität auferstehen ließ. Heers intellektuelle Oper stellte an der Wiener Universität die Ausnahme dar. Anders als Höfler und Enzinger war er kein ordentlicher Professor. Man hätte es erwartet, insofern dieser kurze, festgebaute Mann mit großem Gesicht und funkelnden Augen als geistsprühender, oft etwas penetranter Publizist in deutschen Landen gut bekannt war. Ich dachte einen prall gefüllten Hörsaal zu finden. Fast hätte ich den Saal übersehen, ein Raum, in dem ganze 25 Studenten saßen, ein Großteil, wie ich herausfand, aus Deutschland. Heers Problem als Redner war, dass er den Faden seiner faszinierend assoziativen Rede selber nicht abschneiden konnte. Da mussten die Studenten aufstehen, weil er regelmäßig die Pausenklingel überhörte.

Der Kunstgeschichte erstand in München in Hans Sedlmayr der größte Rhapsode. Wenn es jemanden gab, der den Beweis erbrachte, dass die Habsburger Monarchie wirklich als Gottesreich bestanden hat, so war es dieser österreichische Kunsthistoriker mit seinem rhetorischen Singsang von der Reichsarchitektur der Wiener Karlskirche. Hatte ich mich bei der Erkundung Wiens und seiner Kunst vom Entschluss überzeugt, auch Kunstgeschichte zu studieren, lieferte Sedlmayr die intellektuelle Rechtfertigung dafür. Bei seinen Großerzählungen lernten wir nicht viel über sein vielkolportiertes und -kritisiertes Konzept vom Verlust der Mitte. Das war der gängige Antimodernismuston der fünfziger Jahre. Hingegen lernten wir die Methode, Architektur als Zeichengeber einer ganzen Epoche zu entschlüsseln. Hier ging mir auf, was ich in Kunst und Literatur suchte: im Ästhetischen einen Schlüssel zum Verständnis historischer Wirklichkeiten zu finden.

Schließlich die überraschendste Entdeckung – nicht in Germanistik oder Kunstgeschichte, sondern in Philosophie, und nicht als historisch einsträngiges Narrativ, vielmehr als Dialog des Ausländers, der zum Inländer geworden war, mit deutschem Denken. Ein schlanker, eleganter Italiener, der das große Studentenpublikum im hellen Turmsaal gegenüber dem Siegestor in München mit lebhaften Bewegungen und virtuosem Gebrauch der deutschen Sprache in Spannung hielt: Ernesto Grassi, bekannt als Gründer und Herausgeber von Rowohlts Deutscher Enzyklopädie, deren erschwingliche Taschenbücher uns mit ihrer Themenvielfalt von der Antike bis zur Moderne einen Begriff davon verschafften, wie beste Wissenschaft in narrativen Paketen verständlich vermittelt werden konnte.

Grassis Einführung in die Philosophie anhand des Eros bei Platon war beispielhaft darin, dass er uns nicht fertigen Wissensstoff aufdrängte, vielmehr fertigbrachte, den Prozess geistiger Wirklichkeitsauslegung miterleben zu lassen. Dieses Miterleben förderte er mit witzig-distanzierter Erhellung der deutschen

Sprache, enthüllte in ihrer Erdverhaftung zentraler philosophischer Begriffe (begreifen, verwerfen, aufheben) ein zentrales Charakteristikum. Nur auf dieser Grundlage habe der Schweinehirt Johann Gottlieb Fichte zum großen Kritiker Kants werden können. Grassis Mission einer zweiten Aufklärung klang überzeugend, noch mehr überzeugte mich die Entdeckung, dass sich die Lebendigkeit seiner Einsichten dem Wechselspiel zweier Kulturen verdankte.

Mit Großerzählungen über literarische Entwicklungen den geschichtlichen Wirklichkeiten nahezukommen, machte mir zu meinem germanistischen Nachteil mehr Eindruck als die Zerlegung von Texten, die den Glauben an die Bedeutung literarischer Schöpfungen voraussetzte und nur hin und wieder befestigte. Dieses Hin und Wider befestigte den Glauben an die Bedeutung immanenter Interpretation, etwas, das nach Selbstverständlichem klang, im Seminar jedoch zumeist recht pedantisch gehandhabt wurde. Kein Wunder, dass ich mich als Germanist in der Folge nur selten mit einer originellen Textauslegung hervorgetan habe, dagegen im Entdecken und erzählenden Erhellen von Autoren und ihren Vernetzungen, Motivierungen und Versäumnissen sowie intellektuellen Zusammenhängen und gesellschaftlichen Kontexten gewisse Originalität erzielen konnte.

Platz für die neue Linke, weniger für Alfred Kantorowicz

München behauptete unter dem Dach konservativ-katholischer Herrschaft überraschend viel Raum für linksliberale Unternehmungen, wie aus der Reaktion auf die *Spiegel*-Affäre ersichtlich. Unter ihnen spielte die Gründung der Humanistischen Union nach einem Aufruf von Gerhard Szczesny 1961 eine zentrale Rolle. Mich interessierte Szczesnys Einsatz für den Atheismus, den er 1958 in einem weithin diskutierten Streitgespräch mit Friedrich Heer austrug, weniger als seine Vortrags- und Organisationstätigkeit. Sie verschaffte angesichts des Aufgebots so eindrucksvoller Geister wie des Frankfurter Generalstaatsanwaltes Fritz Bauer, des Psychoanalytikers Alexander Mitscherlich, der Remigranten Hermann Kesten und Ludwig Marcuse sowie des DDR-Flüchtlings Wolfgang Leonhard das Gefühl einer kommenden intellektuellen Linken. Wir luden Szczesny auch zum Vortrag an die Uni ein. Er machte es sich zur Aufgabe, eine »humanistisch begründete Gegenöffentlichkeit« herzustellen, für die er bald über München hinaus eine einflussreiche Sammlungsbewegung freier Geister initiierte. In seinem Verlag erschien die neben Ralf Dahrendorfs *Gesellschaft und Demokratie in Deutschland* wohl beste politische Aufklärungsschrift über aktives demokratisches Dasein und Handeln, Theodor Geigers *Demokratie ohne Dogma*. Mit ihr konnte man die zunehmend scharfen Diskussionen bestehen.

Zu dieser Zeit war Schwabing nicht nur an heißen Sommerabenden ein Inkubationsort oppositioneller Strömungen. Die Angriffsziele waren in der bayerischen Landespolitik nicht schwer auszumachen. Wollten wir hinnehmen, dass der Kultusminister dieses gesegneten Freistaates, Theodor Maunz, der die Kultur- und Erziehungspolitik unter Einschluss der Universitäten bestimmte, mit Justizkommentaren dem NS-Staat prominent zu Diensten gewesen war?

Ich benutzte einen Aufenthalt in Frankfurt, wohin die Eltern gezogen waren, um im März 1963 an zwei Verhandlungstagen dem Auschwitz-Prozesses beizuwohnen, über den die *Frankfurter Allgemeine* ausführlich und erschütternd berichtete. Im Römer-Rathaus sich frühmorgens der Schlange anschließen, langsam die Treppe in den Stadtverordnetensitzungssaal hinaufsteigen und dem schweigenden Einzug der 22 Angeklagten zusehen, war ein erschreckend ernüchterndes Erlebnis.

Eine Versammlung ruhiger Beamtentypen, hin und wieder ein Stiernacken. Das Glockenschlagen, dass das Gericht kommt. Zeugenaufruf. Ein, zwei harte Stimmen, die einem unter die Haut fahren. Das soll die Todesmaschine von Auschwitz klären? Wir Zuschauer blicken uns öfters an, denn die Verteidiger wiegeln jede inkriminierende Feststellung ab. Plötzlich durchbricht die Lagerwirklichkeit den Geschäftston: Der Jude Frankenthal erregt sich so sehr, dass die Verhandlung eine Zeit lang unterbrochen wird. Noch heftiger ist die Konfrontation von tatsächlichem Erleben und juristischem Geschäftston am folgenden Tag, als ein polnischer Zwangsarbeiter beim Bericht über Schläge und Todesdrohung im Lager Monowitz zusammenbricht. Ich sehe noch den Dolmetscher mitten im Satz innehalten. In der peinlichen Stille darauf vermieden wir Zuschauer, uns anzublicken.

Nach München zurückgekehrt, merkte ich, dass der Auschwitz-Prozess weitgehend als Frankfurter Angelegenheit angesehen wurde. Die studentische Opposition sammelte sich noch nicht in einem Aufstand gegen den Faschismus der älteren Generation. Ihr ging es um die katastrophale Vernachlässigung der Bildungspolitik. Der AStA der größten und am meisten überlaufenden Universität der Bundesrepublik machte Schlagzeilen mit der überall plakatierten Formel: »Vor München wird gewarnt! Studenten wenden sich an die neuen Abiturienten.« Worauf die Gegenformel lautete: Typisch, das sagen die, die es dorthin geschafft haben.

Von der Intransigenz des Rechtskonservatismus, der in die Universität hineinwirkte, wurde ich 1961 in einem notorischen Fall unmittelbar Zeuge. Notorisch war der Fall insofern, als er den bekannten Literaturprofessor Alfred Kantorowicz betraf, der 1957 alle seine Ämter und Habe in Ostberlin aufgab, in den Westen floh und aus Nostalgie für seine Jugendjahre ausgerechnet nach München übersiedelte. In München wollte man ihn nicht, ja die bayerische Landesregierung verweigerte Kantorowicz, dem in Ostberlin wegen seiner kritischen Haltung zum Ungarn-Aufstand 1956 und anderen ideologischen Vergehen die Verhaftung drohte, die Anerkennung als Zonenflüchtling (mit welcher finanzielle Hilfen einhergingen). Grund: Er sei nicht bedroht gewesen, denn er habe ja flüchten können, und den Gewissenskonflikt habe er sich selber zuzuschreiben. Dazu betitelte Richard Schmid, der ehemalige Präsident des Stuttgarter Oberlandesgerichts, seine Darstellung in der *ZEIT* mit der Zeile: »Wäre der Professor 1931 Nazi geworden, ginge es ihm heute besser.«

Auch die Universität wollte Kantorowicz nicht. Die Tatsache, dass er den Studenten in seinen verschiedenen Funktionen als ehemaliger Pariser Korrespondent der *Vossischen Zeitung*, als Emigrant und mit Heinrich Mann Begründer der Deutschen Freiheitsbibliothek als einer der besten Kenner der Literatur der Zwischenkriegszeit, insbesondere der Exilliteratur, vieles vermitteln konnte, zählte nicht. Denn er war Kommunist, sogar ein Renegat, der viel zu spät seine Verfehlung einsah und nun an die westlichen Fleischtöpfe wollte.

Dank unserer Unabhängigkeit als Studentenvertretung konnten wir Alfred Kantorowicz einladen, an der Universität vor Studenten vorzutragen. Mit einem Vortrag über Thomas und Heinrich Mann öffnete er die Schublade seiner Erfahrungen als Zeitzeuge und Mitarbeiter der großen Persönlichkeiten des »anderen« Deutschland. Als wir ihn Anfang 1962 wieder einluden, nach dem Berliner Mauerbau zum Thema »Der 13. August und die Gefährdung der geistigen Einheit Deutschlands« zu sprechen, war das Auditorium Maximum mit 800 Studenten überfüllt. Sein Argument: Man müsse gegen die Forcierung der Spaltung, die vom Osten wie vom Westen betrieben werde, die höheren Wahrheiten des Humanismus, der Verständigung, der Aufklärung durchsetzen. Sein Pathos rollte über die Köpfe hinweg, es war das Pathos des einstigen Kämpfers gegen den Nationalsozialismus, des Spanienkämpfers und enttäuschten Kommunisten. Wir bewunderten das Pathos, aber es war nicht unsere Sache.

Oder doch?

Kantorowicz war von der Verheißung begleitet worden, in der miefigen Bundesrepublik des Kalten Krieges dem mühsamen Aufbruch der intellektuellen Linken Impulse zu verschaffen. Das tat er nicht. Er verfing sich in der Falle des Intellektuellen, der mit der Politik seine große Karriere und Misere begründet hatte und sich nun immer wieder, im Guten wie im Bösen, in die alten Kämpfe hineinstoßen ließ. In den zwei Bänden des *Deutschen Tagebuchs* beschrieb er eindrucksvoll Engagement und Desillusionierung als Kommunist und scheute sich nicht in seinen Büchern, auch einige seiner Fehler, einschließlich einer Lobrede auf Stalin, anzuführen. Jedoch gelang es ihm kaum, aus dem Ruch überlebter Widerständigkeit herauszukommen und mit seiner einmaligen historischen Zeitgenossenschaft als deutscher Emigrant den Studenten neue Inspiration zu liefern.

Letzteres war es, was mich fesselte und seine Nähe suchen ließ. Von der Politik konnte ich mir Kenntnis durch Lektüre verschaffen. Was ich von der ersten Begegnung an ansteuerte, einem sonnigen Sommernachmittag 1961 in seiner Wohnung gegenüber dem Haus der Kunst, war sein ungewöhnlich dramatischer Umgang mit emigrierten Schriftstellern. Mich empfing ein liebenswürdiger, etwas fragiler älterer Herr, der zunächst wissen wollte, was Studenten dazu bewegte zuzuhören, wenn er aus dem Exil über Thomas und Heinrich Mann berichtete. Als er spürte, dass sich hier tatsächlich Wissensdurst der Jüngeren manifestierte, die vom Spanischen Bürgerkrieg keine Ahnung hatten, ließ der Zeitgenosse der Emigrantenszene in Paris dem Erzählstrom freien Lauf.

Der ältere Herr, etwas nervös die chinesische Teetasse in der Hand haltend, öffnete die Schublade der Exilliteratur weit, ja zog beim nächsten Besuch weitere Schubladen auf. Was mich Jahre zuvor beim Nachholen der Kriegserlebnisse der älteren Generation gepackt hatte, packte mich nun am Teetisch in einer Münchener Wohnung gegenüber dem Haus der Kunst: das Einholen authentischer Erfahrung der Älteren, in diesem Falle Autoren wie Heinrich Mann, Ernest Hemingway, Joseph Roth, Carl von Ossietzky, Bertolt Brecht, Autoren, die mit dem Sensorium des Zeitgenossen ganz andere Überlegungen zu Form und Funktion von Literatur verschafften, als ich es gelernt hatte.

Nach und nach vermochte ich zu ordnen, was mir Kantorowicz bei den sporadischen Begegnungen – er zog 1962 nach Hamburg, wo er eine viel bessere Aufnahme fand – in den nächsten Jahren vorlebte. Wenn er mit dem Pathos des Emigranten das »andere Deutschland« beschwor, entzog sich das dem Vokabular der aktuellen Spaltung in Ost und West, die in den sechziger Jahren dominierte. Er vermochte mir eine Ahnung davon zu geben, dass die deutsche Literaturgeschichte des 20. Jahrhunderts keineswegs an die konservativ-dichterische Lesebuchkultur gefesselt war, mit deren Hilfe man noch in den fünfziger Jahren deutsche Dichtung lesen lernte und die auch die Bayerische Akademie der Schönen Künste prägte. Er beschwor die Realität einer Tradition progressiven Schreibens und Agierens, die es aufzuarbeiten und zu präsentieren lohnte. Vieles, was ich wenige Jahre später, bereits in den USA und ermutigt durch die Bekanntschaft mit Jost Hermand und Reinhold Grimm, in erste zusammenfassende Publikationen über die west- und ostdeutsche Literatur einbrachte, fand hier ihre ersten Impulse. Ohne Kantorowicz hätte ich dem Aufsatz über die Germanistik kaum den Titel »Emigranten nicht gefragt« gegeben.

Freundschaften in München

Zwischen Englischem Garten und Isar hinter dem Monopteros-Tempelchen wohnend, hatte ich leichten Zugang zu Schwabing und seinen Lokalen. Meine Wirtin in der Widenmayerstraße, die redselige, aber erträgliche Frau Schlunk, hatte lange in Madrid gelebt, was das Gesprächsniveau gegenüber den Vorgängerinnen um Beträchtliches hob. Zur Uni ging ich in fünfzehn Minuten durch den Englischen Garten, nach Schwabing dauerte es etwas länger. Dort nahm ich im »Grünen Inn« und in umliegenden Lokalen an vielen politischen Diskussionen teil; »Stephanie« und »Meine Schwester und ich« wurden am späteren Abend bevorzugt.

Die meisten Freunde arbeiteten an ihren Dissertationen, Uwe Schultz, der dann zum Hessischen Rundfunk ging, über Kant; Thomas Koebner, der 1961 bereits ein Buch über Hermann Broch veröffentlichte und regelmäßig Musikkritiken für die *Münchener Abendzeitung* schrieb, über Broch und den Mythos; Hansjörg Elshorst, der später zwanzig Jahre lang die größte deutsche Entwicklungshilfeorganisation GTZ mitleitete, über Alfred Döblins Roman *Berlin Alexanderplatz*; Wolfgang Hegels, zunächst vom Lernen für das erste juristische Staatsexamen absorbiert, kam ab 1965 zum Schreiben der Dissertation über das Wahlrecht. Ich fand, wie erwähnt, ein kaum erschlossenes Thema in der Darstellung Österreichs in den Romanen von Joseph Roth, Robert Musil und Heimito von Doderer.

Von den Dissertationsthemen konnte man in diesem Kreis nicht unbedingt auf den zukünftigen Beruf tippen; der Doktortitel war entscheidend, und der Weg dorthin sollte mit möglichst interessanten Begegnungen und Jobs gepflastert werden. Und mit Freunden. Volker Müllers Bahn war anders vorgezeichnet, er sollte das Bauunternehmen seines Vaters in Offenbach übernehmen und musste sich widerstrebend von der Politik zurückziehen. Hartmut Mecking, ebenfalls Klassenkamerad aus Offenbach, der sich als Onkologe und Strahlentherapeut spezialisierte, bevorzugte Freiburg.

Eine andere, nicht weniger zukunftsträchtige Freundschaft hatte sich zuvor aus einer Begegnung 1960 bei der Rückkehr aus Budapest an der österreichisch-ungarischen Grenze mit zwei deutschen Studenten entwickelt, die meinen Entschluss, nach München zu gehen, bestärkten. Der eine, Frank Thelen, der spätere

5 »*Wir haben wieder eine Kultur.*« Meine Karikatur zur Eröffnung der Bayerischen Staatsoper (Nationaltheater) nach dem Wiederaufbau 1963 in der Studentenzeitschrift *Profil* (Nr. 7, 1963). Sie wurde, wenngleich ohne den satirischen Kommentar, vom *Vorwärts*, der sozialdemokratischen Wochenzeitschrift (Nr. 2, 1964, S. 16), als Ausdruck der Zeit übernommen.

Erbe und Geschäftsführer der kleinen Münchener Privatbank Schneider und Münzing, hatte eine ganz andere Karriere vor sich als der Berliner Jochen Bloss, der sein Doktorstudium der Publizistik in Wien bei dem Historiker Heinrich Benedikt abschloss und in München eine Bergsteigerzeitschrift herausgab, bevor er 1963 als DAAD-Lektor für sieben Jahre nach Sucre in Bolivien ging. So verschieden die Lebenswege aussahen, so sehr berührten sie sich in ihrer Begeisterung für München.

Das galt natürlich für eine Gruppe junger Bergsteiger, in die ich dank Bloss, einem Genie der Freundschaften, hineingezogen wurde, dialektsprechenden Einheimischen, von denen einige sich als Extrembergsteiger bereits einen Namen gemacht hatten. Ich fand Zugang zu einem anderen München, der Stadt bayerischer Lokalkultur, die in der Sektion Oberland des Deutschen Alpenvereins mit ihrer Versammlungskumpanei ein besonderes Schaustück besaß. Mit ihnen erlebte ich eine überaus tragische Episode mit, als eine 1961 von München aus organisierte Bergexpedition in den peruanischen Anden, an der auch Bloss teilnahm, bei einem Absturz zwei der Bergsteigerfreunde verlor. Die Sondernummer der *Abendzeitung* mit dieser Meldung erreichte uns an einem fröhlichen Abend im Hahnhof an der Leopoldstraße. Der Schock fuhr uns tief in die Knochen und blieb dort noch lange stecken, auch nachdem Freund Bloss, am Unglückstag dem Basislager zugeteilt, heil aus Peru zurückgekehrt war.

Das nahe gelegene Tirol gehörte als Wochenendziel fürs Bergsteigen und Skifahren zum Münchener Einzugsbereich. Auch hier verdankte ich Bloss einen direkten Zugang, diesmal verbunden mit einer anderen lebenslangen Freundschaft. Vorausging, dass München zu dieser Zeit auch für Tiroler wichtig wurde, nicht nur als Einkaufstadt. Lebender Beweis war Heinrich Klier, Verfasser vielbenutzter Bergführer und vielgelesener Bergromane, Extrembergsteiger und Herausgeber der Ski-Zeitschrift des Rudolf Rother-Verlages. Klier, älter als wir und kurz vor Kriegsende noch als Wehrmachtssoldat im Einsatz, gehörte zu den Anführern der Südtiroler Widerstandsbewegung gegen die Italianisierung Südtirols und musste nach den Anschlägen auf Hochspannungsmasten in der Herz-Jesu-Nacht 1961 die Verhaftung befürchten. An sich war der österreichische Staat nicht gegen eine Unterstützung der deutschsprachigen Minderheit im »anderen« Teil Tirols. Da sich die Verhandlungen um deren Besserstellung in Wirtschaft und Erziehung mit Italien jedoch dahinschleppten und schließlich scheiterten, hatten Süd- und Nordtiroler die Initiative ergriffen, die Weltöffentlichkeit mit Bombenanschlägen auf das Unrecht aufmerksam zu machen. Für den Anschlag auf die Hochspannungsmasten hatten sie Sprengstoff eingesetzt, der einem italienischen Zollbeamten das Leben kostete. Damit war eine international brisante Situation entstanden, in der Wien sein Missfallen kundtat, um nicht als Unterstützer von Terrorakten dazustehen.

Heinrich Klier, der 1961 in einer waghalsigen Aktion das nach wie vor über dem Eisacktal thronende Mussolini-Denkmal bei Waidbruck sprengte, ging ins Exil nach München. Ausgerechnet ein Tiroler im Münchener Exil! Es wurde zur Voraussetzung unserer Freundschaft, die sich gemeinsam mit Bloss vertiefte, lange nachdem Klier nach Innsbruck zu seinem Berghof, dem Poschenhof, zurückgekehrt war, den er sich 1955 für die erfolgreiche französische Veröffentlichung eines seiner Bergromane, *Ce bel été*, gekauft hatte. Im berüchtigten Mailänder Prozess wurde Klier 1964 in Abwesenheit zu 23 Jahren Kerker verurteilt.

Im Jahr darauf gehörte ich zu den Zuhörern, als Klier in dem vom österreichischen Staat in Graz gegen die Südtiroler »Bumser« angestrengten Prozess mit anderen angeklagt und freigesprochen wurde, einem kinoreifen Spektakel aus halbgemeinter Offizialität und Tiroler Bergsteigertheater. Da war Klier längst dabei, sich beruflich umzuorientieren. Er bereitete eine ganz andere Karriere vor, die eines Seilbahnunternehmers und Tourismusexperten, bei der ihm sein intellektuelles Engagement an gesellschaftlicher Modernisierung in den Münchener Diskussionen zugutekamen. Nach Tirol nahm er auch die Lektüre der *ZEIT* mit. Bei einer der Freundesrunden in Innsbruck begegnete ich dem legendären Karikaturisten der *ZEIT*, Paul Flora, einem Tiroler Nachbarn, der meinem Dank für kleinere Diebstähle bei *Profil*-Karikaturen wie üblich schweigend, aber schmunzelnd entgegennahm.

Kunischs Doktorprüfung mit Kohlenlieferung

Den Dr. phil. bekam ich 1965 erst nach Verzögerung, weil ich allzu schnell fertigwerden wollte. Ich lernte, dass dieses Drängen nicht immer den besten Weg zum Erfolg darstellt. Hermann Kunisch, der Germanistikprofessor, dem im Institut 2000 Studenten zugeteilt waren, hatte für die Betreuung meiner Dissertation keine Zeit gehabt, warf nun zum ersten Mal einen Blick in das, was ich unter dem Titel »Österreich im Roman. Eine Untersuchung zur dargestellten Wirklichkeit bei Joseph Roth, Robert Musil und Heimito von Doderer« vorlegte und fand, dass ich das Verhältnis von historischer und dargestellter Wirklichkeit nicht klar genug definiert hatte. Er war im Recht. Ich hatte mich auf Erich Auerbachs *Mimesis* in der Bestimmung des Verhältnisses von Fiktion und Realität eingelassen, obwohl es mir eigentlich um die Herstellung des Österreich-Bildes ging. So schockiert ich von Kunischs Kritik war, so ernst nahm ich sie. Ich hatte als Journalist gelernt, Leserkritik ernst zu nehmen, sollte das gedruckte Produkt bestehen können.

Doch stand noch mehr hinter der Bemühung, mit dem Professor ins Reine zu kommen. Ob er von meinem Umgang mit zeitgenössischen Autoren erfuhr oder den Journalisten als Redakteur einspannen wollte, weiß ich nicht mehr. Jedenfalls hatte er den Auftrag gegeben – Bitte kann man es nicht nennen –, die etwa vierhundert Beiträge für sein *Handbuch der deutschen Gegenwartsliteratur* zu redigieren, wozu auch Freund Hansjürg Elshorst hinzustieß.

Kunisch, ein konservativ-katholischer Literaturprediger mit liberalem Nebeneingang, gewann der Moderne bei Hofmannsthal und Rilke dichterisch-religiöse Emphase ab und hatte für Gottfried Benns schicksalsgetragene, wenngleich nihilistische Lyrik ein offenes Ohr. Wohl angeregt vom Münchener literarischen Altherrenverein, hatte er das Handbuch, das erste dieser Art, im konservativen

Geist geplant, musste jedoch im Verlauf der Arbeit zugeben, dass damit zahlreiche Autoren der unmittelbaren Gegenwart unter den Tisch fielen. Ließen sie sich noch einbringen? Hier musste er über die Ratschläge von Kritikern wie Hans Hennecke und Karl August Horst, die die erste Phase der Nachkriegsliteratur erfassten, hinausgehen und war auf die Redaktion der Nymphenburger Verlagsanstalt angewiesen. Das hieß auf Rainer Bachmann, Elshorst und mich, die er bald »meine Wilden« nannte, weil wir mit den teilweise nachlässig oder schlecht geschriebenen Artikeln ohne Ehrfurcht umgingen und relativ bekannte Literaturkritiker zu Revisionen aufforderten. Mit einigem Geschick brachten wir zudem zahlreiche noch wenig bekannte, aber provokante und interessante Autoren ein, etwa Peter Weiss oder Martin Walser. Kunisch war so liberal oder am Ende so resigniert, dass er die einmal geöffnete Schleuse offenhielt, allerdings unter der Bedingung, dass wir geeignete Verfasser besorgten. Das ging nur, wenn wir einige Beiträge selbst hinzusteuerten. Das taten wir gerne.

Erst als der kritische Mitgutachter Walter Müller-Seidel die Dissertation annahm, hatte ich die Gewähr, dass Kunischs positives Urteil nicht von erzwungenem Wohlwollen bestimmt war. Ähnliche Zweifel hatte ich zunächst beim Rigorosum, der von Kunisch abgenommenen letzten mündlichen Prüfung. Die lief jedoch anders ab als gedacht.

Kunisch beorderte mich nach Hause. Ich hatte gehört, dass das die letzte große entscheidende Prüfung über deutsche Literatur nicht vereinfachte. Von moderner deutscher Literatur würde wohl kaum die Rede sein. Umso mehr Zeit stand ihm stattdessen für das Herumquirlen in den großen epischen Provinzlangweilern des 19. Jahrhunderts zur Verfügung, abgesehen von Fontane, bei dem ich mich gut auskannte. Nach Goethe waren wir beim bürgerlichen Realismus und seiner Definition angekommen, als die Hausklingel schellte. Kunisch ließ mich am Tisch warten, offenbar gerade zu Fragen nach Stifter und Raabe aufgelegt. Alarmiert verfolgte ich, was an der Haustür vor sich ging. Der Kohlenmann war gekommen und brauchte den Schlüssel für den Keller. Nach einer Weile kam Kunisch ärgerlich zurück. Hatten wir Raabe schon besprochen? Ich sah seinen Ärger über die Unterbrechung und lenkte ihn auf Fontane, den preußischen Realisten, den er als Hugenotten auf der ersten Silbe betonte und als vorbildlich empfand. Ich sah Land. Er stellte lustlos ein paar knifflige Fragen, brach dann bald ab, als ich meine ausreichende Kompetenz zeigte, und erklärte die Sache für bestanden. Bis ihm plötzlich dämmerte, dass da etwas fehlte. Er schaute mich missbilligend an und schloss:

Herr Trommler, ich empfehle ihnen, den Raabe noch einmal sorgfältig zu lesen.

Als Piefke auf Österreich-Mission

München leuchtete mehr denn je. Mit Stolz verkündete man, dass aus dem Millionendorf die deutsche Olympiastadt werden würde. Das wurde mir nun zum Problem. Denn eigentlich wollte ich nach Frankfurt abdampfen, wo die Aussichten für einen guten Journalistenjob besser standen. War ich aber schon so weit? Ich besaß noch etwas Geld, konnte die Freiheit mitsamt Doktortitel doch auch hier genießen, wo sich die Freundschaften zu einem bestrickenden Kokon verfestigt hatten, der einen, da alle an ihren Dissertationen oder Projekten arbeiteten, kreativ machte. Diese Form von Kreativität hieß für mich schreiben. In Freiheit schreiben hieß, nicht für die Uni, nicht für die Zeitung schreiben.

Warum Frankfurt nicht wenigstens in einem Roman näherkommen? Ich mochte an Frankfurt gerade das, was den meisten Leuten suspekt erschien, den Mangel an Stil und bürgerlicher Selbstbewunderung. Aus Frankfurt ließ sich was machen. Eines Tages würde Frankfurt groß herauskommen, nachdem man den Wiederaufbau der Altstadt am Römerberg beim ersten Anlauf mit den Betonmonstern völlig verhunzt hatte. Schon früher hatte ich meinem Helden den Namen Lorenz gegeben. Dieser Held, ein Frankfurter, der durch den Kriegsausbruch bei einem Besuch von Verwandten in Amerika festgehalten worden ist, kehrt nach Jahren zurück, sieht, was man aus seiner schönen Stadt nach der Kriegszerstörung gemacht hat, und leitet eine Kampagne zur Restaurierung der alten Häuser am Römerberg ein.

Keine schlechte Geschichte.

Ich blickte aus meinem Fenster im fünften Stock über das Isartal nach Bogenhausen und begann zu erzählen. Natürlich gehörte eine Liebesgeschichte dazu, die Freund Koebner ganz annehmbar fand, da von Münchener Erfahrungen durchsetzt.

Dennoch stockte die Sache. Ich lernte, was man nur beim Schreiben lernen kann: dass ich zum Erzählen nur mittelmäßiges Talent besaß. Ich fühlte mich nicht gedrängt, es unbedingt zu tun. Was wurde daraus, trotz annehmbarer Liebesgeschichte?

Ich hatte eine gute Geschichte, aber nicht eine, die ich gedrängt war zu schreiben. Seltsam. Als ich später, längst ein gut publizierter Literaturwissenschaftler, ein paar Fragmente davon wiederfand, erschrak ich und war doch überzeugt, dass ich recht gehabt hatte abzubrechen. Ich erschrak, weil mir dämmerte, dass diese Geschichte auch ohne mein Schreiben weitergegangen war. Ich fand sie in meinem Leben wieder. Koebner fragte mich einmal, warum ich abgebrochen hätte.

Es sei doch bereits einiges zur Sprache gekommen, was ich danach zwischen Deutschland und Amerika erleben würde oder nicht? Das mit dem Auswanderer und Wiedereinwanderer, soweit er erinnerte. Und hatte man in späteren Jahren die alten Häuser am Römerberg nicht tatsächlich wieder restauriert? Römerberg habe der Roman doch geheißen. Eben.

Eine andere Inspiration war kräftiger. Mich wurmte, dass die Dissertation zwar den Doktortitel gebracht hatte, nicht jedoch das Gefühl, eine wirklich interessante Sache geschrieben zu haben. Was mich drängte, war, eine solche Sache zu komponieren, und zwar über das Thema, in dem ich mich inzwischen auskannte: Österreich als Objekt literarischer Gestaltung zwischen Realität und Nostalgie. In einem Buch, nicht in einer Dissertation. Kein Wunder, die Inspiration, ins Große zu greifen, stammte von dem berühmten Großessay *Die Theorie des Romans,* mit dem Georg Lukács 1914 Hegels Totalitätsdenken berief und den modernen Roman in einer Art intellektuellem Gedicht mit lyrischen und philosophischen Zügen als Ort transzendentaler Obdachlosigkeit definierte. Ich fand, dass die großen Romane von Robert Musil, Hermann Broch, Joseph Roth, Heimito von Doderer und Albert Paris Gütersloh durchaus als Paradigmen moderner Totalitätsdarstellung gelten konnten.

Das Österreich, das in diesen Jahren von einheimischen Literaturwissenschaftlern gern als Bastion landsmannschaftlicher oder katholischer Identität behandelt wurde, ließ ich zugunsten des Österreichs der genannten Autoren – eines geschichtstiefen und multikulturellen Gebildes mit europäischer Identität – weitgehend beiseite. Das Österreich dieser Autoren besaß als Austragungsort moderner Welterfahrung faszinierende Qualitäten, forderte für die Analyse der Moderne nach Hegel die Formen des großen Romans heraus und entzog ihnen zugleich ihre Überzeugungskraft. Das Erproben fiktionaler Wirklichkeit faszinierte mich mehr als das, was ein ebenfalls junger Germanist aus Triest, Claudio Magris, im selben Jahr ganz ins Zentrum rückte: die Genese österreichischer Literatur aus dem Habsburger Mythos.

Mit dem im renommierten Wissenschaftsverlag Kohlhammer erschienenen Buch *Roman und Wirklichkeit* bekam ich für meinen Ausflug ins Romantheoretische einigen Zuspruch und die Kritik, dass ich mich im allzu beschwingten Stil wohl etwas vergriffen hätte. Mehr Zustimmung erhielt ich für das Herausstellen dieser österreichischen Autoren als Schöpfer des modernen deutschen Romans. Wenn mir das Buch für kurze Zeit das Etikett eines Österreich-Experten einbrachte, war das mehr, als ich mir davon erwartet hatte. Ich lernte in Wien, dass es mit der Seltenheit zusammenhing, einen jungen Piefke aus Deutschland damit beschäftigt zu sehen.

Das geschah bei einem Vortrag, zu dem mich Ende 1966 der Wiener Kulturzar Wolfgang Kraus auf Vorschlag der Heidrich'schen Buchhandlung in der Österreichischen Gesellschaft für Literatur einlud. Kraus, ein inspirierender, unprovinzieller Förderer urbaner Modernität in Wien, war, wie ich spürte, davon angetan, dass ich den modernen deutschen Roman als einen österreichischen Roman hinstellte. So war es dann auch in einem Zeitungsbericht zu lesen. Aber mich als Piefke deshalb näher an Österreich heranzurücken, stand außer Frage. Nach meinem Vortrag vor großem Publikum im Palais Wilczek erhob sich würdevoll die Grand Dame der Wiener Kulturkritik, Hilde Spiel, und zerlegte mein Plädoyer elegant, aber unmissverständlich als zu retrospektiv und uninformiert. Sie endete mit den Worten:

Herr Trommler, haben Sie Peter Handke gelesen?

Nein.

Da sehen Sie, dass die österreichische Literatur nicht mit Heimito von Doderer abschließt.

Mich rettete nicht, dass Handkes Romandebüt erst im selben Jahr erfolgt war. Was mich danach beim Weintrinken in einem Beisl bei Hilde Spiel rettete, war die Tatsache, dass ich, ihrem alten Freund Franz Theodor Csokor gegenübersitzend, zwei der Dramen dieses österreichischen Expressionisten kannte. Wie aus dem Geschichtsbuch geklettert, begann Csokor prompt von den Erlebnissen als k.u.k. Offizier im Ersten Weltkrieg zu sprechen. Vom Weltkrieg Numero uno wohlgemerkt.

Mehr Billigung fand ich bei dem Literaturkritiker Paul Kruntorad, der meinen Vortrag in der Zeitschrift *Literatur und Kritik* abdruckte, weil er auch die Mahnung enthielt, österreichische Literatur werde erst dann wieder neues Profil haben, wenn sie die Nazizeit thematisiere. Mein Hinweis auf Doderers braune Vergangenheit interessierte Kruntorad besonders. Diese Dinge blieben in Österreich zu dieser Zeit besser unerwähnt. So steuerte der junge Piefke im *NEUEN FORUM* etwas Provokantes darüber unter dem Titel »Für eine gerechte Doderer-Fama« bei.

Kruntorad kommentierte mit Zustimmung, dass ich nicht den – populäreren – Weg von Claudio Magris gegangen sei, alles auf die Wirkungskraft des habsburgischen Mythos zu verlagern. (Ich habe Magris Jahre später kennen- und schätzen gelernt.) Allerdings ließ Kruntorad in der Diskussion offen, ob ich mit den theoretischen Erörterungen über den Roman à la Lukács das zweite Standbein des Buches überzeugend konstruiert habe. Das hielten mir auch andere Kritiker entgegen. Ich lernte, dass ich Literatur und Geschichte recht gut zusammenbringen kann, Literatur und Theorie hingegen weniger.

5. Amerika: Nord und Süd

Nikolaus Pevsners Architekturkurs mit Toast und Marmelade

Es war eine Zeit, da Auslandsreisen noch zählten. Man schrieb von dort Luftpostbriefe und erhielt Luftpostbriefe weit irgendwo in Liverpool oder San Francisco *poste restante*. Erzählungen frisch nach der Rückkehr fanden interessierte Zuhörer. Ein längerer Englandaufenthalt erzeugte Neugier, ein Amerikaaufenthalt Neid. Von Südamerika war nicht die Rede. Niemand fuhr dorthin.

Ich habe die Briefe der Mutter in Liverpool, in San Francisco und Boston vom Postamt abgeholt. Amerika kam tatsächlich dran. Sogar Südamerika. Wochen ohne *poste restante*. Aus der Welt gefallen, ein unwiederholbares Gefühl.

Wollte ich nicht als Journalist bei einer Frankfurter Zeitung arbeiten?

Die Reisen in den sechziger Jahren waren etwas anderes als die Mittelmeerfahrten als Gymnasiast im Jahrzehnt zuvor. Als Gymnasiasten suchten wir eine Tür im Zaun um unsere Wirtschaftswunder- und Schrebergartenwelt. Das Herauswollen rechtfertigte man mit dem allgewaltigen Bildungsstreben in Richtung Griechenland, Sizilien, Kreta. Die Tür öffnete sich halbwegs. In den sechziger Jahren hingegen stand sie offen, und es ging darum, etwas aus den Entfernungen, Fotos, Begegnungen zu machen, etwas, das das Erzählen lohnte.

Die Reisen, die ich nach dem Studium unternahm, entsprangen dem Drang, den Weggang vom Alten wirklich auszukosten. Man musste gar nicht beleidigt sein, um das tun zu wollen, wie die Mutter einst suggeriert hatte. Auf jeden Fall war Frankfurt zu nahe. Die Freiheit war gegeben, etwas Geld war dafür noch vorhanden. Die Reisen konnten den festen Job noch hinausschieben und führten doch auf Umwegen zu ihm hin. Das war wohl Zufall, aber vielleicht doch nicht ganz. Denn in jenen Jahren herrschte unter Älteren hin und wieder noch die Überlieferung, dass ein junger Mann, der auf eine große Reise geht, einer Bestimmung auf die Spur kommt, die er gar nicht kennen kann, da sie ihn über sich selbst hinausführt.

So fand ich mich bei einem längeren Aufenthalt in London, bei dem ich mein Englisch verbessern wollte, tatsächlich in der Rolle eines Gesellen auf Wanderung, der seine Prüfungen am Frühstückstisch absolviert. Es geschah im Hause meiner Stiefschwester Inge, mit der mich seit jeher ironischer Flirt und gegenseitiges Vertrauen verband. Ihr Schwiegervater, der berühmte Kunsthistoriker Nikolaus Pevsner nahm mich als Frühstücksgefährten in die Pflicht. Nach dem plötzlichen Verlust seiner Frau Lola kam er pünktlich am Morgen dazu und widmete sich zunächst den beiden Enkelkindern Michael und Martin. Es dauerte ein paar Tage, bis ich meine beiden Pflichten voll verstand: ein junger gescheiter Deutscher zu sein, dem er auf den Zahn fühlen konnte, und den wissbegierigen Studenten zu spielen, dem sich der Meister der Architekturmoderne mit seinen englischen Erfahrungen öffnen konnte. Ich lernte, wie die Emigranten die Engländer erfahren hatten – keineswegs nur nobel. Trotzdem, es war ein Verwandtenbesuch, fröhlich mit Inge und ihren zwei Buben umgehend, jedoch zugleich heikel und prüfend, wenn sich die Familie versammelte.

Das tat sie häufig am Abend. Fernsehen war verpönt. Nach Vater Nikolaus hatten auch die drei erwachsenen Geschwister mit ihren Familien im deutsch-jüdischen Emigrantenviertel Golders Green in einer Nebenstraße nach und nach einige der Reihenhäuser gekauft, sozusagen auf Rufweite. Bei den zwanglosen Zusammenkünften am Abend führte Tochter Uta als Älteste das Wort; sie hatte, vom Kriegsausbruch 1939 beim Ferienaufenthalt in Deutschland überrascht, bei ihrer Tante unter großem Risiko die Kriegsjahre in Naumburg auf dem Lande überstanden. Ihr Bruder Tom, Inges Ehemann, war selten anwesend, da er als Associate Producer die James-Bond-Filme an ihren exotisch-prominenten Schauplätzen organisierte. Dieter Pevsner arbeitete in der Leitung des Penguin-Verlages. Vater Nikolaus war mit Vorträgen am Courtault Institute of Art bschäftigt. Alles in allem, ein mit Ehepartnern höchst gebildeter und im englischen Stil anspruchsvoller Familienkreis, in dem der mit Inge angeheiratete deutsche Verwandte nicht ganz fehl am Platze war. Allerdings lag seine Aufgabe darin, einerseits leicht und unteutonisch zur Konversation beizutragen und andererseits die unsichtbare Wand, die durch Hitler zwischen jüdischen und nichtjüdischen Deutschen zementiert worden war, zu beachten und zugleich zu negieren.

In diesem Familienklan, den Vater Nikolaus mit seiner Frau Lola (Carola) in den dreißiger Jahren nach England gebracht hatte, waren die Worte *Jude* und *jüdisch* verpönt sowie jede weitere Diskussion darüber. In dieser Situation musste der Hausgast aus Deutschland, allein schon, um Inge keine Probleme zu bereiten, einen weiteren Schritt aus der deutschen Welt heraus tun und die hier gelebte Selbstverständlichkeit im Umgang mit beiden Kulturen akzeptieren. Als gelernte Engländer gebrauchten die Familienmitglieder die traditionelle englische Herablassung den Deutschen gegenüber zu ihrem eigenen Schutz. Wohl wissend, dass sie selbst noch einiges davon hatten, missbilligten sie Teutonisches um so mehr. Inge, wohl wissend, dass sie in dieser Familie gerade auch mit ihrem deutschen Hintergrund attraktiv war, hatte sprachlich eine beeindruckende Einfügung erreicht – anders als der Pater familias, der die englische Sprache meisterhaft gebrauchte, jedoch beharrlich mit deutschem Akzent. Gerade seine prüfenden Fragen an den jungen deutschen Verwandten ließen erkennen, wie stark er diese Herkunft für sich weiterhin beanspruchte. Englische Kunsthistoriker, die sich von ihm in den Schatten gestellt fühlten, nagelten ihn auf deutsche Wissenschaftspedanterie fest. Nur ein Teutone, meinten sie, konnte ein Buch mit dem Titel *The Englishness of English Art* schreiben.

Durch Bruder Klaus, der bei einem London-Aufenthalt Tom und Inge zusammengeführt hatte, wusste ich einiges über Pevsners großen Ruf in England als Autor der 46 Bände der »Buildings of England«. Als Leser eines weitverbreiteten Rowohlt-Bändchens war ich mit seiner Bedeutung als Prophet von Gropius und dem Bauhaus vertraut. Das ging nicht tief, genügte aber für intelligente Fragen an den Meister. Während er sich den Toast mit Marmelade bestrich, sah er eine gute Gelegenheit, dem jungen Mann seine Leidenschaft für englische Architektur, insbesondere die lange vernachlässigte Industriearchitektur, zu erklären. Am Ende der Frühstücksseminare war ich in der Lage, das Bild der Moderne gegen Frankreich und für Werkbund und Bauhaus zu begründen. Ein präziser und zugleich neugieriger Erklärer, dem der Frühstückstisch ebenso gelegen kam wie ein Rednerpult, uneitel seiner großen Reputation bewusst, englische Spracheigentümlichkeiten ironisch einflechtend, dennoch etwas pedantisch nach deutsch-akademischer Art. Einige englische Kenner der Materie versicherten mir, dass Pevsner mit seinem genauen Hinsehen und Formulieren eigentlich erst die englische Kunstgeschichte über England begründet habe. Nein, ein Theoretiker wie Gombrich sei er nicht. Aber geadelt wurden beide Emigranten, der eine aus Wien, der andere aus Leipzig und Göttingen, wo Pevsner bis 1932 lehrte.

Nikolaus Pevsner hat mir die Vorliebe für Bauhaus und Werkbund fürs Leben eingeimpft, hat mich, als ich viele Jahre später zu einem Besuch in London war, aus seinem Parkinson erwachend, auf dem Sterbebett in seinem Haus in Golders Green noch einmal von Gropius' genialer Größe überzeugen wollen.

An dieser Moderne hielt er fest. Wenn ich am Frühstückstisch meine begrenzten deutschen Erfahrungen mit Kunst und Kunstgeschichte ein wenig zuspitzte, störte ihn das nicht. Was ihn störte, war, als ich ihn mit gewisser Begeisterung wissen ließ, dass ich nach dem Englandaufenthalt nach Frankreich fahren wolle. Mir ist sein halb ironisch, halb ernst gemeinter Ratschlag in Erinnerung geblieben:

Frank, don't go to this ridiculous France.

Zwischen Frankreich und Amerika

Selbstverständlich fuhr ich nach Frankreich. Das war mir nach mehreren Aufenthalten gut vertraut, allerdings im Jahr zuvor problematisch geworden. Da hatte ich auf einen mehrwöchigen Paris-Aufenthalt gesetzt, um mit meinem Französisch voranzukommen. Damit war ich gescheitert, wenn auch nicht gerade kläglich. Man könnte es eher vergnügte Frustration nennen, was mich aufhielt, oder frustriertes Vergnügen. Natürlich war eine Frau im Spiel, eine junge Deutschlehrerin. Es entwickelte sich eine Bekanntschaft, bald ein wenig mehr. Mit der ich hoffte, mein Französisch zu verbessern. Dafür ließ ich mich sogar in die mühsame Lektüre ihres Lieblingsromans *Le Grand Meaulnes* ein, einst des Kultbuchs friedliebender junger Franzosen und Deutschen. Aber das klappte nicht ganz. Sie war ein spröder Typ mit hübschen Sommersprossen aus einem Dorf im Zentralmassiv und erwachte emotional, wenn sie ihr recht gutes Deutsch an einem richtigen Deutschen erproben konnte. Ließ nach einiger Zeit keinerlei Französisch mehr zu. Wollte ich sie nicht in den Pariser Cafés verlieren, blieb ich an mein Deutsch gefesselt. Meine Niederlage war komplett, als ich sagen musste, ihr Deutsch sei hervorragend geworden.

So kam ich mit meinem stümperhaft gebliebenen Französisch zurück in das Land, von dessen Kultur und Geschichte ich so viel mehr wusste und dessen Moderne mir trotz Pevsner nicht aus den Händen glitt. Frankreich hatte uns erzogen, hatte uns gelehrt, als Intellektuelle zu agieren, Literatur ernst zu nehmen, das heißt auf ihre gesellschaftliche Wirkungskraft hin abzuklopfen. Hatte uns Mut gemacht, Kultur wie ein Spezialgericht zu behandeln, während Politik als das Umrühren einer zähen Suppe erschien, in die man alles hineinschnippeln konnte. Warum nicht mehr von Frankreich erfahren, wo ich auf beträchtlichem Grundwissen aufbauen konnte?

Was im Fall Amerikas absolut nicht der Fall war. Mit welchen Klischees ich in diesem Falle glaubte, operieren zu können, hatte mir im Winter zuvor ein Beauftragter der amerikanischen Harkness Foundation offenbart. Professor Kunisch, von meinen Ansichten von Literatur und Wirklichkeit weniger angetan als von der editorischen Arbeit für sein *Handbuch der deutschen Gegenwartsliteratur*, hatte mich bei dieser amerikanischen Prestigestiftung offenbar für ein Fellowship empfohlen, das mich als Postdoc an die Yale University bringen würde. Bei dem entscheidenden Interview im allbekannten Hotel Regina, wo die besten Münchener Faschingsbälle stattfanden, fiel ich sang- und klanglos durch. Das wurde mir beim Interview mit dem freundlich inquisitiven Stiftungsmenschen bereits klar, einem *Yalee*, wie er mir mit ernst gefurchter Stirn erklärte, wohl schon erkennend, dass ich mit solchen Usancen nicht viel anzufangen wusste. Jedenfalls konnte ich ihm in holperigem Englisch mit meinen Besuchen von Jazzkonzerten mit Louis Armstrong und Benny Goodman im Berliner Sportpalast und Ella Fitzgerald im Frankfurter Messepalast nicht imponieren. Mir fehlte, was viele Generationsgenossen in diesen Jahren mit Jazz, Rock'n'Roll, AFN-Radio, Jeans und Besuchen von Amerikahäusern auslebten: Amerikabegeisterung als jugendliche Lebensform. Nur bei einigen Schriftstellern, Thomas Wolfe, William Faulkner und Ernest Hemingway, punktete ich mit Enthusiasmus, der dann allerdings bei fehlendem Wortschatz platt auf den Boden des nüchternen Hotelzimmers fiel.

Dennoch war Amerika auf der Wunschliste geblieben. Es lud zu einer anderen Form des Reisens ein, bei der man ja die Klischees vertreiben konnte. Wolfgang Hegels erneuerte die Neugier. Er berichtete begeistert von seiner Amerikareise, hatte die Republican Convention mit ihrer Krönung von Berry Goldwater miterlebt. Er riet mir zu einer Bustour durch die Staaten. Mit Continental Trailways könne man drei Monate für billiges Geld unterwegs sein. Das Ticket, *99 Days for 99 Dollars,* musste man im Ausland kaufen. Als er hörte, dass ich im Dezember in Wien auf einer respektablen Veranstaltung einen Vortrag über den österreichischen Roman halten würde, riet er mir, so etwas auch an amerikanischen Universitäten zu versuchen, um Dollars in die Reisekasse zu bringen. Amerikareisen waren gang und gebe, aber das mit den Universitäten war eine tolle Idee. Nur wusste ich nichts über die Germanistik in den USA, und ob man die Reise auf eine solche Grundlage stellen könne.

The World of Learning hieß der dicke Band, den ich im Lesesaal der Bayerischen Staatsbibliothek nach germanistischen Instituten in den USA befragte. Das geschah nach Staaten gegliedert, mit all den mir unbekannten Universitäten. Bis ich dann ein paar Namen aufspürte, die mir in der Germanistik schon mal untergekommen waren. Da gab es an der Stanford University Walter Sokel, dessen Expressionismus-Buch ich besaß, und an Yale, der Nummer eins des Harkness-Offiziellen, Peter Demetz, dessen *Marx, Engels und die Dichter* mir Aufschlüsse über die kommunistische Literaturpolitik gegeben hatte. Auf die bekanntesten Universitäten machte mich Jack Zipes aufmerksam, der amerikanische Studienfreund in München, der schon Hegels beraten hatte und mir überaus nützliche Tipps für die akademische Landschaft der Germanisten vermittelte. Dazu kamen Empfehlungen wie die von Freund Egon Verheyen zu Wolfgang Paulsen an der University of Massachusetts, von Hans Rudnick zu Adolf Klarmann an der University of Pennsylvania. Schließlich hatte ich mit dem Roman-Buch und dem Vortragstitel »Der deutsche Roman im 20. Jahrhundert – ein österreichischer Roman?« vielleicht auch beim Goethe-Institut eine Chance, wenngleich es in den USA nicht vertreten war.

Falsch, entgegnete die Vortragsreferentin in der Münchener Zentrale, Dr. Renate Albrecht, freundlich. In New York und Boston könne ich mal vorsprechen. In Boston werde gerade ein Institut eröffnet.

Civil Rights und schwarzer Glamour

Im Jahr 1966 kreuzten noch Ozeanriesen wie die France, die Rotterdam, die United States und die Bremen über den Atlantik. Mit ihnen ließ sich die langgedehnte Ankunft im New Yorker Hafen, an der Freiheitsstatue vorüber, noch so erleben, wie es sich in jedem richtigen Amerikaroman schickte. An der Freiheitsstatue vorübergleitend, die Begeisterungsrufe der anderen Passagiere im Ohr, schrieb man diesen Roman nun tatsächlich selber. Was man noch nicht wusste: Vier Jahre später war Schluss mit den Ozeanriesen.

Meine Ankunft mit der Bremen am Morgen des achten Tages der Ozeanüberfahrt (die sich wegen eines Hurrikans um einen Tag verlängerte, an dem das gewaltige Auf- und Abrollen des Schiffes den Magen komplett außer Gefecht setzte) war deshalb bemerkenswert, weil ich die impertinente Blonde aus den Augen verlor, die mir am wieder sonnigen Vortrag den reservierten Deckstuhl mit dem Hinweis weggenommen hatte, sie müsse vor New York noch etwas Farbe bekommen. Ich vergaß die Sache, da mich am Nachmittag die Familie der Frau von Jack Zipes zu einem Picknick auf Long Island einlud. Diese Einladung hatte es in sich. Ich lernte einen Meister des Barbecue kennen, nach der großartigen Speisung allerdings auch eine Wendung der Unterhaltung, die nichts Touristisches mehr an sich hatte.

Ob ich jüdisch sei, mein Name Trommler gäbe das her.

Als ich verneinte, kam sofort die Frage, ob ich über das Schicksal der Juden Bescheid wisse.

Of course.

Aber was hieß hier *of course*. Ehe ich's versah, war ich voll konfrontiert mit der Tatsache, dass ich aus dem Land der Mörder kam. Das wurde nicht so deutlich ausgesprochen, ließ mir aber außer dem Hinweis auf mein jugendliches Alter wenig Raum für Argumente.

Erst die Aufforderung der Frauen, am Croquetspielen teilzunehmen, ließ den Adrenalinspiegel sinken.

Jack war der erste amerikanische Jude, den ich beim Studium in München kennengelernt hatte.

So der Start. Er war ungeplant, ähnlich wie die schwüle Sommerhitze. Ich setzte darauf, noch viel mehr Ungeplantes zu erleben. Natürlich geschah das, und ich verblüffte meine Freunde Werner und Ute Brandes in New England, als ich nach der ersten großen Rundtour mit Continental Trailways die Erlebnisse in New York ausließ und von Detroit und Mississippi erzählte.

Warum das?

Weil es nicht das war, was ich schon vorher gewusst habe.

Na gut, aber jeder ist doch mal Tourist. Und New York ist großartig.

Das braucht ihr doch nicht zum hunderttausendsten Male zu hören.

Es gehört nun mal dazu. Oder nicht?

Ihr habe ja recht. New York ist großartig.

Na also.

Ungeplant war, dass ich geradezu süchtig auf das Fahren in den Überlandbussen wurde. Wenn der Fahrer den Motor mit dem unverwechselbar tiefen, geradezu sinnlich ausgreifenden Gebrumm anließ und das Gefährt langsam aus der Busstation hinaussteuerte, überkam mich, mochten auch noch so viele zweifelhafte Gestalten um mich herumsitzen, eine Zeit lang absolutes Wohlgefühl, getragen vom Bewusstsein, dass die Fahrt immer weitergehen würde und nach einem Zwischenstopp bereits ein anderer am Horizont wartete. Diese Form unaufhörlichen Fahrens, die süchtig machte, hatte ich in Europa nicht kennengelernt

Selbst bei der Fahrt im Volkswagen Käfer, den Freund Hansjörg Elshorst von Indiana, wo ich zu ihm stieß, einige Tage den Mississippi hinunter bis Baton Rouge steuerte, meldete sich diese Sucht, wenngleich mit der Sorge, ob die Karre die Entfernungen durchhalten würde. Natürlich tat sie das. Sie hatte sich ja amerikanisiert und war *the car of choice* für zwei junge Männer, die glaubten zu wissen, was sie taten.

An der Louisiana State University in Baton Rouge betätigte Hansjörg sich im Dienst einer Entwicklungshilfeorganisation als Lecturer in Sociology, einer Materie, in die er sich als künftiger Entwicklungshelfer einarbeitete. Nicht sein Fach und auch noch auf Englisch! Ich bewunderte seine westfälische Dickschädeligkeit. Ihr war es auch zuzuschreiben, dass wir von New Orleans aus, wo er sich mit einer Italienerin aus dem French Quarter verlobt hatte, eine Fahrt in den Staat Mississippi anschlossen. Dort würden wir für das Verhältnis zwischen Weißen und Schwarzen an Ort und Stelle Informationen sammeln können.

In Baton Rouge geschah es auch, dass wir eine junge Schwarze zum frühen Abendessen einluden, die Hansjörg im Soziologiekurs als Sprecherin der siebzig

im Herbst 1966 zum ersten Mal zum Studium an der Universität zugelassenen schwarzen Studenten kennengelernt hatte. Eine hübsche junge Frau, eine Negerin, wie man damals noch sagte. Wir steuerten das von Hansjörg öfters aufgesuchte Gartenrestaurant an, erspähten einen leeren Tisch und setzten uns dorthin in Bewegung, als wir vom Besitzer mit den Worten zurückgewiesen wurden:
Gentlemen, we are fully booked!
But this table over there is not occupied!
Gentlemen, we are fully booked!
Unsere Empörung half nichts. Die junge schwarze Frau hatte uns gewarnt. Wir waren gegen die traditionelle Schranke gerannt, konnten unsere Scham darüber, Melinda bloßgestellt zu haben, nicht verbergen.

In Grenada bei Oxford, Mississippi, wurden wir weiter ernüchtert. Das war keine Touristenexkursion nach Harlem, von der einem die New Yorker abrieten. Das war 1966 eine nicht ungefährliche Erkundung von Orten und Straßen, die mit der brutalen Behandlung der schwarzen Demonstranten durch weiße Polizisten als Fanal des Kampfes für Civil Rights ins Fernsehen gelangt war. Der Fall des schwarzen Studenten James Meredith, der als Erster die University of Mississippi besuchte, worauf alle weißen Studenten aus seinem Wohnheim auszogen, war noch frisch im Gedächtnis. Politische Neugier reicht nicht, eher schon Hansjörgs Dickschädeligkeit, um die Naivität zu erklären, mit der wir Grenada ansteuerten, wo am Vortag Martin Luther King für die Schulintegration schwarzer Kinder demonstriert hatte.

Zwei weiße Jünglinge im VW: wenn das nicht nach Freedom Riders aus dem Norden roch! Alle Zufahrtsstraßen zum Schulviertel waren abgeriegelt, wir gelangten irgendwie dazwischen, wurden von kräftigen weißen Polizisten in leuchtend blauen Hemden und schweren Knüppeln im Gürtel gestoppt und konnten keinen guten Grund angeben, warum wir dort waren. Für so naiv hatten wir uns eigentlich nicht gehalten, spürten einen Moment lang die lauernde Brutalität der Situation, vom Blau der Hemden nur unzureichend überdeckt. Hansjörg, bereits erfahrener mit Konfrontationen dieser Art, drehte seinen deutschen Akzent auf, und ich muss besonders ratlos ausgesehen haben, jedenfalls ließ uns der Polizist verächtlich wissen, wir sollten schleunigst nach Deutschland zurückkehren.

Mit diesem Eintauchen in den tiefen Süden bald nach der Ankunft schaffte mir Hansjörg ein Update der Rassenspannungen, wie ich es auf der Reise später nicht mehr so hautnah erfuhr. In den Trailways-Bussen, in denen im Süden hauptsächlich Schwarze fuhren, konnte ich weitere Aufschlüsse bekommen. Hatte der schwarze Nachbar nach meiner Erklärung, ich sei Deutscher auf Besuch, Vertrauen gefasst und erwartete von diesem fremden Weißen nicht die gewohnte Distanzierung, fand ich mich in bester Position, etwas Authentisches über das Leben der Schwarzen zu erfahren. Ein Alter mit weißem Kräuselhaar kam aus dem Erzählen über seine Familie in Jackson, Mississippi, und seinen Sohn in Chicago gar nicht heraus, setzte das in der Chattanooga Busstation fort. Ich hätte mich über diese Einblicke glücklich schätzen können, wenn, ja wenn ich seinen Slang hätte erfassen können. Ich war dort angekommen, wo man wirklich Einblicke gewinnen konnte, und war unfähig, das Lebensbekenntnis des schwarzen Großvaters voll zu verstehen.

Als ich einige Wochen später beim Besuch der »World Series of Jazz« die Konzerthalle im Masonic Temple in Detroit betrat, deren riesiges, rot ausstaffiertes Halbrund fast gänzlich mit Schwarzen gefüllt war, dachte ich, bereits einiges über die Schwarzen in Amerika zu wissen. Nichts wars damit. Nichts wusste ich von ihnen, jedenfalls nichts von den großen Verschiedenheiten je nach Regionen und Gesellschaftsschichten. Hier versammelte sich eine beeindruckende bürgerliche Mittelschicht der Schwarzen, die mit der blühenden Autoindustrie zu Rang, Stil und Selbstbewusstsein gelangt war. Ich wurde geradezu geblendet von der Eleganz der Frauen, den delikaten Farbkombinationen ihrer Kleider und dem damit verbundenen lärmenden Spektakel im Foyer. Ich verfolgte gebannt die Show im riesigen Rund und verstand nur halb die Schlagfertigkeit, mit der sich Zwischenrufer einbrachten, wenn die Sänger – Arthur Prysock, Gloria Lynne, Hank Crawford und andere – in Routine verfielen. Unvergesslich ist mir sowohl das Gefühl völliger Vereinnahmung vom »groove«, der die Zweitausend in Bann hielt, als auch die Souveränität des Conférenciers, des MC, der über alles herzog und sich nicht scheute, Mississippi und die Civil-Rights-Kämpfer ironisch mitzubedenken.

Das geschah 1966 in Detroit, ein Jahr vor den schlimmen Riots, in einer glamourösen Selbstdarstellung der schwarzen Gesellschaft vor dem Niedergang der Autometropole. Zum Hochgefühl passte, dass bei der Besichtigung von Henry Fords gigantischer River Rouge Plant der Stolz unseres Führers, eines pensionierten Managers mit schwerem Midwestakzent, über die größte Fabrikanlage der Welt ungebrochen war.

Als ich am folgenden Morgen, wie mir Hegels geraten hatte, die Zentrale der Autogewerkschaft, der United Auto Workers Union, aufsuchte und als ausländischer Journalist ein Interview mit dem Bruder des berühmten Gewerkschaftsbosses Walter Reuther, Roy, erwirkte, wurde mir klar, dass ich mit der River Rouge Plant ein großartiges Dokument industrieller Geschichte gesehen hatte, das den neuesten Organisations- und Produktionsformen bald nicht mehr genügen würde. Roy Reuther, der sich veranlasst sah, dem Deutschen gegenüber die engen Bezüge seiner Familie zu Deutschland hervorzuheben, belehrte mich in seiner unprätentiös-freundlichen Art über die anstehenden Veränderungen, die von der Gewerkschaft nicht nur positiv gewertet wurden. Mit Engagement sprach er über das große Engagement der UAW zugunsten der Civil-Rights-Bewegung trotz der geringen Aussichten, dass sich im Süden viele Schwarze gewerkschaftlich organisieren würden. Sein Bruder Walter war einer der wichtigsten Verbündeten von Martin Luther King.

Das waren Dinge, über die ich als Journalist hätte schreiben können. Werner und Ute Brandes ermunterten mich dazu, nachdem sie sich von meinem fahrlässigen Umgang mit der etablierten New-York-Euphorie erholt hatten.

Ihre Entscheidung lag fest, in den USA zu bleiben. Werner hatte kurz zuvor eine Stellung als Deutschlehrer in der Phillips Academy Exeter angetreten, der zusammen mit der Philipps Academy Andover ältesten und bekanntesten »Prep School«, einem teuren Internat, das wie ein College geführt wird und der amerikanischen Elite den (lange Zeit männlichen) Nachwuchs bereitgestellt hat. Eine Autostunde nördlich von Boston gelegen, lernte ich hier etwas kennen, was es in Deutschland nicht gab: die Ausbildung einer Elite. Was die Schüler mit Krawatte und Jackett in der Klasse, der *Chapel*, dem gemeinsamen Essen, dem abendlichen *Check-in* tagtäglich einatmeten, war eine Lebensform, mit der sich dieses Land, vornehmlich in New England und Virginia seit dem 18. Jahrhundert zunächst als Abkömmling, dann als Konkurrent der britischen Feudalklasse seinen eigenen demokratischen Feudalismus aufgebaut hatte. Ich staunte angesichts der Selbstsicherheit der Schüler, erfuhr in einer von Brandes' Deutschklassen, dass man hier das Deutsche als Teil einer tief eingegrabenen Bildungstradition behandelte. Man assoziierte mich als Deutschen eher mit dieser Tradition als mit der Nazi-Vergangenheit, wie es in New York geschah.

Ich schrieb keine Artikel, besuchte stattdessen die Klassen und erfuhr mit wachsender Verwunderung, wie man sich bereits als Schüler auf eine Karriere vorbereiten konnte. Hätte ich das gewollt? Dazu gab es wohl keine Veranlassung. Bis dato hatten sich die Elitenvertreter in Deutschland nicht den besten Ruf erworben.

Mit Musil und Roth auf Continental Trailways

Weiterreisen. Nicht aufhören zu fahren, das Busgebrumm im Ohr. Ich suchte die Briefe wegzuschieben, die die Freunde in Exeter inzwischen erhalten hatten. Ein freundschaftliches *poste restante,* dem ich mich schließlich stellen musste, denn Werner und Ute waren wache und fürsorgliche Gastfreunde. Sie wollten dabei mithelfen, dass hier etwas gelänge. Was? Ich sollte den zweiten Teil der Route nach den akademischen Zusagen ausrichten. Diese Route führte wiederum in den Mittleren Westen und anschließend in einer großen Schleife über San Francisco und Los Angeles zum Grand Canyon und nach Texas.

Wie sich herausstellte, war der Österreich-Thema in der traditionellen amerikanischen Germanistik unüblich, besaß aber bei einigen der deutsch-jüdischen Emigranten insofern einen Bonus, als es mit Autoren wie Musil, Broch, Doderer, ganz zu schweigen von Kafka, dem Trend zur Moderne entgegenkam, der sich in English und Comparative Literature Departments etabliert hatte. Es erlaubte von moderner deutscher Literatur zu sprechen, ohne Hitler, Preußen, Politik und Nazis erwähnen zu müssen.

Beim Vortrag an Stanford, der mir 75 Dollar und eine interessante Übernachtung im Hause des aus Wien gebürtigen Germanisten Walter Sokel einbrachte, glaubte ich zunächst, ins Schwarze getroffen zu haben, lernte aber schnell, dass die mit Sokel diskutierenden Kollegen Edgar Lohner und Kurt Müller-Vollmer meine Anwesenheit am Rednerpult nur zum Anlass nahmen, seit langem geführte Auseinandersetzungen über Wert und Funktion von Literatur in aller Heftigkeit fortzusetzen. Demgegenüber traf ich an der gegenüberliegenden Küste, an der University of Pennsylvania in Philadelphia, bei dem aus Brünn gebürtigen Adolf Klarmann tatsächlich ins Schwarze, da ich, obwohl Piefke aus dem Norden, dem österreichischen Roman innerhalb des modernen deutschen Romans eine gewisse Präferenz einräumte. Peter Demetz, aus Prag gebürtig, kannte das Buch, lud mich an Yale zum Lunch ein und behielt sich sein Urteil vor, lud mich dann aber im folgenden Jahr zu einer Gedenksektion der Modern Language Association anlässlich des Todes von Heimito von Doderer ein. Dort konnte ich meine kritischen Ansichten über den sprachmächtigen Wiener Querulanten anbringen.

Dass sich relativ kurzfristig an verschiedenen Departments Vortragsgelegenheiten ergaben, verdankte ich deren Offenheit gegenüber akademischen Besuchern aus Old Europe, wenn sie etwas anzubieten hatten, das in den Semesterplan und in das kleine Budget passte. Mehrere Male sah ich allerdings einen Schatten über das Gesicht der Gastgeber huschen, als sie bei der Begrüßung merkten, dass ich jünger war als sie es von solchen Besuchern gewöhnt waren. Das spielte bei der Einladung nach Harvard, die der Direktor des in Boston neu etablierten Goethe-Instituts, Joachim Weno, vermittelte, weniger eine Rolle, kam mir vielleicht sogar zugute, insofern es die Professoren Robert Spaethling und Eugene Weber, die offenbar einige Fenster öffnen wollten, auf jemand Jüngeren abgesehen hatten, wobei mir die Hintergedanken erst später aufgingen. Jedenfalls kam es nach dem

Vortrag vor etwa 35 Studenten in Boylston Hall zu einer lebhaften Diskussion über Romanliteratur, bei der ich zeigen konnte, dass ich noch einige Argumente auf der Platte hatte. Das schmeckte stark nach Import, war aber vielleicht gerade mit seinem ungelenken Engagement von Interesse.

Zwar zeigten sich die Kollegen in den German Departments ganz gut über das bundesrepublikanische Deutschland informiert, hielten jedoch in diesen Jahren häufig noch an der eingefleischten Gewohnheit fest, dem Besucher von dort ein Guthaben an Authentizität zuzugestehen, eine Aura, für die er gar nichts konnte, die aber das Bemühen kennzeichnete, den Studenten zwischendurch das frische Obst, nicht nur die Bilder vom Obstgarten vorzuführen.

Dieser Bonus verflog allmählich in der Kommunikations- und Reisetätigkeit der folgenden Jahre. Ich profitierte von diesen Privilegien, fand Zugang zu interessanten Kollegen wie dem unvergessenen David Bronsen an der Washington University in St. Louis, der sein Leben der Biographie von Joseph Roth widmete und mich mit meinen angelesenen Kenntnissen über diesen wunderbaren Erzähler nicht spöttisch abservierte, oder dem Literaturmeister Erich Heller, der mir mit seinem von der internationalen Kritik gepriesenen Orakel der klassischen Moderne, *The Disinherited Mind*, recht altväterlich vorkam, als er als Gast im Faculty Club der Columbia University dem jungen Deutschen ein pessimistisches Privatissimum über der Stand der Welt widmete. Hellers Botschaft an mich: Schön, dass ich das über die Österreicher mache, aber was wüssten wir Jüngeren schon von den Reichtümern der alten Lebens- und Denkformen. Er wisse es, er überliefere es mit Rilke, Thomas Mann und Kafka. Nach zwei Stunden glaubte ich es ihm nicht mehr.

So stolperte ich also mit dieser Tour in etwas hinein, das sich von den früheren Reisen stark unterschied. Um meine Reisekasse zu erleichtern, schlüpfte ich in eine Rolle, die ich in Deutschland nicht hatte einschlagen wollen, brummte über die Highways in Bewunderung herbstlicher Sonnenuntergänge zu Plätzen, wo ich als Dozent aus Deutschland willkommen geheißen und honoriert wurde, an der Ostküste sogar befragt, ob ich das nicht weiterführen wollte.

Wollte ich das?

Bis dahin hatte mir jede Reise etwas von der Enge meiner deutschen Welt abgekratzt, zugleich aber auch die Schatten der jüngsten Geschichte intensiviert. Diese Reise über den Atlantik half mir wohl dabei, erwachsen zu werden, insofern sie sich nicht in den Schubfächern touristischer Extravaganzen unterbringen ließ, vielmehr Stellungnahmen einforderte, Zukunftsüberlegungen, vor allem aber auch Professionalität im Umgang mit deutschen Dingen, insbesondere mit der nicht immer ersprießlichen Literatur.

Zum Jahr 1966 gehört erwähnt, dass die amerikanischen Universitäten nach dem Sputnik-Schock 1958 auch die Geisteswissenschaften als Investition im Kalten Krieg entdeckt hatten und nun die Kenntnisse von Fremdsprachen als förderungswürdigen Beitrag unterstützten. Dank dieser Volte des Kalten Krieges kam jemand wie ich zu ungeahnter und eigentlich ungewollter Beachtung, wie mir in Massachusetts Wolfgang Paulsen und in Philadelphia Adolf Klarmann erläuterten, ältere, vertrauenswürdige Mitglieder der Zunft, die seit der Herrschaft des Naziregimes mit Krieg und Nachkrieg im Fach Deutsch genügend unglückliche Zeiten miterlebt hatten. In den Folgejahren lockte das zahlreiche begabte junge Germanisten nach Amerika.

Wie gesagt, ich wurde von etwas begünstigt, das man neuerlich in Deutschland als Willkommenskultur hervorhebt, während es in jenen Jahren in diesem weiten Land überall anzutreffen war, wenn man, obwohl fremd, als freundlicher weißer junger Mann erschien. Einem Europäer war die Sorglosigkeit, mit der etwa öffentliche Einrichtungen und Universitäten ihre Tore offenhielten, kaum begreiflich. Das denkwürdigste Beispiel an Vertrauen erlebte ich an einem Abend in San Francisco bei einem Telefongespräch, das ich, von Brandes telegrammhaft unterrichtet, über eine Vortragseinladung an der University of Houston in Texas führte. Dass ich dieser Einladung nachkommen konnte, verdankte ich der geduldig freundlichen Telefonistin am Ort. Während ich mich bemühte, dem texanischen Professor Don Travis meine Vortragsbereitschaft zu bestätigen, ging mir in der Telefonzelle am berühmten Fisherman's Wharf das Wechselgeld aus. In meiner Aufregung drückte ich mehrmals die Telefongabel nieder und schreckte offenbar die Dame von Bell Telephone – *the Operator* – auf. Sie merkte mir meine Verzweiflung als Fremder an, hörte, dass ich keine Münzen mehr zur Verfügung hatte, wusste genau, wo die Zelle stand, und riet mir, in das nebenstehende McDonalds-Restaurant zu gehen und den Dollarschein in Quartermünzen zu wechseln. Auf meinen Stoßseufzer, dass ich damit doch die Telefonzelle verlassen müsse, sagte sie, ich solle den Hörer hängenlassen, sie werde aufpassen, dass ihn kein anderer benutze. Don Travis, offensichtlich amüsiert, blieb am Telefon, merkte, dass ich es ernst meinte und erwähnte, dass das Department 200 Dollar Honorar zahlen könne.

Mit diesem damals ungewöhnlich hohen Entgelt kam etwas zustande, das sich die österreichischen Romanciers für die Rezeption ihrer Werke wohl nicht hätten träumen lassen: eine Wochenendreise ihres Interpreten von Houston nach Mexiko. Mein Reiseunterbewusstsein muss dabei im Spiel gewesen sein. Für das fürstliche Honorar besorgte ich mir ein Flugticket nach Mexico City bei Braniff, der Fluglinie, deren Stewardessen mit den Farben des jeweiligen

Flugzeugs abgestimmte bunte Hosenkleider trugen. Bei mir war es hellblau und beige. Braniff ging bald darauf pleite, ob wegen der modischen Hosenkleider, weiß ich nicht. Mexiko bereitete sich auf die Olympiade 1968 vor, putzte sich glamourös heraus und zeigte dem Wochenendtouristen die allerbeste Seite, obwohl ich kein Spanisch konnte.

Der Geschmack kommt beim Essen. Mexiko bot eine großartige Einführung in die lateinamerikanische Welt, von der ich nichts wusste, bis auf das, was Freund Jochen Bloss aus Bolivien in Briefen beschrieb. Lateinamerika lag am Rande der Welt. Die Aufregung über Fidel Castros Kuba an der Südflanke der USA, wo es fast zum Dritten Weltkrieg gekommen wäre, bestärkte die meisten Nordamerikaner darin, Lateinamerika weiter aus ihrem politischen Haushalt herauszuhalten.

Ich beschloss, das nicht zu tun. Das war leicht gesagt, aber nicht leicht zu verwirklichen, wenn man in Frankfurt bei der Zeitung seine Sporen verdienen musste.

Es kam anders.

Kein Zeitungsengagement

Die Nordamerikareise, fast zur Hälfte mit akademischen Vorträgen finanziert, katapultierte mich erneut in die Entscheidung über meine professionelle Zukunft, die ich glaubte, mit Journalismus bereits entschieden zu haben. Sollte sich die Einstellung im Feuilleton der *Frankfurter Allgemeinen Zeitung,* die beim Gespräch mit Karl Korn, unterstützt von der Filmkritikerin Brigitte Jeremias, anvisiert worden war, zerschlagen, würde ich auf die Einstellungsmöglichkeit bei der *Frankfurter Neuen Presse* zurückkommen, die der Chefredakteur Marcel Schulte in Aussicht gestellt hatte. In der *Frankfurter Allgemeinen* hatte ich Ende 1965 mit dem seitenlangen Artikel »Der Mann mit den vielen Eigenschaften. Robert Musils Porträt von Walther Rathenau« meinen Einstand geliefert. Meine Lehrzeit bei der *Offenbach Post* wurde von Korn positiv bewertet, einer soliden Zeitung.

Bald nach der Rückkehr nach Frankfurt, wo ich mir Anfang 1967 ein Zimmer nahm, musste ich eine Entscheidung treffen. Bevor ich noch die Einstellungsgespräche an den beiden Frankfurter Zeitungen zum Abschluss bringen konnte, erhielt ich von Harvards German Department eine Einladung, im Herbstsemester 1967 als Visiting Lecturer zu unterrichten. Sie war von den Professoren Robert Spaethling und Eugene Weber inspiriert, die meinen Vortrag erlebt hatten, und von Jack Stein, dem Chairman des Departments, mit einem verlockenden finanziellen Angebot formuliert. Ich sollte einen Kurs über die deutsche Romantik und ein Seminar über den modernen deutschen Roman halten. Das war nun etwas ganz Offizielles, wenngleich zeitlich Befristetes. Es bezahlte gut, besser als die Frankfurter Zeitungen. Dass Harvard einen guten Ruf unter den amerikanischen Universitäten besaß, war mir vor der Amerikareise am eindringlichsten von dem Harkness-Menschen angedeutet worden, der es auf Yale abgesehen hatte. War ich nicht gut genug für Yale gewesen, konnte ich schließen, reichte es immerhin für Harvard.

Was da vom Himmel fiel, erschien mir eher als Abenteuer denn als Karriereverordnung. Das Beste daran war, dass ich mit dem Geld von Harvard vielleicht jene Reise nach Südamerika verwirklichen konnte, bevor ich nach Deutschland zurückkehrte. Touristenspanisch ließ sich inzwischen lernen. Und in Südamerika hatte ich zu dieser Zeit Freunde wohnen, in jenen abgelegensten Gegenden, die man auf einem normalen Globus kaum lokalisieren konnte: Jochen Bloss in Sucre in Bolivien, wo er als DAAD-Lektor lehrte, mit Carola verheiratet und ein Meister des Reisens in die abgelegensten Gegenden Europas und Südamerikas; und Hansjörg Elshorst in der argentinischen Pampa, wohin er von der katholischen Entwicklungshilfeorganisation Misereor als Soziologielektor und Entwicklungshelfer entsandt worden war.

Harvard dämpfte die Unternehmungslust keineswegs, ermöglichte vielmehr ihre Ausdehnung. Dazu gehörte ein intensives Pendeln zwischen Cambridge und New York. Ebenjene Blonde, die mir am Tag vor der Ankunft in New York den reservierten Deckstuhl wegnahm, Birgitta Facius, kurz Birgit, hatte meinen Lebensweg gekreuzt, als sie sich mit einem Stipendium für modernen Tanz in New York aus den bundesdeutschen Konventionen befreite, die für junge Frauen wesentlich einengender waren als für Männer. Als Tanzdozentin von der Deutschen Sporthochschule Köln ins Mekka des modernen Tanzes ausgeschickt, warf sie voller Energie und Lebensfreude ihre Liebe auf New York. Mein Glück war, an dem Erweckungserlebnis nicht nur teilzuhaben, sondern es tatkräftig zu erweitern und auch in meine Bahnen mit hineinzulenken. Ich bekam etwas von ihrer Liebe ab.

In New York machte in diesen Jahren eine wilde Avantgarde junger Tanz- und Theatertruppen Geschichte. Birgit wusste, dass sie in naher Zukunft wieder zurückkehren würde, inzwischen jedoch ihre deutschen Lehrverpflichtungen aufnehmen müsse. Dennoch siegte die Abenteuerlust. Die Idee, mehrere Wochen lang durch die abgelegenen Andenländer ins Ungewisse zu kutschieren, leuchtete noch heller als ein paar weitere Wochen in New York.

Auf Humboldts Spuren, mit schwierigen Grenzübergängen

Anfang 1968 machten wir uns zusammen auf die Reise durch Südamerika. Das wurde nach der Landung in Kolumbien schnell recht abenteuerlich. In den wenig gepolsterten, mit ganzen Völkerscharen gefüllten Klapperbussen, Marke amerikanischer Schulbus, hatten wir auf den enggewundenen, absturzverdächtigen Passstraßen Kolumbiens, Ekuadors, Perus und Boliviens einige Bewährungsproben zu bestehen. Kurz hinter Bogota begann es in einem der gelben Busse der Flota Magdalena, als wir neben der Straße etwas vorbeihuschen sahen, das uns erschrecken ließ: Ein abgestürzter Bus war am Felsen hängen geblieben. Zum Glück erfuhren wir erst später, dass zu dieser Zeit das Bandenunwesen in Kolumbien nach längerer Pause wieder zunahm. Wir wurden davon verschont, mit einem überfüllten Bus gekidnappt zu werden. Das geschah kurze Zeit später, als die Bergstädte Medellín und Cali, die wir höchst anziehend fanden, als Kapitalen der Drogenkartelle in die Nachrichten eingingen und man von Touristenreisen in den Bergen abriet.

Unser Informationsstand über Geographie und Kultur beschränkte sich bis auf die paar Hinweise, die Jochen Bloss in Briefen gegeben hatte, auf die Weisheit eines Fodor-Führers. Wir wussten einiges über Fidel Castros Eroberung von Kuba, Che Guevaras Heldentum im Dschungel, das abrupt zu Ende gekommen war, und darüber, dass jüngere Deutsche, lange Zeit an Lateinamerika völlig desinteressiert, damit begannen, in diese unerschlossene Welt die Bereitschaft für eine Revolution gegen die erste Welt, besonders die Amerikaner, hineinzuprojizieren. Als Fixsterne leuchteten Régis Debray als Interpret von Che Guevaras Revolutionstheorie und Frantz Fanon als Agitator gegen den Kolonialismus in Afrika und der Karibik. Das schärfte den Blick auf die politischen Potentiale dieses Kontinents, verschaffte aber keinerlei Vorschau auf das, was uns in den Bergen hinter Bogota erwartete.

In Bogota selbst, der wenig attraktiven Millionenstadt, tankten wir in der einmalig sortierten deutschen Buchhandlung Buchholz einiges Wissen. Zeitschriften und Bücher auf Spanisch, aber auch einige Publikationen auf Deutsch standen völlig im Zeichen Alexander von Humboldts, den wir als Weltreisenden und Bruder Wilhelms kannten, dessen Stern jedoch so hell über Lateinamerika leuchtete, dass wir spürten, etwas nachholen zu müssen, wenn wir diesen Kontinent verstehen wollten. (Erst später erfuhren wir mehr von der einflussreichen, während der Nazizeit politisch heiklen Präsenz der Deutschen in Lateinamerika.) In der Tat wurde dieser Deutsche selbst in Orten, die nicht in seinen Reisebeschreibungen auftauchten und zu seiner Zeit wohl noch nicht bestanden, als eine Art Prophetenfigur Lateinamerikas verehrt, als jemand, der neben Simon Bolivar am meisten für das Selbstbewusstsein dieses Weltteiles geleistet hat.

Zwischen Otavalo, dem Indiomarkt im Norden von Quito in Ekuador, auf dem eine unbeschreibliche Fülle farbenvoller, meist rötlicher Textilien, Ponchos, Decken gehandelt wurde, und Tarabuco, dem noch eindrucksvolleren, weil noch abgelegeneren Markt der Indios in Grün und Grau unweit von Sucre in Bolivien, lebten wir uns in die magische Fremdheit dieses Kontinents ein. Seltsame Erfahrung, dass man sein Erlebnis, das sich so genuin anfühlt, nicht dadurch gemindert sieht, dass es für Humboldt wirkliche Entdeckung gewesen war. Im Gegenteil, es wurde dadurch beglaubigt, dass das, was Humboldt neben seinen Höhen- und Temperaturmessungen an magischem Naturgefühl beachtet wissen wollte, immer noch erfahrbar war. Anders als die anderen weißen Fremden hatte Humboldt keinen Raubzug auf Gold unternommen, vielmehr etwas Dauerhaftes – Wissen und Anerkennung – zurückgelassen.

Allerdings konnte uns der große Meister auch nicht helfen, als wir an den Grenzen zwischen Ländern, die es zu seiner Zeit noch nicht gab, in vertrackteste Situationen gerieten. Während uns beim Übergang von Kolumbien nach Ekuador nur die Wichtigtuerei der Uniformierten Probleme bereitete, hatte es die Grenze zwischen Ekuador und Peru in sich. Da fuhr kein Bus mehr, kein Auto, nicht einmal ein Eselsgefährt. Hinter dem Grenzort Loja hörte die Welt auf. Ein Fluss blockierte alles. Koffer auf dem Kopf, weiter in der Wildnis entlang einer dünnen Markierung. Zum Glück begegneten wir einem Bauern, der uns ermunterte, nicht am Stacheldraht steckenzubleiben, sondern drunter hinwegzukriechen. Selbst das war nicht das größte Problem dieses Grenzübergangs. Es war vielmehr das Risiko, ohne Ausreisestempel, für den er kein Amt gab, vom peruanischen Grenzort wieder unter dem Stacheldraht hindurch zurückgeschickt zu werden. Hier erfuhren wir, dass der hundertjährige Krieg zwischen den beiden Ländern, die sich nach der spanischen Herrschaft nicht über die Grenzziehung einigen konnten, noch nicht zu Ende war.

Ganz anders, aber nicht weniger aufreibend, der Grenzübergang zwischen Peru und Bolivien. Hinter dem peruanischen Grenzort Juliaca hörte die Welt auf, es existierte keine Transportmöglichkeit zum Titicaca-See, wo Bolivien beginnt. Wir verließen uns auf Bloss' Feststellung im Brief, dennoch weiterzuwandern. Angelockt von den mitreißenden Klängen der Charangos, Trommeln und Flöten festtäglich gekleideter Musiker, die hinter Yunguyo auf freiem Feld zum Karnevalsfest aufspielten, verstrickten wir uns in die Gastfreundschaft der Dorfbewohner und konnten uns nicht vom Tanzen, Maisessen und Biertrinken dispensieren. Birgit gelangte in die Arme eines schwarzgekleideten Aymará sprechenden

Caballero, der sich höflich und ernst um die junge blonde Frau bewarb, und ich walzte über das Stoppelfeld mit einer in schweren Röcken und dunkelroten Tüchern gekleideten jungen Frau, deren Gesicht ich unter dem schwarzen Bowler-Hut nur erhaschen konnte. Es gelang uns gerade noch, vor Sonnenuntergang die wichtigen Ausreisestempel vom Ortsgewaltigen zu erhalten, der uns gleich auch einen Brief an seinen bolivianischen Kollegen, den Señor Jefe de la Immigration in Copacabana, mitgab – zweifellos ein Zeichen des Vertrauens in die Alemanes, allerdings auch Bestätigung, dass man hier kaum von kleinem Grenzverkehr sprechen konnte.

Als wir mit unseren zum Glück nicht allzu schweren Koffern nach Osten in die Abenddämmerung aufbrachen, hatten wir als einzigen Wegweiser nur das ferne Licht von Puno und die Hoffnung, dass der Hinweis des Freundes auf den Fußweg am Titicaca-See entlang nicht falsch sein konnte. Aus den empfohlenen fünf Kilometern wurden, wenngleich im Mondschein, der sich im See spiegelte, und mit dem dumpf scheppernden Drum-drum-da der Trommeln im Rücken, zehn Kilometer und fast drei Stunden. Wir hörten die verwehten Klänge von anderen Festen, hielten uns an den Uferweg, und merkten kaum, was sich da am Nachthimmel zusammenzog. Als sich der Wind zum Sturm wandelte, fing auch das Licht an zu schwanken, und wir verzichteten auf weitere Pausen. Plötzlich verschwand das Licht. Beleuchtet wurde die Gegend hin und wieder von den heranrollenden Blitzen, die erkennen ließen, dass Puno nicht mehr weit war. Schließlich wurde das beschleunigte Gehen beschwerlich, bis wir eine im Wind wild ausschwingende Laterne entdeckten, die tatsächlich zu einer Herberge gehörte. Wir konnten uns unter ihrem Dach gerade noch in Sicherheit bringen, bevor der Regen niederprasselte. Mit dem Brief an den Señor Jefe de la Immigration erledigten sich die Grenzformalitäten. Wir waren offizielle Grenzgänger geworden.

Che Guevaras Schatten über Bolivien

Birgit, die New York-Liebhaberin, hatte alles darangesetzt, ihre Herkunft aus dem Ruhrgebietsort Witten vergessen zu machen. In New York entwickelte sie ihre Begabung als Tänzerin und Choreographin weiter, fand Anerkennung und empfand Amerika als unvergleichliches Stimulans, in der Verwechslung von New York mit Amerika, die unter Künstlern gang und gäbe ist. In ihrer Gegenwart meldete sich in mir kein Zweifel an der Notwendigkeit, bürgerliche Maßstäbe so weit wie möglich hintanzustellen, wollte ich mir meinen eigenen Weg bahnen. Wo hätte ich dafür einen besseren Partner gefunden? Die Freunde waren zunächst erstaunt über unsere Kombination von akademischem Potential und tänzerischer Ausdruckslust, konnten jedoch nicht umhin, Birgits ansteckendes Temperament als Schlüssel zu unkonventionellem Denken und Handeln anzuerkennen und herauszufordern.

Das geschah mit viel Trubel und Sympathie bei Jochen und Carola Bloss, die sich seit 1963 in Sucre, Boliviens zweiter und verfassungsmäßiger Hauptstadt, ein nicht weniger unbürgerliches Leben aufgebaut hatten. Es basierte auf Bloss' Stellung als DAAD-Lektor an der Universität, die er mit Kulturveranstaltungen zu einer Art Mini-Goethe-Institut ausweitete. Hier kam es natürlich auch zu einem Vortrag über den modernen deutschen Roman. Kein Problem. Bis mir, an einem schönen Abend vor einem ansehnlichen Publikum mitten in der Beschreibung von Joseph Roths Wiederbelebung des alten Österreich die Luft ausging. Kein Scherz, die Luft blieb weg. Mein Erschrecken konnte ich nicht verbergen. Waren meine Stimmbänder so schwach geworden, dass ich als Redner auch in Zukunft gehandikapt war? Das Publikum, Bloss' Studenten und andere, die Deutsch konnten, merkte, was los war. Und amüsierte sich! Als ich das verschmitzte Lächeln des Freundes sah, dämmerte es mir. Sucre liegt fast dreitausend Meter hoch, Wie er mir später erläuterte, ging in dieser Höhe den meisten Vortragenden erst einmal die Luft aus. Der Initialritus der Gastredner in den Anden.

Wir bewunderten die erfolgreiche Bemühung der beiden, eine möglichst große Familie zu begründen, ohne sich davon beim Erforschen des riesigen Kontinents einschränken zu lassen, und fanden in ihrem Haus endlich die Gesprächspartner für ein besseres Verständnis Südamerikas. Ihre Liebe galt Bolivien, dem Land, das zwischen eisbedeckten Bergen und tropischem Tiefland eigentlich nur entlegene Gegenden aufwies, ein Land, dessen Ureinwohner auf dem Altiplano mit ihren eigenen Sprachen Aymará und Ketschua ihr Leben ohne viele Abhängigkeiten von der Außenwelt führten, im Kontrast zu der spanisch orientierten Oberschicht.

Die Tatsache, dass General Barrientos, der aus einem Dorf bei Cochabamba stammte, als Präsident die Bewohner in ihrer Sprache anreden konnte, sorgte für einen Brückenschlag zur politischen Welt, der in diesen Monaten mehr Aufmerksamkeit als sonst erhielt. Grund war der Umstand, dass Che Guevara ausgerechnet Bolivien zum Lehrbeispiel für sein Revolutionsprogramm mit Guerillataktik auserkor, in der Annahme, dass die Campesinos in der Revolte gegen die Herrschenden zu Bundesgenossen würden. Die Ablehnung der herrschenden Oberschicht, in der sich die Militärs seit langem einen festen Platz gesichert hatten, war unbestreitbar, ebenso jedoch auch die Nachwirkung der Aufstandsbewegung Anfang der fünfziger Jahre, die den Indios eine Bodenreform, Wahlrecht und regulären Schulbesuch gebracht hatte. Mit dem Versprechen, den Bauern Land zu geben, konnte Che somit nicht viel erreichen, stieß vielmehr mit seinem Haufen weißer Söldner auf Ablehnung, ja Feindseligkeit.

Wenige Monate vor unserem Besuch, im Oktober 1967, war Che von Barrientos' Regierungstruppen im Dorf La Higuera, nicht allzu weit von Sucre entfernt, aufgerieben und niedergeschossen worden. Eine mit den Blossens bekannte Krankenschwester hatte Susanna Osinago Roble gesprochen, die Ches Leiche wusch und bezeugte, dass er tatsächlich getötet worden war, eine von den revolutionären Gruppierungen in der Welt häufig zurückgewiesene Nachricht. Den Bolivianern genügte das Foto vom toten Che auif der Titelseite der Zeitung *Presencia*. Für sie standen weniger die Umstände der brutalen Hinrichtung im Zentrum der Diskussion als die Frage, wieso dieser Argentinier die gesellschaftliche Situation in seinem Nachbarland so missdeuten konnte.

Entlegen von der Welt und doch einen Moment lang im Interesse der Welt – ohne unser Zutun bekam die Reise einen historischen Akzent. Sie verschaffte eine Gelegenheit, einige der von den politisierten Studenten mit Hinweis auf Che Guevara und Regís Debray entwickelten Thesen über die Revolutionierbarkeit der Dritten Welt an Ort und Stelle auszudiskutieren. Der im Kalten Krieg abgestandene Begriff des Kommunismus, sowjetisch versteinert, gewann hier plötzlich ein anderes, flexibleres Profil.

Mit diesen Erlebnissen rückte Südamerika ins Rampenlicht. Erzählenswert? Etwas fehlte, worauf die Freunde in Sucre von Anfang an hinwiesen. Wollten wir die Geschichten nennen, mit denen sich diese Länder seit einigen Jahren in die Phantasie der Welt eingemischt hatten, waren es wirkliche Geschichten, seltsame Geschichten, mysteriös, magisch, grundlos. Die nahmen uns schließlich viel stärker gefangen; zum Glück fanden wir deutsche Übersetzungen von Juan Rulfo, Octavio Paz und Mario Vargas Llosa, zu Weltruhm aufgestiegenen Autoren, die wir hier endlich mit mehr Verständnis lesen konnten. Wir holten die Lektüre des klassischen Diktatorenromans *Der Herr Präsident* von Miguel Asturias aus Guatemala nach, der im Jahr zuvor den Nobelpreis verliehen bekommen hatte, und begannen beim Lesen seines Romans *Sturm* die Verbindung von realistisch-kritischen und mythischen Erzählformen zu verstehen und zu schätzen.

Eingeleitet vom Karnevalstanz auf freiem Felde am Titicaca-See, wurde Bolivien zum Höhepunkt der Reise auf der abgelegenen Seite der Welt, die nun rapide ins Interesse der ersten Welt rückte. Zwei Dinge, höchst konträr und wenig politisch, hefteten sich uns lange fest: die von Charango, Gitarre, Flöte und

Trommel erzeugte, hin und wieder von Stimmen begleitete, rhythmisch-melodisch einmalige Volksmusik, die in diesen Jahren über Frankreich auch in Europa populär wurde, sowie die von dem gutgemeinten Essen aus unbestimmten Quellen erzeugte, hin und wieder von absoluter Misere begleitete Magen- und Darmverstimmung, die uns auch auf späteren Reisen in der Dritten Welt treu blieb. Dieses Land, das wir in zehn- und fünfzehnstündigen Tagesreisen in den übervölkerten, klapprigen Bussen buchstäblich er-fuhren, stellte uns auf die Probe, in Tuchfühlung mit den Einheimischen. Bei ihnen lernten wir zwischen den eher verschlossenen Aymará- und den lustigeren Ketschua-Indios zu unterscheiden, jeweils um die geeignete Kommunikation bemüht, deren wichtigstes Kennzeichen das gebrochene Spanisch darstellte.

Es gab da Flugzeuge, die die gewaltigen Berge und tiefen Täler unter sich ließen, allerdings nur fast. Gegenüber dieser Landschaft nahmen sich die alten, metallenen DC-3-Flieger des Lloyd Boliviano besonders klein aus. Der Flughafen Sucre bestand damals noch aus einem Stoppelfeld vor einem majestätischen Berghang, dessen Kamm beim Aufstieg aus einem wichtigen Grund erreicht werden musste. Jedes Mal lernte man beten. Zumeist ohne Radar flogen die Piloten auf Sicht, was bei den vielen Wolken der Regenzeit viele Ausfälle verursachte, jedoch auch, wenn die Sonne schien, auf den Magen schlug, da bei der niedrigen Flughöhe über gewaltigen Bergen und tiefen Tälern die heiß aufsteigende Luft die Maschine in tiefe Luftlöcher fallen ließ. Hut ab vor den Piloten, aber auch vor den Passagieren. Nur einmal fühlten wir uns sicher, als wir von Sucre nach Cochabamba flogen und direkt hinter dem aus Deutschland gebürtigen Kardinal Maurer zu sitzen kamen, einem freundlichen Achtzigjährigen in schwarzer Soutane, der uns auf Deutsch ansprach und sich zweifellos Gottes besonderer Huld erfreute, denn er schien von den Luftlöchern unberührt. Wir rückten ganz nahe an ihn heran, soweit es die beiden jungen Soutaneträger zuließen, ganz nahe, für alle Fälle.

Die staubigen Mühen der Entwicklungshilfe

Mit diesem magenwendenden, aber gesegneten Flug verabschiedete sich Birgit erst einmal, um einen Workshop in modernem Tanz in Tunis zu unterrichten. Ich setzte die Reise über Chile nach Argentinien fort, wo ich wieder mit Hansjörg Elshorst zusammentraf. Damit lernte ich eine andere Form, mit der Dritten Welt umzugehen, ausführlich kennen, die Mühen der Entwicklungshilfe. Dass diese Mühen in der Ebene, genauer in der staubigen, ausgedörrten Pampa von Santiago del Estero im argentinischen Nordwesten, an die Grenzen der Erträglichkeit stießen, machte sie, wie mir Hansjörg ohne Umschweife klarmachte, zu einem Präzedenzfall für die Riesenprobleme der Entwicklungshilfe, die in dieser Zeit sowohl von staatlicher als auch kirchlicher Seite angekurbelt wurde. Ich bekam eine Lektion über die Fallstricke, die in zwei der Bereichen drohten, in denen sich die deutsche Seite für die Einheimischen einzusetzen bemühte: Ausbildung und Arbeitsbeschaffung.

Die Ausbildung zielte auf den Aufbau einer Universität, der von Misereor geplanten katholischen Universidad San José in Santiago del Estero. Dieses Projekt wurde von den Einheimischen blockiert, weil sie fanden, dass diese Universität eigentlich nicht gebraucht werde. Die Alternative, die Hansjörg mit seinen Mitstreitern in Gang zu setzen versuchte, sah die Gründung einer Handwerksschule vor, bei der deutsche Handwerker die Einheimischen anlernen sollten. Ein kluger Plan, aber er verlangte für Lehrwerkstätten einen zu großen finanziellen Einsatz und kam nicht zur Verwirklichung. Der andere Programmpunkt, der der Arbeitsbeschaffung, brachte den Freund in einen der miserabelsten Orte der Pampa, Atamisqui, ein ärmliches, vom heißen Wind durchwehtes Kaff. Als ich mir bei der Begrüßung erst einmal Staub und Sand aus den Kleidern schüttelte, mischte Hansjörg in die Wiedersehensumarmung sofort die Bemerkung, ich solle jegliche Erwartung gleich mit ausschütteln.

Um so mehr bewunderte ich den Einsatz, den er als Partner des Padre Vogt aus Schwaben und einem Ehepaar Becker aus Hessen in die Erstellung einer Hosenfabrik investierte, die den Frauen des Ortes Arbeit und Verdienst ermöglichen sollte. Ich erlebte ein Lehrstück darüber, wie ein schwäbischer Pater, ein dickköpfiger Arbeiter, Häuslebauer und Seelenretter, die Dynamik, die bei der Gründung einer Ziegelei und der Hosenfabrik auf die Einheimischen überspringen sollte, selber verzehrte, weil er den Einheimischen nichts zutraute und alles selbst in die Hand nahm. Zunächst verstand ich seine tagtägliche Anschnauzerei gegenüber dem schlitzohrigen Gehilfen Marcelo überhaupt nicht, bis mir Hansjörg die Augen für dessen Tricks und Schludrigkeiten öffnete. Nach kurzer Zeit kam mir dann die Erleuchtung, dieses ermüdende Ritual als Komödie zu verstehen, als eine Neuauflage des unsterblichen italienischen Filmduos Don Camillo und Peppone, des Paters und seines gewitzten Gegenspielers. Nur dass sich das italienische Duo in einem hübschen Städtchen gegeneinander bekriegt, während hier jeglicher Charme vom Pampawind zerblasen wurde.

Mit dieser Erleuchtung traf ich jedoch nicht auf Gegenliebe. Hansjörg bedeutete mir, dass er bald ans Ende seiner Einsatzfähigkeit gelangen würde. Da war mehr im Spiel als eine Dorfkomödie. Ich verstand, dass ich hier an die Grenzen freundschaftlichen Verständnisses eines harten Entwicklungshilfeprojektes stieß.

Ich spürte, dass ich an diesem Ende der Welt entweder zum wirklichen Journalisten werden und mich an publizistische Unterstützung der Entwicklungshilfepolitik wagen oder den Beobachterstatus aufgeben müsse. Erlebnisfähigkeit, bloßes Erleben, das ich zuletzt mit Birgit zu ziemlicher Vollendung gebracht hatte, führten an einen Punkt, an dem die neuen Erfahrungen, so inspirierend sie waren, mit Tun und Handeln ergänzt werden mussten, um Befriedigung zu verschaffen.

Für Hansjörg wurde die erschöpfende Arbeit als Hosenfabrikant zur Basis realistischer Einblicke in die Entwicklungshilfe, die er kurz Zeit darauf mit dem Eintritt in die SPD politisch untermauerte. Nach der Rückkehr aus der Pampa stieg er als einer der von Erhard Eppler in Bonn geförderten Entwicklungsspezialisten in die Führungsebene auf. Wir Freunde registrierten nicht ohne Stolz, dass unser Kommilitone, der promovierte Germanist und Döblin-Spezialist Hansjörg Elshorst, mit 35 Jahren die Geschäftsführung der 1974/75 aus Entwicklungshilfeagenturen zusammengeführten Deutschen Gesellschaft für Technische Zusammenarbeit (GTZ) übernahm, der zentralen deutschen Entwicklungshilfeorganisation, die sich in Eschborn bei Frankfurt ansiedelte.

Ich richtete mich nach der Reise, während der mir Harvard die Einladung zu einem weiteren Jahr als Visiting Lecturer bestätigte, auf Amerika ein. Das kam Birgits New-York-Enthusiasmus voll entgegen, obgleich sie dafür die Stellung an der Sporthochschule Köln aufgeben musste, was der Direktorin Lieselotte Diem, die sie sehr gefördert hatte, wenig behagte. Im Juni 1968, vor der Rückkehr nach Amerika, heirateten wir in Frankfurt, sinnigerweise im historischen Römer, wo das Standesamt untergebracht war, und arrangierten den kirchlichen Segen im malerischen Schlösschen Kranichstein bei Darmstadt. Die Freunde beteiligten sich künstlerisch. Wolfgang Hegels spielte auf der Empore Cello, und Hartmut Mecking gab zum Festessen einige seiner gekonnten witzigen Pantomimen zum Besten. Sie halfen uns dabei, den Segen der alten Welt auf denkwürdige Weise sicherzustellen.

6. Harvard – ein Intermezzo

Amerika modern? Nicht in Boston und Philadelphia

Das Amerika, in dem ich in Boston und Philadelphia in den sechziger und siebziger Jahren zu leben kam, hatte nichts von dem Zukunftstraum, der ihm aus der Ferne anhaftete und im Nachkriegseuropa mit geschickter Kulturpolitik einen magnetischen Vorbildeffekt besaß. Der Umstand, dass ich, wie geschildert, bei dieser Begegnung mit großer Ignoranz ausgestattet war, gründete auch darauf, dass ich über Amerika selten nachgedacht, geschweige geträumt hatte. Das war insofern von Vorteil, als mir von der Alltagswirklichkeit kein Traum gestohlen werden konnte. Die ausgedehnte Busreise, die mich von New York an den Mississippi und in einer zweiten Schleife an die Westküste brachte, bestätigte das. Sie öffnete mir vor allem die Augen für das jeweilige Inseldasein, mit dem man in diesem Riesenland das eigene Leben wahrnimmt und ausstaffiert. Da das millionenfach geschieht und eigentlich wenig Zusammenhalt produziert, ist es kein Wunder, dass nationale Symbole und Feiertage eine so große Rolle spielen, da sie Zusammenhalt signalisierten.

Zwar repräsentieren Boston und Philadelphia so wenig wie New York das ganze Amerika. Aber sie bieten in ihrer Mischung aus Armutsvierteln, Bürgergegenden und Elitendomizil einen gewichtigen Teil davon dar, ohne dass sie wie New York das Narrativ über das Land absorbieren. So geschah es, dass ich, wenn mich deutsche Freunde nach Lebensgefühl und Lebensformen fragten, immer nur wieder darauf hinweisen konnte, wie altmodisch das meiste war.

Was, altmodisch?

Ja, altmodisch.

Du spinnst.

Während ich als Harvard-Dozent in Cambridge zunächst möbliert wohnte, ging ich im Jahr darauf, frisch verheiratet, mit Birgit auf die Suche nach simplem modernen Mobiliar, wie es in Deutschland üblich war. Einfache Dinge zum vorübergehenden Gebrauch, Stühle, Tisch, Schreibtisch, Buchregal, Bett, Couch. Dumme Idee. Was wir in den wenigen Einrichtungsläden fanden, war von den Bestellungen der Großmütter hängengeblieben: riesige Polstersessel mit geschmacklos geblümten Kissen, fette grüne Polstersofas, schwere Tische mit geschwungenen Beinen, dazu Stühle, Tischchen und Lampen in den Ornamenten der Jahrhundertwende. Bot das, was die Studenten in ihren Zimmern hatten, einen Ausweg? Keineswegs. Es gehörte zum Leben des Harvard-Studenten, sich zwischen ausgesessenen Lederpolstern und abgeschabten Holzlehnen das Studienleben einzurichten, überzogen von männlichem Muffelgeruch.

Wir fanden schließlich eine sachlich-einfache, aus Jugoslawien importierte Garnitur von Tisch und Stühlen, die wir weit unter Preis erstanden, weil sie unverkäuflich war. Offenbar hatten es Bauhaus-Ideen bis Jugoslawien, nicht jedoch bis Boston und Philadelphia geschafft, jedenfalls nicht zu unsteten Verbrauchern wie uns. Kein Wunder, dass Mitte der achtziger Jahre das Erscheinen von IKEA als Revolution begrüßt wurde. Das Wohnen junger Amerikaner vor IKEA kleidete sich in die Erbmasse des verbilligten und verschlankten Großmuttergeschmacks, und die guten Stücke – es gab sie zweifellos – fanden berechtigte Beachtung, und sei es auch in *Second Hand Stores*. In Achtung der gehobenen Lebensformen früherer Generationen liefen sie unter dem Etikett *colonial* und behielten ihre Bedeutung für viele der Villen in den alten Ostküstenstädten.

Aber das war nicht alles, und es war auf die Dauer nicht unangenehm. Was wir als Geschöpfe des Wiederaufbaudeutschlands lernten, war die Einsicht, dass unsere auf Modernität getrimmte Geschmackskultur für dieses Land, das im Krieg nicht zerstört worden war, keinen Maßstab darstellte, vielmehr eine Lektion über etwas erteilte, das uns fehlte: das positive Verständnis für ungebrochene Traditionen. Große Worte, dennoch angebracht, um zu erläutern, dass der Hinweis auf das Altmodische weniger der Kritik als der Anerkennung entsprang. Städte wie Boston und Philadelphia, im selben Jahrhundert wie Mannheim und Karlsruhe groß geplant, waren nicht zerstört worden, trugen vielmehr in ihrer gegenwärtigen Gestalt nicht ohne Stolz die Merkmale ihrer im nationalen Zusammenhang einmaligen Geschichte.

Einer meiner späteren Kollegen an der University of Pennsylvania, der Soziologe Digby Baltzell, brachte Ende der siebziger Jahre die verschiedenen Mentalitäten dieser für die Entwicklung der Vereinigten Staaten gleichermaßen zentralen Städte auf den Nenner vom *Puritan Boston and Quaker Philadelphia*. Baltzell gab eine Art Nachhilfe dafür, das Altmodische als Ausdruck ungebrochener Tradition in einer alten Demokratie zu entschlüsseln. Philadelphia kommt dabei mit seiner Quäkertradition, die auf William Penn zurückgeht und auf Toleranz, nicht auf Leadership wie der Puritanismus zielt, weniger gut weg, wenn seine Betonung des demokratischen Verhaltens auch ihre positiven Seiten besitzt. Insgesamt sprachen natürlich die Anklänge an europäische Städte uns an. Die angestaubte Urbanität, welche Harvard ähnlich wie die 1749 von Benjamin Franklin gegründete University of Pennsylvania, genannt Penn, kennzeichnete, half beim Übergang zu einer etwas stabileren Existenz. Zu ihr gehörte auch die in Cambridge geweckte akademische Ambition.

Germanistische Weiterbildung mit Jost Hermand

Ende der sechziger Jahre schaffte sich unter amerikanischen Germanistikstudenten und -studentinnen der Unmut Luft, dass *Germany* von einer älteren Generation von Universitätslehrern nur als Land der Bildung und klassischen Dichtung vorgeführt wurde. Das lag einerseits an der Bequemlichkeit der Professoren, am einmal etablierten Kanon festzuhalten, der stark von der deutschen Germanistik geprägt war, andererseits auch am Bemühen, politisch »*safe*« zu sein. Wenn ein junger Deutscher die Rolle des *native speaker* einigermaßen professionell ausfüllte, konnte er mit Wohlwollen rechnen. (Es waren ja weitgehend junge Männer, die dem *Old Boys Network*, das auch in diesem Fach regierte, zupasskamen.) Ich wurde zum Nutzer dieses Privilegs, als ich mich an Harvard nach meinem Einstandsvortrag über Heimito von Doderer in der Ticknor Lounge in Boylston Hall bei einem der älteren Professoren, wohl dem Skandinavisten Einar Haugen, für mein akzentuiertes Englisch entschuldigte. Unter Schulterklopfen bekam ich die Worte zu hören: *Don't worry, young man, this is what we have hired you for!*

Verhaltensmaßregeln gab es dafür nicht, nur Takt. So jedenfalls formuliere es der bekannteste deutsche Professor an Harvard, der Politologe Carl Joachim Friedrich, den ich auf einer Party kennenlernte und dem ich, als wir ins Deutsche verfielen, meine Unsicherheit gestand. Offenbar hörte er bei dem jungen Mann einen sächsischen Tonfall heraus und interessierte sich als gebürtiger Leipziger dafür, was ein Sachse an Harvard mache. Das einzige, was ich in diesem Partygespräch vorzuweisen hatte, war die Tatsache, dass ich gerade meinen Volkswagen vom Hafen abgeholt hatte. Das muss ihn auf der Stelle beeindruckt haben, denn er fragte mich, ob ich ihn am nächsten Morgen zum Flughafen fahren könne. Ein deutscher Professor, grauhaarig, souverän, der sich nicht vor dem engen Volkswagen scheute, in dem sein großer Koffer kaum Platz fand. Auf der Fahrt zum Logan Airport amüsierte ihn mein Festhalten am Journalismus als Karriereziel. Ob ich über Harvard schreiben wolle. Nein. Wie das zusammenpasse? Ich solle aufpassen, ihm sei es einst auch nicht eingefallen, in Amerika zu bleiben.

Studierende fanden einen *native speaker* insofern brauchbar, als er, wenn nicht allzu vertrocknet, das Gefühl verschaffte, Geld und Mühen ins Studium dieser umständlichen Sprache nicht umsonst zu investieren. Zwar fungierten Departments nicht mehr als dominierende Vermittler der Information über die andere Kultur jenseits des Atlantiks, vermochten jedoch die fürs tiefere Sprach- und Literaturstudium notwendige authentischen Begegnungen herzustellen. Erst später wurde mir bewusst, dass ich in die kurze Spanne der Öffnung der amerikanischen Universitäten hineingerutscht war, die dem Sputnik-Schock folgte und sogar den Geisteswissenschaften, den *Humanities* mitsamt der Fremdsprachen, Förderung und Anstellungen zuteilwerden ließ. Der Kalte Krieg machte es möglich. Wer zur rechten Zeit auftauchte und von der deutschen Universität die rechten *Credentials* mitbrachte, hatte eine gute Chance, angeheuert zu werden. Ich hatte das Glück, an Harvard mit Kursen in moderner deutscher Literatur gebraucht zu werden. Einmal im Ivy-League-Milieu aufgenommen zu sein, verschaffte die Chance, an ähnlichen Institutionen Interesse zu wecken. Das geschah mit der Berufung nach Penn und Gastprofessuren an Princeton und der Johns Hopkins University.

Zum Glück sorgten die Professoren Robert Spaethling und Eugene Weber, die im Vorjahr den Vortrag über österreichische Romanciers arrangiert hatten, dafür, dass ich über die Gepflogenheiten dieser amerikanischen Universität nicht ganz ahnungslos blieb. Die Aufklärung war unbedingt nötig. Ich hätte sonst das einzige Modell des Lehrers vor der Klasse ausgewalzt, das mir geläufig war: das des deutschen Professors. Das brachte zwar Autorität mit sich, verleitete jedoch zu einer Ausweitung des akademischen Rollenspiels, die mir in meiner Antipathie gegen das Professorale Kopfschmerzen bereitete. Im Seminar über den modernen deutschen Roman gerade einmal drei, vier Jahre älter als einige der Graduate-Studenten, musste ich davon noch ein wenig einfließen lassen, um nicht ganz auf die Nase zu fallen, und wollte eigentlich viel stärker davon loskommen. Nach einiger Zeit merkte ich jedoch, dass diese Absicht den Studierenden gar nicht recht war. Eingeübt in die autoritären Strukturen bürgerlicher Elternhäuser oder der *Prep Schools* (Eliteinternaten), nahmen sie die Autorität der Lehrer als Voraussetzung von bequemen Karrierebahnen hin.

Dazu gehörte, dass Robert (Bob) Spaethling, als wir über die Notengebung sprachen, das Wort von der *C-mentality* der Harvard-Studenten fallen ließ, das heißt, dass sie wenig Ehrgeiz entwickelten, beste Noten (ein A) zu bekommen. Das verleitete mich dazu, vom A abzusehen und zwischen B und C zu zensieren. Bis mich ein besonders wacher Student, Howard Stern, später Leiter der deutschen Sprachausbildung an Yale, in der Sprechstunde aufsuchte und sich beschwerte, im *Midterm* nur ein B bekommen zu haben, obwohl er für seinen Großeinsatz ein A verdient hätte. Meine Antwort hat er mir zwanzig Jahre später noch einmal mit ironischer Entrüstung aufs Brot geschmiert: Ich hätte gesagt, na, wenn ein Student im *Midterm* trotz guter Arbeit schon ein A bekommt, strengt er sich fürs *Final* nicht mehr an. Sterns Entgegnung: als Beobachtung nicht ganz unrichtig, als Basis für gerechte Notengebung blasiert und ungerecht. Von Paul Guyer, der als Philosophiestudent meinen Kurs über den modernen Roman besuchte, später zu einem der weltbekannten Kant-Spezialisten aufstieg und als Kollege an Penn landete, hörte ich nach vielen Jahren nicht ohne Vorwurf, ich hätte mit dem vieltausendseitigen Semesterpensum – Hermann Brochs *Schlafwandler*, Thomas Manns *Doktor Faustus*, Musils *Mann ohne Eigenschaften* und Döblins *Berlin Alexanderplatz* – unzweifelhaft Respekt erheischt, aber die Studenten auch hart rangenommen. Dem konnte ich nur entgegenhalten, dass mir berichtet worden sei, in jenen Jahren hätten Studenten eben noch dicke Bücher gelesen. Worauf Guyer trocken bemerkte, ich sollte nicht vergessen, sie seien auf Deutsch gewesen.

Das hatte allerdings einen höchst begabten schwarzen Studenten, Leroy Hopkins, nicht davon abgehalten, die Anregungen über Modernität in Döblins filmischem Montagestil zu einer Dissertation über Döblin auszuweiten. Hopkins, später Professor an Millersville University in Pennsylvania, trug mir das harte Lesepensum nicht nach, als wir in den neunziger Jahren in Washington einen ersten Workshop über Schwarze in Deutschland organisierten.

Das German Department machte auf mich keinen großartigen Eindruck. Das mochte daran liegen, dass die beiden Senioren der Fakultät, Chairman Jack Stein und Professor Henry Hatfield, keine intellektuellen Funken sprühen ließen. Ich lernte, sie als Repräsentanten des *Old Boys Network* zu verstehen, die, der Tradition gemäß, nicht mit großen Büchern als *scholars* auftrumpften, sondern eher als *critics* mit Vorträgen, Textbüchern und der richtigen akademischen Provenienz ihren Ruf begründeten, im Falle von Jack Stein als *connoisseur* des deutschen Liedes, im Falle Henry Hatfields als Sohn des berühmten Germanisten James Taft Hatfield. Von Jack Stein lernte ich vor allem die Grundbegriffe des Baseballs kennen, als er mich zum Spiel der Boston Red Sox gegen die St. Louis Cardinals mitnahm und auf den größten Baseballhelden des Jahres 1967, Carl Yastrzemski, einschwor. An Herny Hatfield, der originell über Thomas Mann geschrieben hatte, lernte ich, wie stark ein Seniorprofessor, von *Tenure* geschützt, in die schlimmsten Verrücktheiten einsteigen konnte, die im Zuge seiner Verfolgung weiblicher Mitglieder des Departments Jahre später nicht mit Krankenurlaub, sondern mit Grievance oder einem Prozess bedacht worden wären.

Der Kontrast zu den Jüngeren, Bob Spaethling, Eugene Weber, James Lyon, Christa Saas, Ekkehard Simon, war nicht zu übersehen. Karl Guthke, der als viel produzierender Wissenschaftler mehr die älteren Herren als die Studenten beeindruckte, stieß 1968 hinzu, konnte aber den mäßigen Ruf des Departments nicht erhöhen. Der wäre mit Jost Hermand, der gleichzeitig mit mir im Herbstsemester 1967 als Gastprofessor unterrichtete, unzweifelhaft gestiegen. Hermand war jedoch nach kurzer Zeit an einer Berufung nicht mehr interessiert, setzte seine Kraft für das German Department der University in Wisconsin-Madison, ein.

An Harvard wurde Jost Hermand, ähnlich wie Guthke aus Deutschland stammend, wohl als aufgehender Star am Himmel der Germanistik wahrgenommen, jedoch mit seiner politisch engagierten Neubetrachtung der deutschen Literatur nicht wirklich goutiert. Das kam mir als Gesprächspartner zugute. In der traditionellen Germanistik, wenngleich mit großen Vorbehalten, akkulturiert, lernte ich bei vielen Mittag- und Abendessen mit ihm und seiner Frau Elisabeth in den (damals wenigen) Lokalen um den Harvard Square, was sich außer älteren Traditionen alles an interessanten Entwicklungen in der deutschen Literaturgeschichte erkunden ließ. Weniger auf Dichterverehrung als auf progressives Engagement ausgerichtet, half eine solche Betrachtung von Strömungen zwischen Heinrich Heine und Bertolt Brecht beim Neudenken intellektueller und politischer Geschichte, das bei den Protestaktionen der Achtundsechziger zunehmend an Nutzen gewann. Hermand, unermüdlich als wissens- und politikbegeisterter Sprecher und Autor, ärgerte eine ganze Phalanx etablierter Germanisten in den USA und Deutschland und vermochte auf seine nicht immer elegante Weise eine ebenfalls große Phalanx jüngerer, engagementbereiter Kollegen, zu denen auch viele Frauen gehörten, auf seine Seite zu ziehen. Zusammen mit Reinhold Grimm, den er aus Frankfurt nach Madison holte, machte er das dortige Department zum Impulsgeber einer progressiven Germanistik, die eine neue Generation amerikanischer Studenten und Studentinnen dem Fach zuführte, das lange im Ruf intellektueller Isolation gestanden hatte.

Mir gefiel Hermands unermüdlicher Einsatz für eine Germanistik, die sich als Aufklärung über die in Deutschland hart und zuletzt tödlich bekämpfte demokratisch-progressive Tradition verstand. Manche seiner Kritiker ließen sich den Hinweis nicht entgehen, dass er mit einem Stottereffekt für seine Mission nicht optimal ausgestattet sei, mussten aber einräumen, dass Hermand, wenn er das Podium bestieg und vortrug, ein mitreißender Redner ohne Stottereffekt war. Er selbst, der, je privater die Unterhaltung war, umso mehr stotterte, wies auf berühmte Schauspieler hin, die im Privatleben stotterten, aber auf der Bühne befreit redeten.

In den Diskussionen über die Möglichkeiten, der Germanistik neue intellektuelle Relevanz zu verschaffen, gefiel mir ebenfalls, dass er universal dachte, das heißt, sich nicht auf eine Theorie oder Interpretationsmethode beschränkte. Zu dieser Zeit schrieb er an einem theoretischen Überblick, in dem er die verschiedenen Strömungen seit der Jahrhundertwende auf ihre Fähigkeit hin abklopfte, geschichtliche Kontexte einzubeziehen. Auf einer Fahrt im knatternden Volkswagen zwischen Boston und New York kam es zwischen uns zur entscheidenden Debatte über den möglichen Titel eines solches Werkes. Ich plädierte gemäß meiner Bezugnahme von Literatur auf Geschichte für »Literatur als Geschichte«, Hermand setzte seine Formulierung »Synthetisches Interpretieren« dagegen. Dem Appell an die Methodenoffenheit konnte ich mich nicht entziehen. Sein Buch *Synthetisches Interpretieren* (1968) wurde zu einem Schlager der Germanistik, häufig Hans Robert Jauss' *Literaturgeschichte als Provokation der Literaturwissenschaft* (1967) gegenübergestellt.

Wer denkt schon in Harvard an Revolution!

Erinnerungswürdig der Herbstabend, an dem 20.000 Studenten im Harvard Football-Stadion, von dem großartigen Volkssänger Pete Seeger geleitet, die Hymne der Civil-Rights-Kämpfer, *We shall overcome*, mitsangen. Pete Seeger, in der Mitte des Stadions mit einer Menge von Mikrofonen auf einer Plattform platziert, im Laufe des Abends mehr und mehr in gleißendes Licht gehüllt, hatte das jugendliche Publikum voll in der Hand, gab die Reime vor, die im Chor mit ausschwingend-magischem Widerhall in die Nacht hinaustönten, emphatisch und bekenntnishaft gegen Vietnam-Krieg und Rassismus. Er sprach einfach, verständlich, bewegend, ließ Woody Guthries Texte zu Wort kommen und gab der Aufbruchsstimmung der Jugend politische Richtung aus der Erinnerung an die alte Linke, die gegen den Faschismus angetreten war. Als ich vernahm, wie er den Tausenden die Reime vom Lied der deutschen KZ-Häftlinge, *Wir sind die Moorsoldaten*, tatsächlich auf Deutsch beibrachte, konnte ich die Tränen nicht zurückhalten. Ausgerechnet an diesem Ort beschwor er eine Solidarität der Widerständigkeit, bei der die Deutschen einbezogen waren.

Politischer Aktivismus war an Harvard wie an vielen Universitäten vorhanden, drängte sich aber nicht in den Vordergrund. So etwas hatte ich 1966 beim Besuch der Universität Berkeley in Kalifornien miterlebt, als Robert Kennedy im Halbrund des Greek Theatre Tausende von engagierten Studenten mit harter Rhetorik gegen Reagan, Nixon und den Vietnam-Krieg aufwiegelte und sich als Civil-Rights-Champion für die Wahl 1968 in Positur setzte. Die er nicht mehr erleben würde.

6   Frank am Charles River in Cambridge 1969.

Umso überraschter war man im Frühjahr 1969, als Harvard-Studenten für Schlagzeilen sorgten, die den Spruch »It can't happen here!« unter gewaltigem Tumult widerlegten. Die Revolte der Studierenden, die, von Berkeley ausgehend, Paris, Berlin und andere Städte zu Kampfplätzen gegen die Autoritäten gemacht hatte, erfasste auch diese ehrwürdige Institution. Während die kleine radikale Gruppe des SDS (Students for a Democratic Society) mit der schlagartigen Besetzung des Verwaltungsgebäudes University Hall eher Ablehnung erfuhr, entfachte die brutale Austreibung der Studenten durch Polizei und *State Troopers* mit Verletzungen und Verhaftungen einen Entrüstungssturm, der tagelange Streikaktionen Tausender Studenten und Studentinnen auslöste.

Plötzlich brach durch das Wohlverhalten der Harvard-Studenten eine Welle der Empörung hindurch, die ich nur einmal zuvor in einem meiner Kurse auf denkwürdige Weise miterlebt hatte. Zumeist ging es bei so etwas um den Vietnam-Krieg, der mit den von Walter Cronkite in den Fernsehnachrichten kommentierten toten Soldaten in den *body bags* allgegenwärtig war. Bei der Besprechung von Thomas Manns Novelle *Der Tod in Venedig* sprang plötzlich einer der Studenten auf und erklärte, er habe genug von der Art und Weise, wie hier der Tod in den schwarzen Gondeln von Venedig verharmlost werde. Es folgte Totenstille, die ich nicht unterbrach. Wir ahnten, dass der Student auf den Krieg zu sprechen kommen würde. Wir ahnten nicht, dass er ganz unmittelbar auf die schwarzen *body bags* zielte. Und zwar bei der Rückkehr zu Thanksgiving in seinen Heimatort in Montana. Dort sei es am Flughafen geschehen. Dort habe er den Transfer eines der Gefallenen in einem schwarzen *body bag* unmittelbar miterlebt. Der junge Mann brach in Tränen aus. Es war sein eigener Bruder, der auf diese Weise in seine Heimat zurückkehrte.

Das war keine Einzelgeschichte. Auch an Harvard, wenngleich später als etwa an der Columbia-Universität in New York oder der University of Wisconsin in Madison, machten die Studenten ihrer Empörung über die Rekrutierung fürs Militär im Reserve-Officer-Training Corps (ROTC) Luft. Sie erreichten, dass das ROTC, genannt Rozi, vom Campus getrennt wurde, und deckten in vielen Lautsprecheransprachen die enge Kooperation der Universität mit dem militärischen Establishment auf. Die Lautsprecher hatten es in sich. Auf einfachen Podesten oder auf Kombiwagen auf dem Harvard Yard montiert, verbreiteten sie eine Streikatmosphäre, die die Fakultät, zu kontroversen Sitzungen zusammengerufen, unsicher machte.

Am zweiten und dritten Tag ging mir in den Diskussionen mit Studenten und Kollegen auf, dass hier weniger eine Machtübernahme im Zentrum stand, die die Zeitungen projizierten, als die prekäre Situation der Studenten, die durchs Studium, wie alle wussten, von der Teilnahme am Vietnam-Krieg bewahrt wurden. In einem der Studentenhäuser kam es in einer Diskussionsrunde mit Noam Chomsky, dem berühmten linksengagierten Linguisten, der vom Massachusetts Institute of Technology herübergekommen war, direkt zur Sprache: Ein Großteil der Empörung entsprang dem schlechten Gewissen derer, die von Vietnam verschont wurden. In den Streikmanifesten ging es um Interventionen zugunsten der Unterprivilegierten in Roxbury, um Mitspracherechte und, bei der Gruppe schwarzer Studenten, um die Einrichtung von *Black Studies*. Letzteres wurde zum einzigen handgreiflichen Erfolg.

Was einige Tage über den Harvard Yard hallte, war weniger politisch als therapeutisch: die Bemühung, sich zwischen Studium und Vietnam Legitimation zu verschaffen. Eine laute, aufgeregte Sprechtherapie. Eine Lautsprechtherapie.

Mein eigener Beitrag, über moderne deutsche Literatur vermittelt, stellte sich als Niete heraus. Ohne die Revolte vorauszuahnen, hatte ich einen Kurs über den Expressionismus angesetzt, die wichtigste Revoltebewegung in der deutschen Literatur. Die Gedichte der *Menschheitsdämmerung* überzeugten die Gemüter einigermaßen von der Veränderungswut junger Dichter. Die gestelzte Sprache von Georg Kaisers Empörungsdramen jedoch stellte sprachliche Barrikaden in den Weg, die zu überwinden so viel Geduld erforderte, dass vom revolutionären Geist wenig übrigblieb. Bei Ernst Tollers Drama *Masse Mensch* schließlich, das zur selben Zeit in Deutschland von Tankred Dorst in seinem Toller-Drama zum Leben erweckt wurde, blieb die Verzweiflung des Revolutionärs in der Verwunderung der Studenten über die verrückten Gehirnwindungen der Deutschen stecken. Sie verstanden, dass literarischer Realismus nicht unbedingt das geeignete Instrument für die Projektion einer Revolte darstellte. Aber sie folgten Tollers pathetischen Sprachgeschossen nur bis zu einem gewissen Punkt. Für ihre eigene Revolte warf das wenig ab. Expressionismus war eine sehr deutsche Sache. In einem der blauen Hefte des *Finals* fand ich auf der letzten Seite hingekritzelt: *This is the bitchiest exam I ever had* (Das ist das bösartigste Examen, das ich je hatte).

Das *Old Boys Network* in Aktion

Im Begriff *Old Boys Network* klingen die Vorteile an, die mir als jungem, weißen, männlichen Besucher, obwohl nicht dazugehörig, nach einigen glücklichen Zufällen eine weiche Landung in den USA ermöglicht haben. Old Boys heißt in diesem Zusammenhang, dass ich an Harvard und Penn tatsächlich noch einige Old Boys erlebt habe, Professoren, die ihre Feuertaufe in den dreißiger Jahren erlebt hatten und seitdem mit gesprenkelter Fliege, lederbesetzten Ärmeln und brauner Kordhose Teil vom gotischen Collegemobiliar geworden waren. Mit *Old Boys Network* lässt sich aber auch die nach außen lose, dennoch in sich verfilzte Gruppierung des weitgehend männlichen Fachpersonals etikettieren, das im Einzelfall keineswegs alt sein, sondern eben nur dazuzählen musste. Eine solche Gruppierung existierte in jedem Fach; ihre Vertreter erkannten sich als Produkte ähnlicher Lebensläufe und Statusempfindlichkeiten an, häufig auf Ausschluss von Frauen bedacht, sowie, wie mir verschiedentlich berichtet wurde, mit antisemitischen Tendenzen, die in den sechziger Jahren abgebaut wurden.

Germanistik war ein kleines Fach, an den Ivy-League-Universitäten deutlich in einer Nebenrolle, in der es sich seine Legitimität jedoch trotz der Animositäten der Weltkriegszeiten erhalten hatte, weil es zum akademischen Zubehör zählte. (Das galt nicht für die Schulen.) Ich erlebte hier mehrmals peinliche Momente, wenn ältere Kollegen, in Anglistik oder Komparatistik ansässig, mir ihre Kenntnis von Goethe, Schiller und Heinrich Heine, besonders ihrer Gedichte, als Beweis ihrer Bildung kredenzten, ich aber, wenn sie stockten, keineswegs die Lücken im deutschen Original ausfüllen konnte. Mitte der siebziger Jahre hörten solche Momente auf. Wie mir später David de Laura, einer der renommierten älteren Anglistikkollegen an Penn, bestätigte, war das ungefähr die Zeit, in der die Generation amerikanischer Akademiker abtrat, für die das Deutsche noch ein Bildungskriterium dargestellt hatte. Er selbst nahm mir nicht übel, dass ich die Passage aus *Faust*, die er fast vollständig rezitierte, nicht abschließen konnte.

Ausgerechnet dem österreichischen Romancier Heimito von Doderer, dem Amerika ziemlich fernlag, verdanke ich, dass ich relativ früh zum Sanctum des Faches Zugang fand. Er selbst hätte wohl als Bestätigung für die groteske Unterströmung von Literatur herausgestellt, dass er so etwas mit seinem Tod fertigbrachte.

Es geschah in der deutschen Sektion der Modern Language Association, in der sich einmal im Jahr die Fachvertreter ein Stelldichein gaben und über die neuen Trends in Vorträgen und Bargesprächen verhandelten. Dem repräsentativen Charakter der »Germanic Section« entsprechend suchte Peter Demetz 1967 bekanntere Namen zusammen (Blake Lee Spahr, E. D. Hirsch, Hans Egon Holthusen) und organisierte im zweiten Teil Vorträge über den im Vorjahr verstorbenen Doderer. Für die fünfzehn Minuten fachlichen Rampenlichts im Hilton Chicago Ende Dezember handelte ich mir zunächst eine der kältesten Winterfahrten meines Lebens ein, dann aber auch die Bekanntschaft mit etablierten Vertretern des Faches, die der Sektion angehörten, wie Heinz Politzer, Dieter Cunz, Walter Reichart, oder den Einzelsektionen, wo Henry Remak, Lee Jennings, Ulrich Weisstein, Victor Lange, Oskar Seidlin, Wolfgang Leppmann, Frank Ryder, André von Gronicka auftraten. Natürlich war ich mir des Daseins als jüngere Randerscheinung bewusst, hatte aber durch die Vorjahrskontakte kein schlechtes Gewissen, mich den neuerlich Etablierten wie Walter Sokel, Jost Hermand, Egon Schwarz, Jeffrey Sammons, Peter Demetz hinzuzugesellen.

Mit der Aufzählung ist keineswegs Eigenwerbung bezweckt, vielmehr eine Illustration der Tatsache, dass sich bei den Jahrestagungen der Modern Language Association in den sechziger Jahren tatsächlich die Prominenz des Faches zusammenfand und professionelle Anregungen austauschte. Da war das männliche *Old and Young Boys Network* in Aktion, und die Ausnahme bestätigt die Regel: Es fehlte nur die, wie mir gesagt wurde, einzige weithin anerkannte Germanistin (und Emigrantin), Liselotte Dieckmann an der Washington University in St. Louis, wo ich auch einen Vortrag über die Österreicher hielt. Dieses Network dominierte in allen Sprachen. Ihre Vertreter kommunizierten miteinander, wenn Northrop Frye, Murray Krieger, Geoffrey Hartman, Rudolf Wittkower, William Wimsatt und andere Prominente vortrugen. Nicht zu vergessen, dass die MLA-Tagung 1967 nur 67 Sektionen umfasste, also wesentlich intimer und übersichtlicher war als die späteren Jahrestagungen mit über 700 Sektionen. Was mir auffiel, war die Tendenz der publikumswirksamen Sprecher, das Literarische wie eine Substanz zu beschwören, die dem Heiligen Geist gleich durch die Vortragssäle waberte und Devotion erzeugte, von der nur wenige Vortragende mit einer Brise kalter Luft ablenkten. Noch drängte der New Criticism politisch-gesellschaftliche Perspektiven beiseite und tauchte die Beschäftigung mit der Moderne ins Weihwasser elitärer Selbstbestätigung.

Als Neuling war mir zu dieser Zeit zunächst nicht klar, was diese Leute, die Bücher lasen, lehrten und interpretierten, bei der eisigen Winterkälte in Chicago kurz nach Weihnachten eigentlich zusammenführte. Mir ging erst langsam auf, dass, wenn in diesem Riesenland vom Fach *German, Germanics* oder *Germanistik* die Rede war, nicht die in Deutschland von Gervinus und den Gebrüder Grimm getaufte Universitätsinstitution gemeint war, die knorrig und bemoost in der akademischen Landschaft ruhte. Vielmehr handelte es sich um ein weitverzweigtes Kommunikationssystem mit Fokus auf deutscher Sprache und Literatur, das je nach lokalem Einsatz definiert wurde, jedoch einmal im Jahr seine Vertreter vereinen musste, um so etwas wie ein gemeinsames Fachbewusstsein zu realisieren. Prominenz wurde hier im physischen Schulterklopfen abgesegnet. Gesellschaftliches und organisatorisches Talent gesellte sich zum traditionellen Publizieren, das sich, wie an Harvard erwähnt, mehr an Namen und weniger an den Seitenzahlen und Büchern orientierte.

Das Tagungsprogramm von 1967 stellt nicht zuletzt ein Zeugnis dafür da, wie viele der jüdischen Emigranten zu dieser Zeit im Fach eine führende intellektuelle und organisatorische Rolle eingenommen hatten. Allerdings war mir dieser Aspekt zu dieser Zeit nicht bewusst. Was mir aufging, war etwas anderes: dass man für den akademischen Umgang mit deutscher Literatur in diesem Land das historistische, wissenschaftlich gemeinte Kategorisieren, das die deutschen Professorengespräche so anstrengend macht, zugunsten gut formulierter Kritik des jeweiligen Werkes gern beiseite rückt. Damit erhalten die Werke vieles von ihrer ursprünglichen Lebendigkeit zurück.

Für diese Zeit galt noch unumschränkt, dass das Fach wie alles in diesem Land ins Zentrifugale tendierte, trotzdem oder gerade deshalb eine deutliche Hierarchisierung durch Prominenz pflegte. Kaum verwunderlich, dass die Demokratisierung der siebziger Jahre, vor allem mit dem Vorstoß der Frauen, sehr stark über die Umwandlung der Modern Language Association erfolgte. Das zielte direkt gegen die *Old Boys Networks*.

7. Eine Weltreise vor der Globalisierung

Eine spleenige Idee

Der Schock kam, als wir Anfang 1969 von der amerikanischen Einwanderungsbehörde erfuhren, dass Birgit ein Jahr außerhalb des Landes verbringen müsse, um nach ihrem Studentenvisum die begehrte Green Card zu erhalten, die für jede Anstellung in den USA unabdingbar ist. Die bürokratische Mühle hatte uns erwischt. Ein Schock insofern, als ich mit Adolf Klarmann und André von Gronicka, dem Chair des German Department an der University of Pennsylvania, bereits die Anstellung als Associate Professor ausgemacht hatte. Gerade verheiratet, konnten wir uns eine solche Trennung nicht vorstellen. Ein freier Lebenswandel zu zweit, der das Pendeln zwischen Cambridge und New York einschloss, war eine Sache; ein freier Lebenswandel zwischen Philadelphia und Deutschland, eine ganz andere Sache. Unzumutbar.

Es spricht für den unorthodoxen Geist der sechziger Jahre, dass wir mit unseren Einfällen für eine Lösung nicht völlig auf dem Bauch landeten. Was macht man mit einem Jahr? Längst hatten wir eine Reise ins Auge gefasst, die unter normalen Umständen unmöglich war. Aber was war normal? Waren wir normal? Hatte ich nicht vom Goethe-Institut die Zusage erhalten, auch anderswo als Vortragender auftreten zu können? Das war nun, von Harvard kommend, als Option durchaus erwägenswert. Hatte Birgit nicht eine Einladung von der Sporthochschule in Tokio empfangen, die japanische Olympiamannschaft, die ihr Bodenturnen einfallsreicher gestalten wollte, mit modernen Tanzbewegungen für die kommende Olympiade zu versehen? Waren wir nicht durch das relativ hohe Harvard-Salär, das sich in D-Mark vervielfachte, mit einer finanziellen Grundausstattung versorgt, die sich mit Vortragshonoraren der Goethe-Institute für eine größere Reise aufbessern ließ? Der Knackpunkt war die Frage, ob das German Department an Penn die Verschiebung der Anstellung um ein Jahr akzeptieren würde.

Wir standen mit Adolf Klarmann, dem bekannten Österreich-Spezialisten, Freund von Franz Werfel und dessen Frau Alma Mahler-Werfel, bereits in freundschaftlichem Kontakt, bei dem mir meine Beschäftigung mit österreichischer Literatur zugutekam. Er fand die Frage nach Aufschub bedenklich. Die jungen Leute nähmen sich heutzutage zu viel heraus. André von Gronicka, der einst mit Jack Stein an Columbia gelehrt hatte, war als Department Chair um

Fairness besorgt. Er zählte mir die Bedenken auf. Wir mussten warten. Alles hing in der Luft. Wir hatten uns in Philadelphia umgesehen. Es war nicht New York, aber eine amerikanische Großstadt an der Ostküste mit altem Kern, von New York und Europa aus gut erreichbar, kein idyllischer Campus irgendwo im Lande, obgleich etwas abgeschabt.

Eines Tages kam der Anruf.

War das wirklich möglich? Am Telefon einfach so hingesagt?

Erst als wir die schriftliche Zusage in den Händen hielten, offenbarten wir unsere Pläne. Sie liefen auf eine Weltreise hinaus. Wir unterließen das Wort. Es hätte uns Missgunst oder Unverständnis bei den Bekannten eingebracht. Als wir es einmal erwähnten, kommentierte ein Kollege mit Stirnrunzeln, was solle eine Weltreise, wenn die halbe Welt davon ausgeschlossen sei und die andere Hälfte vom Vietnam-Konflikt absorbiert werde?

Diese Einschätzung machte uns zu schaffen. Die halbe Welt unbesuchbar, weil sie kommunistisch war? Wir hatten von Robert McGeehan, dem New Yorker Freund, einem Politikwissenschaftler, der über die deutsche Wiederbewaffnung schrieb, gehört, dass Leute sehr wohl die Sowjetunion besuchten. Aber das waren Wissenschaftler, keine Touristen. Nein, es seien auch Touristen gewesen. Allerdings sei es selten, weil es recht viel koste, das Visum umständlich, die Behandlung unfreundlich und das Essen miserabel sei. Bob und Hanneke McGeehan waren große Gourmets. Und der Vietnam-Krieg, der ganz Südostasien in Beschlag nahm? Wir wollten auch Angkor Wat besuchen. Das lag doch in Kambodscha, nicht in Vietnam. Kambodscha befand sich nicht im Krieg, oder? Und Indien, Japan, Afghanistan?

Freund Helmut Voss, aus Münchener Tagen vertraut, ein einmaliger Reisevirtuose, der die ganze Donau durch den Eisernen Vorhang hindurch im Paddelboot abgefahren und mit Glück den Schüssen der serbischen Grenzwächter entkommen war, fasste die Idee als Herausforderung auf und übergab sie seinem vor kurzem aufgebauten Reisebüro in Frankfurt-Niederrad. Eine Herausforderung war es in der Tat, eine Luftfahrtgesellschaft zur (damals handgeschriebenen) Herstellung eines Flugtickets für all die Flüge und Unterbrechungen zu überzeugen. Die Lufthansa lehnte es ab. Voss informierte uns mit dem Kommentar, die seien zu bequem. Aber er hatte eine andere Luftlinie, die es tatsächlich machen würde: die SAS, die Scandinavian Airlines. Dreizehn Tickethefte wurden es pro Person, und wir hatten fast ein schlechtes Gewissen. Voss' Eifer war nicht unbegründet. Nicht nur machte er das Geschäft, sondern erreichte mit den beiden Tickets um die Welt das Kilometersoll, das die IATA, die Weltluftfahrtorganisation, den einzelnen Reisebüros für die endgültige Lizenz abverlangte. Wir bereuten die Verbindung nie, die SAS betreute uns gut und deren Kooperation mit Thai Airways brachte in Südostasien Vorteile. Der Stapel der aneinandergehefteten Tickets war so eindrucksvoll, dass man mehrere Passagiere dahinter vermutete. Vom Aeroflotschalter in Kiew wurden wir nach dem üblichen ewigen Warten über die Lautsprecheranlage des Flughafens als *Grrroup Trrrommlerr* zum Abflug aufgefordert.

Die Sowjetunion war also dabei, und zwar ausführlich mitsamt einigen der orientalischen Gebiete auf dem Wege nach Afghanistan. Der wichtigste Tipp aus dem Hause Voss & Laun: ein Bündel von hundert Ein-Dollar-Scheinen mitzunehmen und zu deklarieren. Sie boten den besten Zugang zu den Dingen, die wir ansehen oder gebrauchen wollten. Tatsächlich nahm sich der sowjetische Zöllner bei der Einreise in Leningrad die Zeit und zählte sie einzeln nach. Er lehnte es ab, einen für die Arbeit zu behalten. Als wir im Hotel nachzählten, waren es nur 98. Das bewahrte uns nicht vor der Frage, warum wir nach Afghanistan, Pakistan, Indien, Thailand, Kambodscha, Malaysia, Indonesien, Hongkong, Japan und Mexiko reisen wollten. Zu unserem Glück kamen wir nicht aus Amerika, sondern aus der Federalen Republik Germanija. Amerika nicht zu erwähnen, hatten uns Mitreisende geraten. Obwohl auch das nicht die Inquisition verkürzte. Tourismus zählte wohl als Unterabteilung von Spionage. Und das Goethe-Institut war unbekannt. *Institutt? Mit Geetee?* Institutt klang offiziell, vielleicht politisch. Mit Geetee ließ sich nicht viel anfangen.

Goethe-Institute als *intellectual clearing houses*

Tatsächlich ließ sich sehr viel mit Goethe anfangen, einschließlich der finanziellen Unterstützung. Wir lernten die unternehmungslustigen Leiter der meist neu gegründeten Goethe-Institute in Asien kennen, die uns unschätzbare Dienste in der Vermittlung zu den Einheimischen leisteten, dafür Vorträge über deutsche Literatur und Gesellschaft, Thomas Mann und Günter Grass geliefert bekamen. Deutsche Zeitungen hatten einiges von den Bemühungen der Institute in europäischen Ländern berichtet, durch Gastveranstaltungen mit kritischen Schriftstellern wie Grass, Enzensberger und Böll das noch vom Naziregime geprägte Bild Deutschlands und seines kulturellen Lebens zu korrigieren. Gegen die innerdeutsche Kritik, dass man damit Nestbeschmutzern den Weg öffne, ließ sich zunehmend die positive Reaktion in den Nachbarländern anführen.

Gegenüber der traditionell national, wenngleich nicht mehr nationalsozialistisch orientierten Sprachregelung des Auswärtigen Amtes suchten die Institute eine auf internationalen Austausch abgestellte Programmpolitik in Kultur, Technik und Wirtschaft zu erarbeiten. Dazu lieferten selbstkritische Literatur- und Theaterveranstaltungen, zu denen sich bald der neue deutsche Film gesellte, die besten Beispiele für ein anderes Deutschlandbild. Die Institute, nur an einer langen Leine von der Münchener Zentrale geführt, arbeiteten erfolgreich an der Widerlegung der in Europa weitverbreiteten Ansicht, der Nazismus habe die deutsche Kultur in den Abgrund gefahren und die Bundesrepublik glänze nur durch das Wirtschaftswunder.

In den von deutschen Invasionen im Krieg unberührten Ländern der Welt stellte sich die Kulturarbeit etwas anders als in Europa dar, wenngleich kaum weniger delikat und hindernisreich. In der Alltagspraxis der Institute, die der Gewinnung des örtlichen Publikums galt, stand der Sprachunterricht vor allem in den Ländern, in denen Deutsch nicht an der Schule gelehrt wurde, an erster Stelle. In Indien gab dafür das Institut in Poona, dem »Oxford in the East« (später Pune), den Ton an. Generell allerdings lagen die Prioritäten der Institutsleiter in der Gründungsphase, die wir noch erlebten, dort, wo sie die örtlichen Eliten ansprechen konnten: zumeist in Kultur und Wissenschaft. Das war der Sammelbegriff für wissenschaftliche ebenso wie literarische und künstlerische Veranstaltungen. Die Institutsleiter, die angesichts der langwierigen Postverbindungen nach München relativ frei walten konnten, das Kulturangebot teilweise in Zusammenarbeit mit Universitäten organisierten und aufgrund ihrer häufig germanistischen Ausbildung Literatur als interkulturelle Brücke ansahen, erbaten von der Münchener Zentrale möglichst reichhaltige Vortragslisten.

Renate Albrecht, die Vortragsreferentin, setzte mich auf die Vortragsliste für Asien. Wie die Reaktion zeigte, sah man in der Diskussion moderner deutscher Literatur eine brauchbare Form, das neuere Deutschland einem traditionsverpflichteten Publikum näherzubringen. Frau Dr. Albrecht, kritisch und wohlerfahren in diesem Geschäft, bemerkte, dass damit auch Risiken verbunden seien. Auf jeden Fall sei die Zeit vorbei, dass man das bayerische Trachtenballett trotz seiner Erfolge in Indien und Afrika als Repräsentanten deutscher Kultur auf Tournee schicke. Wir hörten noch öfters davon, vor allem wenn Beschwerden zur Sprache kamen, die Goethe-Leute propagierten zu stark die Hochkultur. Im Institut selbst stand das Trachtenballett sprichwörtlich für die Einfallslosigkeit und Überlebtheit der alten auswärtigen Kulturpolitik des Amtes.

Ob ich dann tatsächlich mit meinen Vorträgen über deutsche Literatur, über Thomas Mann und Günter Grass in jenen Ländern so viel besser dastand und dem Bild Deutschlands mehr Profil verschaffte als die Trachtenleute, die gewiss populärer waren, sei dahingestellt. Mir war klar, dass meine Vortragsthemen, obwohl von einer bekannten amerikanischen Universität abgesegnet, etwas zu germanistisch klangen. Wie lange würde das die Leute in Madras, Kuala Lumpur oder Manila interessieren? Noch fand ich in Pakistan, Indien und Sri Lanka ein literarisch engagiertes Publikum und konnte mit der Bezugnahme auf britische Literatur einige (kleine) Türen öffnen. Dort zählten Goethe-Institute, wenn sie gute Leiter hatten, zu den *intellectual clearing houses,* in denen man Deutschland mit dem berühmten Indologen Max Müller, nach dem die Institute in Indien benannt waren, sowie den großen Philosophen Kant, Hegel und Nietzsche und natürlich Goethe große Autorität zumaß.

Am heftigsten entwickelte sich, wie mir schon prophezeit worden war, die Diskussion unter den Bengalis von Kalkutta (Kolkata), dem temperamentvollsten und redseligsten Volk im temperamentvollen redseligen Indien. Dort kam es im Comparative Literature Department der Universität im Anschluss an meinen Vortrag zu einer Debatte über die Moderne, in der die Ausrichtung an britischen Schriftstellern wie T.S. Eliot unter Beschuss geriet, etwas, das mit meinen Ausführungen über Thomas Mann wenig, mit innerindischen Fehden umso mehr zu tun hatte. Ich wurde Zeuge des Kampfes um die literarische Unabhängigkeit der einstigen Kolonie. Gegen die Traditionalisten führte eine Fraktion die indische Moderne ins Spiel. Das geschah bezeichnenderweise in dem britischsten Ort Indiens, einst Hauptstadt unterm britischen Vizekönig, wo wir vor dem Cricketturnier eine Kompanie Inder als Scottish Highlanders an unserer Tribüne vorbeimarschieren sahen, mit straffem Trommelschlag und Dudelsackpfeifen, schwingenden Kilts und weißen Gamaschen. Wir rieben uns die Augen, ob so etwas tatsächlich stattfand.

Am schwierigsten gestaltete sich der Auftritt im Goethe-Institut Colombo, als ich Thomas Manns ironischen Realismus, Brechts politisches Engagement und Kafkas Verfremdung der Realität als Beispiele moderner deutscher Literatur vorführte und hoffte, bei den Mitglieder der neu gegründeten Ceylonesischen Literarischen Gesellschaft auf Resonanz zu stoßen. Damit stieß ich bei den älteren, in weiß gekleideten, mit feinem Oxford-Englisch ausgerüsteten Herren auf freundliche Mienen, aber harte Ablehnung. Was ich eigentlich unter Realität verstünde? Was diese Dichter unter Realität verstünden? Seltsam, diese Isolierung des Einzelnen. Das Dasein sei doch längst vorhanden, es umschließe alles, man solle es nicht verfremden und dialektisch spalten, vielmehr erfahren und damit erkennen, als Nichts oder Etwas, jedenfalls nicht als Summe individualisierter Existenzen. Das war der Widerspruch im Namen Buddhas, von einem hageren, mild lächelnden Alten in weißer Robe und Beinkleidern vorgetragen. Ein anderer fragte, was eine solche Literatur in diesem Land solle. Hier musste ich die Waffen strecken. Was blieb mir anderes übrig als die Trennung zwischen westlichen und östlichen Auffassungen – so die herkömmlichen Kategorien – festzustellen? Spärliches Kopfnicken. Peinlich wurde es allerdings, als der Organisator am Ende meine Vergebung für die harten Stellungnahmen erbat und im Namen Buddhas das Verstehen-Wollen zwischen den Menschen beschwor.

Weniger steif und beklemmend war der Kontrast zwischen Publikum und Gastredner im Oriental College in Lahore, der größten und buntesten Stadt Pakistans. Vor mir saßen über hundert Studenten, unter ihnen eine große Zahl schwarz verschleierter Frauen, von denen ich nur die Augen sehen konnte, neben einer großen Anzahl von Frauen in bunten Saris, auf der Seite grauhaarige Professoren und dazwischen einige, wie sich herausstellte, politisch engagierte Studenten. Hier geschah es, was dann in einem College-Klassenzimmer in Trivandrum im Süden Indiens noch unangenehmer wurde: dass man den Deutschen nicht nach den Leistungen von Thomas Mann befragte, vielmehr denen von Adolf Hitler. In Lahore wollte sich zu meiner Bestürzung ein Student damit profilieren, dass er Einzelheiten aus Hitlers Biographie hervorkramte. Ich beobachtete, wie einige der Professoren mit nervösem Kopfschütteln reagierten.

In diesen Ländern begleitete mich der Führer mit auffallenden Sympathien der Jüngeren. Für sie zählte er als der einzige bekannte Deutsche. Er hatte sein Volk aus der wirtschaftlichen Misere herausgeführt. Auf welchen Opfern das Regime aufgebaut war, blieb nicht unerwähnt. Was bedeutete allerdings, wurde gefragt, die Riesenzahl von Opfern in Ländern wie Pakistan und Indien? Ich lernte, bei diesen literarischen Vorträgen die Politik nicht zu scheuen, wenn das Publikum es wollte. In diesen Jahren, in denen Entkolonisierung als eine Art interner Hausputz mit wachsend nationalen Kategorien betrieben wurde, konnte das kulturelle Programm des Goethe-Instituts durchaus zur Rolle als *intellectual clearing house* beitragen. Das wurde mithilfe des Hinweises erleichtert, dass Deutschland auf dem Festland Asien bis auf Kiautschou in China keine Kolonien besessen hatte.

Dennoch entgingen auch die Institute nicht dem Alltagskolonialismus des westlichen Lebensstils. Zumeist progressiv in ihren Meinungen, huldigten auch die Repräsentanten europäischer Kulturinstitute mit Ehepartnern und dem entsprechenden Personal dem gewohnten Status und Komfort. (Bei den Diplomaten, einschließlich der sowjetischen, erschien das als selbstverständlich.) Kein Wunder, dass Kritiker in diesen Jahren auch die Entwicklungshilfe und ihre Vertreter häufig als eine Art Fortsetzung des Kolonialismus einstuften.

Durch Breschnews Sowjetunion

Die Vorträge in den Goethe-Instituten von Lahore, Karatschi, Kalkutta, Poona, Madras (Chennai), Trivandrum, Colombo, Kuala Lumpur, Manila und Hongkong – teilweise gemeinsam mit Universitäten organisiert – bestimmten jedoch nur einen Teil der Reise. Es war ja deutlich unsere eigene Reise, im Oktober 1969 mit einem großen kalten Abenteuer begonnen, als wir uns dem sowjetischen Touristikunternehmen Intourist in die unberechenbaren Hände lieferten. Wir tauchten in eine Welt ein, die uns nicht nur mit dem frühen Winterwetter frieren ließ. Was wir als Touristen tun konnten, taten wir in vorgeschriebenen Bahnen, vom Besuch der Eremitage und dem Museum des Atheismus in Leningrad bis zum Besuch des Kreml in Moskau und, mit altersschwachem Taxi, des Klosters Sagorsk weit außerhalb der Stadt. Wir lernten die Sowjetunion der Breschnew-Ära kennen, eine kaum auf Touristen, eher auf afrikanische und asiatische Delegationen eingestellte Welt des Wartens und Behandelt-Werdens.

Als Deutsche glaubten wir, jede Beschwerde vermeiden zu müssen. Allerdings wurden wir eines Besseren belehrt, sobald die Verantwortlichen mit Interesse registrierten, dass wir aus der Federal Republik Germanija, nicht aus der »eigenen« DDR kamen und mit Devisen bezahlten. Trotzdem strichen uns die Behörden den geplanten und bezahlten Abstecher nach Wolgograd, als Stalingrad Schicksalsort der Deutschen. Wir erlebten in Kiew den 25. Jahrestag der Befreiung der Ukraine vom Faschismus, und der ließ uns reichlich frösteln.

Waren da Anknüpfungen an meine Kindheitserlebnisse mit den Russen möglich? Zwar sah man Soldaten in den wohlbekannten braunen Uniformen und tellergroßen Mützen, aber das Straßenbild wurde von Tausenden winterlich vermummter Muttchen mit Einkaufstaschen bestimmt, während sich die großartig dekorierten U-Bahn-Tunnel in Leningrad und Moskau ständig mit beklemmend schiebenden Menschenmengen füllten, die einem die Luft wegnahmen. Das hatte mit dem Land nicht allzu viel zu tun, das sich an den Jahrestagen des Großen Vaterländischen Krieges am Sieg über die Deutschen mit Paraden aufrichtete und heroisierte. Breschnew hielt die Sowjetunion in der gleichmäßigen Verteilung der Tristesse im Alltag von Russen, Ukrainern, Georgiern, Usbeken, Kasachen und anderen Völkern zusammen, die man mit dem Minimum an Brot, Arbeit und Wodka versorgte. Soldaten brauchte der Staat woanders, außerhalb des Landes, um das Imperium in Europa einschließlich Ostdeutschlands unter seiner Herrschaft zu halten. Prags Besetzung durch Truppen der Roten Armee lag nur ein Jahr zurück.

7 Vorbereitungen für Lenins 100. Geburtstag (1970) in Buchara (Usbekistan) 1969.

Meine wenigen Russischkenntnisse, die ich in der Zwönitzer Volksschule erworben hatte, reichten gerade für die Lektüre der Speisekarten. Allerdings erhöhten sie eher die Frustration, die sich einstellte, wenn die schlechtgelaunte Kellnerin im Restaurant nahe dem großen GUM-Kaufhaus am Roten Platz jedes Gericht, dass ich buchstabierte, mit einem ein Njet quittierte. So schwierig es in jedem Restaurant war, einen Tisch zu ergattern, so sicher folgte das Njet bei der Bestellung der meisten Gerichte. Am Ende war einem zwischen Leningrad und Sotschi ohne Njet nur die Bestellung von Kebab sicher, dem Hammelfleisch mit etwas Würze.

Uns wurde klargemacht, wie ungewöhnlich es war, den Weg nach Afghanistan durch die Sowjetunion zu nehmen. Trafen wir hin und wieder westliche Touristen, waren sie im Allgemeinen älter. Junge Leute fuhren nicht in die Sowjetunion, es sei denn, sie studierten in Moskau oder Leningrad. Die staatliche Reiseagentur Intourist, die alles beherrschte, machte das Reisen teuer und umständlich. Die Reiseroute musste genehmigt und die Hotelgutscheine vorher bezahlt werden. Wir hatten uns in den Kopf gesetzt, Afghanistan über die legendären Städte Samarkand und Buchara zu erreichen. Andere junge Leute ließen sich von ihrer Abenteuerlust die Freiheit nicht abtrennen. Sie vertrauten sich ihrem VW-Bus an und nahmen den Weg durch Balkan, Türkei und Iran. Wir trafen sie in Kabul und im Hindukusch, hörten ihre Räuberpistolen von wilden Begegnungen unter Minaretten, bei denen zumeist der VW-Bus den Helden abgab, bei dem allerdings ungewiss blieb, ob er auch noch die Staubwolken der Rückreise aushalten würde.

Wir vertrauten uns demgegenüber Intourist und der Fluglinie Aeroflot an und wurden dafür mit ewigem Warten in kalten Wartehallen belohnt, in das sich einige unerwartete Abenteuer, malerische orientalische Szenen und im Falle das Fluges von Samarkand nach Taschkent ein wenig Todesangst einschoben. Unsere Erfahrungen mit der Effizienz und gleichzeitigen Überwachung durch Intourist milderten sich mit wachsender Entfernung von Moskau. Je weiter weg von der Hauptstadt, umso gesprächiger und vertrauensseliger wurden die uns zugeordneten Führer. Sie nahmen ihre Kontakte mit Westreisenden gern wahr, um entweder Geschäfte zu machen oder ihre in Textbüchern erworbenen Sprachkenntnisse in Englisch oder Deutsch zu verbessern. Zumeist beides.

In Georgien, dem von Russen beneideten, südlichen Land im Kaukasus, gesellte sich uns eine dunkelhaarige junge Schönheit zu, die uns zwei Tage lang im Namen von Intourist Land und Leute nahebrachte. Das schloss feurige Säbeltänze im Theater von Tiblisi und frühchristliche Kirchen im wilden Aragvi-Tal ein. Als wir Schuschuni fragten, warum sie Deutsch statt Englisch gewählt habe, antwortete die Georgierin ohne Zögern, sie halte Ausschau nach einem Mann aus dem Westen. Da habe man mit Deutsch eine bessere Auswahl. Ihr Ehrgeiz war, nach Westdeutschland einreisen zu können, was nicht erlaubt war; bis Salzburg im neutralen Österreich habe sie es jedoch bereits geschafft. Vom kaukasischen Wein angeregt, ließ sie in einer Dorfkneipe im Aragvi-Tal ihren Rochus auf die Russen los, der in der Feststellung gipfelte: Wir haben den Russen Stalin geliefert. Es geschieht ihnen recht. Er hat es ihnen als Georgier kräftig heimgezahlt.

Als wir nach einem bedenklich unsicheren Flug zwischen Kiew und Sotschi, bei dem das Militärtransportflugzeug ratternd und schüttelnd in mehrere magenwendende Luftlöcher sackte, nach dem Unfallrisiko bei Aeroflot fragten, erklärte ein erfahrener Russlandreisender, dass es keine Flugunfälle gäbe. Nach unserem Erstaunen fügt er hinzu, dass so etwas in der sowjetischen Presse nicht berichtet werde, daher nicht vorkomme. Das machte nach dem abendlichen Abflug von Samarkand die fröhliche Reaktion der Passagiere beim Rückeln des Flugzeuges verständlich. Zwei glatzköpfige Usbeken vor uns warfen beim Absacken der Maschine die Arme hoch und signalisierten ihre Begeisterung. Bis aus dem Cockpit der Kopilot herausstürzte, uns schroff beiseitedrängte und erschreckten Gesichts aus dem Fenster blickte: Genau neben uns warf der Motor Flammen und Funken aus. Auf einmal brach das Gelächter ab, und wir erstarrten mit den über hundert Mitreisenden in unseren Sitzen. Kein Wunder, dass es die Passagiere zunächst nicht ernstgenommen hatten. Flugzeugunfälle kamen bei der Aeroflot nicht vor.

Wir klebten am Fenster, erschraken darüber, den Mond am dunklen Himmel nicht mehr über, sondern unter uns zu finden. Offenbar wendete der Pilot das Flugzeug, um nach Samarkand zurückzukehren. Was die Frage aufwarf, ob er das schaffen würde, bevor mehr in Brand geriet. Ich kramte aus dem Gedächtnis, einmal gelesen zu haben, dass Kolbenflugzeuge mit brennendem Motor nicht wie Düsenjäger explodieren und mit einem Motor landen können. Wir krallten unsere Hände ineinander. Offenbar gelang es dem Piloten, den Motor abzustellen und mit dem anderen Motor im Sinkflug über die im Mondlicht helle Wüste den Flughafen anzusteuern. Die Freude darüber, dass der Funkenflug aufhörte, trübte sich angesichts der Besorgnis, ob der Pilot die Landung mit einem Motor schaffen würde. Mit einem ziemlich großen Flugzeug. Es waren lange bange Minuten, erfüllt von der Angst, viel zu schnell auf dem Boden aufzusetzen. Die Flughafenlichter flitzten vorüber, wir erkannten Feuerwehrwagen, warteten auf den Aufprall. Lange geschah nichts. Dann ein harter Aufsetzer, ein Schleifen, ewiges Bremsen. Offenbar kam die Maschine erst am äußersten Ende der Landebahn zum Stehen, hinter der eine Böschung abfiel.

Der Motor verstummte. Völlige Stille.

Da ertönte hinter uns eine kräftige Männerstimme mit dem Ausruf:

Maschiin kaputt!

Der russische Offizier, der hinter uns saß, hatte uns als Deutsche erkannt und mit dem geläufigsten Wort des Krieges gegen die Deutschen die Situation für uns kennerisch zusammengefasst.

Die Moscheen, die von den Abenteurern im Volkswagenbus in Shiraz und Isfahan im Iran bewundert wurden, besaßen in Samarkand und Buchara ihre Gegenstücke, mit wunderbaren blaugekachelten Kuppeln, Brunnenhöfen, und Minaretten und sehr viel weniger Touristen. Der usbekische Dolmetscher, über die Herrschaft Timurs in Zentralasien exzellent beschlagen, dessen Moschee den mächtigsten Eindruck machte, beklagte sich, dass er zu wenig Gelegenheit habe, sein lautmalerisches Deutsch der Umgangssprache anzuverwandeln. Er half uns, die enorme Bedeutung des Persischen als herrschende Sprache und Kultur dieser Weltregion zu verstehen, etwas, das der Dekan im Oriental College in Lahore nach meinem Vortrag als sein großes Wissensgebiet vorführte. Als der Dekan hörte, wir hätten Samarkand und Buchara besucht, verhehlte er nicht seinen Neid. Allerdings hätten wir ohne die Belehrungen des usbekischen Dolmetschers und ohne das Fischer Taschenbuch über Zentralasien ziemlich dumm dagestanden. Dem pakistanischen Akademiker war der Besuch der Sowjetunion verwehrt.

Afghanistan wurde zu dieser Zeit als Paradies der Entwicklungshelfer angesehen, wo sich Russen und Amerikaner mit millionenschweren Bewässerungsprojekten Konkurrenz machten. Sie bauten vor allem strategische Fixpunkte auf, die Russen den Flughafen Kabul und die Straßen nach Norden, die Amerikaner den Ausbau der Straße über den Kyber-Pass nach Pakistan. All das erfuhren wir in dem kleinen Hotel Metropol, in dessen bunter, lauter Bar sich Gäste aus allen möglichen Ländern tummelten, Geschäftsleute, Entwicklungshelfer, Diplomaten. Nach den kalten Hotelhallen der Sowjetunion erschien uns dieser rauchig alkoholisierte Platz als Inbegriff westlichen Lebens, als dekadente Oase, die unser Unvermögen bestätigte, Schaffung und Ausbau der Sowjetunion als zentralen Faktor des 20. Jahrhunderts wertzuschätzen. Die Sowjets hatten zwar riesige Völkerscharen unter ihrer Herrschaft versammelt, den Touristen eine solche Bar jedoch vorenthalten.

Bei der Fahrt zum Hindukusch fühlten wir uns an Boliviens Weltferne erinnert, trafen in dem weiten Tal nördlich von Kabul vor dem großen Gebirgsmassiv auf etwas, das es in Bolivien nicht gab: eine große Kamelkarawane, die sich ruhig und schwankend zur Hauptstadt bewegte, mit Getreidesäcken und Teppichen beladen, deren dunkles Rot zwischen Staub und den braunen Dschellabas der Kameltreiber hervorleuchtete und, wie unser Fahrer versicherte, in der Welt einmalig sei.

Auch die Fahrt im knatternden Bus über den Kyber-Pass ließ sich mit Busfahrten in den Anden vergleichen, an wilden Felsabgründen entlang in Haarnadelkurven gleichermaßen gefährlich und atemberaubend, nur begegnete man auf der Passhöhe einem von einer Haschischwolke eingehüllten Handelsparadies, wo einem, ohne dass man aussteigen musste, durchs offene Fenster neben allen möglichen undefinierbaren Essereien, Metallsachen und Geweben Haschisch angeboten wurde. Wir fanden, dass man, wenn man hier durchatmete, Haschisch auch so in die Lungen bekam. Die verschiedenen Völkerstämme, die dieses politisch unabhängige – und vor allem zollfreie – Kyber-Territorium bevölkerten, begegneten den Fremden mit misstrauischer Freundlichkeit. Als einige der aufgeregt gestikulierenden Männer hörten, wir kämen aus Deutschland, seien keine Entwicklungshelfer und wollten einfach ihr Land kennenlernen, versuchten sie, uns aus dem Bus zu ihren Waren zu locken. Sobald sie merkten, dass wir an Haschisch desinteressiert waren, ließ die Aufregung nach. Uns war dann mehr daran gelegen, bei der wilden, viel zu schnellen Abfahrt durch die Felsen nach Osten den Blick in das mythisch beschworene Tal des Indus nicht zu versäumen, das berühmtermaßen Alexander der Große Jahrtausende vorher mit Staunen wahrgenommen hatte. Der gelbliche, sonnendurchflutete Dunst über der Ebene von Peschawar in Pakistan gehörte allerdings unserer Zeit an.

Vietnam-Krieg: unsichtbar, jedoch überall präsent

Wenn man in den riesigen indischen Subkontinent eintauchte, in dem wir uns über einen Monat lang aufhielten, hatte man so viel damit zu tun, die Fülle der innerindischen Probleme und Kontraste zu absorbieren, dass der Konflikt zwischen den Supermächten in den Hintergrund trat. Allerdings nicht völlig. In der indischen Politik spielten die Amerikaner nur eine Nebenrolle, anders als die Russen, an die sich die Regierung bei den halbherzigen Bemühungen um einen indischen Sozialismus anlehnte. Kerala und Bengalien waren Teilstaaten unter kommunistischer Verwaltung. Dass sich die USA als Beistandsmacht für Pakistan verstanden, folgte einer gewissen Logik, da dieses Land als Indiens Todfeind gilt.

Dennoch wurden wir Zeugen der sowjetischen Ambitionen in Pakistan, als wir zum Besuch eines aufwendigen, mit viel russischer Musik begleiteten Werbefestes im Konsulat Lahore mitgenommen wurden und die Begeisterung der Einheimischen vor und hinter dem überladenen Büfett registrierten. Den Ländern Südasiens verhalf der Kalte Krieg zur Beachtung, pointierte die Feiern ihrer fragilen nationalen Identität. Das intensivierte sich mit dem Vietnam-Krieg, der den örtlich arbeitenden Amerikanern viel Fingerspitzengefühl abverlangte. Ohne die nationalen Eitelkeiten bedienen zu wollen, zielten sie auf die Kooperation der Einheimischen, die sie im Gegenüber zum indischen Koloss brauchten. Darüber klärte uns die perfekt russisch sprechende Sekretärin der französischen Botschaft in Moskau auf dem Fest in Lahore auf. Durch sie konnten wir endlich einige Rätsel lösen, die uns seit dem der Besuch der Sowjetunion beschäftigten. DAAD-Lektoren und Goethe-Offiziellen konnten wir wiederum einiges berichten, sie gaben uns das Gefühl, mit der Sowjetunion ein exotisches Land bereist zu haben.

In dem von Hippies vielbesuchten Land Nepal am Fuße des Himalayas, dessen damals noch urwüchsig zwischen Gebets- und Fäkalkultur fermentierende Hauptstadt Kathmandu die Sinne anregte und zugleich betäubte, konnten wir offizielle Kontakte nutzen. Dank der Empfehlung des deutschen Botschafters

Löhr erhielten wir ein sauberes Zimmer im Thyssen-Haus. Das stellte sich als besonderer Glücksfall heraus, da uns zu dieser Zeit die unausweichlichen Darminfektionen eingeholt hatten und wir unser Fieber in möglichst sauberer Umgebung auskurieren konnten. Allerdings kurierte im selben Haus auch der deutsche Geologe Müller-Jungbluth seine seelischen Schmerzen aus, die ihn nach dem Absturz der Dhaulagiri-Expedition heimsuchten, der er angehört hatte. Durch seine Erzählungen erfuhren wir mehr über die Tücken des Himalaya, als unserem schwachen Magen zunächst zuträglich war. Ein furchtbarer Einschnitt im Forscherleben, dennoch von der Dankbarkeit über die Gunst des Schicksals überstrahlt, am entscheidenden Tag den Aufstieg abgebrochen zu haben. Mir war das nicht unbekannt, wenn ich an die Katastrophe der Münchener Anden-Expedition 1961 zurückdachte, bei der Freund Jochen Bloss das Basislager hütete und zwei der jungen Bergsteiger ums Leben kamen.

Auf Indien angesprochen, beriefen wir uns später immer wieder auf unsere Empfindung, dass die Welt, von einem anderen Stern aus betrachtet, gewiss bunt sei, am buntesten aber in Indien. Indern gegenüber gerieten wir mit der Feststellung, dass Indien bunt sei, am buntesten jedoch in Südindien, in ungemütliches Fahrwasser. Vor allem Nordinder, Hindi, lehnten unseren Enthusiasmus über die Tamil Nadu ab, einen zierlich dunklen Menschenschlag mit fulminant farbigen Saris und phantastisch dekorierten, pyramidenhaften Tempeln. Er schoss in allem, was die Sinne stimulierte, den Vogel ab. Die bemalte, gefärbte, mit Weihrauch und Hokuspokus eingenebelte, stinkige und penetrante, von Tausenden immer neu verwandelte südindische Lebenswelt war nicht das, was die Inder im Norden den Touristen empfahlen. Wir wurden eher davon enthusiasmiert als von dem sauber gewaschenen Phantasiepalast Taj Mahal oder dem elitär geglätteten Pondicherry. Ebenfalls damals weniger empfohlen, jedoch gleich faszinierend in ihrer Lebenslust waren die Sexskulpturen der Tempel von Khajuraho und Konark.

Noch weniger empfohlen, jedoch umso ergreifender und erschreckender die indische Faszination mit Jenseits und Tod in Benares (Varanasi). In der Totenstadt verbrachten wir einen Abend und eine Nacht und wurden frühmorgens um 4:30 Uhr von dem unermüdlichen DAAD-Lektor zum Totenfluss Ganges geführt, um den Verbrennungszeremonien beizuwohnen. Wir hörten und erlebten, dass, wenn auf dem Scheiterhaufen der tote Vater voll in Flammen stehe, der älteste Sohn mit einem Schlag die Kopfschale zerbrechen und die Lebensflamme emporspringen lassen müsse. Wenige Tage später erlebten wir in Kalkutta auf einer Party des Komparatistik-Departments, wo ich vortrug, ein Streitgespräch genau über dieses grausame Ritual. Das Stimmengewirr verstummte, als der Department Chair völlig aufgebracht in den Saal rief, ja, er hätte das gerade hinter sich bringen müssen. Er hasse es. Er sei ein Atheist.

Betroffene Stille.

Plötzlich eine tiefe männliche Stimme aus dem Hintergrund:
Then you are one of the thirty two atheists in India!
Der ältere Brahmin, in schwarzer Soutane wie ein katholischer Priester gekleidet, fasste in wenigen Worten zusammen, dass man als Inder kein Atheist sein könne.

So erlebt 1969, in einem älteren Indien, wo man als Tourist dankbar dafür war, dass die Überbleibsel der britischen Kolonialherrschaft, vornehmlich die Government Rest Houses, die kaum vorhandene touristische Infrastruktur ersetzten.

Vom Fehlen touristischer Infrastrukturen wurden wir auch östlich von Indien begleitet, etwa beim Bemühen, nach dem Besuch von Angkor Wat in Kambodscha auf dem Landweg nach Thailand zurückzukehren. Durch Air France hatten wir von Bangkok einen der seltenen Flüge nach Siem Riap nehmen können, das unweit der berühmten Tempelstadt liegt. Für die Rückfahrt kamen nur Busse infrage. Gab es die überhaupt? Es stellte sich heraus, dass der erste auch der letzte war, obwohl die immer freundlichen Kambodschaner hochheilig versichert hatten, dass er zur Grenze fahre. Er landete im Nirgendwo, zwischen Hütten und Reisfeldern, die nicht nach Grenze aussahen. Wir glaubten uns gerettet, als uns ein ratternder Lastwagen mit dem Versprechen, er fahre nach Thailand, in der Nähe der Grenze absetzte.

Er ließ uns dann in einem noch trostloseren Nirgendwo am Straßenrand stehen. Die Straße, absolut leer, blieb leer. Bangkok? Ob es da drüben eine Beförderungsmöglichkeit gab? Wir hatten das Nirgendwo zwischen Ekuador und Peru erlebt. Ja, gewiss, Thailand war ein großes Land, aber kein Kambodschaner fuhr dorthin. Und Touristen nahmen keine Busse. Oder doch? Spät geschah es, aber es geschah. Eine Gruppe Italiener hatte einen Bus gemietet, der sie von Angkor Wat nach Bangkok zurückbrachte. Sie hatten nicht nur ein großes Herz, sondern auch zwei Sitzplätze.

Vom Krieg im benachbarten Vietnam konnte man in solchen Situationen nur ahnen. Der junge Mann, dessen Taxi zwischen Siem Riap und den Tempeln von Angkor Wat aus einem Moped mit Anhänger mit Sitzplatz bestand, belehrte uns, der Krieg sei weit weg. Die Vietnamesen seien verhasst. Aufgrund unserer (wenigen) Erfahrungen waren wir uns in der Annahme einig, dass in diesem armen Land der Kleinbauernwirtschaft kein Kriegspotential zu wecken sei. Wir verstanden, dass ein Krieg alles zerstören würde, auch das Taxiunternehmen des jungen Mannes.

Ein halbes Jahr später war es so weit. Im Sommer 1970 ließ Kissinger Bomben auch über Kambodscha fallen. Damit ging die pastorale Sinfonie eines kleinen Landes zum Teufel, der dann in Gestalt des Diktators Pol Pot zur Herrschaft kam und mit den Khmer Rouge einen unfassbaren Genozid an zwei Millionen Menschen verübte. Angkor Wat blieb lange Jahre lang unzugänglich.

Thailand dagegen profitierte vom Krieg in Vietnam. Bangkok erhielt zentrale Bedeutung für Südostasien. Hier regte der Krieg die Geschäftstätigkeit an, ganz abgesehen von dem Touristenboom der amerikanischen Soldaten, der nicht im Besuch von Sehenswürdigkeiten, sondern Hotelbetten bestand. Beim Einchecken in unser Hotel in Bangkok merkten wir, dass wir in einem Bordell gelandet waren, wurden jedoch von dem charmanten Hotelbesitzer mit den Worten festgehalten, wir sollten bleiben, wir seien zum ersten Mal nach langer Zeit ein Paar, das tatsächlich verheiratet sei. Er mache es billiger. Wir saßen lange in der Hotelhalle, beobachteten beinahe mit Erleichterung, wie vorsichtig die baumlangen schwarzen Soldaten mit den zierlichen Thai-Frauen umgingen. Zwischendurch ließen sie durch das Erzählen vom tagtäglichen Einsinken in die Routine des Krieges Luft ab.

In Manila bekamen wir an einem Hotelschwimmbad von Don, einem jungen Marinesoldaten, den Tagesablauf auf einem Flugzeugträger im Golf von Tonking geschildert, auf dem 5000 Mann beschäftigt waren. Während wir nach meinen Vorträgen an der University of the Philippines daran gingen, den Tag ohne jede Touristenbeschäftigung, für die Manila ohnehin nicht viel bot, in der Sonne zu verbringen, gerieten wir mit Don, der sich an seinem letzten Urlaubstag mit einer Flasche Whisky bewaffnet hatte, in eine fünfstündige Konversation, die zunehmend therapeutische Ausmaße annahm.

Nachdrücklich vom sorglosen Treiben der Hotelgäste und dem Temperament der blonden Deutschen in seinem Urlaubsdenken stimuliert, offenbarte dieser Don Schluck für Schluck immer mehr von der Schizophrenie seiner Existenz, hier im absoluten Frieden zu sitzen und morgen wieder zu seinen monströsen Verrichtungen auf dem Deck des Flugzeugträgers zurückzukehren. Er gehöre zur Truppe, die in höllischem Lärm, der auch die Ohrenschützer durchdrang, vom komplizierten Mechanismus der Katapulte pro Tag vierhundertmal Flugzeuge, mit Bomben ausgerüstet, wegschnellen ließ, die dann nach jeweils zwei Stunden ohne Bomben, hoffentlich vollzählig, wieder in die Auffangseile hereindonnerten.

Schluck für Schluck verfiel Don in die Angewohnheit, mit geschlossenen Augen zu sprechen, sie zwischendurch zu öffnen, als ob er sich über die friedliche Umgebung vergewissern müsse, um nicht vorzeitig in die Beschwörung des Infernos unter Hunderten von Flugzeugen zurückzufallen. Er klagte an und sprach doch defensiv, suchte uns in die Psychologie der Truppe einzuführen, die absolute Einkesselung der Nerven, die solche Massaker wie Song My möglich machten, verlor sich in Flüchen und Selbstanklagen, aber immer auch wieder in der Faszination, innerhalb dieser phantastischen Maschinerie eines Flugzeugträgers mit zu funktionieren. Wir verließen ihn, als er sich in ständigen Wiederholungen verfing und die Flasche leer war.

Der Elefant im Raum: China

Wer hätte gedacht, dass Birgit, meine junge blonde Ehefrau, am helllichten Tag zu einem Gespenst erklärt werden würde, vor dem die Kinder zurückschreckten? Dieser helllichte Tag war auch der heißeste, den wir bis dahin auf der Reise erlebten, zugleich der längste und unbequemste, ein Tag, an dessen Morgen wir zunächst glücklich gewesen waren, noch zwei von den begehrten Fahrkarten für den Zug von Jakarta nach Jogjakarta auf Java mit privatem Aufschlag zu ergattern, und an dessen Ende wir nach vierzehnstündiger Fahrt völlig gerädert und genervt aus dem Abteil herausstiegen, in dem wir, ohne je die Plätze zu verlassen und ein wirkliches Wort mit den Einheimischen wechseln zu können, eine gestische Zwiesprache mit polternden Vätern, stillenden Müttern, pissenden Kleinkindern, unbarmherzigen Schaffnern und einer Unzahl an drängelnden Javanern gehalten hatten, die uns unsere zwei Plätze wegnehmen wollten.

An einer Haltestation geschah es, als eine neue Familie in das übersetzte Abteil hineindrängte. Zwei Kinder an der Hand des Vaters, ein drittes auf dem Arm der Mutter. Sie schrien fast gleichzeitig auf, als sie Birgit, die blonde weiße Frau, erblickten, wandten sich erschreckt ab. So etwas nimmt man zunächst mit Unbehagen hin, erstaunt, dass die Mutter keine Anstalten macht, den Schreck zu entschärfen. Javaner sind ohnehin schwer zu lesen. Sie starren auf das seltsame Paar, das sich in ihre Welt verirrt hat. Bis man aus den Zeichen zu erkennen vermeint und später bestätigt bekommt, dass blondes Haar, praktisch unbekannt in dieser Welt, dem weißen Haar der Geister eben aufs Haar gleicht. Geister, das sind die Toten. Und da saß eine von ihnen mitten im Abteil.

In Jogjakarta, einer im Unterschied zu Jakarta und Surabaya grünen, angenehmen Provinzhauptstadt mit Sultanspalast und den unweit gelegenen eindrucksvollen Tempelstädten Borobudur und Prambanan, wurde Birgit für den Schrecken entschädigt. Man hatte uns auf Mister Bagong aufmerksam gemacht,

8 Frank und Birgitta am ShaTi Tempel in Hongkong 1970.

den stadtbekannten Tänzer und Maler, der in seiner Tanzschule klassischen javanischen Tanz mit modernen Elementen verband. Anders als in Madras, wo Birgit an einer Einführung in den klassischen indischen Tanz teilnahm, bei dem jeder Bewegung, vor allem der der Hände, symbolische Bedeutung zukommt, freute sie sich darüber, dass hier die Reglementierung der Bewegungen viel laxer ausfiel. In der Fortgeschrittenenklasse konnte sie einiges vom New Yorker modernen Tanz demonstrieren, und Mister Bagong, in javanischer Weise freundlich, wenn auch nicht voll überzeugt, ließ sie gewähren. Wir erlebten auf der Reise in Indien und Thailand viel Tanz, der mit dem der Tänzer auf den Steinskulpturen der Tempel korrespondiert. Auf Java mischt sich Groteskes hinein, wirkliche Götterbeschwörung, mit der die Balinesen einst die Westler in Erstaunen und Entzücken versetzten. Die begleitende Gamelanmusik nistet sich in die Ohren ein, endlos widerhallend, schließlich ein übler Ohrwurm.

Eine weitere denkwürdige heiße Fahrt, diesmal durch die Berge im Osten der Insel Java in einem minimal gefederten, ratternden Omnibus von Surabaya zur Insel Bali. Wir ergaben uns in das Schicksal, dass der Fahrer mehrmals längere Pausen einlegte, in denen er mit Einheimischen lange herumschwatzte. Bis wir erfuhren, was ihn da ständig beschäftigte. Er holte Informationen darüber ein, ob die Strecke vor Terroristen sicher sei. Dass wir noch etwas davon abbekamen, hätten wir nicht gedacht. Wie üblich, waren die Informationen höchst lückenhaft. Den Gewalttaten, die beim Hinauswurf der Holländer nach dem Krieg vor allem gegen die Chinesen verübt wurden, war vor wenigen Jahren eine schlimme Ausrottungskampagne gegen die Kommunisten gefolgt, über die man nicht sprach. Das Militärregime unter Suharto stellte in den Städten alles unter Militärbewachung. Erneut wurde davon berichtet, dass sich im Ostteil der Insel, der Vulkanregion, kommunistische Guerillabanden bemerkbar gemacht hätten. In Surabaya, der wenig inspirierenden Hafenstadt, die den Gedanken an Brechts romantisch verklärter Surabaya Johnny kaum aufkommen ließ, machten uns zwei Peace-Corps-Helfer zu dieser Fahrt Mut. Als sie hörten, dass wir die vierzehnstündige Fahrt von Jakarta nach Jokjakarta heil überstanden hätten, versicherten sie, die Fahrt an den Vulkanen vorüber sei kürzer und wesentlich interessanter. Die Guerilleros hätten es nicht auf uns abgesehen.

Auf Java verstörte uns nicht die Drohung mit Guerilla-Banden, vielmehr die kaum erträgliche Hitze, die auch in der Nacht nicht abnahm. Dazu kamen die Moskitos, die sich keineswegs von den Netzen über den Betten abhalten ließen. So häufig Geckos, ihre grünen Widersacher, auch über die Wände huschten, so wenig ließen sich die Stechmücken von der Jagd auf Birgits süßes Blut ablenken. Diese Nächte waren die Antipoden zu den eiskalten Nächten in Russland, und wir waren nicht sicher, was vorzuziehen sei.

In einer Nacht auf Bali wurden all diese Tücken der Natur allerdings weit übertroffen: Wir erlebten eines der vielen Erdbeben, das uns geradezu aus dem Bett schleuderte. Es erschütterte und beschädigte das unweit am Strand gelegene, hochgeschossige Hilton Hotel, während wir aus unserem Zimmer des Sindhu Beach Hotels, einer Ansammlung von Palmenhütten, nur zwei Stufen auf die Wiese hinunterzuspringen brauchten, um in Sicherheit zu sein. Wir mischten uns unter die Gäste – es waren nicht allzu viele – und blieben lange wach. Ein Erlebnis, das über die Eindrücke der bunten, magischen Barong- und Ketchaktänze deshalb hinausging, weil es nicht für die Touristen arrangiert worden war.

Indonesien hatte mit der Bandung-Konferenz, auf welcher asiatische und afrikanische Staaten zwischen den zwei Supermächten 1955 die Entkolonisierung zum Treibsatz für die Dynamik der Dritten Welt deklarierten, durch Sukarno einen besonderen Ruf in der Diskussion über die Entkolonisierung erworben. Ihn nutzten, wie uns berichtet wurde, nicht nur die kommunistische Guerilla, sondern auch die Militärs. Allerdings war das, was wir von zwei schwergewichtigen, glatzköpfigen Angehörigen der früheren Kolonialmacht Holland in der Bar in Surabaya vernahmen, nicht darauf angelegt, das Gesprächsthema Entkolonisierung zu vertiefen. Als Geschäftemacher, die die alten Zeiten holländischer Herrschaft verklärten, suchten sie uns über das Pulverfass Indonesien aufzuklären, dessen neuere Machthaber dieselbe Korruption wie früher, nur mit anderen Mitteln praktizierten. Was die Kommunisten als Freiheit verkündeten, verdecke nur die Absicht, die Geschäfte überhaupt abzuschaffen. Pulverfass? Machten die Beiden nicht immer noch gute Geschäfte in Surabaya? Ja, mit den korrupten Marineoffizieren. Und wenn sie damit aufflögen? Holländer hätten nicht den besten Ruf hier. Die Antwort wörtlich: Wir haben die Flugtickets in der Tasche, wenn es einmal brennt. Und es wird bald brennen.

Je mehr Erfahrungen wir mit solchen Unterhaltungen in Südostasien sammelten, wo kommunistische Erhebungen angesichts des Widerstands der Vietnamesen gegen Amerika häufiger zur Sprache kamen, um so mehr wurde unsere Aufmerksamkeit auf etwas gestoßen, das uns nicht geläufig war. Die Holländer brachten es am deutlichsten heraus. Auf allem, was in Indonesien im Moment vorgehe, liege der Schatten Chinas, genauer von Tausenden, genauer Millionen Auslandschinesen, die in Malaysia, Singapore und Indonesien einen Großteil der Geschäfte bestimmten und von den Javanern, Malayen, Philippinos und anderen Völkern unwillig geduldet wurden, weil sie für das Funktionieren der Länder unentbehrlich waren. Javaner wichen aus, wenn wir danach fragten. Zu heikel war das Thema, zu politisch. Für sie waren, wenn auch die Amerikaner an bestimmten Drähten zogen, die Chinesen der Elefant im Raum – zumindest, wenn man nachstieß und sich wirklich interessiert stellte.

Gab es da eine Brücke zu China selbst, zu Rotchina, wie es in diesen Jahren durch Mao Tse-tung repräsentiert wurde? Die Chinesen in diesen Ländern erregten sich sofort, wenn man sie damit in Verbindung brachte. Rotchina erschien als ihr größter Feind, weil es für ihren Ruf, mit Kommunisten unter einer Decke zu stecken, verantwortlich gemacht werden konnte. Kommunismus war ihr Feind, China hatte den falschen Herrscher hochkommen lassen, war mit der grauslichen Kulturrevolution beschäftigt und grenzte sich von der Außenwelt ab, die das Land mit den kriegerisch marschierenden Kolonnen auf dem Roten Platz in Peking assoziierte.

War demgegenüber Hongkong nicht der große Anker für das »gute« China? Was wir in Singapore, Hongkongs Konkurrent im südostasiatischen Handel, hörten, klang nicht danach. Der Besitzer des kleinen Hotels geriet in Fahrt, als er unsere Ignoranz über die britische Kronkolonie bemerkte. Das ehemalige Fischerdorf Hongkong, einst als strategischer Absteigeplatz der Briten etabliert, erlange nur dadurch, dass Shanghai von der Außenwelt abgeschnitten sei, seine gegenwärtige Bedeutung als geschäftlicher und intellektueller Umschlagplatz der Region. Es sei nicht zu vergleichen mit dem Glanz, den Shanghai zuvor als urbane chinesische und zugleich internationale Metropole verbreitet habe. Der Mann, einst aus Shanghai geflohen, strahlte geradezu, als er Shanghais großgewachsene Mandarinchinesen mit den kleinwüchsigen Kantonesen verglich. (Er selbst war ziemlich schmächtig.) Von ihnen seien zum Glück genügend nach Hongkong emigriert und hätten die Stadt auf Trab gebracht. Was sei schon die kantonesische Küche, in der alles zusammengemischt werde, mit der edlen Mandarin-Cuisine mit ihren fein abgeschmeckten Gerichten?

Wir hatten genügend Aufenthaltstage in der Kronkolonie, genügend Ansprechpartner innerhalb und außerhalb der Universitäten, um zu einem Urteil zu kommen. Es dauerte nicht lange, bis wir angesichts der Dynamik des Aufbaus, der imposanten Hochhäuser, der Ausdehnung bis zum festländischen New Territory, der kaum glaublichen Geschäftigkeit der Bewohner und nicht zuletzt dank der schönen Lage am Meer das Urteil des Hotelbesitzers zurückwiesen.

Das Einzige, was er hatte gelten lassen, war Macao, die exotische Insel der Portugiesen, mit seiner Spielbank. Die sollten wir uns ansehen, einmalig auf einem alten Schiff. Was wir im Hafen vorfanden, war eine Art übergroßer Mississippi-Dampfer mit vielbevölkerten braungetäfelten Kabinen, Nischen und Treppen, gruppiert um eine imposante Halle mit Spieltischen in der Mitte, in der sich im Wechselspiel von laut gestikulierenden und meditativ lauernden Gestalten, von teils eleganten, teils grotesk hässlichen Spielern bereits nach kurzem Aufenthalt ein Kriminalroman der dreißiger Jahre entziffern ließ. Wenn man von diesem Ort exotischen Geschehens in die malerisch heruntergekommenen Gassen mit ihren barocken Kirchenfassaden und chinesischen Schrifttransparenten hinüberschlenderte, setzte sich der Ausflug in eine überlebte Kolonialgeschichte fort, Restbestand von Portugal, Restbestand eines alten Chinas, dem das britische Hongkong mit glitzernder Modernität längst davongelaufen war (das Macao dann aber mit dem Aufstieg zur monumental-glitzernden Casinometropole nach vierzig Jahren einholte).

Das hatte der Hotelbesitzer richtig gesehen. Völlig daneben war sein Urteil über das Essen in Hongkong. In dieser kulinarisch unterbauten Metropole erlebten wir, eingeführt vom Ehepaar Burger, das uns Frank Thelen in München ans Herz gelegt hatte, eine Fressorgie sondergleichen, an der nord- wie südchinesische Küche beteiligt waren. Allerdings ließ sich nicht bestreiten, dass die Kantonesen beim Grunzen, Furzen und Rülpsen Weltformat erreichten. Wir hatten in Asien genügend Vergleichspersonal kennengelernt.

Dank des umtriebig-sympathischen Direktors des Goethe-Instituts, Dr. Kreplin, lernten wir ein Hongkong kennen, das neben Business auch gewissen intellektuellen Interessen Raum gewährte. Nicht allzu vielen, wie Anthony Tatlow, der bekannte Brecht-Forscher an der University of Hongkong kritisch einwandte, in dessen Seminar ich über Thomas Mann sprach. Anders als in Manila, wo mir vor Hunderten von Studenten die Rolle eines Volksredners über das ferne Deutschland zugewiesen wurde, war ich hier vor einer großen Gruppe von Graduate-Studenten in Englisch und Komparatistik kritisch gefordert. In der literarischen Diskussion war wenig von Brecht und viel von britischer Lesetradition die Rede, da es sich hauptsächlich um Romane handelte. Ich rettete mich aus der Kritik an Manns Realismus mit Kafkas Verwandlungen der Realitätserfahrung. Dafür verschaffte Kreplins Arrangement, dass mein Vortrag im schwach besuchten Goethe-Institut über Günter Grass im Radio Hongkong übertragen wurde, ein wenig Kompensation. Listig versicherte er mir, dass damit Günter Grass zum ersten Mal auch in Rotchina zu Gehör gekommen sei. Grass über Goethe bei Mao.

Schließlich lernten wir, ebenfalls durch die Burgers vermittelt, die bis 1964 in Shanghai Deutschunterricht erteilt hatten, dann nach Hongkong umgezogen waren, einen deutsch-japanischen Geschäftsmann kennen, der als erfahrener Ostasienexperte unsere Ansichten über China an einem einzigen Abend völlig auf den Kopf stellte. Die marschierenden Kolonnen in Peking als Inbegriff des gegenwärtigen China seien zwar in der westlichen Presse populär, stellten jedoch in ihrer Gefahr eine Projektion der Russen dar, die vor Chinas Aufstieg größte Angst hätten. Wir mussten zugeben, auf russischen Flughäfen erstaunlich vielen antichinesischen Propagandaheften mit entsprechenden Bildern begegnet zu sein. Russland gegen China, eine alte Melodie, sagte dieser Mister Ostasien, dessen Visitenkarte ich leider verloren habe.

Jedoch bildete das nur einen Teil seiner Argumentation. Aufregender war seine Analyse, die dem geläufigen Denken über Rotchina 1970 ins Gesicht schlug. China und die Vereinigten Staaten seien immer natürliche Partner gewesen und würden es wohl bald wieder sein. Man solle sich über die Chinesen nicht täuschen. Wenn die Russen vor den marschierenden Kolonnen große Angst hätten, sei das nur verständlich. Sie seien im dünn besiedelten Sibirien, auf das China seit jeher ein Auge geworfen habe, schwach und verwundbar. Demgegenüber lebten Chinesen und Amerikaner weit voneinander entfernt und besäßen, was der andere jeweils brauche, hier die Arbeitskräfte, dort das Know-how und die Gelder. Er sei Geschäftsmann, kenne die beiden Länder gut und vertraue darauf, dass Japan zunächst das Rennen machen werde. Aber nach Mao würde China aufwachen.

Ließ sich das anderen Leuten gegenüber vertreten? Wären nicht die Burgers gewesen, die die Chinesen seit langem intim kannten, hätten wir es als Spinnerei abgetan.

Zwei Jahre danach schüttelte Nixon Maos Hand in Peking.

Und ausgerechnet aus Philadelphia kam wenig später ein Unternehmen, das die Bereitschaft zur Annäherung bestätigte: das Philadelphia Orchestra, das unter Eugen Ormandy bei der ersten Chinatournee eines westlichen Orchesters enthusiastisch aufgenommen wurde.

Japanische Gymnasten und Germanisten

Ostasien war teuer, Taiwan noch erschwinglich, Japan am teuersten. Unser Reisebudget wäre ganz aus den Fugen geraten, hätte Birgit nicht die Einladung der Sporthochschule in Tokio verwirklichen können. Allerdings geschah das nicht mit der olympischen Turnmannschaft, weil der Termin ungünstig lag, sondern mit einem mehrtägigen Tanzkurs, den der Sportdozent Koji Takizawa in einer riesigen, eiskalten Halle für 250 Studenten organisierte. Koji hatte Birgit an der Sporthochschule Köln kennengelernt und milderte die schwierigen Umstände dieser Massenveranstaltung mit einer rührenden Betreuung, die man in der Riesenstadt Tokio als Ausländer unbedingt braucht. Wir hatten in Hiroshima, Kyoto und anderen Orten bereits zahlreiche Tempel und Zen-Gärten gesehen, teilten aber dann Kojis Begeisterung für Nikko, die, wie er fand, schönste Tempelanlage außerhalb der Stadt im Norden der Insel.

Was in der Riesenhalle mehrere Tage lang im Februar 1970 vor sich ging, war weit mehr als die Einführung japanischer Studentinnen und Gymnasten in Bewegungen des amerikanischen modernen Tanzes. Birgit zeigte sich unverzagt, in schwarzem Tanztrikot mit blonden Haaren und feuerroten Strümpfen von der Bühne mithilfe von Kojis Übersetzung die Riesenmasse nicht nur in Bewegung zu bringen, sondern auch zu kritisieren – ihr Schimpfen machte die Sache authentisch – und nach und nach zu begeisterten Mittänzern zu verwandeln. Ihr Vorteil: Sie war nicht viel größer als die meisten Mädchen. Und sie stieß mit ihrem Vortanzen der Bewegungen auf ehrgeizige Nachahmer. Die ganze Sache nochmal. Und nochmal. An den nächsten Tagen wieder aufgenommen, zuletzt ein grandioser Abschluss mit Massenregie, als sie von der Bühne heruntersteigt, zunächst unter den Tanzstudentinnen verschwindet, dann mit den schnelleren Takten der Klavierspielerin wieder auftaucht, die Masse der laut tappenden Tänzer in großer Schlangenformation den eiskalten Saal in Vibration versetzt.

Das mit der Schlangenformation sorgte bei den Zuschauern für erstauntes Kopfnicken, ein in Japan immer angebrachtes Zeichen der Aufmerksamkeit. Wir waren, als wir in Kobe eine furiose, schrill lärmende und mit Trommeln begleitete Studentendemonstration beobachteten, tatsächlich Zeugen des in der Presse als besonders provozierend etikettierten Schlangentanzes der Studenten (zengakuren) geworden. Als einer der Sportlehrer Birgit fragte, ob sie das absichtlich so gesteuert hätte, schüttelte sie, während Koji abwinkte, lächelnd mit dem Kopf. Sie mache Tanz, nicht Politik.

Damit gerieten wir mehr als bei den Begegnungen mit Universitätsgermanisten an den Vortagen in Kyoto und Kobe an die Studentenunruhen heran, die Japans Universitätsstädte Ende der sechziger Jahre in Unruhe versetzten. An Politik war überhaupt nicht zu denken, wenn man sich mit japanischen Germanisten einließ. Das Wort »sich einlassen« ist insofern nicht unpassend, da die Begegnungen nicht über die Goethe-Institute lief, vielmehr über privat hergestellte Kontakte und Empfehlungen. Das brachte nicht nur für uns Nachteile mit sich (die Organisation wäre vorgegeben gewesen), vielmehr, wie wir erst hinterher voll begriffen, noch größere für die Organisatoren, insofern damit die Vermittlung des Instituts ausfiel, das den Gastgebern ein klares Bild der einzuhaltenden Hierarchie verschafft.

Ich war in *The World of Learning* eher zufällig auf Shin Aidzu gestoßen, einen Deutschprofessor an der Universität Kobe, der vom Besuch meines ehemaligen Doktorvaters Hermann Kunisch in Japan wusste. Letzteres hatte insofern große Bedeutung, als damit meine Identität als Harvard-Dozent, die man als interessant, aber nicht unbedingt türöffnend einstufte, durch einen wirklichen deutschen Professor legitimiert wurde. Es war das einzige Mal, dass ich als Schüler von Kunisch aufgetreten bin, der als Herausgeber des *Handbuchs der deutschen Gegenwartsliteratur* als konservativ-katholisch für ältere japanische Germanisten voll akzeptabel, jedoch verehrungswürdig nur deshalb erschien, da er mit Rilke und Hofmannstahl, Storm und Eichendorff in Japan aufgetreten war und die Vorlieben seiner Zuhörer mit rhetorischer Bravour gefüttert hatte.

Shin Aidzu, ein liebenswürdiger Interpret von Joseph von Eichendorff, in dessen Stil er gefühlvoll weltschmerzliche Gedichte auf Deutsch verfasste und als Privatdruck veröffentlichte, veranstaltete eine Art Dinner-Seminar mit Kollegen der Universität Kyoto, bei dem moderne deutsche Dichtung diskutiert werden würde, was zweifellos in die konservative Richtung wies. Eine solche Veranstaltung mit einem jungen, nicht klar einzuordnenden Gast stellte für einen japanischen Professor ein großes Risiko dar. Was geschah, wenn ich Kunischs Ruf Unehre machen und Unsinn reden würde? Welche Blamage vor den Kyotoer Kollegen! Größte Kopfschmerzen bereitete dem Gastgeber die Frage, woher ich seinen Namen kenne. Diese Kopfschmerzen konnte ich mit Hinweis auf Kunisch, der nicht an seiner Universität vorgetragen hatte, nicht beseitigen. Was fehlte, war die Segnung durch eine höhere Referenz. (Ich konnte ja nicht die Enzyklopädie *The World of Learning* angeben!) Jedoch würde Aidzu, wenn ich bestehen würde, vor den Kollegen mit seiner Verbindung nach Deutschland und Amerika glänzen.

Die Tatsache, dass Birgit als Frau mit zum Essen der Professoren, fünf älterer Herren, eingeladen war, bedeutete zu dieser Zeit eine ungewöhnliche Konzession. Die Frau brachte bereits das Begrüßungszeremoniell durcheinander, bei dem Japaner mit der Tiefe des Kopfnickens, oft mehrmals hintereinander, gesellschaftliche Achtung und Status genau abmessen. Wie sollten sie sich dieser jungen, hübschen Frau gegenüber verhalten? Nachdem wir die Plätze am Tisch eingenommen hatten, dämmerte es mir, dass ich mich als Ehrengast, dem Aidzu nach dem gemeinsamen lauten Schlürfen der Suppe das Wort übergab, der Einladung würdig erweisen und wissenschaftlich vortragen müsse. Gewiss, es geschah auf Deutsch, aber es musste Substanz haben, germanistische Substanz. Ich konnte nicht von der Busfahrt durch Kambodscha oder den Barongtänzen auf Bali erzählen, was wohl unterhaltsamer gewesen wäre. Ich musste mich zusammenreißen und etwas vortragen, das mich als Experten auswies, die Herren aber nicht verstörte.

Ich weiß nicht, warum mich der Teufel ritt. Wenn ich schon nicht über Grass und Brecht sprechen sollte, wollte ich ihnen zumindest zeigen, dass man Thomas Mann und Hofmannsthal auch kritischer einschätzen konnte, als es Meister Kunisch getan hatte. Trat ich nicht als Vertreter einer jüngeren Germanistik auf? Erst als ich das erstarrte Gesicht des DAAD-Dozenten Berthold bemerkte, ertappte ich mich bei der Feststellung, dass Thomas Mann in dieser Zeit revolutionären Denkens wenig zu bieten habe. O der arme Shin Aidzu! Wie konnte ich nur seine Gastfreundschaft so missbrauchen!

Dr. Berthold klärte uns danach in der Hotellobby über all die Sitten auf, die wir missachtet hatten, setzte jedoch hinzu, das sei nun eine besonders steife Runde der Alten gewesen. Zum Glück hätte ich Shin Aidzus Gedichte zuvor gelesen und vor den anderen als nahe an Eichendorff gelobt. Wie so vieles werde eben in der älteren Generation der Umgang mit der romantischen und klassischen deutschen Dichtung als eine Art Bildungserfahrung verstanden, häufig reproduktiv, und die meisten übten sich nicht im Interpretieren, sondern im Übersetzen. Man müsse hier ja alles übersetzen. Immerhin seien jetzt bei den Jüngeren Georg Lukács und Herbert Marcuse angekommen und Literaturtheorie nicht mehr Teufelswerk. Die Hochachtung vor deutscher Kultur und Musik stimuliere immer noch eine große Anzahl von Deutschkursen, aber wenn man die Jüngeren befrage, richteten sie sich längst an Amerika, nicht mehr Europa aus. Shin

Aidzu hatte noch in Heidelberg studiert und trug die Verehrung der deutschen Universität in den Hörsaal hinein. Die Studenten richteten sich längst auf die Konkurrenz mit den Vereinigten Staaten ein. Deutschland, ohnehin geteilt, habe den Vorbildcharakter verloren.

Besser ausgerüstet ging ich in Nagoya in ein anderes germanistisches Collegium hinein, das der DAAD-Dozent Dr. Hölzen mit einigen Professoren arrangierte. In dieser Runde hatte ich mehr Glück. Nach anfänglichen Förmlichkeiten tauten die zumeist jüngeren Germanisten dank Hölzens gelassener Moderation bald auf. Hier bezog sich der Vortrag zwar auf den deutschen Roman, die Zuhörer wollten dann jedoch mehr über deutsche Gegenwartsliteratur wissen und bewerteten den deutschen Beitrag nicht mehr als Bildungsschaustück (oder, wie früher in Medizin, Rechtsfragen, Wissenschaften, als Modell). Sie beurteilten ihn vielmehr gemäß seiner Aussagekraft über das Land, über die heutige Welt. Enzensberger wurde vor allem mit seinen sarkastisch-provokativen Gedichten geschätzt. Man wende sie inzwischen auf Japan an, dessen Wirtschaftswunder in diesen Jahren unter das Messer der Intellektuellen geriet.

Mit gebotener Zurückhaltung entwickelte sich eine Diskussion über eine Nation in geistiger Selbstisolation, die nur durch die USA von der Außenwelt wirklich gefordert werde. Das kam mir bekannt vor und verhielt sich doch anders als in der Bundesrepublik, wo das Verständnis der aktuellen Welt zugleich durch Frankreich vermittelt wurde. In dieser Runde lernte ich, die deutsche Situation vergleichend einzuschätzen. Es ging um die Erfahrungen und Methoden, mit denen sich Schriftsteller aus der Isolation herausarbeiten und damit ihr Land für Außenstehende interessant machen konnten. Statt Hesse und Mann hieß es nun, Böll und Grass professionell zu verkaufen. Mit Blick auf die freundlich skeptischen Mienen der Zuhörer erprobte ich die Stärken und Schwächen der Argumentation über die literarischen Kontinuitäten. Das half nach der Rückkehr, in die geplanten Darstellungen der deutschen Gegenwartsliteratur einzusteigen.

Als Koji uns in Tokio verabschiedete und lebhaft verkündete, Birgit sei jederzeit eingeladen, an der Sporthochschule wieder einen Workshop zu geben, fragte sie nur, ob sich das auch im Sommer veranstalten lasse, im Winter komme sie nicht wieder, es sei zu kalt. Natürlich verwickelte sich der junge Japaner sofort in eine herzerweichende Entschuldigungssuada, die sie ungeduldig abbrach:

Koji, warum entschuldigt ihr euch denn immer in Japan? Wenn du dich auch noch für den japanischen Winter entschuldigen willst, krieg ich die Krise!

Birgit, erwiderte Koji in passablem Deutsch, wenn du in deinen roten Strümpfen kommst, machen wir es auch im Sommer.

Ausklang mit Sonnenfinsternis

Unsere Freundin Gisela Bolte, als TIME-Korrespondentin lange in Bonn akkreditiert und erfreut, aus dem Bundesdorf nach San Francisco versetzt worden zu sein, konnte bei der Begrüßung nicht fassen, warum wir nur einen Tag in dieser schönen Stadt verbringen wollten. Von wollen konnte keine Rede sein. Birgit war von der Einwanderungsbehörde nur ein Tag Zwischenaufenthalt in den USA zugestanden worden. Zum Trost zeigte uns die Freundin, was man nur in 24 Stunden sehen konnte, einschließlich des von Country Rock und Marihuanaschwaden erfüllten Halbdunkels von Fillmore West, unvergesslich als Hippie Central dieser Jahre.

So geschah es, dass Birgit nach Acapulco in Mexiko vorausflog, und ich nach einem Kurzbesuch bei dem Harvard-Kollegen Robert Spaethling, der nach La Jolla, University of California San Diego, berufen worden war, nachkommen würde. Bob, einer der sympathischsten Kollegen, die ich je kennengelernt habe, bestätigte zwar, dass die kalifornische Sonne höchst angenehm sei – sie vertrieb mir die japanische Kälte endgültig aus den Knochen –, fügte jedoch einschränkend hinzu, er wisse nicht, ob er sich ihr weiterhin ausliefern wolle. Er verhehlte nicht seine Misere, die Tenurestellung an Harvard für die verheißungsvoll ausstaffierte Universität am Pazifikstrand aufgegeben zu haben, dann jedoch nach einigen Monaten in diesem Klima von chronischen Kopfschmerzen heimgesucht zu werden. Man wandle eben nicht ungestraft unter Palmen, zitierte er sein deutsches Erbe. Unvermutet erschienen ihm und seiner Frau Ellen das kalte Massachusetts gesundheitlich akzeptabel– wenn er nur Harvard nicht aufgegeben hätte. Wenige Monate später hörte ich von ihm, dass er am neu gegründeten Boston-Campus der University of Massachusetts eine gehobene Stellung angenommen hatte und ins kalte Cambridge zurückgekehrt war.

Als wir in Mexiko wieder zusammenkamen, hatte Birgit für ein respektables Schlusskapitel der Weltreise bereits vorgearbeitet. Temperamentvoll ihre amerikanischen und deutschen Interessen am Strand von Acapulco ausspielend, war sie in eine Gruppe von Geschäftsleuten eingetaucht und hatte Unterhaltung geliefert, da ihr sonst, wie sie sagte, der Strand, nachdem sie sich von Japan aufgewärmt hatte, sehr bald zu langweilig geworden wäre. So geschah es, dass, als wir unsere Pläne für den Besuch von Mexiko-Stadt erörterten, einen deutsch-mexikanischen Gönner bekamen, Ricardo Alcozer Wolff, lebenslustiger Erbe eines großen Bauunternehmens, ein tatsächlich reicher Mann mittleren Alters, der unsere, vor allem Birgits Gegenwart schätzte und mit gelöster Unterhaltung belohnt wurde. Seine Eltern waren arm aus Deutschland eingewandert und hatten ihn bei ihrem Aufstieg die sonnige Seite des Lebens erfahren lassen. Tatsächlich reich hieß, dass er sich Auszeit nahm, wann er wollte, wovon wir glückliche Nutznießer wurden, vor allem in der Hauptstadt, wo er uns ein Apartment zur Verfügung stellte und einen Tag mit dem Ausflug in einer Limousine zur Pyramidenanlage von Teotihuacán widmete, die er, wie er glaubhaft versicherte, noch nie besucht hatte.

Ricardo half dabei, unser in Asien verformtes Bild der USA wieder zurechtzurücken. Das hieß, die gewaltige, gewalttätige, jedoch unentbehrliche Nachbarschaft in den Vordergrund zu stellen, zu der in den anderen lateinamerikanischen Ländern mehrere, in Asien keine gleichwertigen Parallelen existierten. Er gab sofort zu, als Mitglied der Oberschicht entscheidend von den Amerikanern zu profitieren, sorgte aber durch häufige Hinweise auf seine deutschen Vorfahren dafür, dass wir seine selbstgemachte deutsch-mexikanische Identität – bei nur gebrochenem Deutsch und häufigen Spitzen gegen die Amis – voll wertschätzten. Wir lieferten Hilfestellung bei der Auffrischung dieser Identität. Das enthob ihn der nimmer endenden Diskussion über das Gegeneinander spanischer und einheimischer Züge mexikanischen Selbstbewusstseins, das zu dieser Zeit, vor allem mit der erfolgreichen Durchführung der Olympiade 1968, wie kaum zuvor aktuell war. Mit den Spielen war Mexiko auf der Weltbühne angekommen, ließ sich nicht als Land der Dritten Welt einordnen. Das nahm uns einige der Argumente weg, die wir in Asien nutzbar gemacht hatten.

Offensichtlich erklomm Mexiko in diesen Jahren einen Höhepunkt seiner Wertschätzung nicht nur im Ausland, sondern seiner eigenen Bewohner, trotz Armut, Ausbeutung und Bestechung. Wir vertieften die Diskussion darüber mit einem äußerst gescheiten und erfahrenen Mann, dem Direktor des großen Goethe-Instituts in Mexiko-Stadt, Christian Schmitt, der die geplanten Vorträge von mir an der Universidad Nacional Autónoma wegen der Universitätsferien auf das nächste Frühjahr verschob. Schmitt, der angesichts unserer Erfahrung mit Lateinamerika sichtlich auftaute, half uns beim Durchdenken der Überlegungen, ob Birgit, sollte sie sehr viel länger auf die amerikanische Green Card warten müssen, vielleicht vorübergehend in Mexiko Station machen könnte. Als Lehrerin im modernen Tanz gäbe es für sie sicherlich Arbeitsmöglichkeiten. Schmitt versorgte uns zudem mit seinen reichen Erfahrungen über die Reise nach Oaxaca und Yukatan, zu den Maya-Stätten Chichén Itza und Uxmal.

Ein ungewöhnliches Ereignis zog sich über uns in Uxmal, der Pyramidenstadt der Mayas, mit einer Wucht zusammen, als sei es dafür bestimmt, das Ende der Reise um die Welt zu markieren. Wir hatten Frost und Eis in Russland, Monsun in Indien und Erdbeben auf Bali erlebt. Was fehlte noch? Eine Sonnenfinsternis.

Unter Touristen im Bus von Merida hörten wir davon, nahmen es aber nicht ernst. Was hätten wir tun können?

Was tut man bei einer Sonnenfinsternis? Sicherheitsbrillen beschaffen. Die gab es nicht.

Und siehe da, beim mühsamen Aufstieg auf den gefährlich steilen Stufen der Pyramide des Zauberers, während wir uns an der Eisenkette nach oben hangelten, setzte die Finsternis ein. Ausgerechnet auf dieser mächtig drohenden, geheimnisvoll beleumundeten Pyramide wurde der Umschlag, ohne dass man in die Sonne schauen musste, geradezu körperlich spürbar. Was geschieht? Das Blau des Himmels verdunkelt sich. Das Weiß der Steine geht ins Grau über. Ein kurz erhaschter Blick nach oben: Der Mond schiebt sich schwarz vor die Sonne und schneidet sie zu einer Sichel zusammen. Vögel schwirren in wilder Aufregung, Schwalben streifen uns fast. Es wird Abend am helllichten Nachmittag, sogar kühler. Über die unendlich weite Landschaft um uns herum, gelb und grün mit struppigen Bäumen und Maya-Pyramiden dazwischen, schiebt sich ein riesiger dunkler Filter. Nach und nach verstummen die Vögel, der riesige Himmel wird tiefblau. Die Stufen nach unten noch steiler, eine gefährliche Filmkulisse. Alle Natur verharrt in unheimlicher Erwartung.

Dieser Moment auf der Pyramide ist im Gedächtnis geblieben, weil man ihn nicht fotografieren kann.

Eine ältere Welt kurz vor dem Vergehen

Um 1970 war die Welt noch größer und auf jeden Fall weiter weg. Weg wovon? Das lässt sich geographisch verstehen, etwa mit der Teilung Asiens und Europas durch den Kommunismus in seinen verschiedenen Ausformungen, mit Grenzziehungen im Personen- und Güterverkehr, durch große Lücken im Telefon-, Telegramm- und Briefverkehr, vor allem aber in der Ausrichtung des Denkens an Gegnerschaft am Unbekannten als Bedrohung. Es lässt sich jedoch auch zeitlich verstehen, weil es gegenüber dem, was man später mit dem Zusammenbruch des Kommunismus, den technologischen Fortschritten in Verkehr und Kommunikation als Globalisierung bezeichnet hat, in die Geschichte zurückgesunken ist. Zwar gab es auch schon in den sechziger Jahren kontinentverbindende Nachrichtennetze, Großflugzeuge über Atlantik und Pazifik, weltumspannenden Handel und internationale Anteilnahme an großen Ereignissen wie etwa dem Attentat auf John F. Kennedy. Und doch ist es für das Verständnis einer solchen Reise 1969/70 unumgänglich, neben dem Neuen auch noch die ältere Welt zu sehen, die am Vergehen war. Noch orientierte man sich in vielen Weltgegenden innerhalb des geographisch-politischen Eigensinns einzelner Regionen, ja großer Landmassen. Noch war die Kommunikationsideologie westlicher Metropolen nicht überall hingedrungen.

Wir hatten noch Gelegenheit, jenes Gefühl des Verschwindens aus der Welt zu erfahren, was immer die Welt war, oder zumindest für die Welt unerreichbar zu sein. Mit anderen Worten, Marshall McLuhans Begriff vom *global village*, demzufolge die Welt durch Kommunikation zu einem einzigen großen Dorf wird, stammt zwar aus den sechziger Jahren, ist aber erst mit den achtziger und neunziger Jahren von einer stimulierenden Projektion zur Kennzeichnung der Wirklichkeit geworden. Wir hatten weder im Kaukasus noch in Usbekistan, Südindien oder Ostjava so wenig wie in den Jahren zuvor in den Anden die Gewissheit, einem globalen Dorf zuzugehören, vermochten vielmehr erst im nächsten Dorf zu erfahren, wo wir waren und wie wir unsere Reise fortsetzen konnten.

Was diese Reise so vergangen macht, ist der Umstand, dass die Praxis der Entkolonisierung, der wir in Proklamationen, politischen Demonstrationen und Denkmälern ebenso wie Alltäglichkeiten und Fremdenführungen begegneten, sich noch nicht von der Referenz auf Kultur gelöst hatte, in der die intellektuellen und politischen Eliten ihre Sprache fanden und ihre Botschaft artikulierten. Es mochte nicht mehr Matthew Arnolds Begriff von Kultur sein, in dem Goethes Bildungsdenken fortlebte, wenn die neuen Eliten, insofern sie nicht auf Guerilla-Taktik umschalteten, ihren gehobenen sozialen Status als Führungsschicht demonstrierten. In ihrer nationalen Unabhängigkeitsmission war das Kulturdenken immer noch enthalten. Es verschmolz mit den lange verinnerlichten politischen Ritualen des Westens, die für die Aufnahme dieser befreiten Länder in die großen internationalen Organisationen, etwa die Vereinten Nationen, unabdingbar waren.

8. Mit Philadelphia leben – als Aussteiger und Einsteiger

Die siebziger Jahre: ein Scharnierjahrzehnt

Zunächst als ziemlich miserable Dekade abgestempelt, haben die siebziger Jahre in der Geschichtsschreibung inzwischen positives Profil gewonnen. Mit Ölkrise, Vietnamkriegsernüchterung und dem Verlust der Aufbruchsgesinnung der sechziger Jahre hatte sich das Bild der Gegenwart so stark eingetrübt, dass die tiefreichenden gesellschaftlichen und technologischen Wandlungen erst in späterer Zeit voll wahrgenommen wurden. Zwischen Nachkriegskonjunktur und dem stärker krisengefährdeten, auf Internationalisierung und Globalisierung ausgerichteten Jahrhundertende bilden die siebziger Jahre sozusagen das Scharnier, das, selbst recht unansehnlich, das Öffnen großer Flügeltüren erlaubt. Historiker, Soziologen und Ökonomen basteln weiter an dieser Umwertung. Ich finde, angesichts der ziemlich erratischen Ausschläge meines Lebensbarometers zwischen Europa und Amerika hat der Scharnierbegriff auch für die kleineren Dimensionen meiner siebziger Jahre einige Aussagekraft.

Da ich ohne die große Amerikaillusion ins Land kam, brauchte ich sie mir nicht abzuschminken. Desillusion hieß für mich nicht, den Schmutz auf den Straßen Philadelphias zur Offenbarung von Amerikas Niedergang zu stilisieren. Dafür musste ich nicht in diese Stadt umziehen, das konnte man bereits im deutschen Fernsehen verfolgen. Auf der anderen Seite hatte ich mich nicht auf die Begeisterung junger Deutscher eingelassen, für die das freiheitliche Amerika darin gipfelte, dass man sich dort ein gebrauchtes Oldsmobile kaufen und von New York über die Rocky Mountains bis zum Grand Canyon kutschieren konnte, ohne angehalten zu werden. Meine Desillusionierung richtete sich nicht auf Amerika, sondern auf mich selbst, gerade weil mich das Land gut behandelte, meiner Leidenschaft zum Schreiben und Entdecken gute Chancen gab und mir die rechte Distanz zu meinem Ursprungsland verschaffte, so dass ich tatsächlich zu vorher nicht entwickelten oder gewagten Einsichten über Deutschland und seine Literatur gelangte.

Für meine Situation kann ich als bestimmenden Faktor unsere Hoffnung anführen, dass wir als moderne Ehepartner in einer bewegten Aufbruchszeit unsere verschiedenen Berufsorientierungen in eine Balance bringen könnten, muss zugleich aber auch anerkennen, dass dafür die Umstände nur eine kurze Zeit lang genügend Gelegenheit boten. Das führte trotz Liebe, Anhänglichkeit und gegenseitiger Stimulation zu miserablen Jahren des Auseinanderlebens, als Birgit ihre Karriere als Tanzchoreographin von Philadelphia und New York mehr und mehr nach München verlagerte und ich mir als Germanist gerade in der Distanz zu Deutschland in den USA Inspiration für eine kritisch-moderne Literaturgeschichtsschreibung verschaffte.

Beides geschah mit Schwung. Und je mehr Schwung es hatte, umso mehr trieb es uns auseinander. Birgit brachte viel Energie nach Philadelphia mit, sicherte sich einen Lehrauftrag in modernem Tanz in der Jenkintown Music School und begann, mit Tänzern und Tänzerinnen einige ihrer Choreographien zu verwirklichen. Ihre New York-Erfahrungen mit Katherin Dunham, James Truitte, Eleo Pomare und Jose Limon halfen ihr, in der wenig entwickelten Tanzszene in Philadelphia bekannt zu werden. Ermutigung und Unterstützung erhielt sie von dem Tanz- und Theaterexperten Gene Palatzky, der Komponistin Diane Thomé und der Bildhauerin und Filmerin Judith Vassallo. Mit Vassallo verbuchte sie in den Folgejahren als Choreographin auch hier Erfolge. Einen Höhepunkt bildete die choreographische Zusammenarbeit mit dem bekannten Komponisten George Crumb, einem Kollegen in Penns Musikdepartment. In seinem aufregend unkonventionellen Musikstück »Ancient Voices of Children« zog die großartig souveräne New Yorker Sängerin Jan De Gaetani das Publikum im Annenberg Center völlig in Bann, indem sie jene »Voices« nicht eigentlich sang, vielmehr schrie, flötete, akustisch in einen imaginären Raum schleuderte.

Mir war an der Reaktion amerikanischer Studenten an Harvard und nun an der University of Pennsylvania aufgegangen, dass ich mit dem mühsam in Proseminaren, Hauptseminaren und Oberseminaren aufgeschichteten Festungsbau Germanistik, dessen Schießscharten von den Philologen des 19. Jahrhunderts ausgebaut worden waren, deutsche Literatur kaum überzeugend in Amerika lehren konnte. Ich musste aus ihren Treppen und Gängen heraustreten, im Schatten dieser Festung einen Platz suchen, ohne sie aufzugeben. Sie im Rücken zu haben, war für die Arbeit unabdingbar. Dass ich ausgerechnet mit dem German Department an Penn in einer Bastion der Philologen landete, hätte mich in Deutschland um die Professur gebracht. In Amerika kam es mir dank der Toleranz mehrerer – gewiss nicht aller – Kollegen eher zugute, insofern sie den Wandel des Faches zum Modernen, sogar Zeitgenössischen als notwendiges Übel akzeptierten und nur mit dem Witz belasteten, sie hätten nun jemanden angestellt, der für die noch nicht geschriebene Literatur zuständig sei.

Diese Selbstbefreiung als Germanist bedeutete, dass ich meine eigenen Erfahrungen als Leser zeitgenössischer Literatur und Zeuge von Kriegs- und

Nachkriegsgeschehen in die wissenschaftliche Erkundung einbringen konnte. Mit anderen Worten, der journalistische Drang, nach außen zu gehen, andere Kulturen und bisher unbekannte Erlebniswelten aufzuschließen, der sich in der jahrelangen Reisewut ausgelassen hatte, trieb mich nun, mit regelmäßigem Einkommen versehen, in die Erkundung bisher kaum behandelter Regionen deutscher Literatur. Zwei Freunden verdanke ich, dass ich dafür publizistische Ventile fand, Thomas Koebner, der 1971 im Kröner Verlag einen ersten Überblicksband über die deutsche Literatur unter dem Titel, *Tendenzen der deutschen Literatur seit 1945* herausbrachte, und Jost Hermand, der mit Reinhold Grimm 1970 im Athenäum Verlag das erste Jahrbuch für deutsche Gegenwartsliteratur, *BASIS*, publizierte.

Ich hatte das Glück, dass Hermand und Grimm auf meinen Vorschlag eingingen, das Jahrbuch mit einer Denunziation des ständig beschworenen Nullpunkts 1945 zu eröffnen und die neuere deutsche Literatur im Zusammenfließen mehrerer, politisch bedingter Strömungen auf ihre Kontinuitäten hin zu skizzieren (»Der ›Nullpunkt 1945‹ und seine Verbindlichkeit für die Literaturgeschichte«). Die Attacke auf das Nullpunktdenken hatte der Germanist Hans Mayer gestartet, der 1963 von Leipzig nach Hannover überwechselte und für uns Jüngere als Exilant und Mauerspringer zwischen Ost und West zu einem Leitbild wurde.

In meiner Forschung ging ich insofern über Mayer hinaus, als ich Schriftsteller der inneren Emigration in die Kontinuitätsperspektive einbezog. Bücher von Werner Bergengruen, Luise Rinser, Ernst Wiechert, Elisabeth Langgässer, Hermann Kasack, die als Schultexte oder Buch des Monats kursierten, konnte man nicht auslassen. Man konnte moderne deutsche Literatur im Hinblick auf Hitlers Regime nicht allein auf positiv und negativ, eingeschlossen und ausgeschlossen reduzieren. Das entwickelte ich zu der These weiter, dass sich im Land, während Exilautoren aktuelle politische Aussagen ansteuerten, eine ästhetische Restaurationsphase zwischen dem Kulturkrisengefühl um 1930 und einem literarischen Neuanfang um 1960 konstatieren ließ, die über Nationalsozialismus, Zensur und Kriegserfahrung hinauswies und von Zeitgenossen als magischer Realismus verallgemeinert oder abgetan wurde (»Der zögernde Nachwuchs«, in *Tendenzen*).

Hans Mayer macht's möglich

Hans Mayer verdanke ich einen Moment germanistischer Glorie. Er bestätigte mir auf dem von Hermand und Grimm organisierten Wisconsin Workshop über Exil und innere Emigration 1971 in einem lauten und unterhaltsamen Auftritt, dass ich mit dieser weitergehenden Darstellung der Kontinuitäten über 1945 hinweg auf dem richtigen Weg war. Schriftsteller wie Günter Eich, Walter Kolbenhoff oder Wolfgang Weyrauch hatten dem Denken Vorschub geleistet, dass sie mit dem Kriegsende ein neues Schreiben entwickeln mussten. Das widerlegte ich, indem ich zeigte, dass sie bereits vor 1933 mit ästhetisch ähnlichen Texten aufgetreten waren. Mir ist unvergesslich, wie Hans Mayer, natürlich in der ersten Reihe der Zuhörer in Madison sitzend, nach meinem Vortrag aufsprang und das Wort nahm. Ich hörte etwas, das aus seinem Mund unüblich war: dass hier zu seinen Lebzeiten etwas stattgefunden hatte, auf das er erst durch die Archivarbeit eines Jüngeren aufmerksam gemacht wurde und das ihm entgangen war. Und das zumeist Schriftsteller betraf, die er als Mitglied der Gruppe 47 gut kannte.

Hans Mayer avancierte bei dem Ausstieg aus der herkömmlichen Literaturgeschichte zu einem Mentor linker amerikanischer Germanisten. 1971/72 eine Zeit lang Gastprofessor bei Jack Zipes und Andreas Huyssen an der Universirty of Wisconsin-Milwaukee, und häufig nach Madison pendelnd, belebte und ermutigte er eine kritische Annäherung an die Gegenwartsliteratur, einschließlich der DDR-Literatur, ohne sich in marxistischer Theorie zu verheddern.

Wie souverän Mayer jedoch auch als Interpret klassischer Dichter agierte, erlebte ich bei seinem Vortragsbesuch Anfang 1972 in Philadelphia. Als ich beim Abholen noch in der Bahnhofshalle erwähnte, wie sehr wir uns darauf freuten, ihn über Goethe sprechen zu hören, blieb er stehen, fixierte mich kopfschüttelnd und erwiderte:

Was? Sie haben mich doch für einen Vortrag über Bloch eingeladen! (Was nicht stimmte.)

Ich konnte meine Betretenheit nicht überspielen und setzte zu einem Entschuldigungsschwall an. Er holte Luft.

Missverständnisse gibt es, nicht wahr, Herr Trommler? Was tun? spricht Zeus. Er fasste meinen Arm.

Nun ja, wenn es nun einmal Goethe sein soll, lassen wir es bei Goethe.

Was am Abend folgte, war, aus dem Stegreif formuliert, der beste und unterhaltsamste Vortrag, den das sonst recht klassisch orientierte Department je hörte, eine Einlassung in Goethes Welthaltigkeit und Störrischkeit, mit der die gesetzten Herren Otto Springer, André von Gronicka, Adolf Klarmann, Adolph Gorr, Heinz Moenkemeyer meine linke Richtung und enge Verbindung mit Madison ein für alle Mal absegneten. Mayers Rhetorik war blendend und von einem phänomenalen Gedächtnis unterbaut. Während das unwiederholbar war, ließ sich der daran angelehnte elegante Stil durchaus als Vorbild für lebendige

Wissenschaftsnarrative verwenden, als Stimulus für einen kompakt-lebendigen Stil, den ich sonst nur in den brillanten Essays des elsässischen Germanisten Robert Minder wiedergefunden habe.

Für meine Antinullpunktthese, die sich mit der Aufforderung verband, endlich die verschiedenen literarischen Kontinuitäten in den Mittelpunkt zu rücken, bekam ich unerwarteten Zuspruch von dem Regensburger Dozenten Hans Dieter Schäfer, der mit einem Buch über den Lyriker Wilhelm Lehmann ähnliche Pfade eingeschlagen hatte. Wir trafen uns bei einem meiner deutschen Sommeraufenthalte und bestätigten uns gegenseitig, dass die konservativ-innerliche Gesinnungsliteratur und die naturpoetisch aufgerauhten Untergangsphantasien kaum vom Ende des Krieges berührt wurden, ja in den zahllosen Nachkriegspublikationen eine erneute Blüte erlebten. Schäfer eignete mir 1976 seinen daraus entwickelten großen Aufsatz über die nichtfaschistische Literatur im Dritten Reich mit der anerkennenden Widmung »dem Pionier« zu. Zu dieser Zeit brachte ich mein Buch über die sozialistische Literatur heraus, freute mich über das Kompliment, distanzierte mich jedoch von Schäfer, da ich merkte, dass seine Argumentation darauf hinauslief, diese restaurative, wenngleich nichtfaschistischen Strömung seit den dreißiger Jahren auf Kosten der progressiven, von Willy Brandt und Exilautoren verkörperten Linken zu erhöhen.

Auf diesem Gebiet hatte ich mich längst festgelegt. Von Harvard kommend, in dessen Widener Library ich viele der in Deutschland unerreichbaren Texte von Exilanten in die Hand nehmen konnte, war ich 1969 der handgeschriebenen Einladung Walter Berendsohns gefolgt, an seiner beeindruckend umfassenden Erschließung der literarischen Emigration mitzuarbeiten und den ersten Kongress über dieses Gebiet in Stockholm zu besuchen. Für den zweiten Kongress in Kopenhagen 1972 lud ich in Hamburg Alfred Kantorowicz, mit dem ich in Verbindung geblieben war, in meinen Wagen und hörte auf der Fahrt in den Norden, wie gut ihm Hamburg unter Bürgermeister Herbert Weichmann, ebenfalls einem Remigranten, nach den Kränkungen vonseiten des bayerischen Staates bekomme. Allerdings erlebte der Exilprofessor auf dem Kongress weitere Kränkungen vonseiten der DDR-Teilnehmer. Die er mit scharfer Polemik erwiderte.

Beide Exilkongresse, zunehmend vom Ost-West-Gegensatz überschattet, fanden außer einigen Spezialisten aus außerdeutschen Ländern in der westdeutschen Germanistik kaum Resonanz. Bei der Planung eines dritten Kongresses 1975 in Wien mehrten sich die Vorwürfe gegen eine kommunistische Unterwanderung vonseiten einiger Intriganten wie Joseph Strelka so stark, dass die Tagung als internationales Ereignis abgesagt werden musste. Sie belebte stattdessen als erster österreichischer Exilkongress die dortige Germanistik.

Als Mitveranstalter mit Eberhard Lämmert, Alexander von Bormann und Jan Hans war ich dann für die Absagen verantwortlich. Immerhin machte die Deutsche Forschungsgemeinschaft die Vernachlässigung der Exilliteratur in den Folgejahren mit dem Schwerpunktprogramm »Exilforschung« wett.

Auch die Magie des Reisens hilft nicht mehr

In diesen Jahren wurden die beiden Protagonisten freiheitlichen Ehelebens von der Wirklichkeit zweier Lebensentwürfe endgültig eingeholt. Birgit hatte genug von den Bemühungen, ohne institutionelle und finanzielle Unterstützung in Philadelphia eine Tanztruppe aufzubauen, mit der sie das von ihr in New York erprobte künstlerische Niveau erreichen konnte. Dank unserer Verbindungen in München, unter anderem zum Freund und Bankier Frank Thelen, der den Vorsitz im Bayerischen Volksbildungsverband innehatte, und zu meinem ehemaligen Kommilitonen Jürgen Kolbe, der ab 1976 das städtische Kulturreferat, leitete, winkte ihr in München die Chance, dort eine solche Truppe aufzubauen. Ich unterstützte das voll, selbst nicht sicher, ob ich in Amerika bleiben würde.

Als ich im Herbst 1973 vor Semesterbeginn den Weg von München zurück nach Philadelphia nahm, folgte mir Birgit nicht. Sie hatte sich an Tanzprojekten und einem Filmprojekt engagiert, das zu einem der erfolgreichsten Kinderfilme avancierte: *Der Räuber Hotzenplotz*. Regisseur Gustav Ehmck, ein Münchener Insider und Filmer, bot ihr mehr als Assistentenschaft.

In den Jahren des Auseinanderlebens kam Birgit öfters nach Philadelphia und übernahm Choreographien, Tanzprojekte, wie sie es nannte. Ihre bald in München gegründete Truppe hieß TANZPROJEKT. Für unsere Mütter waren diese Trennungen und Zusammenkünfte Peinigungen schlimmster Art. Wir waren ihnen und den Freunden immer wieder dankbar, dass sie uns zwar Vorwürfe über diesen Lebenswandel machten, jedoch dem jeweils anderen die Zuneigung nicht aufkündigten. Solche Lebensverhältnisse erfordern ein hohes Maß an Nerven bei Freunden und Verwandten, nicht nur bei den Beteiligten, und wir waren keineswegs stolz darauf, sie damit zu belasten. Wahrscheinlich setzt auch dabei eine gewisse Gewöhnung ein, ein Kopfschütteln, verbunden mit der Frage, ob es mit Kindern anders geworden wäre. Schicksalsfrage Kinder: Wir hatten sie eingeplant, waren aber nicht erfolgreich gewesen.

Im Winter 1976 beabsichtigte ich eine Reise zu Familie Jochen und Carola Bloss im fernen Cordoba in Argentinien, der sich Birgit nach kurzer Überlegung anschloss. Es wurde ein dramatischer Versuch, unsere Ehe zu kitten. Bessere

Freunde als die Blossens konnte es nicht geben, die uns mit ihrer Liebe immer Vorbild und Ansporn waren. Auch diesmal bauten wir darauf. Besseres konnten wir nicht tun, als gemeinsam zu reisen.

Solange wir miteinander unterwegs waren, fanden wir zu unserer Vertrautheit zurück. Das schloss eine aufregende, mehrtägige Bahn- und Busreise mit den Freunden und ihren vier kleinen Töchtern von Cordoba durch völlig abgelegene, urweltähnliche Andengegenden nach Bolivien ein. In Bolivien hatten wir acht Jahre zuvor denkwürdige Abenteuer bestanden und uns auf die Probe gestellt. Noch einmal geschah dies im rauen, kalten, höchstgelegenen Bergwerksort Potosi auf dem Altiplano und in der rasant gewachsenen Hauptstadt La Paz. Dort waren wir allein miteinander. Dort fielen die anderen Belastungen ab. Eine große emotionale Elegie. Dann tauchten wir in unsere verschiedenen Welten auf zwei Kontinenten ein und beschlossen im Jahr 1977, uns scheiden zu lassen. Das wurde 1978 offiziell und beeinträchtigte unsere Freundschaft nur eine Zeit lang.

Transatlantische Distanz: Verlust und Gewinn

Ich habe mich erst 1978 nach Veröffentlichung des gemeinsam mit Jost Hermand verfassten Buches *Die Kultur der Weimarer Republik* ganz auf das Leben in den Vereinigten Staaten eingelassen. Bis dahin lebte ich mit dem Gedanken, in der Handhabung der transatlantischen Distanzen die Kontrolle verloren, jedoch die Erkenntnis gewonnen zu haben, dass diese Distanz meinem Schreiben und Forschen neuen Antrieb verschaffte. Natürlich stellte ein solcher Gedanke zunächst Kompensation des Gefühls dar, die peinvollen Verluste ausgleichen zu müssen, die sich aus der verfehlten Handhabung unseres transatlantischen Ehespagats ergaben. Die Verluste spornten dazu an, mich der Aufarbeitung dessen zu widmen, was ich als Germanistikstudent zehn Jahre zuvor vermisst hatte: den Lebens- und Erfahrungsreichtum moderner Literatur ebenso sichtbar zu machen wir ihre Kraft, politische und soziale Kämpfe zu fassen und zu beeinflussen.

Die Literatur, die ich in den Kursen unterrichtete und die Studenten in den Prüfungen abfragte, folgte dem in diesem Department besonders ausführlich entwickelten Kanon klassischer deutscher Literatur vom Minnesang über Barock, Lessing, Goethe und Fontane bis zu Gerhart Hauptmann und Rainer Maria Rilke, zu dem ich Döblin, Anna Seghers, später auch Grass, Böll und Christa Wolf hinzufügte. Dagegen war das, was ich in der Universitätsbibliothek und an meinem Schreibtisch in der Pine Street erforschte, alles andere als klassisch und unter Vertretern der amerikanischen Liberal Arts anerkannt und gefragt, ja

9 Birgitta Trommler Poster für einen Tanz-Workshop 1974 in München.

widersprach in seiner politisch-gesellschaftlichen Ausrichtung dem Postulat des rein Ästhetischen, das in literaturwissenschaftlichen Programmen noch immer aus dem New Criticism seine Sprache bezog.

Wenn der bejahrte Kollege im English Department, David de Laura, mit Bedauern vom Zerflattern dieses literarischen Kosmos sprach, in dem auch deutsche Schriftsteller, Goethe, Rilke, Kafka und Thomas Mann, Wohnrecht besaßen, tat er das vor einem jüngeren Kollegen, der aus dem Glauben an diesen Kosmos herausgefallen war, den er seiner Gemeinde jedoch weiterhin predigte, wohl wissend, dass er dafür und nicht für seine Artikel über die DDR-Literatur bezahlt wurde. Noch bezog der literarische Kosmos von französischer, englischer, deutscher, russischer Literatur seine Anerkennung in der amerikanischen Universität, hatte in der vergleichenden Literaturwissenschaft durch europäische Emigranten nach dem Krieg noch einmal eine Vitaminspritze erhalten.

Was davon belebt wurde, war die Ausweitung des Begriffs von Modernität. Dennoch zog es mich im Prozess des Neufassens moderner deutscher Literaturgeschichte vorerst mehr zur Erkundung der widerständigen Strömungen, Autoren und Werke, die meine Vorgänger aus dem Fach Germanistik weitgehend ausgeklammert hatten. Diese Erkundung sorgte, nicht zuletzt durch das Engagement der Achtundsechziger an Politik und öffentlichem Literaturbetrieb, beim jüngeren Publikum für neues Interesse, neuen Widerspruch. Ihre Zulieferer fütterten mit gewaltigen Druckwerken und Reprints die Illusion, etwas zu bewegen, was nicht verhinderte, dass vieles davon in den überladenen deutschen Buchhandlungen auf dem Ramschtisch landete. Immerhin gelangte einiges davon an Leser, wurde in deutschen Zeitungen diskutiert. Jüngere deutsche Germanisten fanden solchen Import aus Übersee nützlich, fühlten sich öfters animiert, es auch einmal mit der amerikanischen Stippvisite zu versuchen. Eine beträchtliche Anzahl beließ es nicht beim Kurzbesuch.

Im Osten was Neues: Schreiben über DDR-Literatur

Zu den frühen siebziger Jahren gehört, dass ich, aus Amerika zurückreisend, innerdeutsche Widersinnigkeiten in den Blick bekam, vor allem die Tatsache, dass ostdeutsche Literatur nicht eigentlich existierte. Bei einer Autofahrt durch die DDR zum Heinrich-Mann-Archiv in Ostberlin gelangte ich zu der beschämenden Einsicht, dass dieser Landstrich Deutschlands, aus dem ich stammte, seit dem Mauerbau aus dem geistigen Haushalt westlicher Intellektueller verschwunden war. Bereits an Harvard, in dessen Widener Library ich neben der Exilliteratur ungeahnte Schätze für mein Projekt über die sozialistische Literatur in Deutschland hob, sah ich, wie später auch an Penn, die führenden Literaturzeitschriften der DDR *Sinn und Form, Weimarer Beiträge, Neue deutsche Literatur* auslagen und fand Anhaltspunkte für meine Thesen der verschiedenen Literaturströmungen, die ich 1970 in dem Eröffnungsaufsatz in *BASIS* einbrachte.

Offenbar lebte ich inzwischen weit genug entfernt, um das Thema der Literatur in dem Staat, den meine Familie verlassen musste, intellektuell und nicht emotional anzugehen (womit ich in meiner Familie auf entsprechendes Befremden stieß). Ich wollte erfahren, was Schriftsteller aus diesem Staat machten, dessen Anfänge ich als Schüler erlebt hatte. Auch bei anderen Kollegen, wie dem langjährigen Freund Wolfgang Emmerich, der aus Chemnitz stammte, förderte das Selbsterleben den Entschluss, die Sache wissenschaftlich anzugehen. Ich gehörte zu den ersten, die daraus Anfang der siebziger Jahre zitierbare Artikel machten, die in *BASIS* erschienen, allerdings auch zu den ersten, die davon wieder abließen, gerade *weil* sie so weit davon entfernt lebten.

Weit weg vom Schuss, in der leicht verstaubten Luft amerikanischer Bibliotheken lasen sich Romane und die dazugehörigen kulturpolitischen Episteln zugleich altmodisch und innovativ, altmodisch beim Einsatz bekannter Erzähltraditionen und Realismustheorien, innovativ bei der Bemühung, aus dem verarmt-idyllischen Mitteldeutschland mit seinen kriegszerstörten Industriebetrieben im Wiederaufbau eine geistige Neugründung zu kreieren. Das erschien mir vor allem deshalb innovativ, weil dieses Projekt auf sozialistischer Grundlage aus der Realität deutscher Selbstzerstörung hervorging, nicht aus den Theoriedebatten über die korrekte Form des Marxismus, bei denen die Achtundsechziger über diese östlichen Anstrengungen die Nase rümpften.

Was zurückgekehrte Exilanten wie Anna Seghers, Arnold Zweig und Bertolt Brecht ohne Beschwörung eines Nullpunktes in die neue Republik einbrachten, war mir bereits mit der Forschung über das Exil einigermaßen vertraut. Aufschlussreicher erschienen mir die Entwürfe der Jüngeren, die das Kriegserlebnis und ihre eigene Nazivergangenheit reflektierten, dann aber vor allem ihre Hoffnung auf den Aufbau in einer nachfaschistischen deutschen Gesellschaft mit Personen und Geschichten ausstatteten. Peter Uwe Hohendahl, der Kollege an Washington University in St. Louis, lud mich 1972 ein, einen ersten Erfahrungsbericht über den Umgang mit dieser Literatur zu geben, der in amerikanischen Departments neu war, und bei dem ich Christa Wolf und Franz Fühmann herausstellte. Hohendahl gelang es 1974, zusammen mit Patricia Herminghouse eine erste große Konferenz über die DDR-Literatur in St. Louis zu veranstalten.

Allerdings sprühten Funken angesichts dieses kulturellen Aufbruchs zu dieser Zeit weniger aus schwer erhältlichen Prosabänden als aus den Stücken Bertolt Brechts und, speziell in Madison, Heiner Müllers. Brecht war mit dem epischen Theater ein Anreger widerständigen Studententheaters. Penn bot dafür keine gute Basis. Dennoch ließen sich Studenten beim Lesen von Brecht nachhaltig inspirieren. Zugleich verliebten sie sich in die aufsässigen Lieder von Wolf Biermann, von denen es Schallplatten gab. Noch authentischer wirkten politische Songs bei einem Auftritt des französischen Germanisten Jean-Pierre Hammer, des Mitherausgebers der linken Zeitschrift *Allemagne d'aujourdhui*, in unserem Department. Hammer, ein inspirierender Verfechter der DDR-Kultur, soweit sie seiner Theatralik Anregungen gab, wurde mir durch den Freund Jack Zipes in New York vermittelt, dem Übersetzer Hans Mayers und wohl ersten und unermüdlichsten amerikanischen Entdecker und Vermittler der DDR-Literatur. Mit seinem spontanen Enthusiasmus lieferte Hammer eine eingängige Erklärung der Tatsache, dass in Frankreich, dem bevorzugten Ansprechpartner westdeutscher Intellektueller, für die Bemühungen um eine sozialistische Kultur im östlichen Deutschland mehr Interesse bestand, als es den westdeutschen Intellektuellen lieb war.

Dass mein Interesse am anderen Teil Deutschlands selbst in Philadelphia und ausgerechnet an Penn bestätigt werden könnte, hätte ich nicht vermutet. Es geschah 1972 durch die Begegnung mit einer Person, die ein unverstelltes Bild der DDR in ihren Hoffnungen und Verfehlungen lieferte, dem führenden Psychotherapeuten der DDR, Dietfried Müller-Hegemann, einst Kommunist und Widerstandskämpfer im Dritten Reich. Müller-Hegemann hatte als Opponent des Mauerbaus seine Klinik in Leipzig verloren und bis zu seiner Flucht in den Westen 1971 das größte psychiatrische Fachkrankenhaus in Ostberlin geleitet. In Amerika fand er erste Aufnahme. Die Medical School der University of Pennsylvania gab ihm 1971/72 eine Anstellung als Visiting Professor. Er eröffnete nach der Rückkehr in Essen eine Privatpraxis.

Als Zeitgenosse und oftmals Therapeut bekannter Remigranten wie Ruth Berlau, Arnold Zweig und Anna Seghers führte mich Müller-Hegemann in die Hintergründe der frühen DDR-Kultur und die Lebensformen der Privilegierten ein. Das allein war abendfüllend. Darüber hinaus machte er mich mit dem Gebiet der medizinischen Psychotherapie vertraut und gab mir Anregungen für spätere Einsichten in den therapeutischen Charakter der DDR-Literatur. Die kamen mir allerdings erst viele Jahre danach zustatten.

In meinem Leben habe ich nie einen zugleich physisch so starken und mental so gewinnenden Mann kennengelernt, dem man die Erfolge als Organisator und Therapeut sofort abnahm, und dessen aufrechte Haltung als Mediziner in den verschiedenen deutschen Diktaturen, der Gestapo mit Glück und Verstand entkommend und den DDR-Funktionären unbequem, absolut inspirierend wirkte. Die Tatsache, dass er keinerlei Anstrengung machte, sich in unserer Ehekrise als Berater anzubieten, vermehrte nur das Vertrauen. Damit hielt sich die spontane, von seiner lebhaften Frau Marianne mitgetragene Freundschaft über Jahre hinweg. Bezeichnend seine Erwiderung auf meine Frage, wie er zum Kommunismus gekommen sei: Als brandenburgischer Mittelgewichtsboxmeister sei er sowohl von den Nazis als auch von den Kommunisten umworben worden, um in den Straßenschlachten 1931/32 zu helfen. Er habe nie bereut, sich für die Kommunisten eingesetzt zu haben. Im Widerstandskampf habe es ihn konspirativ mit eindrucksvollen Antifaschisten zusammengebracht, darunter, wie er erst danach erfuhr, mit dem späteren Kulturminister der DDR, Klaus Gysi.

Die Vernachlässigung psychologischer Faktoren, die Müller-Hegemann für den Marxismus allgemein anprangerte, bestätigte bei einem Zwischenaufenthalt in Philadelphia 1974 ausgerechnet die Starautorin der DDR, Christa Wolf. Sie war mit ihrem Mann, Gerhard Wolf, auf dem Wege zum Oberlin College, wo der DDR-Spezialist Richard Zipser begann, seinen engen Kontakten zu

DDR-Schriftstellern Einladungen zu Gastsemestern folgen zu lassen, etwas, das außer an Brown University, Madison und University of Texas in den USA selten war. Die Wolfs unterbrachen ihre Reise in Philadelphia, um meiner Doktorandin Oksana Isajew Gelegenheit zu geben, die Schriftstellerin nach ihrem Verhältnis zu Anna Seghers zu befragen. Das geschah während und nach einem denkwürdigen Mittagessen, bei dem mir Gerhard Wolf eine passionierte Einführung in die DDR-Lyrik gab.

Nachdem das Grundvertrauen für eine solche Unterhaltung hergestellt war, zog Christa Wolf, die zu dieser Zeit an ihrem autobiographischen Roman *Kindheitsmuster* arbeitete, über die Ignoranz der Funktionäre gegenüber der Psychologie des Faschismus vom Leder. Ihre Empörung über das offizielle Klischeewort *Faschismus* ist mir wörtlich in Erinnerung geblieben: »Die wissen ja überhaupt nicht, was damals in Deutschland vorging!« Ihr Roman wurde zu einem machtvollen Gegenangriff gegen diese Realitäts- und Gefühlstaubheit. Überraschend auch das zweite Thema, für das sie in Amerika mehr Aufschlüsse suchte: die Juden und das Jüdische. Ihre Feststellung: »Davon wissen wir doch kaum etwas!«

Linkes Engagement, aber keine rote Fahne

Das Buch *Sozialistische Literatur in Deutschland. Ein historischer Überblick*, das 1976 im Kröner Verlag herauskam, fasste die umfängliche Arbeit in Bibliotheken und Archiven zusammen, die mich mehrere Jahre lang fesselte und mit der linken Zeitströmung Anfang der siebziger Jahre verband. Der 600-Seiten-Band ist als große Überschau mit Engagement geschrieben, jedoch nicht im Sinne ideologischer Bekenntnishaltung, die sich entweder in marxistischer Theoriebeflissenheit oder organisatorischem Lagerdenken manifestiert. Ich gehe darin der Entwicklung sozialistisch bestimmter Literatur von Marx und Lassalle bis zur DDR-Literatur und den westdeutschen Werkkreisen nach, ziele, obwohl mit Sozialismus im Titel, nicht darauf ab, die rote Fahne zu hissen. Die Absicht ist vielmehr, das opfervolle Engagement von Arbeitern, Journalisten und Intellektuellen an einem vielfach zersplitterten Sozialismus sichtbar und mit Blick auf ihre literarisch-publizistische Produktion seit dem 19. Jahrhundert als erschöpfende Erzählung nachvollziehbar zu machen.

Mich reizte der Griff ins Große, auch wenn er bei Germanisten kaum auf viel Anklang hoffen konnte. Er basierte auf einem Verständnis von Literatur als ästhetisch geläuterter, politisch informierter und informierender Kommunikation innerhalb einer inspirierenden geschichtlichen Bewegung. Ich zielte auf die teils mitreißende, teils enttäuschende Kraftanstrengung von Linken und Sozialisten, die von den Nationalsozialisten missbraucht und auf brutalste Weise zusammengeschlagen worden ist und damit zu einem Schattenphänomen wurde, das auch mit der autoritativen Behandlung als Staatsliteratur in den ersten zwei, drei Jahrzehnten der DDR keine Vitalität mehr gewann. Letztere Feststellung des Buches verwehrte es DDR-Rezensenten, dem Ganzen, obgleich sie dem ersten Teil Aussagekraft einräumten, mehr als die Einordnung in bürgerliche Historiographie zuzugestehen, die dem Thema nicht gerecht werden könne. Den Bemühungen jüngerer DDR-Schriftsteller, ihre eigene nachfaschistische Literatur zu schaffen, maß ich durchaus Eigenwert zu.

Entscheidende Hilfe erfuhr ich bei mehreren Aufenthalten in der Industriestadt Dortmund von dem Leiter der dortigen Stadtbibliothek, Fritz Hüser, der in jahrzehntelanger Sammeltätigkeit das Archiv für Arbeiterliteratur aufgebaut hatte und mir breiten Zugang verschaffte. Ohne diesen ungewöhnlichen Mann wäre das Narrativ des Buches nicht zusammengewachsen. Hüser war es, der den literarischen Bemühungen, mochte sie sich auch oft in Klischees verständlich machen, in ihrer Bedeutung für Gemeinschaften, Rezitationen und einsame Lektüre ebenso wie für den Einbezug der Frauen entscheidende Bedeutung zumaß. Mit leisem Tonfall, singend westfälisch, fast absichtslos die vergilbten Hefte, zerlesenen Bände und oft hektographierten Zeitschriften durchblätternd, lehrte er, diese Literatur zunächst als Austausch zwischen Sprechendem und Hörendem oder Lesendem zu verstehen, bevor sich ihr ästhetisches Gewicht abwägen ließ.

Hüser, immer freundlich, immer interessiert, Gründer der Gruppe 61 für Industriedichtung, war es auch, dem ich die Bekanntschaft mit dem erfolgreichsten Schriftsteller des Ruhrreviers, Max von der Grün, verdanke. Neben Heinrich Böll in diesen Jahren der Autor mit den höchsten Auflagen nicht nur in Deutschland war von der Grün sympathisch uneitel, ansteckend in seiner temperamentvollen Menschenfreundlichkeit, und steuerte, wenn er nach einigen Begegnungen das soziale Gewissen des anderen spürte, mit fränkischer Direktheit auf das Du zu. Als er hörte, ich lebe in Philadelphia, platzte er sofort mit seiner höchsten Sehnsucht heraus: mit einem rosa Straßenkreuzer durch die weiten Maisfelder Amerikas zu steuern, den linken Arm aus dem Fenster hängend. Das erfüllte sich bei einer Gastprofessur am Oberlin College in Ohio. Dagegen kam ich mit meiner Gastfreundschaft in der alten Industriestadt an der Ostküste nicht an. Ich habe das in späteren Jahren mit einer Einladung zur Lesung auf einer Tagung der German Studies Association in Milwaukee nachgeholt. Von der Grüns temperamentvoller und witziger Auftritt wurde von den Teilnehmern noch lange nachher als fesselndste Selbstdarstellung eines deutschen Schriftstellers gerühmt.

Dank Jost Hermands geduldigen Wartens auf die Fertigstellung des Buches konnte ich danach an einem anderen Publikationsunternehmen teilnehmen, das ebenfalls über die Germanistik hinausführte und Kulturgeschichte inszenierte: die von uns gemeinsam geschriebene erste umfassende Darstellung der Kultur der Weimarer Republik in deutscher Sprache. Unter dem nüchternen Titel *Die Kultur der Weimarer Republik* (1978) präsentierten wir die verschiedenen Genres der Moderne – Literatur, Theater, Baukunst, Visuelle Künste, Musik und Film – in einer Darstellung, die sich nicht dem von Peter Gay und Walter Laqueur geprägten, zum geschichtlichen Ausnahmefall erhöhten Phänomen »Weimar Culture« zuordnete, vielmehr innerhalb deutscher Kontinuitäten verstand, das heißt als Paradigma demokratisch progressiver Kultur, das der zunehmend spürbaren konservativen Wende Ende der siebziger Jahre ein progressives Geschichtsbild entgegenstellte. Der Band wurde schnell zum Schlager, erlebte bald eine Taschenbuchauflage.

Das Buch hat Brüche, Widersprüche, etwa bei der unterschiedlichen Wertung von Expressionismus und Neuer Sachlichkeit, wo Hermand sein Verlangen nach Utopie und Programmatik nur ungern der Tendenz zu Ernüchterung und Realismus unterordnete, die ich heraushob. Oder bei der Politik, wo meine abwägende Einschätzung der Linken neben seinem programmatischen Poltern über Weimars Rechtsdrall – Stichwort *Faschismus* – verblasst. Sein Poltern galt leicht erkennbar auch dem aktuellen Vordringen der Rechten.

Nach Willi Brandts Rücktritt als Bundeskanzler besetzten Konservative und nationale Traditionalisten unter Helmut Kohls Anführung die von den Achtundsechzigern verlassenen Positionen, brachten sich gegen deren terroristische Erben in Stellung. Daran konnte Helmut Schmidts Kanzlerschaft nicht viel ändern.

Die Einsichten in meine Stellung innerhalb der Germanistik, die mehr durch Zufälle als durch Planung zustande gekommen war, verdichteten sich mithilfe von Thomas Koebner, dem Studienfreund und wunderbar toleranten Gastgeber nach der Weltreise mit Birgit in seiner kleinen Münchener Wohnung. Koebner blieb über Jahrzehnte hinweg der Ratgeber in Sachen akademischen Daseins, deutscher Germanistik. Er trieb mir nach und nach die Vorstellung aus, dass mir auch dort nach einer Übergangszeit der Einstieg in dieses von den Universitätsreformen erfasste Fach offenstehe. Koebner kämpfte sich mit einem weiten Spektrum von Publikationen und Lehraufträgen, sogenannter kumulativer Habilitation, zu geachteten Professorenstellen in der neu gegründeten Universität Wuppertal, dann in Marburg durch, konnte aber diesen Weg nicht weiterempfehlen. Wer einmal draußen ist, so heiße es, gilt als abgemeldet. Nur wenn man genügend am System gelitten habe, stehe einem in Deutschland eine Professorenstelle zu. Und leider führe die lange Leidenszeit dazu, dass auch die Vertreter der jüngeren Generation, die infolge der Universitätsreformen mehr Stellen in Aussicht hätten, in dasselbe professorale Autoritätsgehabe zurückglitten, das sie bei den Alten so scharf bekämpft hatten.

9. Es wird ernst mit Amerika

Zwei Wege, amerikanische Kultur zu erfahren

Desillusion ist kein gutes Rezept, um sich in Amerika niederzulassen. Es gibt bessere. Zwei davon habe ich ausführlich erproben können, wobei Zufälle eine wichtige Rolle spielten. In beiden wurde es ernst mit Amerika. Beide haben mir nicht nur Tore zum Verständnis des Landes geöffnet, sondern mich auch hindurchgeführt. Das eine war in meinem Entschluss angelegt, mich voll an der Universität zu engagieren. Das andere war in meinem neuen Leben als Single angelegt, in dem ich als gesellschaftlicher Unsicherheitsfaktor angesehen wurde, jedoch etabliert genug, um zu Partys eingeladen zu werden. Ich lernte, Augen, Ohren und Sprache anders einzustellen, *small talk* anders anzugehen, meine Geschichte anders zu erzählen.

So geschehen bei den akademischen Dinnerpartys, die es Ende der siebziger Jahre im Umkreis der traditionellen Gesellschaftlichkeit der Klarmanns und ihrer akademischen Freunde in Philadelphia noch gab. Das geschah in einem edlen Apartmenthaus am altmodisch gepflegten Rittenhouse Square in Philadelphias Innenstadt, hoch oben über den Drogenhändlern, die sich in diesen Jahren bis unter die Bäume des Parks wagten. Nach dem ersten *small talk* von den Kollegen als Professor of German danach befragt, was die jungen Deutschen von Amerika hielten, musste ich plötzlich Zeugnis ablegen, blickte in die erwartungsvollen Gesichter der Tischgäste, unter denen sich einige Koryphäen der Universität befanden. Zeugnis ablegen, hieß in bestem Englisch etwas zur Konversation beizusteuern, das mit den erprobten Beiträgen an witzigem Understatement mithalten konnte. Witzig! Understatement! Bestes Englisch! Kein deutsches Dozieren, dennoch geistreich sein. Auweh! Da entschied ein Sekundenbruchteil darüber, ob man bei diesem akademischen Kürlaufen mithalten konnte. Ich rutschte schnell aus, sah die anderen davonfahren und schaltete erst einmal ab. Was ich mir allerdings nicht allzu oft erlauben konnte. Denn als Gast bei solchen Dinnerpartys musste man sich die Teilnahme durch geistreiche Äußerungen verdienen, anstatt als Briefbeschwerer zu wirken.

Zum Beispiel bei der Diskussion über das Buch des Tages, Christopher Laschs *The Culture of Narcissism*, ein kritisches Porträt der amerikanischen Misere. Vartan Gregorian, der liberale, geistsprühende Dekan der Fakultät, später Präsident der New York Public Library, der Brown University und anschließend der Carnegie Corporation, benutzte es dazu, die Tischrunde zu provozieren, die stark konservativ ausgerichtet war. Gregorian, der vor Jahren die geistes-, natur- und sozialwissenschaftlichen Departments zur Faculty of Arts and Sciences zusammengeschmiedet hatte und mit seinem freifliegenden, witzig provozierenden, stark armenisch akzentuierten Englisch jeden Auftritt zu einem kulturellen Erlebnis machte, provozierte, indem er voraussetzte, dass man das Buch, inzwischen ein Bestseller, gelesen hatte. Verlegen nahm nicht nur ich die bedeutenden Bilder Wiener Künstler in Klarmanns Wohnung in den Blick. Narzissmus? Ich konnte mit dem Abgleiten jüngerer Schriftsteller in den Subjektivismus einiges anfangen. Aber das war es nicht. Schriftsteller? Wie konnte man über den Zeitgeist reden, wenn man nicht wusste, was Lasch mit Narzissmus meinte? Einige wussten es. Es ging um die amerikanische Gesellschaft allgemein, und Gregorian musste sich angesichts des vorherrschenden Kulturpessimismus der Runde anstrengen, die Gegenkräfte zu profilieren, die Lasch ausgelassen hatte. Was war mit der Mission von *reason and enlightenment*, ohne die eine gute Erziehung nicht gelingen konnte und die mehr wert war als die ganze freudianisch untermauerte Dekadenzideologie?

Ich hätte nie gedacht, dass ich bei einem ähnlich philosophischen Dinner eine Art Wiederkehr Naphtas, Thomas Manns berühmt-bedrohlicher Gegenfigur im *Zauberberg*, miterleben würde. Philip Rieff, der bekannte und umstrittene Soziologe an Penn, Autor des auch von Lasch konsultierten Buches *The Triumph of the Therapeutic*, holte gegen den wohlüberlegten Liberalismus von Russell Fairbanks aus, des Dekans der Law School at Rutgers at Camden. Fairbank war kein Settembrini, vielmehr ein sympathischer Verfechter der Mission von *reason und enlightenment*. Sir Leon Radzinowicz, der bekannte Cambridger Kriminologe, der kürzlich Isolde, die Witwe Adolf Klarmanns, geheiratet hatte und die Tischrunde am Rittenhouse Square seine Bedeutung spüren ließ, zündelte in seiner gewohnt witzig-boshaften Art diesen Schlagabtausch an. Er bewirkte, dass Rieff sich im Stuhl kerzengerade aufrichtete, als Lordsiegelbewahrer sowohl von Freud, wofür er bekannt war, als auch von Nietzsche das Wort nahm und in abgehackt barschem Ton als Elitist und Totalitarist, wenn nicht Faschist, erbarmungslos auf Amerikas Dekadenz einschlug. Hatte ich richtig gehört, richtete sich das zunächst gegen Leute wie John Lennon, den großen Beatle-Poeten, der gerade von einem Fanatiker erschossen worden war. Das geschah ohne Gnade. Alles flach in dieser Gesellschaft, alles Hype, alles Massenverführung mit Pseudowahrheiten und Sentimentalitäten, wie es Hitler vorgemacht habe – ästhetische Massenverführung ohne Moral. Rieff stand aus seinem Stuhl auf, stelzte im festlich beleuchteten Speisezimmer herum, sichtlich um eine Steigerung seiner

Suada bemüht, die sich auf die Frage verengte, wie aus dieser Malaise herauszukommen sei.

Rieff ließ langes Schweigen eintreten. Die Runde blickte verlegen auf die inzwischen leeren Teller. Das machte Radzinowicz ungeduldig. Seine dunklen Augenbrauen zogen sich wolkig zusammen. Da ließ Rieff in schneidendem Tonfall die Worte folgen:

Someone needs to be killed!

Betroffene Stille.

Sie währte jedoch nur kurz. Dekan Fairbanks meldete sich leise, dennoch erlösend, mit der Frage zurück:

Who? John Lennon?

Philip Rieff, im Gebaren eines englischen Lords, jedoch, wie Isolde Klarmann mir ziemlich früh erläuterte, aus dem Armenviertel Chicagos stammend, wurde auf dem Campus gehasst, und es war umso bemerkenswerter, wie er im dunkelblauen Pinstripe-Anzug mit riesigen Schuhen den Stock ausschwingend über das College Green stolzierte, einer der erlesenen Benjamin-Franklin-Professoren. Ausgerechnet im Namen Benjamin Franklins! Jedem, mit dem ich darüber sprach, entlockte es ein ungläubiges Lächeln, dass hier der ehemalige Ehemann von Susan Sontag vorbeistelzte. Seine jetzige Frau, mit demselben nasal-britischen Ton, als stamme sie nicht aus dem tiefsten Amerika, sprach als Rechtsanwältin, natürlich eine lautstarke Anhängerin von Margaret Thatchers Zerstörung des Wohlfahrtsstaates.

Ungewöhnlich, aber durchaus im Stil dieser Dinnerpartys im Hause Klarmann-Radzinowicz war, dass sich eine nicht weniger aufregende Diskussion über den Charakter dieses charakterlosen Jahrzehnts um einen bekannten Komponisten und seine Musikwerke entzündete. George Rochberg, langjähriger Chair von Penns Musikdepartments, dem auch die ebenfalls weithin bekannten Komponisten George Crumb und Richard Wernick angehörten, mochte in seiner routinierten Abwertung gegenwärtiger Literatur als flach einen Schritt zu weit gegangen sein, denn er fand sich plötzlich dem Vorwurf ausgesetzt, die atonale und serielle Musik, für die er lange Zeit als der amerikanische Erbe Arnold Schönbergs gegolten hatte, in seinen neueren Kompositionen zu verraten. Sei das nur eine vorübergehende Laune gewesen? Die Runde, mit seiner Musik vertraut, wenngleich kaum einverstanden, drängte auf eine Erklärung. Konnte er den Literaten vorwerfen, nur dem retardierenden Zeitgeist zu folgen, wenn er sich selbst auf Kompromisse mit der Musiktradition einließ und zur Tonalität zurückkehrte? Hatten wir nicht plötzlich Boccherini gehört?

Wie gewohnt, setzte Rochberg hoch an. Ja, es gehe ihm durchaus darum, der Zeit eine Stimme zu geben. Das habe er immer getan. Dabei handele es sich jedoch nicht mehr um Originalität, die man um alles in der Welt als persönlichen Stil durchsetzen müsse. Vielmehr habe er eingesehen, dass der Komponist auch die große Musiktradition zum Mitklingen bringen müsse, wolle er gültige Werke schaffen. Die Stille, die seinen wohlgesetzten Worten folgte, durchbrach Gregorian, einer seiner Förderer, ungeduldig und spöttisch: *Is that the core of our decade? The end of the avant-garde?*

Beim Empfang im Apartment am Rittenhouse Square nach der Aufführung von Rochbergs Violinkonzert, das Isaac Stern mit dem Philadelphia Orchestra unter Eugen Ormandy zu eindrucksvoller Wirkung brachte, waren solche Einwände vergessen. Isaac Stern, Rochberg freundschaftlich verbunden, ließ sich gegen Gastgeber Radzinowicz auf eine witzige Verteidigung der Tonalität ein. Ohne sie, meinte er, hätte sich Ormandy nicht so gern auf dieses Konzert vorbereitet. Unter Rochbergs Kompositionen, von denen ich mehrere bei einigen Kammermusikabenden in einer der Villen der Main Line hörte, gefiel mir das Violinkonzert mit seiner Mahlerschen Klangkulisse und den virtuosen lyrischen Passagen ohnehin am besten, wenn man von gefallen sprechen konnte.

Ganz anders, in völligem Kontrast zum akademischen Kürlaufen auf zerbrechlichem Eis, mein Eintauchen in eine Liebschaft, die mich öfters nach New York und Washington entführte. Ich begleitete den Aufstieg von Carole B., einer jungen, dunkelhaarigen Schönheit mit großem mathematischem Talent, zu einer erfolgreichen Börsenmaklerin.

Carole hatte es geschafft, in scharfem Konkurrenzkampf mit männlichen Anwärtern eine der gesuchten Positionen bei Bache & Co, der nach Merrill Lynch zweitgrößten amerikanischen Börsenmaklerfirma, in der Filiale Washington angeboten zu bekommen. Noch ganz erfüllt von diesem ungewöhnlichen Coup einer jungen Frau in der straff männlichen Welt von Wall Street, erspürte sie aus meiner faszinierten Anteilnahme eine bisher nicht erlebte Anerkennung. Zwischen uns war alles fremd, zugleich aber durch ihre Vorliebe für deutsche Dinge, die sie mit ihrem Deutsch-Abendkurs zu dieser schicksalhaften Begegnung bei einer Oktoberfestparty brachte, erkundungswürdig. Der eine erfuhr die Fremdheit der Welt der *Stockbroker*, der Börsenmakler, in ihrem Großraumbüro mit dem endlos laufenden Tickerband über den Köpfen und dem Computerflimmern und Telefonsummen zwischen den dünnen Abtrennwänden, der andere erspürte die Fremdheit der akademischen Welt in der Wohnung des Strohwitwers aus Europa, der schrieb, Bücher anhäufte und mit Eigenmalereien und Fotos einer Weltreise die Wände schmückte. Ließ sich das zusammenführen? Es verkomplizierte sich zudem dadurch, dass wir beide verheiratet waren, wenngleich in Distanz, in aktivem Umgang mit unseren Partnern, deren Leben in die Unterhaltungen und gemeinsamen Erlebnisse einflossen. Carole war fasziniert davon, dass Birgit sich in beiden Ländern mit ihren Choreographien durchzusetzen vermochte. Sie hatte gelernt, die jeweiligen Sphären von Menschen zu trennen. Frauen, meinte sie, hätten sonst gar keine Chance.

Wir haben uns mehrere Jahre lang in Abständen gesehen und geliebt. Das geschah in New York, wo in diesen Jahren, als die Stadt alle Anzeichen einer bevorstehenden Pleite erkennen ließ, das noch immer mondäne Roosevelt-Hotel zur erschwinglichen Luxusburg stilisiert werden konnte und der Rainbow Room auf dem Rockefeller Center mit dem phantastischen Blick über die nächtliche Stadt, erfüllt vom musikalischen Flair der dreißiger Jahre, die bestmögliche Kulisse einer geheimen Liebe abgab. Vergleichbares geschah in Washington, wo Carole weitere Aufstiegsmöglichkeiten bei den Wallstreetfirmen Loeb, Rhoades & Co sowie, noch prominenter, bei E. F. Hutton wahrnahm, in einem Großraumbüro nahe der Connecticut Avenue und dem Dupont Circle, dem Zentrum unserer Aktivitäten. Da lag die Scheidung von Birgit schon einige Zeit zurück.

Carole wollte eine Anerkennung ihrer physischen Attraktivität und ihres geschäftlichen Erfolgs, die nicht von Barry kam, ihrem durchaus erfolgreichen, aber langweiligen Mann, einem Administrator in der Navy, und nicht von den Maklern, die um sie herumsaßen und, vom Desinteresse ihrer Ehefrauen geplagt, Kunden, vor allem weibliche Kunden verglichen, wenn sie nicht Baseballstatistiken aufrechneten. Für diese Anerkennung führte ich gute und weniger attraktive Eigenschaften ins Feld, die ich im Umgang mit selbstständigen Frauen hatte verfeinern können. Mich hatten immer starke Frauen angezogen, wahrscheinlich ein Erbteil vom Umgang mit meiner Mutter, und mir war daraus, am schönsten mit Birgit, so viel Lebenslust zugewachsen, dass ich für Carole zu einem Anker ihrer Liebesbedürfnisse werden konnte. Als ihr »secret friend«, wie sie mich oft in unserer Korrespondenz bezeichnete, lud ich ihre Batterien auf, die mich selbst immer wieder elektrisierten. Das geschah auch in der Ferne, die sie mit innig gefühlten Briefen und kleinen, allzu süß illustrierten Gedichtbändchen überbrückte, in denen ein immerwährender Valentinstag beschworen wurde, untermalt mit Rod McKuens Liebesgedichten und Jonathan Livingston Seagulls musikalischer Poesie. Sie zog mich von Rock'n'Roll zur Discomusik hinüber, sah diese fast als eine Ermächtigung femininer Kultur an, deren Zeit in diesem vom Vietnam-Krieg erschöpften Amerika gekommen zu sein schien.

Unsere Liebschaft baute auf einer für uns beide ungewöhnlichen Freundschaft auf, die wir in den beiden Metropolen in *festive privacy* auslebten. Das einzige Mitglied meiner Familie, das Carole kennenlernte, war Heinrich Herold, der in Italien lebende Onkel Heiner, der als stattlicher und weltläufiger Mann ebenso viel Eindruck auf sie machte wie sie, als junge, attraktive Geschäftsfrau, auf ihn. Das Ganze fand während seiner ersten und einzigen Amerikareise im berühmten, etwas angestaubten Mayflower Hotel in Washington statt. Als wir uns nach einem ausgelassenen Dinner spät am Abend trennten, erhaschte ich noch Heiners Seitenblick auf Carole, anerkennend und neidisch zugleich. Auf der Rückfahrt nach Philadelphia zu zweit im roten Volkswagen Variant hörte ich von seinen erotischen Eskapaden in Italien mehr, als ich je vermutet hatte (und hören wollte).

Carole führte mich, den fremden deutschen Liebhaber, den sie mit der höchst unvorteilhaften TV-Serie *Hogan's Heroes* und den gängigen Hollywoodklischees über die uniformierten Deutschen zu necken liebte, in die Sorgen und Absurditäten der wohlhabenden Upper Middle Class ein und nutzte das, um ihr eigenes Leben als erfolgreiche Frau in gewisser Distanz davon zu definieren. Auch vom engagierten Feminismus hielt sie sich fern, bevorzugte es, wenn ich sie als *the Cosmopolitan Girl* neckte, wie es die bekannteste Zeitschrift junger selbstständiger Frauen mit viel Sex und Geschäftssinn propagierte. Allerdings lag ich mit der Empfehlung von Ingmar Bergmans vieldiskutiertem Ehefilm aus dem schwedischen Bürgertum, *Szenen einer Ehe,* schief. Carole suchte die Poesie, nicht das Denouément der Liebe in Film und Kunst. Und sie gab Liebe, große Mengen, die sie in den langen Sequenzen von Aktien- und Vermögensberatungen, den hektischen Entscheidungen, um den Konkurrenten zuvorzukommen, und den routinemäßigen Ferien- und Familienveranstaltungen angesammelt hatte. Sie war neugierig, immer zum Lernen aufgelegt, wie sie es nannte, brachte mir von einer Reise nach Moskau eine hundsschwere Miniatur in Bronze von Lenins Grab mit und wollte von mir alles hören, was ich vom Kommunismus wusste, dem Erzgegner jedes Börsenmaklers.

In der witzigen Beschwörung all der Dinge, die Amerikanern die Welt als kurios und grotesk erscheinen lassen, spielten die Deutschen mitsamt der Nazis eine zentrale Rolle. Ihr Hündchen hatte sie Valkyrie getauft. Carole gelang es beim Besuch eines Musicals in einem kleinen Theater in Georgetown, mich völlig zu entnerven. Zunächst von den schmissigen Melodien begeistert, verstand ich erst nach und nach, was es mit dieser auf Verlust getrimmten Broadwayproduktion und ihrem grotesken Ballett auf sich hatte: Mel Brooks' bös-witzige Frivolität *Springtime for Hitler and Germany* demonstrierte, dass man hier aus Hitler und den Nazis längst populäre Unterhaltung und singbare Geschäftsgewinne zog. Carole hatte keine Scheu, das Verhältnis der Juden, mit denen sie zusammenarbeitete, zu den Deutschen zu erörtern, im Gegenteil, Geschäftsverbindungen brachten sie mit dem Autor des Romans *Holocaust*, Gerald Green, zusammen, der ihr das Taschenbuch für mich mitgab. Ich las den Text somit noch vor der Fernsehserie. Dank der Freundschaft mit den Berliner Medienprofessoren Friedrich Knilli und Karl-Heinz Stahl konnte ich bereits 1980 an Penn eine öffentliche Veranstaltung über die Reaktion der Deutschen auf die TV-Serie organisieren, bei der Knilli und seine Berliner Studenten die Ergebnisse ihrer Untersuchungen vortrugen.

Carole sorgte schließlich auch dafür, dass ich einen recht ungemütlichen Abend mit einigen ihrer Kollegen und ihren Frauen verbrachte, die unter ihrem amüsierten Blick wissen wollten, was ich als Deutscher so von den Juden hielte. Wahrscheinlich wollten sie auch wissen, wie sie zu diesem Deutschen gekommen war, den sie sonst nicht vorzeigte. Ich tat mein Bestes, schockierte die Geschäftsleute aber auch mit meiner direkten Frage nach ihrer Einstellung zu Präsident Carter, zu dessen Ehren dieses Riesenbankett für Washingtons Geschäfts- und Politikwelt im Hilton Hotel stattfand. Jüdisch zu sein und einen demokratischen Präsidenten zu wählen, erschien als etwas Natürliches, zugleich hörte ich aber auch die Herablassung von Geschäftsleuten gegenüber einem solchen Moralisten und Jammerer. Die Ernüchterung war vollständig, als bekannt wurde, dass Carter doch nicht auf diesem für ihn arrangierten *Fundraiser* auftreten würde. Am Ende klärte mich Carole verschmitzt darüber auf, warum ich mich wohl nicht ganz wohl gefühlt hätte: nicht wegen der prüfenden Fragen, sondern weil der geliehene schwarze Tuxido eine Nummer zu groß ausgefallen sei. Was mir nicht aufgefallen war.

Das, worüber man hinweggeht

Ich gebe zu, das Eintauchen in die vergeistigte Luft akademischer Dinnerpartys ist nicht nach jedermanns Geschmack. Ich rufe sie zurück, weil sie in den siebziger Jahren noch von dem Selbstverständnis der alten akademischen Gesellschaft zeugten, welches das Leben im Umkreis von Eliteuniversitäten und ehrwürdigen Colleges wie Swarthmore und Williams umgab. Manche Universitäten wie Princeton kultivierten diese Atmosphäre ohne jede Scham, sie erzeugte bei Kollegen weiter im Westen ebenso viel Neid wie Abscheu. Ich beschwöre sie, weil sie von einer elitären Kultur zeugten, mit der es ebenso wie mit den Old Boys Networks bergab ging.

Wenn ich den Kontrast mit den erotischen Erlebnissen hierher setze, muss ich zu meiner Verteidigung sagen: Erotik ist eine aufregendere Art, sich in Amerika zu integrieren, als Professorenkomitees. Die ich brav und mit steigendem Interesse absolvierte.

Der Gedanke mag genügen, dass einem das Leben manchmal nicht nur unverhoffte Bekanntschaften zuschickt, vielmehr diese auch mit dramatischen Reizen ausstattet, denen man sich nur zu- oder unterordnen kann. Das galt für eine aufregende akademische Affäre, etwas, wovon ich mich nur einmal hatte einfangen lassen, natürlich in Madison. Es geschah in Princeton, wo ich im Frühjahr einen Kurs über die deutsche Nachkriegsliteratur hielt, an dem einige später bekanntgewordene Germanisten teilnahmen. Die junge Frau, frivol, selbstbewusst und auf eine provokante Art gescheit, gehörte nicht zu den Studenten, kannte mich von einem früheren Vortrag her. Bei unserem Zusammensein entwarf sie witzige Untertitel über die jüdisch-deutsche Symbiose als Begleitkommentar, ließ zum Glück die schwierigen Themen aus, betäubte mich mit der Kunst, in der erotisch unterentwickelten deutschen Literatur einige Volltreffer zu landen. Sie liebte es, ihr beträchtliches erotisches Potential auf offenen Postkarten zu dokumentieren. Zum Glück wohnte ich zu dieser Zeit in meinem Riesenapartment in der Pine Street solo, wo niemand außer dem Briefträger und mir die Post in die Hände bekam.

Nachhaltiger wirksam für das Engagement an Amerika wurde eine unakademische Begegnung, obgleich durch akademische Freunde vermittelt. Natalie Huguet war zu dieser Zeit gebunden, wenn auch nicht in einer Ehe. Sie war nahe daran, ihrem Partner nach New York zu folgen, setzte aber an dem Winterwochenende den Besuch aus und schloss sich der Dinnerparty ihrer Arbeitskollegin Mechthild McCarthy, genannt Mecki, an. Ein zweifelhaftes Vergnügen, da ein riesiger Schneefall die Trolleyfahrt von der Innenstadt nach West Philadelphia beschwerlich machte. Meckis Ehemann war John McCarthy, mein temperamentvoll-witziger Kollege im Department, dessen Einladung ich gern angenommen hatte. Für die Gastgeber sprach die Unterschiedlichkeit unserer Berufe – Graphik und German Literature – nicht für einen leichten Kontakt, ganz abgesehen von den verschiedenen Familienhintergründen zwischen Irland, Frankreich und Deutschland. Den McCarthys blieb unsere Anziehung lange verborgen, bis Mecki aufmerksam wurde. Wir haben John und Mecki immer für ihre folgenreiche Gastfreundschaft gedankt. Allerdings auch dem Umstand, dass Victor, Natalies Freund, an dem besagten Wochenende in New York unabkömmlich war, weil er als regelfester Jude für seine Scheidung vom Rabbi ein »Get« bekommen wollte, die Voraussetzung, um sich anderweitig zu engagieren. Eben an jenem schneereichen Winterwochenende.

Wie konnte ich diese Liebe anders erproben als auf einer Reise? Oder ging es eher darum, Amerika anders zu sehen? Wenn das Land in Gestalt gemeinsamer

Erlebnisse in den atemberaubenden Landschaften zwischen Monument Valley, Mesa Verde und dem Grand Canyon Gestalt annimmt, trägt es ohne Zweifel dazu bei, sich in einer Liebe einzurichten. Las Vegas muss nicht dazugehören, hilft aber dabei, die Augen zu verdrehen: ein Zirkus von Neon, Glitzer, Gold und Angeberei. Die Show im Hilton bot das alles: Wir saßen direkt vor der Bühne, von wo man die geschätzten Schweißperlen Tina Turners abbekam, der Sexbombe und mitreißenden Popikone, die singend und schwitzend ihre berühmten Beine schwang, nachdem Bill Cosby das Publikum mit seiner komischen Kindernummer in Schwung gebracht hatte. Für die weitere Fahrt ging es nicht unter einem großen Straßenkreuzer ab, übrigens in Braun, nicht in Rosa. Reisen zu zweit bedeutet Erprobung von Charakter, Toleranz und Lebensneugier. Ein deutlicher Schritt über meine erste Reise durch die USA hinaus.

Ging es auch großspuriger? Wahrscheinlich entzündete der Kontrast zum Eintauchen in nüchterne Professorenkomitees und Departmentprobleme besondere Funken, die mich stimulierten und zugleich fesselten: Beide Sphären erfordern gleichermaßen Ausdauer und Geduld. Beide wollen Festlegung. Ich wusste, was mich mit der Übernahme des Vorsitzes vom German Department an der University of Pennsylvania erwartete, absolvierte zuvor noch ein Gastsemester an Princeton. In dessen Verlauf legten mir Dietlinde und Walter Hinderer, der kurz zuvor von der University of Maryland als Professor abgeworben worden war, nahe, ich solle ebenso nach Princeton überwechseln. Die beiden verstanden es vorzüglich, Princetons Prestige aufwendig zu umarmen, bauten damit die Brücken zur bundesdeutschen Literaturszene weiter aus, die Chairman Victor Lange mit seiner Einladung an die Gruppe 47, im Jahr 1967 in Princeton zu tagen, etabliert hatte.

Princeton also, das immer mit Harvard wetteifert. Als ich das Angebot ablehnte, wurde mir dort nachgesagt, ich sei wegen der besseren Gelegenheit, Frauen kennenzulernen, in Philadelphia geblieben. Hm! Nicht in Princeton aus diesem Grund? Ich blieb in Philadelphia, weil ich mir, als ich mich für Amerika entschied, nicht vorstellen konnte, in einem zugegebenermaßen bestbeleumundeten Provinznest meine Tage zu verbringen.

Die Tricentennial Conference, akademisches Großereignis, voll und halb gelungen

Die Verpflichtung als Chair des German Department an Penn akzeptierte ich 1980 ohne den üblichen Widerwillen. Ich dachte, ich müsse etwas für meine gute Behandlung seitens der Universität und des Departments zurückge-

10 Tricentennial Conference an der University of Pennsylvania in Philadelphia Eröffnungsansprache am 3. Oktober 1983.

ben. Zugleich sah ich in dieser Position eine Möglichkeit, die anvisierte Agenda in die Tat umzusetzen. Als Chairman – ganz gleich von was – gewinnt man leichter Unterstützung und Anerkennung. Nicht der Name war wichtig, den nur wenige kannten, vielmehr der Titel Chairman an der University of Pennsylvania. Was Eduard Fichtner, Spezialist für mittelalterliche Literatur am New Yorker Queens College, 1979 bei seiner Gastprofessur im Department erwähnte, zog mich in Bann: dass man im Jahr 1983 dreihundert Jahre der deutschen Einwanderung in Nordamerika feiern würde, etwas, das sich mit der Gründung von Germantown 1683 direkt auf Philadelphia bezog. Dazu passte, dass sich die Abteilung rühmte, das älteste Deutschdepartment im Lande zu sein, da seine Geschichte bis ins 18. Jahrhundert zurückreicht.

Ich habe dann drei Jahre darangesetzt, mich in die Geschichte der Deutschen in Amerika einzuarbeiten und daneben genügend Kenntnisse über die aktuelle Forschung zu den deutsch-amerikanischen Beziehungen im 20. Jahrhundert zu gewinnen, um für diese Dreihundertjahrfeier eine signalgebende Konferenz an der University of Pennsylvania zu veranstalten. Signalgebend heißt in diesem Falle, dass die Konferenz wohl mit der offiziellen Tricentennialfeier in Philadelphia verbunden würde, jedoch dadurch ein eigenes Profil erhielte, dass sie anhand von Wissenschaft und nicht ethnisch-frommer Reden aufzeigen würde, wie man das politische Verhältnis zwischen den USA und Deutschland in seiner Geschichte nur unter Einbezug der beträchtlichen deutschen Immigration überzeugend bewerten könne. Anlässlich dieses potentiellen Jahrhundertereignisses sollte die unsichtbare Sperre abgebaut werden, die zwischen der Geschichtsschreibung über die Deutschamerikaner, die durch fromme Eigenwerbung der ethnischen Historiker in Verruf geraten war, und der Erforschung der deutsch-amerikanischen politischen Beziehungen existierte.

Das war löblich, aber nicht neu. Ich lernte, dass, wenn überhaupt eine neue Sicht über die Geschichte der deutschsprachigen Einwanderer zustande kommen würde, sozial- und religionshistorische Kriterien sowie Immigrationsforschung das bisherige Narrativ umformen müssten. Bekannte Experten in American Studies wie Reinhard Dörries, Hermann Wellenreuther, Erich Angermann, Günter Moltmann, Willi Paul Adams, Hartmut Keil, Kathleen Conzen und andere, die ich in Berlin, Köln und auf der American Studies-Konferenz in Würzburg 1980 kennenlernte, verhehlten ihre Skepsis nicht, sagten ihre Teilnahme jedoch nicht von vornherein ab. Irgendwie leuchtete ihnen ein, dass die wenig freundliche Gesamtwetterlage zwischen Amerikanern und Deutschen, die mit der wachsenden Antiatombewegung noch stürmischer werden würde, den rechten Moment darstelle, die Bestandsaufnahme der vielverzweigten Beziehungen zwischen beiden Ländern nicht den Feiertagsreden der Politiker zu überlassen. Sie entzogen sich der Aufforderung nicht und berieten mich bei der Zusammenstellung der Panels mit den bestmöglichen Sprechern (zu denen sie natürlich selbst zählten).

Zum Glück gelang die delikate Einbindung auch prominenter ethnischer Forscher, die der politischen Dimension des Ganzen fernstanden, dank des Kollegen Don Yoder, der Autorität pennsylvanisch-deutscher Kultur an Penn. Yoder half zudem dabei, die Konferenz zu »German-American Art and Culture« am Henry Francis du Pont Winterthur Museum in Delaware an unsere Konferenz anzuschließen. Das Philadelphia Art Museum präsentierte seine Ausstellung pennsylvanisch-deutscher Kultur bereits im Jahr zuvor. Don Yoder, von pennsylvanisch-deutscher (-schweizer) Herkunft, geduldig, langsam und genau, sorgte dafür, dass ich mich, wenn von den lokalen und regionalen Verflechtungen der Konferenzthematik die Rede war, nicht völlig blamierte. Zugleich gab er mir die Gewissheit, dass ich, wenn mich germanistische Kollegen herablassend fragten, weshalb ich mich als Germanistikprofessor auf eine solche ethnische Eskapade einlasse, genügend Boden unter den Füßen hatte und sogar nach Jahren, als ich begann, mich um die German Society of Pennsylvania und ihre Bibliothek zu kümmern, einige Expertise entwickelte. Diese Grundierung half mir bei den ständigen Reibereien mit dem selbstherrlichen Präsidenten der German Society, George Beichl, einem Chemieprofessor an Saint Joseph's University, der als Leiter des Tricentennial Committees über die offiziellen Veranstaltungen, vor allem das abschließende Bankett, das Kommando führte.

Allerdings hatte ich die Rechnung ohne mehrere Wirte gemacht: Universität, Stadt, deutsche Offizielle, andere Konferenzen. Das Wichtigste: die Rechnung selbst. Otto Haas, aus der schwäbischen Einwandererfamilie, die die Firma Rohm & Haas in Philadelphia zu einer der weltbekannten Chemiefirmen in den USA emporführte, Boardmitglied der William Penn Foundation und Honorarkonsul der Bundesrepublik, hörte sich bei einem Lunch meine Pläne mit halbgeschlossenen Augen an. Mit war von seiner Knauserigkeit erzählt worden. Hier ging es nicht nur um die Ethnie, vielmehr auch um Wissenschaft und Politik. Haas konzedierte, dass eine solche Konferenz mit allem Drum und Dran, das heißt auch mit der Veröffentlichung, an die 100.000 Dollar kosten könne. Als ich ihn fragte, wie viel er davon unterstützen würde, wich er aus. Das lasse sich ohne das Stiftungsboard nicht entscheiden. Sollten nicht auch die Deutschen dazu beitragen? Das war die typische Auskunft. Ein löbliches Ziel, aber das würde das Geld nicht hereinbringen. Enthusiasmus allein tat es nicht.

Die Wende zur Verwirklichung als akademisches Großereignis geschah zwar durch mein Beharren, ging jedoch nicht auf mein Konto. Es geschah an einem Frühlingsnachmittag 1981, an dem ich den Frankfurter Friedensforscher Ernst-Otto Czempiel, einen höchst sympathischen und hilfreichen Kenner der amerikanisch-deutschen Beziehungen, sowie Helga Haftendorn, die bekannte Politikwissenschaftlerin an der FU Berlin, bei meiner Fahrt nach Princeton in meinem Volkswagen mitnahm. Sie wollten die Sitzung des American Council on Germany besuchen; ich hatte mich für den Vortrag des Tübinger Germanistikprofessor Richard Brinkmann angemeldet. Brinkmann würde über religiöse und literarische Sprache reden. Das schaffte nicht unbedingt Zugang zum American Council on Germany. Dennoch stellten mich die beiden Wilhelm Grewe vor, Adenauers ehemaligem Botschafter in Washington, der die Sache leitete. Als Grewe, ein weltgewandter älterer Herr mit weißem Haar und scharf prüfenden Augen, mich einlud, am Empfang teilzunehmen, nickte ich brav, erwartete diplomatischen *small talk*. Als Gast suchte ich meine Existenzberechtigung zu beweisen, indem ich ein paar Gedanken über die geplante deutsch-amerikanische Konferenz anbrachte. Wider Erwarten merkte Grewe auf, war plötzlich interessiert. Ob er? Ich hörte so etwas wie Zustimmung. Ob ich von der Atlantik-Brücke wisse? Ich wusste, obgleich nicht genug.

Grewe musterte mich von oben bis unten. Das mit der Brücke war nicht die beste Auskunft. Trotzdem, er fasste offenbar einen Entschluss, zog mich an einer Gruppe vorüber, in der ich Henry Kissinger erkannte und zu der, wie ich bald erfuhr, Robert MacFarlane, Horst Ehmke und Richard Löwenthal gehörten, sogenannte Schwergewichte in den politischen Beziehungen, und steuerte auf einen noch älteren Herrn in einem Sessel zu, dessen Name Kurt Birrenbach mir ebenfalls von der Bonner Politikberichterstattung bekannt war. Grewe bedeutete ihm, dass dieser junge Mann ein transatlantisches Vorhaben plane, das vielleicht die Thyssen Stiftung interessieren könne. Offenbar nutzte ich meine wenige Minuten effektiv, denn als ich zu Brinkmanns Vortrag in East Pyne Hall hinüberstolperte, hatte ich diesen Kontakt in der Tasche. Birrenbach, Adenauer-Vertrauter und politischer Insider aus der Stahlindustrie, war der Kuratoriumsvorsitzende der Fritz Thyssen Stiftung.

Wenn ich mit dem Antrag an die Thyssen-Stiftung über knapp 40.000 Dollar tatsächlich Erfolg hatte (allerdings kostete der Spaß dann schließlich das Doppelte, wozu die William Penn Foundation 25.000 Dollar zusteuerte), wurde mir im Laufe der Konferenzvorbereitungen von der Kulturreferentin der Deutschen Botschaft in Washington, Haide Russell, klargemacht, dass ich das Glück habe, zu einer jüngeren Generation zu gehören, deren Beitrag zu guten deutsch-amerikanischen Beziehungen man seit Jahren schmerzlich vermisse.

Russell, eine blitzgescheite, seit vielen Jahren souverän agierende Kulturpolitikerin, ließ mir die Kopie eines Vortrages zugehen, mit dem Steven Muller, der Präsident der Johns Hopkins University, diesen Tatbestand beklagt und dazu aufgefordert hatte, die jüngere Generation aktiv in diese Beziehungen einzubinden. Muller nannte es die »Nachfolgergeneration«, und die Diplomaten nahmen die Mahnung angesichts der anschwellenden Antiatomdemonstrationen, die sich in Deutschland auch gegen die USA richteten, ernst. Vizepräsident George Bush bekam den Protest 1983 auf seiner Goodwilltour nach Krefeld auf schockierende Weise zu spüren, als ihm in der Stadt, aus der die Gründer von Germantown einst ausgewandert waren, Tomaten entgegenflogen. Arthur Burns, der sensibel um das deutsch-amerikanische Verhältnis besorgte amerikanische Botschafter dieser Jahre, regte ein weitgreifendes deutsch-amerikanisches Partnerschaftsprogramm für die Jugend an, den *Congress-Bundestag Youth Exchange*, den die deutsche Regierung von Anfang an mittrug.

Ansonsten war nicht viel Jugendliches an der Tricentennial Conference for German-American History, Politics and Culture auszumachen, die vom 3. bis zum 6. Oktober 1983 an der University of Pennsylvania stattfand, sieht man von einem Programm zum jungen deutschen Film ab. Nachdem ich mich nun einmal auf ein solches Fest der Namen eingelassen hatte, verfing ich mich nur immer weiter im Netz der Prestige-Entscheidungen, das schließlich die Anfrage produzierte, ob Bundespräsident Karl Carstens bei seinem Besuch der USA die Schirmherrschaft über die Konferenz übernehmen könne oder solle. Das ist insofern distanziert formuliert, weil es eine kleine Vorgeschichte besitzt. Sheldon Hackney, der Präsident der University of Pennsylvania – der mögliche andere Schirmherr –, musste auf die Information eingehen, dass Carstens als Student der NSDAP beigetreten war. Ein Nazi als Schirmherr der deutsch-amerikanischen Konferenz an Penn! Kein leichtzunehmender Flecken an der Veranstaltung. Es folgte ein internes Memorandum. Eine Aussprache. Die Vertrauenspersonen Carl Kaysen, der international geschätzte Politiksachverständige am Massachusetts Institute of Technology, und Fritz Stern, der bekannte Historiker und Provost an Columbia University (der dann auch auf der Konferenz sprach), sowie Elizabeth Midgley, Journalistin und Boardmitglied am German Marshall Fund, gaben Entwarnung. Hackney entschied, diese Mitgliedschaft ließe sich verdauen. Er trat gemeinsam mit Carstens bei der Schlussveranstaltung in Penns Zellerbach Theater auf, an der auch eine große Bundestagsdelegation mit Annemarie Renger und Hildegard Hamm-Brücher teilnahm.

Wenn eine solche Maschine einmal angelaufen ist, wird man als Veranstalter selbst zum Zuhörer und kommt bisweilen ins Staunen darüber, was andere aus dem Ereignis machen. So nutzte Steven Muller, der Präsident der Johns Hopkins University, seine Eröffnungsansprache dazu, über die Beschwörung der großen Vorbildgeschichte der deutschen Universität für die amerikanische *Research University* hinauszugehen und feierlich anzukünden, in Washington ein American Institute for Contemporary German Studies zu gründen, das sich in Verbindung mit Johns Hopkins dem Studium der beiden Deutschlands widmen würde. Mit diesem Institut, vor allem auch mit Steven Muller, einem jüdischen, in Hamburg geborenen Emigranten und Förderer deutsch-amerikanischer Beziehungen, würde ich in den Folgejahren noch viel zu tun haben.

Dass die Konferenzmaschine insgesamt so gut ins Laufen kam, verdankte ich der überlegten Koordinierungsarbeit von Joseph McVeigh, meinem Assistenten, der in seiner freundlich-bedächtigen Art einen ruhigen Pol darstellte. Jedoch geschah dieses Laufen nicht zu aller Zufriedenheit, zumindest nicht für eine große politische Gruppierung, wofür Joe nichts konnte. Das wurde erst am letzten Abend voll sichtbar, als das Tricentennial Committee das Festbankett mit 1500 Personen und Reden von Carstens und Bush im Franklin Plaza Hotel abhielt. Bei der Feier der deutsch-amerikanischen Freundschaft hatten die Konferenzgäste ebenso ihren Platz wie zuvor bei der kritischen Analyse. Allerdings fehlten einige von ihnen. Sie zogen vor, sich der Friedensdemonstration auf der Treppe des Philadelphia Art Museum anzuschließen, wo Tausende zumeist junger Amerikaner und Deutscher gegen die Stationierung neuer US-Mittelstreckenraketen in Europa demonstrierten. Sie hörten die linken deutschen Politiker Erhard Eppler, Gert Bastian und Petra Kelly darüber sprechen, dass mit der Unterstützung dieser Waffen die Friedensideale der ersten Immigranten, der Quäker und Mennoniten, verraten würden. Anders als in Krefeld verlief die Demonstration friedlich, wurde am folgenden Tag in der Germantown Friends School fortgesetzt. Wolf Biermann, der große politische Volkssänger, solidarisierte sich hier mit den Quäkern. Ich verriet ihm nicht, dass ich für die Konferenz verantwortlich sei. Er hätte das sicherlich mit dem Festbankett verwechselt und nicht so brüderlich-neugierig bei mir Erkundigungen über die hiesige »Szene« eingezogen.

Diese Verwechslung ließ Theo Sommer bei seinem scharfzüngigen Bericht aus Philadelphia in der ZEIT im Raum stehen. In seinem Leitartikel überging Sommer die Ausrichtung der Konferenz als Correctivum der Feier, gab zwar zu, dass auf ihr kritische Töne geäußert wurden, kanzelte jedoch das ganze Unternehmen des Tricentennial mit den Worten ab: »Rundgeschliffene Heuchelei war Trumpf.« Er selbst hatte auf dem Panel »Contemporary American-German Relations« ein kritisches Bekenntnis als Amerikaverehrer abgelegt, jedoch die wirklich wunden Punkte ausgelassen. Ironischerweise sorgten ein solches Negativfazit – »Falsches Pathos beim Familienfest« – ebenso wie die Protestdemonstrationen dafür, dass das Ereignis in der Öffentlichkeit breiterer Beachtung fand.

Das heißt nicht, dass es 1983 in Deutschland an Bekenntnissen zu Amerika fehlte. Sie wurden nur von den Antiatomdemonstrationen in den Schatten gestellt. In den USA signalisierte das Tricentennial in unzähligen kleinen und großen Veranstaltungen den Wiederaufstieg der Deutschamerikaner als geachteter Bestandteil der amerikanischen Nation. In beiden Ländern machten die Regierungen das Jubiläum in einer Zeit verschärfter politischer Konfrontation zum Anlass diplomatischer Verbrüderung.

Die Forschung zum deutsch-amerikanischen Verhältnis profitierte insofern, als die Geschichte der Deutschamerikaner in einer wissenschaftlich fruchtbaren Bilanz in das größere Bild eingebracht wurde. Entscheidendes darüber lernte ich bei den Vorbereitungen. Was ich in den Jugendjahren an Wissen über die USA versäumt hatte, holte ich mit den Diskursen der Experten nach. Sie waren anstrengender, aber auch unterhaltsamer als Lehrbücher und boten die Möglichkeit, die Ignoranz im persönlichen Umgang mit Historikern und Amerikanisten abzubauen. Dieser Umgang kam mir in den Folgejahren, als ich mich um die Umformung der amerikanischen Germanistik zu kümmern begann, sehr zugute.

11 Tricentennial Conference 1983: Schlussansprache von Bundespräsident Karl Carstens an der University of Pennsylvania (von links Trommler, Universitätspräsident Sheldon Hackney, Carstens).

Von Emigranten lernen

In den kraftvoll beschworenen historischen Szenarien dieser aufwendigen Konferenz klangen natürlich andere Themen an als Büchermachen und Forschungsförderung. Ich empfand die Bezüge zu Immigration und Akkulturation und all den Problemen, die sie in den verschiedenen Jahrhunderten mit sich brachten, geradezu als Herausforderung, da sie selten mit fertigen Ergebnissen, vielmehr mit Fragen und Beispielen aufwarteten, die mich aufhorchen ließen. Das traf besonders auf die jüngsten dramatischen Ausformungen mit der Flucht deutscher Juden vor dem Nationalsozialismus zu. Hierfür wurde die Tagung zu einer Art Katalysator.

Ich hatte Herbert Strauss eingeladen, den Professor am City College New York, Präsidenten der Research Foundation of Jewish Immigration und ab 1983 Gründungsdirektor des Berliner Zentrums für Antisemitismusforschung an der Technischen Universität. Strauss war der letzte Student von Leo Baeck an der Hochschule für die Wissenschaft des Judentums in Berlin gewesen und entkam 1943 mit seiner Frau der Gestapo über die Grenze in die Schweiz. Keine Frage, dass Strauss als idealer Sprecher über die jüdisch-deutsche Einwanderung nach

1933 auftreten müsse. Es war jedoch keineswegs sicher, dass diese Thematik auf einer Konferenz über die ethnische Gruppe der Deutschamerikaner von jüdischer Seite eingebracht werden würde. Lange Zeit hatte man vom Deutschamerikanertum gesprochen und zumeist die Juden nicht mitgemeint. Strauss war sich dessen bewusst und legte die Problematik dar. Mir wurde klar, dass ich erst, wenn er zustimmte und vortrug, von einer wirklichen Bestandsaufnahme sprechen konnte

Lange Zeit hörte ich nichts aus Berlin. Inzwischen knüpfte ich nähere Kontakte zu dem Biographen von Carl Schurz, Hans Trefousse, an, der unbedingt auf der Konferenz sprechen musste. Trefousse stammte aus einer alteingesessenen jüdischen Frankfurter Familie und hatte 1979 die erste größere Konferenz über deutsch-amerikanische Kultur und Geschichte organisiert. Dabei war der jüdische Aspekt nur am Rande thematisiert worden. Trefousse, ein großartiger Erzähler und Redner mit anheimelndem Frankfurter Akzent, hatte sich über die eindrucksvolle Figur des revolutionären Liberalen Schurz mit dem deutschamerikanischen Thema eingerichtet. Er fand den Antisemitismus in diesem Land endemisch und nicht auf bestimmte Gruppen beschränkt. Ihn kümmere Strauss' Problem nicht besonders.

Es war Strauss zu verdanken, dass das Thema auf der Konferenz klug und kritisch zur Sprache kam. Bei dem Konferenzbankett, das vom Winterthur Museum für die Teilnehmer veranstaltet wurde, kleidete er es in bewegende Worte, ja gab ihm eine Wendung, die von den Gästen, auch jüdischen Teilnehmern wie dem Historiker Gerhard Weinberg, mit spontanem Beifall quittiert wurde. Strauss' Formel: Der jüdische Anteil müsse gesondert und zugleich im Rahmen deutsch-amerikanischer Geschichte gewürdigt werden.

Ich hatte das Glück gehabt, in den siebziger Jahren von der Präsenz deutscher Emigranten, die vor Hitler geflohen waren, etwas über die Natur der Herausforderungen zu erfahren, auf die sich Herbert Strauss in seinem Zeugnis der Distanzierung bezog. Für Sozialisten wie Alfred Kantorowicz oder Bertolt Brecht, die den Amerikaaufenthalt nur als Zwischenstation auf dem Wege zu einem nachfaschistischen Deutschland betrachteten, war der Begriff des Exils angebracht, mit dem sich die Misere der erzwungenen Entwurzelung verband.

In diesem Umgang lernte ich die privilegierte Position zu begreifen, in der ich die Probleme von Fremdsein und Hinzugehören ohne Zurücksetzung und Demütigung austragen konnte. Privilegiert waren ich und meine Generationsgenossen bereits darin, dass wir keinen brutalen Bruch mit dem Herkunftsland aufoktroyiert bekamen, ob nun als Befreiung erfahren oder als seelische Amputation. Insofern ich mich nicht als Emigrant aus Deutschland betrachten musste, fiel es leichter, die von der Umwelt erwarteten Immigrantenidentifikationen im Alltagsverhalten zu tolerieren und hin und wieder mitsamt deutschem Akzent zum Vorteil inspirierter Konversation einzusetzen. Mit der Stellung als Visiting Lecturer an Harvard hatte ich die Green Card erhalten, die mich, als Permanent Resident und Steuerzahler legitimiert, einer weithin tolerierten Millionenschicht zuordnete.

Alfred Kantorowicz, bei Kriegsende in New York bei der Columbia Broadcasting Station tätig, hatte mir das inspirierende und deprimierende Dasein des Exilanten in dieser Stadt aus der Perspektive dessen geschildert, der sich so bald wie möglich davon trennte und in den sowjetischen Sektor Berlins übersiedelte. Das war die Ausnahme, die ich zu verschweigen lernte, als ich mit Henry Pachter ausführlicher bekannt wurde, dem marxistischen, nichtkommunistischen Mitbegründer von *Dissent,* der führenden Zeitschrift des linken New York. Pachter, Professor an der New School of Social Research und später am City College, ein scharfzüngiger Essayist, der 1969 in *Salmagundi* die fulminante Abrechnung *On Being an Exile* veröffentlichte, war mit den Kommunisten bereits 1932, als er noch Heinz Pächter hieß, in Berlin zusammengestoßen. Er hatte mit anderen vom Faschismus vertriebenen europäischen Flüchtlingen und New Yorkern, zumeist jüdischen Intellektuellen, einen Radikalismus entwickelt, der die marxistische Linke der Zwischenkriegszeit in die amerikanische Diskussion einbrachte und McCarthy-Hetze and *black listing* überlebte.

In Henry Pachters Apartment an der Upper West Side rutschte ich ohne Verzug in die Ahnungslosigkeit zurück, diesmal über die zwanziger Jahre, über die ich glaubte, etwas zu wissen. Die Tatsache, dass mich Pachter, vom gemeinsamen Kollegen Robert McGeehan eingeführt, der am City College Political Science lehrte, als Gesprächspartner akzeptierte, kann ich nur darauf zurückführen, dass ich gleich zu Beginn unserer Begegnung einschränkte, ich sei kein Marxist. Für den Achtundsechziger Marxismus sei ich zu früh geboren, für den Marxismus der Alten Linken zu spät. Wir einigten uns bald auf die Erörterung der Periode, die er bei der spektakulären New Yorker Konferenz 1971 vom Thron der Selbstbeweihräucherung herunter- und in eine ironisch modifizierte Zweitklassigkeit gestoßen hatte: die Weimarer Republik.

Pachter war der schärfstdenkende und -urteilende intellektuelle Mentor, den ich gehabt und zumeist nicht befolgt habe. Dessen Denken mir dabei geholfen hat, die deutsch-jüdischen Emigranten in den USA ebenso wie die von ihnen glorifizierte Kultur von Weimar nüchtern einzuschätzen und gegenüber der Tendenz der Frankfurter Schule zur intellektuellen Orthodoxie in meinem linken Haushalt Wachsamkeit walten zu lassen. Dass ihm unser Weimar-Buch

Bauchschmerzen bereitete, auch wenn er gerne darin las, habe ich ihm sofort abgenommen.

Wenn Pachter vom Exil als Lebensform sprach, die er der Rückkehr in die Bundesrepublik vorzog, meinte er zwei Dinge. Zum einen die Verpflichtungen des Dazwischenstehens, die dem Geist höchste Anstrengungen abverlangen, sobald er Europa den Amerikanern und Amerika den Europäern erklären muss; daraus erwachsen jedoch originelle neue Perspektiven. Zum andern meinte er eine Lebensform, die im multikulturellen, multidiskursiven New York kaum der Anstrengung bedarf, da diese Stadt sie in ihrem Alltag ohnehin vorrätig hat. Immerhin war ihm an der Vernetzung mit der deutschen akademischen Szene so viel gelegen, dass er auf meine Einladung einging, in zwei Standardpublikationen jüngerer deutscher Literaturwissenschaftler Artikel zu veröffentlichen, die einige penible Bibliotheksarbeit erforderten. Das geschah in dem von mir herausgegebenen Band *Jahrhundertwende* in Horst Albert Glasers zehnbändiger deutscher Literaturgeschichte (»*Eine Sozialgeschichte*«) im Rowohlt Verlag sowie in dem von Thomas Koebner edierten Band *Zwischen den Weltkriegen* des *Neuen Handbuchs der Literaturwissenschaft* bei Athenaion. Dort veröffentlichte Pachter sogar unter seinem ursprünglichen Namen Heinz Pächter, wohl auch um seine Jugend selbst mit in einen geradezu bekenntnishaften Aufsatz zur Jugendbewegung einzubringen.

Über Jugendbewegung und Sozialismus habe ich, nur wenige Straßen entfernt, von einem anderen Emigranten eine Belehrung erfahren, die den Jüngeren noch ungnädiger und kompromissloser hernahm. Weit entfernt von jüdischem Witz und New Yorker Urbanität, war dieser Gastgeber von einem Marxismus geprägt, der wie eine Dampfwalze aus den zwanziger Jahren heranrollte, nach denen ich ihn für mein Buch *Sozialistische Literatur in Deutschland* befragte. Zu Karl August Wittfogel, dem berühmten Direktor des Chinese History Project an der Columbia University, dem großen kommunistischen Debattanten von Lukács, Brecht, Korsch und Piscator und unerbittlichen Kritiker des stalinistischen Kommunismus, gelangte man nur über Gary Ulmen, seinen Biographen, der wenige Häuser weiter am Riverside Drive wohnte. Ulmen, ein junger, umgänglicher Dozent, war an meinem Buchprojekt interessiert, gab mir jedoch keinerlei Zusicherung, dass Wittfogel mehr als nur ein paar Fragen zulassen würde.

Es wurde die verdrehteste Fragestunde, die ich mit einem Zeitzeugen je erfahren habe. Wittfogel ließ mit seiner beeindruckenden Statur trotz knapp achtzig Jahren immer noch den legendären Führer der Jugendbewegung erkennen und setzte von vornherein auf Einschüchterung, bevor ich zu meinen Fragen kam. Von der mir zugestandenen Fragestunde nahm er fünfzig Minuten dafür in Anspruch, mich nach Strich und Faden nach Familie, Kindheit im Osten, Erziehung im Westen und Übersiedelung nach Amerika auszufragen. Was blieb, war das Gefühl, Familiensachen preisgegeben zu haben, die ihn nichts angingen, und am Ende Dinge von Piscator anzutippen, die er vergessen hatte.

Wie ausgewechselt war Wittfogel beim nächsten Zusammentreffen, einem Lunch zusammen mit Ulmen. Offenbar hatten ihm meine Familiengeschichten Vertrauen eingeflößt, denn er redete, philosophierte, taxierte die Frage nach den hegelianischen Ursprüngen der marxistischen Ästhetik, schwenkte dann auf die Jugendbewegung um (»Wir waren Edelanarchisten, ohne es zu wissen.«) und nahm sie als Beispiel für die Fragwürdigkeit des Basis-Überbau-Schemas im privaten Erleben. Als ich ihn nach seinem KZ-Roman *Staatliches Konzentrationslager No. VII* fragte (dem ersten je geschriebenen), ließ er sich endlich auf die Erinnerung ein. Was hörten wir Jüngeren? Er erklärte sich eindeutig gegen eine politische, parteiliche, ideologische Interpretation des Durchhaltevermögens in den Qualen des Papenburger Moorlagers 1933. Am ehesten habe so etwas wie Wolfgang Langhoffs Lied »Wir sind die Moorsoldaten!« Kraft gegeben, Solidarität hergestellt. Marxismus war eine Sache, Qualen durchhalten eine andere. Es komme auf etwas anderes an, insistierte er. Selbst Ulmen schaute verwundert auf, als Wittfogel sagte: Man braucht ontologische Kategorien, will man dem Grausamen nahekommen. Und muss mühsam lernen, woraus Bewährung dagegen kommen kann. Existentielle Kategorien? Ja, existentielle.

Ich hatte den Marxisten der zwanziger Jahre gesucht und den geschundenen Widerstandskämpfer der dreißiger Jahre gefunden. Sein Hauptwerk, *Die orientalische Despotie. Eine vergleichende Untersuchung totalitärer Macht* widmete Wittfogel den Freunden aus dem Lager, der »Hölle des totalitären Terrors«.

Einen größeren Kontrast innerhalb des Emigrantenpanoramas kann man sich kaum denken als zwischen Wittfogel, in dem sich Marxismus und die Geschichtskatastrophen des 20. Jahrhunderts zu bleischwerem Schicksalsdenken verbanden, und Henry Remak, dem geistsprühenden Literaturwissenschaftler, dem Witz und Konversation über alles gingen.

Remak, von Berlin über Straßburg an die Indiana University verschlagen, verkörperte jenes von mir an Exilanten geschätzte Widerspruchsdenken, praktizierte es allerdings ohne Pachters raunzige Aggressivität, vielmehr mit Eleganz und der Eitelkeit des Welterfahrenen. Sein Metier war die Form der *Comparative Literature*, die vorwiegend von europäischen Exilanten, denen die jeweiligen Sprachen zur Verfügung standen, als multikulturelles Mustergut in amerikanischen Seminaren entwickelte wurde, bis es die Jüngeren, denen die Sprachen abgingen, mit zumeist auf Englisch geführten Theoriedebatten verdrängten. Von Remak erfuhr ich das meiste über die verschlungenen und oft wenig eindrucksvollen Wege des Faches *German* seit den dreißiger Jahren; offenbar fand er Gefallen daran, meinen Weg von Deutschland zu den Höhen der amerikanischen Germanistik mit seinem eigenen Aufstieg in Parallele zu setzen, bestieg als Emeritus mehrmals das Flugzeug nach Philadelphia und hielt sogar noch als Achtundachtzigjähriger eine Rede an Penn zur Feier meiner Festschrift.

Emigrantenerfahrungen ohne akademische Auffangstationen lernte ich durch den Vater von Henry Schmidt, dem viel zu früh verstorbenen Kollegen an der Ohio State University, kennen. Mit Erich Schmidt, einem ehemaligen Berliner Schriftsetzer, dem es trotz mangelnder Englischkenntnisse in New York gelungen war, in seinem Beruf neu zu beginnen, und seiner Frau Hildegard verband mich eine langjährige Freundschaft. Schmidt, nur durch Verwechslung mit einem anderen Erich Schmidt aus dem Gestapogefängnis freigekommen, war der letzte Vorsitzende der Sozialistischen Arbeiterjugend vor Hitlers Machtübernahme in Berlin gewesen. Ihm zuzuhören, hieß für mich das, was ich im Band *Sozialistische Literatur in Deutschland* verarbeitet hatte, einer Authentizitätsprüfung zu unterwerfen. Darauf wollte ich mich nur zögernd einlassen. Was in dem Buch über die Menschen selbst stand, war meist aus sekundären Quellen erarbeitet. Wittfogel machte klar, wie authentische Erfahrung schmeckte. Es bedeutete mir viel, als mir Schmidt nach Jahren versicherte, er greife immer dann nach meinem Band, wenn er für seine Autobiographie den Überblick wiedergewinnen wolle.

Erich Schmidt hatte mit Fritz Erler, dem späteren SPD-Politiker, zusammengearbeitet und kannte Willy Brandt gut. Schmidt war bei der Veranstaltung über den deutschen Widerstand, die Jürgen Uwe Ohlau, der Leiter des Goethe-Instituts, 1988 in New York organisierte, derjenige Teilnehmer, auf den Brandt nach seiner bewegenden Rede zuging und lange umarmte. Es war ein Moment, in dem auf andere Weise die Authentizität jenes Kampfes spürbar wurde, den wir Jüngeren sonst nur aus zweiter Hand beschwören konnten.

Als ich von der American Philosophical Society ein Projekt finanziert bekam, das auf die literarischen Emigranten zielte, galt es nicht solchen Erfahrungen. Was ich bei diesen Begegnungen erfuhr, ging weit über literaturwissenschaftliche Erkundung hinaus. Ich habe wenig davon eingebracht, obwohl ich früh in der Begegnung mit Kantorowicz damit angefangen hatte, bin ich kein sehr produktiver Erforscher von Exilliteratur geworden. Meine Exilanten wurden für mich als Immigranten in den USA interessant, als genuine Widerspruchsdenker, die, während sie von Amerika aus sprachen, den Blick auf die Geschichte der letzten Jahrzehnte freigaben, an dem es in der Germanistik lange Zeit mangelte.

12 Die Geschwister mit Natalie und Alex 1987 (von links Gisela, Alexander, Frank, Klaus, Natalie).

Wie man zwischen den Kontinenten eine Familie gründet

Es wurde schließlich ernst nicht nur mit Amerika, sondern auch mit unserer Liebe. Natalie Huguet hatte diesem Fremden und seinen akademischen Unternehmungen Paroli geboten, während sie als Werbegraphikerin ein unabhängiges Leben führte und sich vor der Ehe graute. Das führte kurz vor Weihnachten 1982 zu einer unpompösen Hochzeit. Da waren die deutschen Familienmitglieder abkömmlich, konnten zu dem kleinen Fest über den Atlantik fliegen, Mutter Thea, Bruder Klaus und Schwester Gisela sowie der treue Jugendfreund Hartmut Mecking (Butz), der mir immer voraushatte, dass er Amerika wirklich mochte. Natalies Familie, in einem Vorort von Philadelphia angesiedelt, stellte sich in einem ebenfalls kleinen Kontingent ein, Eltern Carmelita und George Huguet, Natalies Brüder George und Robert, Letzterer mit Ehefrau Lynn und Tochter Jamie. Dazu gesellten sich Natalies Cousine Maureen Rowley und die Freundin Susan Saroff, die sie in New York bei einem Graphikworkshop des großen Pop-Designers Milton Glaser kennengelernt hatte.

Als die kleine Gruppe sich an einem Samstagvormittag zum großen Gerichtsgebäude aufmachte, dem Federal Justice Building unweit der Independence Hall, wo ein Richter die Trauung vornehmen würde, setzte das Herzklopfen ein, laut und unbarmherzig. Gewiss, wir beiden waren noch nicht aus der Gefahrenzone der Zweifel heraus. Aber das Herzklopfen galt etwas anderem. Würde sich an diesem Samstagmorgen entgegen den Regeln die Tür des Gerichtsgebäudes öffnen? Das sind die Schreckensszenarien, die einen in einem solchen Moment heimsuchen. Warum sollte dieses Staatsgebäude entgegen der Wochenendregel offen sein? Wie sollte man jemals den Weg zu Judge Scuderi finden, wenn das nicht der Fall war? Ich ersparte der Mutter die Aufregung, bis wir direkt an der Tür des Gerichtsgebäudes anlangten. Wozu der Flug über den Atlantik, neun Stunden unbequemen Sitzens, das nur durch Giselas Hilfe erträglich wurde, wenn die Tür zum Gericht verriegelt war? All das Ungemach umsonst? Kafka hätte mit dem Kopf genickt.

Wir fanden einen Klingelknopf, ein Wächter erschien, musterte uns, entschied, dass wir die Richtigen waren, und wies uns zum vierten Stock. Der Richter war offenbar ebenfalls erleichtert, dass wir den Weg gefunden hatten. Ein italienisch-dunkelhaariger Herr in schwarzer Richterrobe. So etwas Offizielles brauchten wir und erwarteten die amtliche Ermahnung und Eintragung. Der Richter machte es kurz, klug und freundlich, zitierte zwei Gedichte, die auf die Unabhängigkeit der Beiden zielten, ein persisches und eines von Simone de Beauvoir. Das war sein Anteil. Wir steuerten ein deutsches hinzu, »Zwei Segel« von Conrad Ferdinand Meyer, das Hartmut auf Deutsch und Vater Huguet auf Englisch lasen. An diesem Vormittag wurden die Fremdheiten sozusagen amtlich beurkundet. Vater Huguet, halb Amerikaner, halb Franzose, eine eindrucksvolle Erscheinung, ein jovialer General de Gaulle mit amerikanischem Witz, transformierte die Szene ins heiter Erwartungsvolle. Sein Spruch war: *The Best is Still to Come!* Was mir weniger als Hochzeitssegen denn als Herausforderung vorkam.

Wie gesagt, die Trauung und die dazugehörige Abendeinladung, für welche sich die Riesenwohnung in der Pine Street bestens eignete, waren nicht pompös. Kein deutsch-amerikanisch-französisch-irisch-jüdisches Jubelfest unter italienischem Segen. Jedoch ein Fest herzlicher Toleranz. Natalies Mutter, irisch-katholisch, hatte es nicht leicht, mit einem Schwiegersohn zurechtzukommen, der entscheidende Handicaps aufwies: geschieden, protestantisch, älter, deutsch. Das Letztere am schwersten zu verdauen. Ausgerechnet das war es, was ihren Ehemann George animierte. Sein Vater, George Huguet senior, der große französische Chefkoch, der bei Meister Escoffier sein Handwerk gelernt hatte, war vor 1914 auf der *Vaterland* gefahren und hatte nach dem Ersten Weltkrieg in den New

Yorker Hotels *Knickerbocker* und *Astoria* und in Philadelphias *Benjamin Franklin* gekocht und seine berühmte Patisserie kreiert. Sein Sohn hätte grollen können, seine Tochter einem Deutschen zur Frau zu geben, nachdem wir herausfanden, dass mein Vater seinem Vater im Grabenkrieg 1916 hätte gegenüberliegen können. George Huguet senior in Verdun, Ernst Trommler an der Somme. George Huguet junior grollte nicht, im Gegenteil, er verhehlte nicht seine Sympathie dem anderen Europäer gegenüber. Meine Mutter und Geschwister kamen ins Schwärmen über seinen Charme. Natalie behielt für sich, dass der in der Familie nicht immer präsent war.

Hochzeit hieß Bindung an Amerika, und das vor allem, wenn Kinder zur Planung gehörten. Das stellte für Mutter und Schwester den schwierigsten Teil der Familienreise über den Atlantik dar. Ich habe es meiner Mutter zeitlebens hoch angerechnet, dass sie darüber mir gegenüber niemals geklagt hat. Sie wollte mein Glück, wollte aber auch, dass ich die Bindung an sie und die Familie nicht aufgebe. Das stand für mich außer Frage, da mir die Familie seit jeher als hilfsbedürftig ebenso wie hilfegebend zentrale Referenz geblieben war, und das ging zurück auf die Nachkriegszeit unter den Russen und unter erschwerten Umständen nach der Flucht in den Westen. Dem widersprach meine Expedition in die Welt nicht, im Gegenteil, sowohl dem Ausreißen als auch dem Ausreisen war dieses Zugehörigkeitsgefühl aus der Fremde eingeschrieben.

Die Schwester hat unter dem Weggehen ihres jüngeren Bruders schwer gelitten. Ihre Klagen über die Beschwerlichkeit, die Mutter auf dieser Reise in guter Verfassung zu halten, hallte noch lange nach. In ihnen drückte sich die Trauer über den Verlust des Bruders jenseits des Atlantiks aus. Als ihre Kinderarztpraxis in Hamburg Norderstedt in späteren Jahren immer deutlicher zur Belastung wurde, sah ich mich verpflichtet, ihr jede Woche einmal telefonisch der nahe Bruder zu sein.

Dass ich mit einer amerikanischen Familie für mein Leben einen festen emotionalen Anker in Deutschland behielt, verdanke ich der erweiterten Familie, zu der auch Birgits Mutter in Witten, Else Facius, gehörte, ein Ausbund an Treue, Hilfsbereitschaft und Warmherzigkeit, sowie den Freunden Hartmut Mecking, Jochen Bloss, Thomas Koebner, Wolfgang Hegels, die zumeist aus der Münchener Studentenzeit stammten. Wir besuchten sie regelmäßig, Jochen Bloss mit seiner Familie zumeist in München, wo er in der Goethe-Zentrale zunächst für Theater, später für Vorträge zuständig war, dann auch in anderen Städten als Direktor der Institute, in Mexiko, Prag und Madrid, jeweils unvergesslichen Besuchszielen. Hartmut Mecking spezialisierte sich in Ludwigsburg sowohl in Onkologie als auch in Radiologie, wurde erst nach langen Jahren in Duisburg sesshaft, brachte es fertig, noch später als ich eine Familie zu gründen, fand sein Glück mit der Stationsschwester Susanne, einer fröhlich zupackenden Schwäbin. Amerika behielt für die beiden, ebenso später für ihre beiden Jungen, eine geradezu magische Anziehungskraft, im Gegensatz zu Jochen Bloss, dessen kritische Perspektive auf Land und Leute von Lateinamerika geprägt war und blieb.

Zentral für die Pflege der Verankerung in Deutschland, nicht zuletzt ihrer finanziellen und steuerlichen Aspekte, war mein Bruder Klaus. Er verheiratete sich mit einer erfolgreichen Geschäftsfrau in Aachen, Ruth Crumbach, und ließ sich dort als Steuerberater und Wirtschaftsprüfer nieder. Sechs Jahre auseinander und durch Familienschicksal und Mutter auf Harmonie hin erzogen, kamen wir uns als Brüder kaum ins Gehege, im Gegenteil, standen uns beruflich so fern, dass die Begegnungen spannende Unterhaltungen hervorbrachten. Leben und Karriere in Amerika machten ihm keine Beschwerden. Er verfolgte, was der Bruder zustande brachte, mit Neugier und gewissem Stolz, nahm an den großen Konferenzen teil und blieb mir immer ein oft streng prüfender Dialogpartner. Mit ihm als Berater konnte ich über Jahrzehnte hinweg darauf bauen, als Resident Alien in den USA zugleich als (marginaler) deutscher Steuerzahler meine Wohnadresse in Witten bei Mutter Facius zu erhalten, ohne Gesetze zu verletzen.

Natalies Vater, der Halbfranzose, hatte sich mit dem Balancieren gegenüber Europa abgefunden, für Natalie war es schwieriger. Sie lernte langsam, meinen Loyalitäten zu vertrauen. Ich lernte, mich auch als Amerikaner zu bewegen, nicht zuletzt dank ihrer ansteckenden Freude an Vergnügungen, Film, Kunst und lustigem Familienleben. Nur dank solcherart Sesshaftigkeit konnte ich bei offiziellen Unternehmungen, bei der Arbeit mit Studenten und der Reformarbeit an meinem Fach effektiv sein. Nur so konnte sich Natalie in dieser Ehe sicher fühlen.

10. Die amerikanische Universität bietet besondere Chancen

Auslandsgermanistik ist passé

Von den Klagen über den Niedergang Amerikas in den siebziger Jahren blieb ein Bereich verschont: der des amerikanischen Universitätssystems. Die zahlreichen Bemühungen um Reformen der erstarrten deutschen Hochschulstrukturen, die in diesen Jahren zu mehreren erfolgreichen Neugründungen von Universitäten wie Bielefeld, Wuppertal, Bremen, Siegen und Konstanz führten, wurden regelmäßig mit Hinweisen auf die effiziente Hochschullandschaft der USA versehen. Reformer legitimierten sich mit Beispielen, die sie an Eliteuniversitäten wie Harvard und Berkeley erfahren hatten. Wer unter Naturwissenschaftlern auf sein Studienjahr in Amerika hinweisen konnte, erhielt einen Bonus, den keine deutsche Universität verschaffen konnte – in ominöser Umkehrung des Qualitätsausweises, den sich amerikanische Studenten hundert Jahre zuvor an deutschen Universitäten wie Berlin, Heidelberg oder Göttingen besorgt hatten.

Von Deutschland aus gesehen, erfreuten sich die Geisteswissenschaften keines solchen Bonus. Da verlor sich die Hochschätzung über den Weiten des Atlantiks, in denen Amerika trotz seiner inspirierenden Kulturpolitik nach 1945 höchstens als Nachzügler europäischer Kultur wahrgenommen wurde. Universitätsfächer wie Germanistik oder Romanistik wertete man als Ableger einheimischer Wissenschaftsdisziplinen. Man sprach von Auslandsgermanistik wie von einem Gebilde, das, einem Fahrrad ähnelnd, einem Hilfsmotor aus Deutschland den Antrieb schuldet.

Die Romanisten in Frankreich hielten es mit den Auslandsromanisten nicht viel besser. Das waren Ableger, nur gut geeignet, um Einladungen zu unterhaltsamen Vortragsreisen durch die Staaten zu sammeln. Wilhelm Emrich, der bedeutende Germanist, den ich einst an der Freien Universität bei einer Massenvorlesung über Barock als Wissensvulkan mit professoralem Strahlenkranz erlebt hatte, häufte mit den Einladungen in den USA auch die Nachreden als ziemlich vulgärer, trinkfreudiger Besucher. Ich kam mit ihm an Penn prompt ins Gehege, als er seine Abwertung der Gegenwartsautoren in schneidendem Ton verkündete. Benno von Wiese, dessen Interpretationsbücher jeden Studenten begleiteten, holte an Harvard nach einem reichlichen Dinner vergilbte Vorlesungsblätter über Goethe und Shakespeare aus seiner Aktentasche und konnte sich am Anfang seines Vortrages kaum darüber beruhigen, dass das berühmte Pferdesteak im Faculty Club gar nicht so übel geschmeckt habe. Immerhin machte ihm Harvard so viel Eindruck, dass er mich gönnerhaft ermutigte, ihm meinen Aufsatz über Thomas Manns Rhetorik im *Doktor Faustus* zuzuschicken. Tatsächlich druckte er ihn in der *Zeitschrift für Deutsche Philologie* ab.

Ich kann mich nicht rühmen, dass ich den Vorurteilen besonders frühzeitig entgegengetreten bin, vermag mich jedoch unter diejenigen einzureihen, die sich von ihnen nicht beirren ließen und die Chancen nutzten, welche die amerikanische Universität unternehmungslustigen Germanisten beim Bemühen bot, Inhalte und Darstellungsformen deutscher Literatur zu modernisieren. Dass die German Departments damit intellektuelle Erneuerung erfuhren, gehört zu den Erfahrungen, die ich mit den aus Deutschland gebürtigen, ebenfalls jüngeren Kollegen teilte. Jost Hermand und Wulf Koepke hatten es vorgemacht, gefolgt von Reinhold Grimm, Karl Guthke und inspirierten Kollegen wie Walter Hinderer, Peter Uwe Hohendahl, Hinrich Seeba, Sigrid Bauschinger, Klaus Berghahn, Dagmar Barnouw, Andreas Huyssen, Paul Michael Lützeler, Anton Kaes, Peter Beicken, Hans Vaget und anderen. Sprachexpertinnen wie Heidi Byrnes und Renate Schulz trugen in den Folgejahrzehnten zu der allfälligen Reform des Sprachunterrichts Entscheidendes bei. Wir alle waren Nutznießer des im Kalten Krieg der sechziger Jahre forcierten Ausbaus der amerikanischen Universität, der auch den Fremdsprachen zugutekam.

Bei etablierten Kollegen weckte dieser Zustrom häufig Widerstand, auch wenn sie anerkannten, dass davon eine Neubelebung des Fachs ausging. Dass das Thema Einheimische versus Eingewanderte, keineswegs neu in den USA, nicht zu stärkeren Eklats führte, weckte öfters meine Bewunderung der Toleranz der Kollegen, hatte aber wohl auch mit der in den achtziger Jahren ansteckenden Internationalisierung akademischen Lebens und Forschens zu tun. Wie lange sich das Thema dennoch erhielt, offenbarte sich bei einer Konferenz über die Zukunft der Germanistik in den USA, die der Freund und amerikanische Kollege John McCarthy 1995 an der Vanderbilt University unter großer Beteiligung veranstaltete. In der Schrift *Remarks on the Needed Reform of German Studies in the United States* hatten John Van Cleve und A. Leslie Willson die Trägheit *(inertia)* des amerikanischen Faches angegriffen und den übergroßen Einfluss des deutschen Imports angeprangert.

In differenzierterer Form war das von Jeffrey Sammons an Yale schon zwanzig Jahre vorher als Problem markiert worden, als er feststellte, dass die Ausrichtung an der deutschen germanistischen Öffentlichkeit, mit der sich die importierten Germanisten hervortaten, die seit dem Kriege bestehende Isolation des Faches in der amerikanischen Universität nicht aufhebe, im Gegenteil, sogar verstärke. Wollten wir das? Es dauerte seine Zeit, bis wir den prekären Status des Faches begriffen hatten. Nach und nach wurde uns klar, dass solche Spuren von Auslandsgermanistik dem Fach in den USA kaum mehr zugutekommen würden, es vielmehr darum ging, Germanistik in einem anderen Land zu betreiben.

Seitdem waren zwanzig Jahre verstrichen. In dieser Zeit waren entscheidende Weichen gestellt worden, mit denen die Krise des Faches durch theoretische und praktische Ausrichtung auf die Bedürfnisse der amerikanischen Studierenden und der amerikanischen Humanities allgemein bekämpft werden sollte und konnte. Von Trägheit der German Studies sprechen, sorgte 1993, als die Schrift erschien, eher für den Rip van Winkle-Effekt bei den Autoren, die tatsächlichen Entwicklungen verschlafen oder verdrängt zu haben. Das demonstrierte die Konferenz, auf der die neuen Strategien zur Diskussion standen. Welche Rolle spielte dabei der Vorwurf vom übermäßigen Einfluss der Zugewanderten? Hohendahl entzog sich dem Vorwurf nicht. Er antwortete wie immer systematisch und zeigte, wie unfruchtbar das Auseinanderdividieren war.

Ich ließ es dabei bewenden, im Bewusstsein, dass ausgerechnet die Amerikanisierung der Germanistik Ende der achtziger Jahre – »*Towards an American Agenda of German Studies*« – stark von ebenjenen Zugewanderten mitbefördert wurde. Hierin lagen die Gründe dafür, dass jüngere amerikanische Germanisten wie Patricia Herminghouse, Jack Zipes, John McCarthy, David Bathrick, Sara Lennox, Lynne Tatlock, Jeffrey Peck dazu tendierten, sich mit den Neuerern zu solidarisieren.

Wie die German Studies zu einem Reformprojekt wurden, das sich nicht mehr mit dem Begriff Auslandsgermanistik fassen lässt, mit dem es als bloßer Ableger der deutschen (und damit originalen) Germanistik erscheint, ist ein eigenes Kapitel wert. Die Ironie dieser Entwicklung – zu der hinzukam, dass größere Unterstützung sogar von offizieller deutscher Seite, dem DAAD, geleistet wurde – erschloss sich nicht auf Anhieb.

Jüngere Kolleginnen öffneten das Fach auf ihre Weise. Für sie wurde das Wisconsin-Department mit seinem Einbezug von Studentenkollektiven beispielgebend. Die Gründung einer beruflichen Interessengemeinschaft unter dem Namen *Women in German* 1974 führte zu einem gründlichen Überdenken des Stoffgebietes und seiner Interpretationsmethoden sowie neuer fachlicher Anerkennung. Mit dem amerikanischen Feminismus im Rücken strahlte das auch auf deutsche Germanistinnen aus. Was ich mit Christa Wolfs Besuch in Philadelphia erlebte, stellt nur eine Fußnote zu Wolfs Gastsemestern am Oberlin-College und an der Ohio State University dar. Die Ostberliner Schriftstellerin setzte

Wallfahrten amerikanischer Germanistinnen in Bewegung. Ihnen offerierte die Beschäftigung mit der DDR-Literatur einen fruchtbaren Zugang zur Germanistik, die sich nur langsam von dem männlichen, in der Goethe-Verehrung patriarchalisch überwölbten Kanon löste. Natürlich ging das nicht ohne harte Kämpfe ab. Meine frühe Forschung zur DDR-Literatur, die ich dann abbrach, verschaffte mir noch lange die zweifelhafte Ehre, ein an einer Ivy-League-University gut platzierter Empfehlungsschreiber für weibliche Promotionen auf diesem Gebiet zu sein.

Barbara Herrnstein-Smith und die Mangelerfahrungen des Germanisten

Mein Umdenken wurde durch die Erkenntnis verstärkt, dass ich die Theoriewelle, die die Humanities Departments seit den späten siebziger Jahren erfasste, nur stümperhaft mitvollzogen hatte. Als an Penn ein neues Programm für Komparatistik installiert werden sollte, trafen sich die Kollegen von Romanistik, Slawistik, Germanistik und Englisch. Ich war aufgerufen, als Chair des German Department dem Aufbau des interdepartmentalen Studienganges die deutsche Stimme beizufügen, und erlebte mit Beschämung, dass ich mit leeren Händen kam.

Worum es ging, lernte ich an einem der Nachmittage, als Barbara Herrnstein-Smith, eine weithin bekannte Shakespeare-Forscherin und Theoretikerin, die die Komparatistikgründung anleitete, von dem Seminar mit Arkady Plotnitsky berichtete, der die Kollegen in das Werk von Jacques Derrida, dem mit Michel Foucault maßgebenden französischen Theoretiker der Stunde, einführte. Ich merkte, was ich da aufzuholen hatte, um mit der Behandlung interdisziplinärer Theorien zu den heißeren Debatten des neueren akademischen Establishments Zugang zu finden. Wie es so geht, bleiben einem die Peinlichkeiten länger im Kopf als die Erfolgsmomente. Hier erwuchs die Peinlichkeit aus dem Unvermögen, meine Expertise im Fach mit dem neuen Diskurs der *literary scholars* in der *academy* zusammenzubringen. Mir fehlte vor allem die einschlägige Sprache.

Diese Mangelerfahrung wurde zu dieser Zeit durch meinen wöchentlichen Aufenthalt an der Johns Hopkins University noch vertieft, an der ich vor einer stattlichen Schar von Graduate-Studenten aus verschiedenen Fächern einen Kurs über Literatur und Kunst in der Weimarer Republik hielt. Das konnte man zum Großteil ohne Theorie schaffen und besaß in den Innovationen jener Periode eine solide Grundlage. Jedoch merkte ich, dass Studierende verschiedentlich eine theoretische Ausrüstung geltend machten, die mich mit meinen historisch orientierten ästhetischen Kategorien im Regen stehen ließ.

Ich fand mich auf die Schulbank zurückversetzt, machte brav Schularbeiten. Zum Glück fand ich in Barbara Herrnstein-Smith eine Gesprächspartnerin, in deren theoretischem Engagement ich mich bald verfing, insofern sie auf meinen durch visuelle Künste und Architektur geprägten Zugang zum Phänomen des Postmodernismus mit ungewohnten Argumenten ansprang. Diese Frau, eine zierliche, überaus wache und gescheite Person mit intellektuellem Charme und Führungswillen, mit dem sie wenige Jahre später zur Präsidentin der Modern Language Association aufstieg, fand offenbar Gefallen daran, einen völlig anders an die *academy* akkulturierten Kollegen auf den Zahn zu fühlen.

Was zunächst unberührt blieb, drängte sich bei einer Diskussion ihres damaligen theoretischen Projekts *Contingencies of Value* nach vorn, einer grundsätzlichen Infragestellung des etablierten Systems an Werten, Geschmack und Urteilskraft. Angesichts der Abhängigkeit aller Werturteile von interaktiven Strukturen argumentierte sie, dass die Zurückweisung objektiver Wertstellungen keineswegs in Wertrelativismus münden müsse. Hier aber meldete mein Gewissen als Deutscher der Nachkriegsgeneration Bedenken an. Ungeschult in ihrem feinziselierten Diskurs fand ich die Gefahr, die moralischen Wertstellungen relativistisch zu unterminieren, die ich nach dem Nationalsozialismus als unabdingbar für gesellschaftlich relevantes Denken hielt, zu groß. Als Theoretikerin blieb sie von meinen Einwänden ungerührt, als Jüdin wollte sie ihnen nicht widersprechen. In diesen Momenten lernte ich durch sie einiges darüber, was mir als Deutschem meiner Generation im Denken möglich war und was nicht. Es formte meine kritische Einstellung zu dem von Derrida vertretenen Dekonstruktivismus.

Barbara Herrnstein-Smith verdanke ich, dass ich den Sprung vom kontinentalen zum angelsächsischen Denken über die Diskussion der Moderne vollziehen konnte. Er war unabdingbar, wollte ich zu meinen Themen Modernismus und Postmodernismus etwas anbieten, das amerikanische Studenten anziehen konnte. Ihr verdanke ich zudem die Ermutigung, beim National Endowment for the Humanities (NEH) ein Sommerseminar für jüngere Dozenten über Modernismus zu beantragen, das dann im heißen Sommer 1983 mit zwölf klugen Teilnehmern an Penn stattfand. Und sie war bei dem Antrag für ein Guggenheim-Stipendium, zu dem mich Peter Demetz aufforderte, maßgebend dafür, dass ich eine Argumentation entwickelte, die mir tatsächlich zu diesem seltenen Stipendium verhalf. Ich richtete das Projekt »The Decline of Modernism in German Literature between the Wars« auf die deutsche Moderne aus, lernte jedoch in unserem Dialog, es so im internationalen Kontext des Modernismus zu verankern, dass eine amerikanische Jury aufmerksam wurde.

Kein exemplarischer Guggenheim Fellow

Ich bin der Guggenheim Foundation immer dankbar dafür gewesen, dass sie mich aus den Obliegenheiten von Komitees und Chairmanship herausgelöst und erlaubt hat, in München nach fast zwanzig Jahren wieder Anker zu werfen. Ich hatte gerade die wohl heikelste Verpflichtung meines akademischen Lebens hinter mich gebracht, den Vorsitz des Senate Administrative Committee in einem Jahr zu führen, in dem ihm von der Fakultät aufgetragen worden war, das Budget der Verwaltung der University of Pennsylvania zu überprüfen. Mit anderen Worten, das Komitee sollte den Haushalt der Zentralverwaltung einer großen privaten Institution examinieren, die nicht verpflichtet war, ihre Finanzen öffentlich darzulegen. Präsident Sheldon Hackney konnte das Unternehmen zurückweisen. Mit dem Auftrag, dem Vorwurf nachzugehen, dass die Administration Gelder verschwende, wurde meine Aufgabe besonders heikel, insofern ich sowohl Präsidenten wie Provost und Vizepräsidenten dazu bewegen musste, diese Prüfung nicht nur zuzulassen, sondern die jeweiligen Zahlen zu liefern, um einen brauchbaren Vergleich zwischen den Budgeteinheiten der letzten Jahre zu ermöglichen.

Der Lernprozess in Diplomatie zeitigte mehr Erfolge als der im Lesen von Budgets. Ohne die professionelle Strukturierung der Budgetvergleiche durch die erfahrene Kollegin Anita Summers von der Wharton Business School hätte ich eine absolute Pleite verursacht. Als Komiteevorsitzender sicherte ich zwar die zunächst wenig erfolgversprechende Kooperation der Offiziellen, war jedoch, wenn wieder ein neuer Zahlenschub Gestalt annahm, ständig auf Summers und die Kollegen angewiesen. Man sah mir meinen Dilettantismus nach, da die Probleme ganz woanders auftauchten: bei der ständigen Verzögerung der Lieferung einschlägiger Zahlen, und der Tatsache, dass das durch eine absolut antiquierte Form der Zahlenlieferung – handschriftlich – verursacht wurde. Selbst Anita Summers war perplex; das Komitee konnte kaum glauben, dass die University of Pennsylvania noch im Jahre 1983 auf diese Weise verwaltet wurde. Damit erübrigte sich der Vorwurf der Verschwendung, ja ich musste der Fakultät berichten, das Komitee sei zu dem Schluss gekommen, dass die Verwaltung finanziell und personell besser ausgerüstet werden müsse. Natürlich lief das Komitee Gefahr, der Verwaltung einen Blankoscheck für höhere Ausgaben auszustellen (die dann ohnehin erfolgten), noch wichtiger jedoch war die Auflage, umgehend ein Computersystem für die Verwaltung einzurichten, das unter dem Namen UMIS im Folgejahr die Arbeit aufnahm.

Mit dem temporären Umzug nach München sanken diese Aufregungen schnell in die Vergangenheit. Allerdings hatte das, was ich dann mit dem Stipendium unternahm, nur wenig mit der Ausschreibung zu tun, beschämend wenig. Zweifellos verschaffte das Guggenheim Fellowship die Bestätigung, als Forscher und Lehrer ein anerkanntes Mitglied der amerikanischen *academy* geworden zu sein. Was sich in meiner Umwelt viel unmittelbarer auswirkte, weil es auch von Natalie und den Freunden als Auszeichnung verstanden wurde, war das Privileg, *nicht* unterrichten und schreiben zu müssen. In den Fahrradtouren durch den Englischen Garten, die dank der von den Freunden Frank und Inge Thelen geborgten Fahrräder mitsamt Babykorb und Picknickkörbchen möglich wurden, lebte ich diese Freiheit aus. Zum Glück verzichtet die Guggenheim Foundation auf die Nachprüfung dessen, was man mit dem Stipendium unternommen hat.

Ich hätte der Stiftung ja nicht berichten können, dass mir das Stipendium erlaubte, zur richtigen Zeit den Sprung zu einem längeren Aufenthalt in meinem Herkunftsland zu machen und meine neue Ehe mit einer Amerikanerin ins Lot zu bringen, wozu beitrug, dass wir wenige Wochen vor der Abreise glückliche Eltern wurden. Die akademische Begründung und Finanzierung ebnete den Weg, um Natalies Akkulturation an die fremde Kultur zu ermöglichen.

Was sind Sie eigentlich, Amerikaner oder Deutscher?

In dieser Zeit, Mitte der achtziger Jahre, wurde mir diese Frage so lange nicht lästig, wie sie nicht von Freunden oder Familie gestellt wurde. Allerdings fanden diese es manchmal beschwerlich, damit umzugehen, dass ich mit Natalie eine Amerikanerin geheiratet hatte, mit der unsere Ehe über alle persönlichen Kompromisse hinaus auch unterschiedliche nationale und kulturelle Eigentümlichkeiten ins Gespräch brachte, die nicht selten die Toleranz strapazierten. Da diese Verbindung uns schon selbst in manche Befremdlichkeiten führte, für die eine Ehe mit ihren emotionalen Gefahrenzonen nicht den geeigneten Ort darstellt, konnte man denen, die uns nahestanden, ihren Unmut über das Ungewohnte nicht verdenken.

Natalie hatte es mit diesem hereingeschneiten Deutschen nicht leichter. Ein Franzose wäre besser gewesen, allein schon wegen des Flairs seiner Kultur und Sprache, ganz abgesehen davon, dass Vater Huguet von diesem Flair einiges ausströmte. Warum aber hatte er Natalie kein Französisch beigebracht? War es nur wegen der Blockade der irisch-amerikanischen Mutter? Es wäre so leicht gewesen. So musste Natalie wohl oder übel Deutsch lernen, um mit den neuen

Verwandten sprechen zu können. Ich rechne ihr hoch an, dass sie sich, obwohl sie sich für nicht sehr sprachbegabt hielt, voll darauf einließ.

Wir wurden 1984 also Eltern. Natalie musste eine langwierige Geburt durchstehen, für die sie zu unserem Glück mit einem gesunden, pflegeleichten Sohn, Alexander, belohnt wurde. Am Ende der völlig erschöpfenden Prozedur im Booth Maternity Center in Philadelphia sahen mich Hebamme und Arzt als Teil des Hilfspersonals an. Meine Uniform war ein blaues Hemd. Damit hatte ich an Natalies Bett über Nacht Wache gehalten. Am Morgen war für mich alles blau, der Himmel, die Nabelschnur, die Gefühle. *The world is blue*, kommentierte der Arzt lächelnd, auf mein Hemd deutend. Das brachte auch Natalie zum Lächeln. Mit der Erinnerung an die vielstündige Qual ist der Spruch geblieben.

Zwei Monate nach der Geburt benahm sich Alex sehr anständig im Flugzeug nach London, wo wir Inge und Tom Pevsner besuchten, und München, wo wir eine Wohnung am Nordfriedhof gemietet hatten und Frank und Inge Thelen sich rührend um uns kümmerten. Der kleine Mann schlief und schrie nicht. So jedenfalls täuscht die Erinnerung der jungen Eltern.

Ganz jung waren wir ja nicht, vor allem ich mit fünfundvierzig Jahren, zwölf Jahre älter als Natalie. Ich lernte, dass man in jedem Alter in eine neue Ahnungslosigkeit rutschen kann. Diese Ahnungslosigkeit als Vater, während andere in diesem Alter bereits erwachsene oder zumindest heranwachsende Kinder ansteuern, hatte den Vorteil, dass sie bei mir nicht mit der finanziellen Unsicherheit der Jüngeren gepaart war. Allerdings mussten auch wir, als wir nach der Rückkehr ein Haus in West Philadelphia kauften, genau rechnen, damit wir mit den Verdiensten eines Professors, die nicht üppig waren, und Natalies Einkünften als freie Graphikerin zurechtkamen. Die Kinderkrippe war teuer, jedoch unumgänglich, Schule noch teurer, da es bei den fragwürdigen Schulverhältnissen in Philadelphia nicht ohne Privatschule abging. Hätten wir für die Deutschlandreisen nicht auf mein kleines Aktiendepot bei der Commerzbank zurückgreifen können, wäre die transatlantische Ausrichtung nicht zu verwirklichen gewesen.

Mit ihrem Beruf als Graphikerin war Natalie keineswegs einer geradlinigen Ausbildung gefolgt. Ihre Eltern, Besitzer eines bescheidenen Vororthauses, hatten sie als Mädchen im Unterschied zu den beiden Brüdern beim Studium nicht unterstützt und ihr, als sie zu einem Freund in die Stadt zog, aus Empörung über ihre sexuelle Selbstbefreiung den Stuhl vor die Tür gesetzt. Sie hatte gelernt, das Beste aus ihrer künstlerischen Neigung zu machen, hatte, um damit Geld zu verdienen, das Studium abgebrochen und, zuerst als Angestellte, dann als selbstständige Graphikerin, ihre Existenz begründet. Die größte Inspiration, die ihr bei der Verselbstständigung half, kam 1980 von einem Workshop in New York bei dem berühmten Graphiker Milton Glaser, einem höchst originellen visuellen Denker, der, wie man im Rückblick sagen kann, unser Bild der farbkräftigen Design- und Popkultur der siebziger Jahre maßgeblich geprägt hat.

Es fiel Natalie nicht leicht, für den halbjährigen Aufenthalt in München ihre Arbeit mit Kunden zu unterbrechen. Kein Wunder, dass sie so lang gezögert hatte, eine Ehe einzugehen, die sie in Abhängigkeiten einband, von denen sie sich befreit zu haben glaubte. Es gelang ihr jedoch nach der Rückkehr, sowohl die Arbeit mit Kunden wieder aufzunehmen und damit Erfolge zu erzielen als auch sich den Traum zu erfüllen, das abgebrochene Bachelor-of-Arts-Studium an der Temple University abzuschließen.

An die spontanen Ausschläge ihres Temperaments von Lebenslust und Lebensfreude, die uns immer begleitet haben, zu depressiven Phasen lernte ich mich zu gewöhnen. Erfreulicherweise erfuhr sie von Familie und Freunden in Deutschland neue, ungewohnte Aufmerksamkeit, am wärmsten von den Freunden Jochen und Carola Bloss, die, nicht auf Englisch eingerichtet, ihre Fortschritte im Deutschen mit viel Ermutigung förderten. Bloss brachte seine Erfahrung als Deutschlehrer im Goethe-Institut in die Freundschaft ein und milderte die sehr direkten Korrekturen, die meine Mutter, wenngleich mit zunehmender Wertschätzung, jeweils zu Beginn unserer Deutschlandreisen ihrer Schwiegertochter in Baden-Baden angedeihen ließ.

Diese sprachlichen Berichtigungen vonseiten der Schwiegermutter klangen unvermittelt und mussten verdaut werden. Sie glätteten sich jedoch mit Alex' Eintritt in die Familie, mit dem meine Mutter das längst aufgegebene Erlebnis, Großmutter zu sein, nachholte und eine sichtliche Verjüngung erfuhr. Großmutter Thea, die einst die Höhen und Tiefen des Mutterdaseins voll ausgekostet hatte, wurde keine schmusige Oma. Sie betrachtete das neu gefundene Großmutterdasein, das sie ohnehin nur saisonweise genießen konnte, als eine Art Geschenk, das ihr zur pfleglichen Behandlung übergeben war. Sie blieb dabei die ältere Dame mit Stil, die bei der Hochzeitsparty in Philadelphia so viel Eindruck gemacht hatte, dass die Erwähnung von »Mutti« auch später unter amerikanischen Verwandten aufhorchen ließ. Zu diesem Stil passte es, dass sie zur Feier von Alex' Taufe in der kleinen lutherischen Kirche in München-Gräfelfing einen Bestandteil der Familientradition mit ins Auto packte, das seltene, sorgsam einst über die Zonengrenze gerettete Meißener Teeservice Zwiebelmuster mit Goldrand. Beim Nachmittagstee unterhielt sie die Freundes- und Familienrunde in der Nordseestraße mit den entsprechenden Erinnerungen an dieses Erbe ihrer Dresdener Großmutter.

Natalie machte kein Hehl daraus, dass, wenn man durch Heirat so tief in das Innere dieses fremden Landes hineingezogen wurde, München den geeignetsten

Ort darstelle. Hier ließen sich die nicht besonders schmeichelhaften Klischees, die man als Amerikanerin von den Deutschen hatte, am ehesten verschmerzen. Oder auch nicht, wenn es ums Essen ging. Oder um das Drängeln und die Rücksichtslosigkeit. Oder um die abwartende Kühle, mit der Deutsche außerhalb des Biergartens jede Begegnung erst einmal ausstatten müssen. Oder um die Konzentration, die ihre Sprache und Literatur verlangen und die davon abhält, sie zu umarmen, geschweige zu lieben. Ihre neueren Filme vermieden Leidenschaften und spannende Handlungen, stellten die Geduld auf eine harte Probe. Immerhin verschaffte die Fernsehserie *Heimat,* mit der Edgar Reitz deutsche Schicksale mehrerer Generationen bündelte, Natalie im Herbst 1984 eine unerwartet eingängige Verankerung unter diesen Leuten und ihrer Vergangenheit.

Was sie an diesem Land zu schätzen lernte, war die Aufmerksamkeit, die man hier nach anfänglicher Kühle dem anderen schenkt, das Zuhören und die Freundschaft, die die Kühle vergessen lassen und das Maß dessen, was man in den USA als *friendship* bezeichnet, weit in den Schatten stellen. Angesichts ihrer wenig rühmlichen Erfahrungen, die sie mit ihrer Familie hatte, brachten ihr die Sommerreisen, die wir zu Familie und Freunden unternahmen, eine Bereicherung, die sie, obwohl oft zunächst ein lästiges Pflichtpensum, bald nicht mehr missen wollte.

Ohne Alex allerdings wären die Besuche zu Pflichtübungen verkommen. Mit ihm wuchs während den Aufenthalten so etwas wie eine Saatpflanze, die auch die Gastgeber behutsam pflegten, als wüssten sie, dass daraus etwas Gutes hervorgehen würde. Er selbst wurde der Sache gewahr, blieb nicht völlig ahnungslos.

Das schlug sich in einem Bekenntnis nieder, das Alex als Fünfjähriger ablegte, als wir in einem späteren Jahr nach der Rückkehr aus München das bekannteste deutsch-amerikanische Volksfest Philadelphias besuchten, ein Ausflug, den ich lange vermieden hatte. Was der Cannstätter Volksfestverein im großen Biergarten mit der traditionellen Fruchtsäule aufgebaut hatte, machte Eindruck auf ihn. Er fühlte sich davon inspiriert, zum Empfang ein deutsches und ein amerikanisches Papierfähnchen überreicht zu bekommen. Er schaute zu mir auf, fragte:

Daddy, Du bist in Deutschland geboren?
Ja.
Du bist deutsch?
Ja.
Und Mammi ist amerikanisch?
Ja.
Aber nur ich bin beides?
Ja.

Okay, nur ich bin beides.
Seine Miene hätte nicht zufriedener sein können.

Modernism auf Englisch oder Deutsch?

Zunächst zog ich die Runden durch München mit gewisser Nostalgie für die aufregende Studentenzeit. Bis ich merkte, dass nicht nur ich mich, sondern dass sich auch die Stadt in zwanzig Jahren verändert hatte. Dass sich Deutschland verändert hatte. Dass sich die Menschen anders kleideten, lässiger, und in den Umgangsformen und ihrer Sprache gelöster auftraten. Dass sich das Pflichtverhalten, das einen früher als guten Deutschen bei jeder Begegnung neu verunsicherte, zumindest in der jungen Generation abmilderte. Dass Diskussionen über Beruf und Ehe eine Beimischung an Lebenslust erhielten, die früher als ungehörig, frivol, unverantwortlich gegolten hatten. Dass bei den Jüngeren Auslandsaufenthalte zum Alltag gehörten und Amerika von einem Reiseziel in den Berufsalltag gerückt war. Natalie nahm das als selbstverständlich hin, verglich es positiv mit den Vorurteilen. Mir verschaffte es das Gefühl, dass die Leute hier etwas aufholten, das ich begrüßte, jedoch nicht genau benennen konnte.

Mein Schreibtisch in der Wohnung an der Nordseestraße, ein geliehener Holztisch, war im Schlafzimmer aufgestellt, um mich dem Baby nicht völlig auszuliefern. Ich blickte durchs Fenster am Nordfriedhof vorüber, in dem einst Thomas Mann zu Beginn der Novelle *Der Tod in Venedig* seinen schreibgewaltigen Helden Gustav Aschenbach den seltsamen Fremden hatte begegnen lassen, der ihn zum Reisen verleitet. Allerdings war diese Reminiszenz das einzige aus der literarischen Moderne, das ich an diesem Tisch beschwören konnte. Die originellen Impulse, die mir beim Lunch mit Barbara Herrnstein-Smith zugeflogen waren, um *Modernism* in der deutschen Literatur fassbar zu machen, hatten sich über dem Atlantik verflüchtigt.

Ich bin sehr schlecht dafür ausgerüstet, in ferienhafter Umgebung wissenschaftlich zu denken. Dazu gesellt sich die Befremdung mit dem Englischen als Zweitsprache, in der das Gehirn versucht ist, sich auf den Fundus an sprachlichen Vorformulierungen zu verlassen. Diesen Fundus hatte ich im Umgang mit *Comparative Literature* und Theoriediskursen erweitert, ganz abgesehen vom administrativen Englisch im Alltag des Departmentvorsitzenden. Aber trotz – oder gerade wegen – der Erweiterung tendierten die Überlegungen zu meinem Projekt dazu, sich in einen vorgegebenen Fachjargon einzuklinken. Das verschaffte nur scheinbar neue Einsichten. Derartige Selbsttäuschungen hatte ich schon beim Umgang mit marxistischem Jargon dingfest gemacht.

Im abwechselnden Gebrauch von Deutsch und Englisch stellen zwei Sprachen unterschiedliche Wahrnehmungs- und Definitionsformen zur Verfügung. *Modernism* beschwört einen anderen Zusammenhang als *Modernismus*. Im Deutschen hielt man sich zu dieser Zeit an »die Moderne«, heftete den -ismus an Expressionismus, Dadaismus, magischen Realismus. Hierbei stellen sich andere Assoziationen ein. Die Leser werden unterschiedlich angesprochen. Daraus ziehe ich seit jeher die Aufforderung, in der jeweiligen Sprache das jeweilige Publikum mitzudenken. Das erlaubt keine einfache Übersetzung der Sätze. Man muss die Gedankengänge für das jeweilige Publikum neu angehen, wenn man ein ähnliches Verständnis erreichen will.

Als ich nach Philadelphia zurückkehrte und die Arbeit als Department Chair wieder aufnahm, die Horst Daemmrich inzwischen kompetent wahrgenommen hatte, brachte ich einiges über Amerika und die Deutschen im Gepäck mit, jedoch wenig über *Modernism*. Zu der mit Joseph McVeigh unternommenen, bei fast fünfzig Beiträgern überaus aufwendigen Redaktion der zwei Bände *America and the Germans* kamen Verträge für ihre Übersetzung und Publikation in Deutschland hinzu. Das war nicht wenig. Dank der finanziellen Unterstützung der Thyssen-Stiftung hatte ich in Wolfgang Helbig, Professor an der Universität Bochum, einen hervorragenden Übersetzer gewonnen. Der Westdeutsche Verlag übernahm die Veröffentlichung als *Amerika und die Deutschen,* die dann sogar als Sonderausgabe in 10.000 Exemplaren für die Bundeszentrale für Heimatdienst gedruckt wurde. Auch im Deutschen entstand ein Standardwerk.

Ich dachte, hiermit das deutsch-amerikanische Thema erst einmal hinter mich gebracht zu haben. Im Rückblick muss ich jedoch feststellen, dass es in verschiedenen Formen, wenngleich zunächst ganz im akademischen Umkreis, eine unterschwellige Präsenz behielt. Andere Projekte schlugen mich in den folgenden Jahren in Bann: Das eine betraf die Teilnahme an der Umformung der Germanistik, eine Modernisierung eigener Art, dazu bestimmt, bei abnehmendem Interesse an deutscher Literatur eine effiziente Ausbildung amerikanischer Studenten zu ermöglichen. Dabei ging es darum, die philologisch und literarisch definierte Disziplin *German* um Geschichte und Landeskunde zu erweitern und als *German Studies* zu installieren. Das andere Projekt rückte die Konzepte *Modernismus* und *Modernisierung* über ihre Ausprägungen in Literatur und Kunst hinaus in die Dynamik technologischer Innovationen, fasste sie als Teil der materiellen Geschichte des 20. Jahrhunderts. Ich bekam die Gelegenheit, Technik in die Diskussion kultureller Modernisierung einzubeziehen.

Faszinosum Technik und ihre kulturelle Leuchtkraft

All dies klingt nicht besonders kohärent für einen Germanisten. Aber darin lagen die Reize einer Existenz an einer amerikanischen Universität in diesen Jahren, als die Kontakte zwischen den Disziplinen ermutigt und gefördert wurden. Ohnehin sind die Fächergrenzen in den USA weniger strikt als in Deutschland in die internen Denkformen von Wissenschaftlern eingebrannt. Man ist Mitglied einer akademischen Disziplin, hat sein Fachetikett auf der Stirn kleben, wie es alle haben, kann sich aber mit den Kollegen außerhalb des Faches wissenschaftlich gut verständigen, ohne von dem Etikett gehindert zu werden. Im Gegenteil hilft einem das Etikett, die eigene Position fruchtbar in interdisziplinäre Forschung einzubringen. Als ich später in der German Studies Association bei einer Jahresversammlung Grundsätzliches über die in dieser Vereinigung notwendige Interdisziplinarität zu sagen hatte, zog ich keine Theorie auf Flaschen auf, berief mich vielmehr auf die Erfahrungen dieser Jahre. Ich definierte Interdisziplinarität als kritische Offenheit im Verstehen des anderen, als eine intellektuelle Haltung zu anderen Fachdiskursen, die zu Triebfedern neuer Evidenzfindung werden sollen und können. Damit ist Interdisziplinarität erlernbar, nachprüfbar, abhängig von den Formen ihrer Anwendung.

Nach der Rückkehr aus München hatte ich das Glück, gleich in ein interdisziplinäres Forschungsprogramm hineingezogen zu werden. Es war groß dimensioniert, von der Mellon Foundation mit 1,3 Millionen Dollar an Penn für Erfassung und Erneuerung der Sozialwissenschaften vergeben *(Program for Assessing and Revitalizing the Social Sciences, PARSS)*. Unter den fünf Fakultätsseminaren griff eines in die Humanwissenschaften über, vereinigte unter dem Titel »Technology and Culture« Vertreter der Soziologie, Geschichts-, Ingenieur-, Wirtschafts- und Kommunikationswissenschaften, Anthropologie und Architektur. Mich rekrutierten Alfred Rieber, ein bekannter Russlandhistoriker, mit dem ich bereits zusammengearbeitet hatte, sowie Thomas Hughes, der die Disziplin Technikgeschichte an Universitäten maßgeblich mit ins Leben gerufen hatte und den Anteil der Deutschen an der modernen Technikentwicklung zusammen mit dem der Amerikaner herausstellte. Da ich zu dieser Zeit, öfters gemeinsam mit dem Historiker Thomas Childers, in meinen Kursen Weimar mehr vom Kulturellen als vom Politischen her thematisierte und da Hughes die kulturelle Basis der technischen Modernisierung betonte, sah ich eine gute Chance, zu diesem Fakultätsseminar etwas Konstruktives beitragen zu können.

Was mich lockte, war die Chance, unter ganz unterschiedlichen Fachkollegen andere Zugänge zu Moderne und Modernisierung zu finden, über die Erforschung des künstlerisch-literarischen *Modernism* hinauszugehen und *Modernity* als Praxis und gesellschaftsveränderndes Ideal des 20. Jahrhunderts wissenschaftlich zu fassen. Das ließ sich nicht ohne Durchdringung sozialer und technischer Innovationen bewerkstelligen. Hughes stellte das Studium kultureller Entstehungsbedingungen von Technik ins Zentrum seiner Technikanalyse. Ich erlebte das prickelnde Gefühl, in der Begegnung mit anderen wissenschaftlichen Strategien die Augen geöffnet zu bekommen.

Konkret gesprochen, vollzog ich den Sprung vom jugendlichen Technikenthusiasmus im Bild von Eisenbahn, Rakete und Flugzeug zu analytischer Durchdringung gesellschaftlicher und ökonomischer Komponenten, die technische Innovationen ermöglichen. Schon die erste Zusammenkunft des Seminars ließ keinen Zweifel daran, dass ich konkret in diese kulturellen Vorbedingungen technischer Innovationen einsteigen musste und nicht als bloßer Kommentator aus einem geisteswissenschaftlichen Fach fungieren konnte, was unsereinem ja nicht schwerfällt.

Das war leichter gesagt als getan. Ich hatte mir eine Mauer zum Übersteigen ausgesucht, die höher war als gedacht. Es ging nicht um die Transformationen der Literatur durch technische Medien wie Grammophon, Schreibmaschine, später Rundfunk und Ähnlichem, mit der Friedrich Kittler zu dieser Zeit neue Perspektiven schuf. Ich musste mich vielmehr den Fragen stellen: Was bedeutet *technische* Modernisierung als gesellschaftliches und kulturelles Phänomen? Was bedeutet sie im Falle Deutschlands? Warum fühlten sich deutsche Ingenieure motiviert, sich und der Technik eine Sonderstellung in der Nation zuzuschreiben? Was brachte sie mit dem Nationalsozialismus zusammen? Was unterschied sie von amerikanischen Ingenieuren? Die Kollegen nagelten mich auf das Thema fest: »*Engineers and the German Perception of Technology*«.

Hier kamen mir meine Kenntnisse der Zwischenkriegszeit zugute. Sie halfen dabei, Jeffrey Herf, der mit seinem vieldiskutierten Buch *Reactionary Modernism* über die deutschen Entwicklungen im Seminar vortrug, eine fundierte Erwiderung zu liefern. Ich argumentierte, dass die deutschen Ingenieure in ihrer Kollaboration mit dem Nationalsozialismus weniger von der Technikphilosophie solcher Denker wie Spengler, Jünger und Sombart als von beruflichen Faktoren im Kontext gesellschaftlicher und technischer Anforderungen geleitet wurden. Ihr Denken in Sachzwängen, das ihrem Berufsethos Halt gab, veränderte sich, so meine Argumentation, auch im Nationalsozialismus kaum. In ihrem kulturellen Verständnis von Technik, für welches Sachlichkeit und Funktionalismus zentrale Begriffe darstellten, lagen die Keime sowohl zu Kollaboration als auch Opposition zu politischen Ideologien, etwas, das Hughes und andere Seminarteilnehmer im Vergleich mit dem rein zweckbestimmten amerikanischen Technikdenken als »deutsch« definierten.

Das stellte einen, wie ich fand, akzeptablen Zugang zu Modernität in Deutschland dar. Wenn ich ihn in der Folgezeit mit der These einer *Creation of a Culture of Sachlichkeit* verband, ging es mir darum, Produktivität als ihr Charakteristikum zu fassen, Produktivität im Sinne der ästhetisch von Werkbund und Bauhaus geprägten sachlichen Produktkultur. Indem man im deutschen Umkreis (Österreich eingeschlossen) ästhetische Werte in technische Innovationen einbrachte, hat man moderne Kultur als konsumierbar und reproduzierbar entscheidend mitgeformt.

Das bewegt sich in ziemlicher Distanz zu Theodor Adornos Abwehr von Markt und Konsum im Hinblick auf Ästhetik, bei der industrielle Kultur als bloßes Objekt der Kulturindustrie verstanden wird. Im Elfenbeinturm dieser Kulturkritik hatte Adorno als Emigrant Nationalsozialismus und amerikanische Kulturindustrie überstanden, musste allerdings die Dialektik der Negation zu Hilfe nehmen, um der Kunst und Ästhetik als Kritik des Bestehenden besondere Relevanz zusprechen zu können. Seine Berührungsängste mit Markt und Kulturindustrie sind verständlich. Aber so viele Argumente sie gegen die Beschmutzung mit kapitalistisch gesteuertem Konsum ermöglichen, so wenig erfassen sie die Gestaltungskraft ästhetischer Produktion für die moderne materielle Welt als einer in ihrem Gebrauch, nicht nur in der Kritik zu bewältigenden Welt, die kein Beiseitetreten zulässt.

Thomas Hughes und ein Eklat am Berliner Wissenschaftskolleg

Für Thomas Hughes war die vergleichende Sicht amerikanischer und deutscher Technikkultur wichtig, noch wichtiger jedoch die Erschließung von Technikerfindungen über deren kulturelle Prädispositionen. Gegen die traditionelle Technikgeschichte, die sich von Erfindung zu Erfindung voranhangelt, führte er die Schaffung von Systemen als ausschlaggebend ins Feld, wie sich an Edison zeigen lässt, dessen »Erfindung« der Glühlampe erst durch die Schaffung des elektrischen Verbundnetzes in New York den Durchbruch im Weltmaßstab erzielte.

Als Southern Gentleman aus Virginia mit getragener Stimme war sich Hughes jederzeit seiner Bedeutung bewusst. Dazu gehörte, dass er die These von der zweiten Geburt Amerikas aus der Technik entwickelte (*American Genesis. A Century of Invention and Technological Enthusiasm,* 1989) und damit weithin als elegant-sachlicher Moses Beifall fand, der eine neue wissenschaftliche Disziplin sowie ein neues Narrativ von der Entstehung der modernen Nation USA verkündete. Lokal trug zu diesem Profil nicht wenig die Tatsache bei, dass er im »Mother's House« von Robert Venturi wohnte, einer Ikone des Postmodernismus, und mit dem berühmten Architekten und seiner Frau Denise Scott Brown befreundet war. Mit seiner Frau Agatha, einer ebenfalls südlich-eleganten Erscheinung, die seine Arbeiten entscheidend mittrug, zog er uns, das heißt auch Natalie, in den geselligen Kreis hinein, für den der großdimensionierte Wohnraum des Hauses, das sonst nicht sehr praktisch angelegt ist, den stilvollen Treffpunkt darstellte.

Hughes' Forschungen korrespondierten mit dem Interesse an der Geschichte der Wissenschaften, das in den achtziger Jahren an amerikanischen Universitäten in Mode kam. 1983/84 Fellow am Wissenschaftskolleg in Berlin, spielte er eine zentrale Rolle bei der Durchsetzung dieser Forschungsrichtung in Deutschland, wo man sich bis auf das Wissenschaftskolleg institutionell lange Zeit nicht darauf einlassen wollte. Am Wissenschaftskolleg jedoch entstanden entscheidende Planungen für das 1994 in Berlin gegründete Max-Planck-Institut für Wissenschaftsgeschichte. Ich erwähne das, weil Hughes mich in die Präsentation seiner kulturell basierten Technikgeschichte als Modernitätsgeschichte in Berlin einbezog.

Ihn unterstützte der Wissenschaftshistoriker Timothy Lenoir, der an der Hebrew University in Jerusalem, an Stanford und als Gast an Penn lehrte. Mit Lenoir, einem jugendlich temperamentvollen wissenschaftlichen Star, der gut deutsch sprach, hatte ich, bevor er 1987 als Fellow ans Wissenschaftskolleg ging, ausführliche Diskussionen über diese Thematik. Ihm kam, als er dort eine Diskussionsgruppe über Technik- und Wissenschaftsgeschichte mit einem internationalen Workshop krönen wollte, mein Vortrag über Technik, Avantgarde, Sachlichkeit gelegen. Ich hatte das Papier bei einer ersten Konferenz über Literatur in der Industriegesellschaft, die von Eberhard Lämmert und Götz Großklaus am Deutschen Literaturarchiv in Marbach organisiert wurde, zur Diskussion gestellt. »Sachlichkeit« als Ausdruck deutscher Modernität kam an. Natürlich gehörte Neue Sachlichkeit dazu, ich setzte jedoch bei der »alten« Sachlichkeit vor 1914 an, die im Deutschen Werkbund ihre erste Ausprägung und Ideologisierung erhielt.

Der Workshop am Wissenschaftskolleg im Juli 1988 galt der Durchsetzung eines breit und kulturell angelegten Zugangs zu Wissenschafts- und Technikgeschichte. Deutsche Kollegen, an die innerfachlichen Innovationsgeschichten gewöhnt, hatten Probleme mit diesem Ansatz. Er war ihnen »zu kulturell«. Genau das, die kulturellen und institutionellen Faktoren, brachten die Vortragenden über deutsche Innovationen in die Diskussion ein, Tim Lenoir und Tom Hughes, Gerald Feldman von Berkeley und Peter Galison von Harvard. Dazu lieferte mein Vortrag über Modernität und Sachlichkeit eine einleuchtende Ergänzung. All das fand erfreulichen Widerhall und spiegelte die Mischung deutscher, amerikanischer und israelischer Wissenschaftsimpulse, die für diese Eliteszene im westlichen Berlin prägend war. In dieser Kombination kam dann auch ein Sonderheft der israelischen Zeitschrift *Science in Context* zustande, eine Summe des Penn-Seminars über *Technology and Culture,* in der ich das Verhältnis der europäischen Avantgarde zur Technik behandelte.

Besonders Yehuda Elkana, Wissenschaftshistoriker an der Tel Aviv University und Permanent Fellow am Kolleg, zeigte intensives Interesse und widmete mir eine längere Erkundungsfahrt in seinem Volkswagen durch Berlin, bei der wir ausführlich die Gedenkstätte Topographie des Terrors besichtigten. Mein Sachverstand als in Deutschland geborener jüngerer Zeitgenosse reichte einigermaßen aus, um seinen Emotionen als Jude an dieser Stätte der SS-Folterungen zu antworten. Das brachte mich schließlich dazu, Elkana zu fragen, wie er als Jude in dieser Hauptstadt deutscher Verbrechen leben könne. Seine Antwort war wohlerprobt und denkwürdig:

I am not living under a German government in Berlin, I am living under the government of four victorious powers.

Auf einem Ausflug nach Ostberlin, das Lenoir bei seinen Berlinbesuchen bis dahin ausgespart hatte, erwähnte ich Elkanas Frage, ob ich an einem Aufenthalt am Kolleg interessiert sei. Was ich aufgrund der Situation als junger Familienvater ausweichend beantwortet hatte. Lenoir und ich saßen im Bahnhof Alexanderplatz und kommentierten Kommen und Gehen der Ostberliner. Lenoirs Lachen auf meine Bemerkung war unerwartet. Er sah mich länger an und erläuterte, dass ich im Kolleg zuvor der Stein des Anstoßes gewesen sei. Ausgerechnet Germanistikprofessor Peter Wapnewski, als vormaliger Rektor weiterhin Permanent Fellow, habe mich abgelehnt. Er habe mich als linken Vogel eingestuft und gegen meine Beteiligung am Workshop gesprochen. Nur über meine Leiche kommt Trommler ins Haus!

So die Worte des Meisters. Lenoirs Erwiderung im Beisein von Elkana, Rektor Wolf Lepenies und Permanent Fellow Gunther Stent von Berkeley: Er würde den Workshop abblasen, wenn er ihn nicht mitsamt Trommler stattfinden lassen könne. Man habe dem Wunsch nachgegeben.

Natürlich bekam ich Wapnewski nicht zu Gesicht.

Als Zielscheibe für Feministinnen

Hatte ich geglaubt, die Vorstandsarbeit für das Department ohne größere Blessuren hinter mich zu bringen, wurde ich im letzten Jahr eines Besseren belehrt. Die frauenlose Geschichte des Departments holte uns ein. Meine Ansicht, in der Behandlung von Frauen im akademischen Umfeld einigermaßen Takt und Balance bewiesen zu haben, ging fehl. Der Umstand, dass das German Department an Penn keine Frau in gehobener Stellung beschäftigt hatte, wurde bei der missglückten Beförderung unserer Assistant-Professorin Anna Kuhn zur Associate-Professorin mit Tenure zum Politikum. Ich reichte, den Regeln entsprechend, Dr. Kuhns Dossier mit entsprechenden Empfehlungsschreiben und der vollen Zustimmung des Departments an das Personnel Committee ein, das über die wissenschaftliche Befähigung und akademische Leistung zu befinden hat. Das Personnel Committee entschied gegen die Beförderung. Kuhns Dossier wurde vom Komitee als nicht genügend für diese Lebenszeitstellung befunden. Ich unternahm keinen zweiten Vorstoß. Der war ungewöhnlich, aber erlaubt.

Der Fall zündete enorme Funken. Anna Kuhn reichte eine *Grievance*-Klage ein, die von dem dafür vorgesehenen Komitee zur Verhandlung kam. Klagepunkt: *Sexism, capriciousness,* Diskriminierung einer Frau. Ich hätte den zweiten, durchaus möglichen Vorstoß unternehmen sollen. Dafür gingen mehrere Frauen auf die Barrikaden, ganz gleich, ob sie mit mir wie die spätere Harvard-Präsidentin Drew Faust gut, ja freundschaftlich auf Komitees zusammengearbeitet hatten. Im Verlauf der *Grievance*-Prozedur erlebte ich 1986 den militanten Feminismus in Aktion. Drew Faust praktizierte das als Kuhns Anwältin ohne Zögern. In ihren Fragen und Vorwürfen *ad personam* begegnete ich der Summierung ungezählter beruflicher Ungerechtigkeiten an Frauen, die endlich ihre Zielscheibe fanden. So wie Drew Faust als Sprecherin für etwas Größeres fungierte, saß ich ihr auf der entscheidenden Sitzung als Vertreter des Patriarchats gegenüber, das auch in unserem Department regiert hatte. Die *Grievance* erreichte, dass Anna Kuhns Fall erneut dem Tenurekomitee vorgelegt werden sollte. Sie erhielt im selben Sommer eine Tenurestelle an der University of California, Davis. Die spätere Wiedervorlage wurde vom Personnel Committee an Penn negativ beschieden.

West Philadelphia: Leben mit Schwarzen

Nach der Rückkehr aus München hatten wir uns in Universitätsnähe unweit der Garden Court Apartments eines der dreistöckigen Edwardian-Twin-Häuser gekauft, die in West Philadelphia zu Beginn des Jahrhunderts für die aus der Innenstadt zuströmende Mittelklasse gebaut worden waren. Das mit der Mittelklasse war mehr Erinnerung als Aktualität. Unsere Straße, Hazel Avenue, deren Häuser stilistisch einheitlich mit Säulen und jeweils großer Frontporch ausgestattet sind, war in den vorhergehenden zwanzig Jahren zu einem Konglomerat von sonst segregierten Bevölkerungsteilen geworden, die hier nicht nur friedlich, sondern freundschaftlich miteinander verkehrten. Dazu gehörten Studenten, Schwulenpaare, graffitimalende Teenager, Collegeprofessoren. Dazu gehörten *progressive dinners,* bei denen man von Vorspeise zu Hauptmahlzeit und Nachtisch von einem Haus zum nächsten ging. Dazu gehörten für Alex mehrere schwarze Spielgefährten und für uns ein schwarz-weiß gemischtes Ehepaar, die bald Freunde wurden. Dazu gehörte schließlich Jane Landall, eine unerbittlich republikanisch denkende strenge alte Dame mit weißem Haar, die, allein in ihrem dreistöckigen Haus lebend, sich von alledem nicht einschüchtern ließ.

So zumindest lässt sich unsere Umwelt beschreiben. Als eine multikulturelle Insel der Seligen erschien die Straße allerdings nur jungen Dozenten von entfernten Studienorten im Lande wie Madison oder Oberlin, die wir während der DAAD-Sommerseminare über Weimar und das Kaiserreich mehrfach einluden. Uns blieben die weggeworfenen Drogenkanülen nicht verborgen, die Berichte von Überfällen, die Diebstähle von Glaszierfenstern. Sie erneuerten regelmäßig das Gefühl, in dieser Straßengemeinschaft zwischen der 46. und 47. Straße ständig wachsam sein zu müssen. Hinter der 50. Straße begann eine andere, vorwiegend schwarze Welt mit anderer Mentalität, nicht kriminell, jedoch durch den Niedergang der Industrie in die Armut schlitternd.

Für mich waren die zwanzig Minuten Fußweg zum Arbeitsplatz ausschlaggebend: *walk to work,* eine in Amerika seltene Vergünstigung. Natalie hatte bald in Penns Annenberg School of Communication und ihrem *Journal of Communication* den ergiebigsten Kunden für ihr Design gefunden. Unter dem Dekan George Gerbner arbeitete dort Marsha Siefert, Redakteurin des *Journals,* die nicht wenig dazu beitrug, dass ich in dem *Culture and Technology*-Seminar, wenn es um die Sprache und Argumente der Sozialwissenschaftler ging, mithalten konnte, ohne abzustürzen.

In diesem Teil von West Philadelphia, University City genannt, gab es viele Ehepaare wie uns. Wie lernten sich diese Ehepaare kennen? Nicht durch das

Ausführen von Hunden, vielmehr durch den täglichen Besuch von Kinderkrippen. Uns war es beschieden, in dem fünf Minuten entfernten Infant Friendship Center an Baltimore Avenue, dessen zumeist schwarzem Pflegepersonal wir Tag für Tag Alex in die Hände gaben, drei Ehepaare kennenzulernen, die uns zu Freunden wurden. Sie blieben es lebenslang, lange nachdem die Kinder in die Welt gezogen waren, Matthew Othmer nach Kalifornien und Nevada, Matthew Hollenberg nach New York, Alex Trommler nach Chicago und München; nur Julia Greenberger siedelte sich in Philadelphia an. Alex und Matthew blieben besonders eng verbunden. Matthew, ein geborenes Klettergenie, versetzte seine Eltern später in konstante Besorgnisse. Als Extrembergsteiger praktizierte er sein Talent eine aufregende Zeit lang als Mitglied der Rettungstruppe im Yosemite Park.

Zu den acht Freunden gehörten zwei jüdische Ehepaare, jeweils Architekten: Alan Greenberger, der später in der Stadtverwaltung vom Chef der Planungskommission zum Vizebürgermeister aufstieg, während seine Frau Greta die Touristentouren auf den berühmten Rathausturm zur Riesenstatue von William Penn organisierte, die über der Stadt thront; David Hollenberg, der später zum Architekten der University of Pennsylvania aufstieg, und seine Frau Linda Bantel, die eine Zeit lang die Pennsylvania Academy of the Fine Arts leitete, eines der drei größten Museen für amerikanischer Kunst. Das dritte Paar waren David Othmer, der sich als *managing director* der lokalen öffentlichen Radio- und Fernsehstation WHYY öfters im Fernsehen blicken ließ, und seine Frau Maureen Barden, ein *public prosecutor* ohne die scharfen Ecken und Kanten dieses Berufs, im Gegenteil, voller Wärme, Witz und Wissbegierde.

Wie hält man eine solche Dauerfreundschaft von Paaren zusammen? Indem man sich nur einige Male im Jahr trifft, dann aber lautstark mit vielen Geschichten, Anekdoten, Lachen und dem Bemühen, ohne Wichtigtuerei die lustigsten und groteskesten Erlebnisse beizusteuern. Zudem fanden unsere Kinder hier ihr erstes größeres Publikum außerhalb der Verwandtschaft. Dazu gehört, dass wir in den folgenden drei Jahrzehnten unser Weihnachten zusammen mit den Greenbergers gefeiert haben, zu denen mehrere Male die Hollenbergs hinzustießen. Neben der erzgebirgischen Pyramide und dem Lichterbogen mit fünf Kerzen wurde eine Menora für die Feier von Hanukkah mit neun Kerzen entzündet. Die Familie von Natalies Schwägerin Lynn, ebenfalls jüdisch, stieß hinzu. So ergab es sich, dass wir dafür Sorge trugen, dass unsere jüdischen Freunde und Verwandten an diesem Tag anders als ihre Glaubensgenossen nicht zu chinesischen Restaurants ziehen mussten, den einzigen, die an diesem Feiertag geöffnet sind. Allerdings brachte das eine Geschenkorgie mit sich, die uns jedes Jahr wieder peinlich wurde und jedes Jahr wieder riesige Haufen von Geschenkpapier hinterließ.

Ganz anders die in dieser Straße geschlossene Freundschaft mit dem, wie es hieß, gemischten Ehepaar Elijah und Nancy Anderson. Natalie und ich gingen dabei häufig getrennte Wege, Natalie mit der aus einer weißen Bürgerfamilie von Long Island stammenden Nancy, deren Traum darin bestand, eine ihrer Geschichten über unsere Straße im *New Yorker* veröffentlicht zu sehen, ich mit Elijah, dem schwarzen Kollegen an Penns Soziologie-Department, der auf bestem Wege war, sich mit seinen in persönlicher Erkundung erarbeiteten Einsichten ins Leben der schwarzen Bevölkerung am Beispiel Philadelphias eine nationale Reputation zu erwerben. Eli verfasste in dieser Zeit sein bald zum Standardwerk avanciertes Buch *Streetwise: Race, Class, and Change in an Urban Community* und probierte an mir zentrale Thesen aus.

Das hört sich akademisch an, war aber alles andere als akademisch. Elijah Anderson, Sohn eines Stahlarbeiters in South Bend, Indiana, hatte alle Stationen schwarzer Demütigungen durchlaufen und eine Beobachtungs- und Erzählgabe entwickelt, die ihn nach Überwindung großer Hürden beim Aufstieg an Penn zu einem ungewöhnlichen Soziologen der Rassengegensätze werden ließ. Dieser *urban ethnographer* arbeitete in ständigem Kontakt sowohl mit der schwarzen als auch der akademischen Welt, ohne sich in Ressentiments zu verlieren. Gemessenen Tones, mit häufigen Wiederholungen sprechend, die er mit der ständigen Rückversicherung *You know what I mean* absicherte, zog er den Zuhörer so tief in seine Erfahrungen hinein, dass ich all das, was ich über Rassenkonflikte in den USA wusste, in die Schublade der Ahnungslosigkeit zurückschob.

Gebannt von Elis Redefluss tauchte ich in ein mir unbekanntes Erlebnis schwarzer Wahrnehmung der Welt ein, bei dem ich sah, wie weiß diese war. Ich erlebte in dieser Wahrnehmung Verunsicherung, Abwägung, Infragestellung der schwarzen Existenz, die niemals zu löschen ist. Eli erreichte, dass ich die Annahme schnell beiseiteschob, mit der in den siebziger Jahren durchgesetzten Gleichstellung durch *affirmative action,* soweit es die Schwarzen betraf, sei eine Art Lösung für den Rassismus in diesem Land gefunden worden. Der Fall der schwarzen Kollegin Lani Guinier, Law Professor an Penn, einer eleganten, scharf denkenden und artikulierenden Erscheinung, die Eli und Nancy zusammen mit uns einluden, gab zu denken. Als weithin bekannte Civil-Rights-Advokatin wurde die Frau von Präsident Clinton als Leiterin der Civil Rights Division des Justizministeriums nominiert, dann jedoch als »Quota Queen« von den Republikanern so unfair beschossen, dass ihre Nominierung nicht durchkam, ein Skandal eigener Art. Wir hörten aus Guiniers Mund diese Ablehnung durch

»das System«, das die Debatte über die Rassenungleichheit unterdrückte, die sie radikal und aktionsorientiert sezierte.

Ich lieferte Eli für seine Thesen mehr fragende Zustimmung als Widerspruch. Offenbar verkörperte ich für ihn den gesuchten Gesprächspartner, weil ich etwas nicht war, das er für diese sehr offenen Gespräche vermied: ein weißer Amerikaner, mit all dem historischen Gepäck des weißen Amerika. Als Nicht-Amerikaner mit Kenntnis der sozialistischen Linken und gelegentlichem Gebrauch des Klassenbegriffs erweckte ich sein Vertrauen. Wie konnte ich ihm widersprechen?

Auch als beide Ehepaare aus Hazel Avenue wegzogen, hielten wir am freundschaftlichen Kontakt fest. Elis Aufstieg als einer der prominenten nationalen Sprecher für die Situation der Schwarzen, vor allem über die Probleme junger schwarzer Männer, war phänomenal und erweckte den Neid seiner Kollegen an Penn. Sie fragten, wieso er zu den Professoren mit den höchsten Einkommen an Penn aufstieg, ohne als quantitativer Soziologe zu forschen und ohne Nobelpreisträger in Economics zu sein. Hier zeigte sich seine verwundbare Stelle: dass er schließlich doch eine Demütigung erfuhr, die er mit dem akademischen Aufstieg überwunden glaubte. Ein Plagiat an seinen Forschungen vonseiten einer weißen Kollegin, die trotzdem befördert wurde, gab den Ausschlag. Elijah Anderson folgte dem seit langem erfolgten Ruf nach Yale, von der urban gemischten University of Pennsylvania ausgerechnet an die elitärste der Ivy-League-Universitäten, die stolz war, diesen schwarzen Professor, der später auch von Obama ins Weiße Haus eingeladen wurde, ihr eigen nennen zu können. Bezeichnend, dass die Andersons ihr schönes Haus im grünen Stadtteil Chestnut Hill behielten, in das sie von Hazel Avenue umgezogen waren.

Eli fand in Philadelphia überbordendes Material für seine Studien über die Schwarzen in Amerika. Mit ihrem Polizeichef Frank Rizzo hatte sich die Stadt, vor allem nachdem ihn ihre Bürger zum Oberbürgermeister wählten, zum negativen Beispiel der Konfrontationsatmosphäre zwischen den Rassen profiliert. Ein brutaler Polizistentyp, der es fertigbrachte, mit seiner Warnung, er werde die National Guard einberufen, wenn Riots drohten, das für die Stadt so wichtige Bicentennial 1976 zu einer nationalen Peinlichkeit werden zu lassen.

Zu einer noch größeren Peinlichkeit geriet allerdings ein Ereignis, das sich in West Philadelphia vor unseren Augen, zwanzig Häuserblocks entfernt, abspielte. Es hat sich seit 1986 als schwarzer Flecken in Philadelphias Geschichte eingebrannt. Es bestand tatsächlich aus einem Brand, durch eine von einem Polizeihelikopter geworfene Bombe ausgelöst, die jedoch nicht das Haus allein anzündete, dem sie galt, sondern einen ganzen Straßenzug, 6200 Osage Avenue, verzehrte.

Als letzte Waffe gegen die schwarze radikale Zurück-zur-Natur-Gruppe MOVE verwendet, die das Haus zur Festung ausgebaut und mit Waffen verteidigte, tötete der Brand elf Menschen und kam in die Schlagzeilen der Weltpresse. Angesicht der zu dieser Zeit von Präsident Reagan angeordneten Invasion der Insel Grenada wurde der Stadt Philadelphia bescheinigt, dass sie außerhalb der Armee die einzige amerikanische Stadt mit einer aktiven Air Force darstelle.

Das Kopfschütteln verging, die Frage blieb, was den Oberbürgermeister Wilson Goode, Nachfolger Rizzos und Philadelphias ersten schwarzen Bürgermeister, zu dieser Maßnahme veranlasst habe, wenn er sie selbst wohl nicht direkt befohlen hatte. Für Eli Anderson war es ein typischer Fall dafür, dass sich ein schwarzer Offizieller im Vertrauen an die Kompetenz seiner Abteilungen, hier des Chefs der Polizei, zwar korrekt, aber unbedacht verhalten hatte. Wir diskutierten viel über den Fall Wilson Goode, später in ähnlichem Sinne über den ersten Schwarzen als amerikanischen Präsidenten, Barack Obama, der ebenfalls die Tendenz zeigte, sich korrekter als notwendig an vorgegebene Regeln zu halten.

Konträre Kriegsvergangenheiten, hautnah

Eine bunte, bewegte Zeit, die uns Freundschaften und kuriose Kindererlebnisse bescherte, allerdings im Jahr 1986 auch betrübliche Nachrichten. Einer unserer besten Freunde, Eugene Weber, der von Harvard ans nahegelegene Swarthmore College gewechselt war, erlag der in diesen Jahren jeden Menschen beängstigenden AIDS-Epidemie. Ausgerechnet Gene, dem ich mit Robert Spaethling die Einladung nach Harvard verdankte, fiel in diese Falle, uns bis zuletzt freundschaftlich verbunden. Sogar bei Alex' Taufe in München war er dabei. So viel Angst vor dem Virus saß einem im Nacken, dass wir nach einem Besuch, den wir kurz danach als seinen Abschiedsbesuch erkannten, bestürzt überlegten, warum Gene uns und Alex so ausführlich geküsst hatte. Hatte er das, oder war es nur eine Einbildung?

An einem schönen Junitag, an dem wir mit dem Abschied von Jochen Bloss und seiner Familie bei ihrer Durchreise von Mexiko nach München beschäftigt waren, erlag Natalies Vater einem tödlichen Herzanfall. Wir alle trauerten, jeder auf seine Weise. Gemeinsam war jedoch die Erinnerung an seine große Erzählbegabung, häufig ein meisterhaftes Flunkern, das er als Lebensmittelgrossist, der mit vielen Leuten Kontakte pflegte, verfeinert hatte. Als wir nach seinem Tod zusammensaßen, brachte Sohn Robert, ebenfalls ein guter Erzähler, die Runde mit den Anekdoten über den Vater unzeremoniell zum Lachen.

Für mich war George Huguet senior ein ungewöhnlicher Ansprechpartner aus der jüngsten amerikanischen Geschichte geworden, die mir am fernsten stand, weil sie die andere, alliierte Seite des Krieges bot, die für alle hier *die* Vergangenheit darstellt. Diese Vergangenheit, die man in den Familien beschwor, war die eines Sieges, der mich stumm bleiben ließ. Vater Huguet hatte zu diesem Sieg über die Deutschen beigetragen, indem er als perfekt französisch sprechender Fallschirmjäger vor der alliierten Invasion im Juni 1944 hinter den deutschen Linien in Frankreich absprang und mit den Partisanen den Kampf gegen die Wehrmacht aufnahm. Ein höchst gefährliches Bravourstück, das ihm von amerikanischer Seite den Silver Star und von französischer Seite das Croix de Guerre eintrug.

Wie er hatten die meisten älteren Männer seiner Generation etwas über die Begegnung mit Deutschen zu erzählen, zumeist als Soldaten der Besatzung in Deutschland, selten wie er über die Kampfhandlungen selbst. Nachdem die inzwischen ergrauten Familienväter mit ihren Erzählungen bei den Verwandten keinen Eindruck mehr machen konnten, entdeckten sie in mir ein ideales Opfer. Konnte ich mich ihnen entziehen? Als Deutscher? Zum Glück ersparte mir Vater Huguet einige peinliche Momente, in denen ich mich am liebsten verkrochen hätte. Ich hatte mit dem Buch *America and the Germans,* das er mit gewissem Stolz über seinen schreibenden Schwiegersohn studierte, gezeigt, dass ich über eine andere Begegnung von Amerikanern und Deutschen einiges zu sagen wusste.

Er hatte sogar Sinn dafür, dass ich stumm blieb, wenn bei Zusammenkünften der Familie, die über Natalies Mutter eine ausgedehnte irische Verwandtschaft umfasste, Momente nationaler Gemeinsamkeiten die Runde machten, die, wenn nicht vom Vietnam-Krieg, von den Erfahrungen unter Carter, Reagan und Bush senior bestimmt waren. Nicht alle akzeptierten mein Schweigen. Sie hätten es jedoch noch weniger akzeptiert, wenn ich etwas über die mir geläufige Vergangenheit erzählt hätte. Amerika war die siegreiche Nation. Gerade die neu Hinzugekommenen, die ja Amerika gewählt hatten, sollten sich nicht abseits stellen. Hin und wieder tauchten solche Situationen auch im Hörsaal auf, wenn sich die Studenten über gemeinsame Wertmaßstäbe und selbstverständliche Referenzen auf erlebte Vergangenheiten verständigten. Besonders Erstsemester waren nicht gewöhnt, dass ihr Lehrer nicht die gewohnte patriotische Identität demonstrierte.

Zum Glück wurde ich dort, wo amerikanische Politik am Mittagstisch im Zentrum stand, nicht nach Zugehörigkeit gefragt: bei den politisch hochkarätigen Luncheinladungen, die zwei Politikprofessoren an Penn, Karl von Voris und Henry Teune, in Abständen mit Gästen aus Washington veranstalteten. Zu ihnen wurde ich hin und wieder eingeladen, wobei nie ganz klar wurde, ob ich als Europäer mit deutschem Akzent, als Geisteswissenschaftler mit Politikinteresse oder einfach als *token humanist* gebraucht wurde, als jemand, der eben etwas Humanistisches im internationalen Horizont einbringen sollte. Da kamen, wie es Karl von Voris als kalter Krieger liebte, hochrangige Militärs und Admiräle zu Wort, von denen die Runde vieles über das Funktionieren der NATO erfuhr; da stellte sich der inzwischen zum demokratischen Senator gewählte Astronaut John Glenn mit viel Witz einer gebannt fragenden Tischrunde; da vermittelte der 1972 gescheiterte demokratische Präsidentschaftskandidat George McGovern ein sympathisches Gegenbild zu dem schroffen Linksradikalismus, den man ihm nachsagte; da legte der *national security correspondent* der *New York Times*, Leslie Gelb, der für die kritische Analyse von Reagans Star Wars Strategic Defense Initiative den Pulitzer Prize gewann, die Schattenseite dieser umstrittenen Strategie dar. Und so weiter.

Nach und nach lernte ich, Fragen zu stellen, die zumindest signalisierten, dass ich zu dieser Runde gehörte, wenn sie auch nicht allzu weit führten. Hin und wieder wurden sie von einem Teilnehmer aufgefangen und relevant gemacht. Dieser jugendlich und souverän wirkende Mann war ein Labsal in dem ziemlich gepressten Diskurs der Eingeweihten. Wer war dieser Mann, der wohl für Reagan, jedoch nicht als Militär und kalter Krieger sprach, der keine Funktion in Washingtoner Politikzirkeln innehatte und doch diese Mittagessen mit Witz durchlüftete? Es war David Eisenhower, der Enkel des Präsidenten, über dessen Jahre als Oberkommandierender der alliierten Streitkräfte er *das* Buch schrieb, während er an Penn als Honorarprofessor unterrichtete. David Eisenhower, bekannt als Nixons Schwiegersohn und mit seinem breiten Gesicht und großen Mund des Großvaters leicht zu bespötteln, machte die ganze Veranstaltung mit seinen blitzgescheiten und unkonventionellen Kommentaren zu einem positiven Erlebnis.

Dass ich ausgerechnet von einem Eisenhower die Strategie der Invasion vorgerechnet bekam, innerhalb derer mein Schwiegervater seinen überaus schmerzhaften Fallschirmabsprung hinter den deutschen Linien in Frankreich bewerkstelligte, war denkwürdig. Eisenhower bereicherte mich außerdem mit Argumenten darüber, wie Ronald Reagan als Präsident dieses von Demokraten seit Kennedy und Johnson sozial umstrukturierte Land in die Gegenrichtung führen konnte. Schauspieler Reagan? Das war naiv. Warum sprach man von ihm als *great communicator?* Reagan verstand es, seinen nationalen Appell *It's Morning Again in America* als emotionale Auffrischung bis in das kleinste Managementbüro hineinzuprojizieren und dem Staat gewichtige Legitimität abzusprechen.

Als ich später das 600-Seiten-Buch *Eisenhower at War* zur Hand nahm, wurde ich enttäuscht. Ein riesiger Papierklotz mit tausend Einzelheiten über Verhandlungen, Personen und Kampforte des Feldzuges, in dem ich nichts von dem faszinierenden Modellieren des *big picture* in der Epoche der Weltkriege wiederfand, mit dem der Enkel Eisenhower die Politikerrunde und wohl auch seine Klassen unterhielt. Beim Lunch zu zweit machte er keinen Hehl aus seiner Sympathie für die Deutschen, mit denen sich seine Familie seit der Einwanderung aus der Gegend von Saarbrücken identifiziert habe, sei es in Pennsylvania, sei es später in Kansas. Kriegführen gegen die Deutschen hieß noch lange nicht, Sympathie und Hochachtung für sie zu verlieren.

11. German Studies: ein Reformprojekt

Eine Blamage und ihre Folgen

German Studies: im Nachhinein war es ein Projekt. Das lässt sich leicht behaupten. Was so aussieht, als habe darin ein Reformkonzept seine Verwirklichung gefunden, legt die Deutung von bewusster Planung nahe. Fachkollegen mit längerer Erfahrung im amerikanischen Universitätssystem mochten tatsächlich systematisch auf die Reform des Faches hinarbeiten. Ich empfand in der Bewältigung der alltäglichen Aufgaben als Vorsitzender eines Departments – zum Glück eines kleineren Departments – zunächst genügend Leistungsdruck, kannte das Fach in seiner amerikanischen Form eigentlich viel zu wenig, um darüber genauer nachzudenken. Das Verlockende an dem Platz an einer Eliteuniversität lag zunächst im Zugang zu stimulierenden Kollegen und fachübergreifenden Diskussionen.

Darüber hinaus boten sich mehr und mehr Gelegenheiten, zu einem Ansprechpartner von Germanisten in Deutschland zu werden, die gern in den USA mit Vorträgen auftreten wollten. Einige der Germanisten, die ich mit dem Weggang von München nur dem Namen nach kannte und in den Schubladen der Fachhierarchie abgelegt hatte, ließen sich von der Reisewut der achtziger Jahre in dieses ferne Amerika treiben und interessierten sich neben dem Grand Canyon auch für die Frage, was amerikanische Studenten von deutscher Literatur hielten. Diesen Gastbetrieb speiste Walter Hinderer häufig von Princeton aus; die Nähe half in mehreren Fällen dabei, gemeinsame Auftritte zu ermöglichen. Allerdings kann ich von den Glanzpunkten dieser geräuschvollen akademischen Kontaktomanie, etwa den Abenden mit Besuchern wie Marcel Reich-Ranicki, Eberhard Lämmert, Hans Mommsen (der bei Thomas Childers in History auftrat), nur dann sprechen, wenn ich auch die Kehrseite der anderen Besuchskontakte benenne: die ständige Aufforderung von allen Seiten, gewichtige Empfehlungen für Beförderungen, Projektanträge, Buchmanuskripte und Ähnliches zu schreiben. Das häufte sich so stark, dass ich die meisten Briefe mit der Floskel begann, ich bitte für die verspätete Antwort um Entschuldigung.

Brauchte man da eine Reform des Faches? Dass ich auf dieses Boot aufsprang, erwuchs anderen Antrieben als solchen des Fachdenkens, das mich bei Kollegen beeindruckte. Die Antriebe lagen vor allem in dem Unbehagen, in meinem Professorenleben von der traditionellen, wenngleich marginalen Position des Deutschen in der amerikanischen Universität gesichert zu sein, ohne dies ganz aus dem persönlichen Verdienst ableiten zu können. Das Bedürfnis, für dieses Fach etwas zu tun, das seine Stellung in der Universität, vor allem den Studierenden gegenüber befestigen würde, drängte sich vor allem dann nach vorn, wenn im Department die Einschreibungen zusammengerechnet wurden und man in den achtziger Jahren den Abwärtstrend für das Deutsche nicht mehr übersehen konnte. Dass ich mich zunächst der Verbesserung des Sprachunterrichts widmete, bevor ich mich zwischen die Reformer des Faches Germanistik mischte, resultierte weniger aus Unbehagen als aus dem peinlichen Erleben einer Blamage.

Die Blamage entsprang meinem dilettantischen Umgang mit der Lehre der deutschen Sprache, die jeder Nachwuchsgermanist in einem German Department im Repertoire haben muss. Mein Umgang mit dem Mutteridiom in einem amerikanischen Klassenzimmer hatte auf der Vorstellung beruht, dass ich die Kniffe leicht lernen würde, die ich brauchte, um den Studierenden die richtige Sprache beizubringen. Mit Beginn meines Unterrichts an Penn fiel ich in *German 101* auf die Nase, wie mir die verblüfften und fragenden Gesichter der ansonsten leicht eingeschüchterten Studierenden zu verstehen gaben. Hätte nicht ein erfahrener Teaching Fellow eine Parallelklasse in Anfängerdeutsch unterrichtet, wäre ich mit meiner wörtlichen Verwendung eines altmodischen Lehrbuchs und den schwachen Erinnerungen an den Lateinunterricht nicht zu einem erträglichen Lehrmodus gelangt. Was ich bei diesen Kursen lernte, war neben den Grundtechniken die Einsicht, dass ein Sprachunterricht, der sich auf die Kenntnisse des *native speaker* anstatt auf ein professionelles Training verlässt, die Anfängerstudenten betrügt. In Konversations- und Kompositionskursen des dritten Studienjahres mag das angehen. Zuvor aber wirkt die den Deutschen eingeborene altmeisterliche Behandlung der Sprache auf jüngere Amerikaner abstoßend.

Davon hörte ich in den siebziger Jahren viel, wenn Departments den Sprachunterricht häufig der Ehefrau des aus Deutschland angeheuerten Assistant Professor anvertrauten. Mein Retter, natürlich Amerikaner, vermochte aufgrund seiner eigenen Lehrzeit die notwendige Grammatik so geschickt einzubauen, dass er die Klasse wirklich voranbrachte. Ich kam mit ziemlicher Verzögerung ans Ziel und sah als Triumph an, dass einige Studenten meine Anschlussklasse belegten.

Das Bedürfnis, etwas Versäumtes wiedergutzumachen, hat mich bei der Unterstützung des professionellen Sprachtrainings lange Jahre begleitet. Was meine amerikanischen Kollegen als Basis ihrer Karriere hatten ableisten müssen, war mir bis auf die ersten beiden Jahre erlassen worden. Ich zog mit Literaturkenntnissen und einigen Veröffentlichungen in meine Karriere ein. Die Jahre an Harvard erschienen wie ein Darlehen, das in den Anfangsjahren an Penn abzuzahlen war.

Das blieb bis in die achtziger Jahre aktuell, als ich als Department Chair die Gelegenheit hatte, bei einem Professionalisierungsprojekt für Sprachunterricht, das vom National Endowment for the Humanities (NEH) finanziert wurde, dazu beizutragen, dass an Penn dafür ein Schwerpunkt entstand. An den zwei großdimensionierten deutschen Sprachwochen mit zahlreichen Veranstaltungen in Philadelphia 1981 und 1983, die eine tatkräftige Kollegin an der Saint Joseph's University organisierte, wirkte ich mit. Die Tatsache, dass die Kollegin, Herta Stephenson, später Präsidentin der American Association of Teachers of German (AATG), in ihrem Befehlston an Margaret Thatcher erinnerte, störte mich wenig, da sie mit den Problemen des Deutschen in dieser Großstadt bestens vertraut war und für den Umgang mit Deutschlehrern gute und weniger gute Verhaltensmaßregeln erkennbar machte.

Als ich 1986 zu ihrem Nachfolger als Präsident des lokalen AATG Chapters gewählt wurde, boten im Stadtgebiet nur noch sechs High Schools Deutsch an; der Hauptanteil des Deutschunterrichts lag seit langem in den Vororten. Insgesamt zählte Philadelphia mit Umgebung über tausend Schüler des Deutschen, so dass es sich als eigenes AATG-Chapter verwaltete. Wie schwierig es war, den tagtäglichen Deutschunterricht in einem großstädtischen, das heißt unterfinanzierten und personell unterbesetzten Schulsystem aufrechtzuerhalten, lernte ich voll, als Herta Stephenson abgetreten war. Ob ich als Penn-Professor, obgleich freundlich und wissbegierig, der rechte Sprecher einer solchen, zumeist aus Frauen bestehenden Berufsorganisation war, die mehr High-School- als Collegelehrer umfasste, fragte ich mich oft. Aber dann spürte ich jedes Mal in den Berichten und Diskussionen der Lehrer aus der Umgebung so viel Zustimmung zu der Gruppe und einfallsreiche Hingabe an den Unterricht, dass ich von den Zweifeln abließ und eher zu der Meinung gelangte, wir sollten uns in unseren Klassenzimmern eine Scheibe von ihren Lehrmethoden abschneiden.

Schließlich kam auch der Moment, in dem ich mein Prestige zum Nutzen des örtlichen AATG-Chapters einsetzen konnte: bei dem weithin seltenen und anfangs aussichtslosen Unternehmen, für den Schuldistrikt aus Deutschland einen professionellen Sprachberater an Land zu ziehen. Da musste die Verwaltung des Schuldistrikts Philadelphia zur Zustimmung gebracht werden, da musste das Bundesverwaltungsamt in Köln einen Berater zur Verfügung stellen, da musste, als sich das alles um Jahre verzögerte und fast gescheitert wäre, mithilfe des New Yorker Goethe-Instituts, das die deutsche Sprachlehre im Land unterstützt, eine Kompromisslösung gefunden werden. 1989 konnte dann ein kompetenter Sprachberater, Hanns-Georg Salm, die Arbeit aufnehmen, die zwischen Philadelphia und dem Bucks-County-Schuldistrikt geteilt wurde. Salms' Nachfolgerin Brigitte Jonen-Dittmar konnte das weitere Absinken des Deutschunterrichts in der Stadt jedoch auch nicht verhindern. Tröstlich war nur, dass diese Berater die Programme für Sprachanfänger im Deutschen (FLES = Foreign Language in Elementary Schools) an der Ostküste tatkräftig erweiterten.

Es waren die Jahre, in denen Colleges und Universitäten mehr von dem früher in Schulen erteilten Sprachunterricht übernehmen mussten. Dekane sahen den Mehraufwand nicht gern. Ihnen mussten wir klarmachen, dass es sich dabei um einen Unterricht handelt, den die Berlitz-Sprachinstitute nicht liefern. In seinem Zentrum steht eine ganzheitliche Form der Spracherziehung, die sowohl linguistische als auch kulturelle Kompetenz verschafft. Mit anderen Worten, die Professionalisierung der Spracherziehung bietet eine Garantie dafür, dass das Studium einer Fremdsprache integrierender Bestandteil der Erziehung in *liberal arts* darstellt. Ohne Zweifel hat die NEH-Initiative, die dann vom American Council on the Teaching of Foreign Languages (ACTFL) erweitert wurde, zum Erhalt der Fremdsprachen als Teilaufgabe der akademischen Departments entscheidend beigetragen. Dass bei der Professionalisierung von Second Language Acquisition und Deutsch als Fremdsprache eine eigene Form von Fachblindheit entstand, bei der zwischen Literatur- und Sprachunterricht wieder Gräben aufgerissen wurden, die man eigentlich zuschütten wollte, ist ein unerfreulicher Preis.

Die German Studies Association hilft bei der Reform der Germanistik

Warum sollten die Studierenden Deutsch lernen? Oder Französisch? Oder andere, noch schwierigere Fremdsprachen? Warum deren Romane im Original lesen, wenn man gute englische Übersetzungen für wenig Geld erwerben konnte? In der Tat, die Frage hatte in den siebziger Jahren, als der Sputnikschock verflogen war, dazu geführt, dass viele Colleges und Universitäten das Pflichtstudium von zwei Jahren Fremdsprache auf ein Jahr verringerten oder – noch öfters – ganz abschafften. Viele Studenten ließen sich davon nicht beirren, sie wollten die andere Kultur nicht nur in der Übersetzung erfahren. Immerhin war die Schicksalsfrage an die Fremdsprachen bis nach Washington gedrungen und hatte 1979 Präsident Carter erreicht. An Penn berief Dean Gregorian eine Versammlung aller Fremdsprachenlehrer ein und verlas die Proklamation der von Carter eingesetzten Kommission, dass die Ausbildung in Fremdsprachen in den USA in schlimmster Weise vernachlässigt werde und man Abhilfe schaffen müsse.

Weniger offiziell ging es bei den Bemühungen um eine effektive Form des Literaturunterrichts zu. Kritik gab es genug. Insofern dabei die ausschließliche Ausrichtung an Philologie und Literatur unter Beschuss geriet, formierte sich besonders unter den Älteren Widerstand gegen die Öffnung zu anderen Fächern, die sich dem Studium deutscher Dinge und der darauf basierenden Umformung etablierter Curricula widmeten.

Soweit ich sehe, gaben für die erfolgreiche Reform der Germanistik vor allem vier Faktoren den Ausschlag, mit denen sich in den Folgejahren der Begriff der German Studies auch offiziell durchsetzte. Er macht die Öffnung des Faches über die Vermittlung von Sprache und Literatur hinaus erkennbar.

Unabdingbar für eine Reformierung allgemein akzeptierter Lehrpraktiken war erstens die Erkenntnis, dass das Fach German *gemeinschaftlich* von den Fachvertretern umstrukturiert werden müsse, weil nur auf diese Weise der Abwärtsentwicklung begegnet werden konnte. Das geschah nicht über Nacht, gewann jedoch durch einen zweiten Faktor Ende der achtziger Jahre an Schwung. Von uns unterstützt und bald mit Zustimmung registriert, hatte man auf deutscher Seite, insbesondere in der dafür zuständigen Organisation des Deutschen Akademischen Austauschdienstes (DAAD), die Gefahr erkannt, die dem Studium des Deutschen in den USA drohte. Was wir nicht wollten, waren Einflussnahme und Dirigismus, die sich traditionell mit Geldzuschüssen verbinden. Der DAAD konzentrierte die Finanzhilfe darauf, die Zusammenkünfte von Germanisten, Historikern und Politologen aus allen Teilen des Landes zu ermöglichen. Dabei sorgte der Gründer und geschäftsführende Direktor der German Studies Association (GSA), Gerald Kleinfeld, für die entscheidenden Kontakte.

Eine der Konferenzen ist als »Wüstenkonferenz« in die Annalen der amerikanischen Germanistik eingegangen, weil im warmen, sandigen Arizona im Januar 1989 von Kleinfeld arrangiert. Das gemeinsame Schwimmen im palmenumstandenen Hotelschwimmbad half den Vertretern aus dem kalten Norden dabei, das übliche Konkurrenzdenken zurückzustellen. Auch beim Bereden der Probleme sollte man das Miteinander nicht aufgeben. Zwar stellte sich immer wieder die Forderung ein, die German Studies aus der Theorie zu entwickeln, insgesamt aber überwogen die Stimmen, die die Praxis für ihre Definition als ausschlaggebend ansahen. Der DAAD, von den einfallsreichen Direktoren des New Yorker Büros, Manfred Stassen und Wedigo de Vivanco vertreten, hielt sich bei diesen Diskussionen zurück, ließ jedoch deutlich erkennen, dass er die Notwendigkeit einsah, das Fach deutlicher von den Bedürfnissen der amerikanischen Lehrenden und Studierenden her zu strukturieren.

Hier kam der dritte Faktor ins Spiel: die seit den siebziger Jahren von einer Anzahl vorausschauender Kollegen in Wisconsin und Indiana sowie an Stanford erprobten Schritte zur Reform des Faches. Am weitesten hatte Louis Helbig an der Indiana University die Schritte zu einem Studiengang German Studies vorangebracht, bei dem nach dem Vorbild französischer Germanistik Landeskunde und Kulturstudien einbezogen wurden.

Der vierte und aus meiner Sicht einflussreichste Faktor stellte die Ausweitung der 1976 als Western Association of German Studies gegründeten und 1983 auf das gesamte Land ausgedehnten German Studies Association dar. Das geschah im Wesentlichen durch die Jahreskonferenzen, auf denen Germanisten, Historiker, Politologen, Kunsthistoriker und Soziologen zusammenkamen, sowie durch die von von Gerald Kleinfeld herausgegebene Zeitschrift *German Studies Review* und den *GSA Newletter*. Mit der Publikation der 1987 von einem Komitee unter dem Historiker Konrad Jarausch erarbeiteten *Curricular Guidelines* leistete die Organisation praktische Hilfestellung bei der Reform. Die Vorschläge dienten als ein Wegweiser, der vielen gefährdeten Departments beim Überleben half. Mithilfe neuer intellektueller Impulse aus Geschichte, Politik und Kultur zu überleben, verlangte nach fachlichen Neuanbindungen und Umorganisationen in den jeweiligen Institutionen. Sie boten einen Weg, das Fach, auf dem Studium deutscher Sprache und Literatur aufbauend, so attraktiv zu machen, dass es für junge Amerikaner sowohl im Studium als auch in der Lehre breitere Anziehungskraft bewies.

Es waren günstige Umstände, die diesen Faktoren erlaubten, für die Disziplin German in der *academy* wirksam zu werden, ihre Isolation endgültig zu beseitigen und ihr für die Zukunft Richtung und Motivation zu verschaffen. Es gelang um den Preis, die Stellung von Sprache und Literatur einzuschränken. Das war ein hoher Preis und ist immer wieder scharf angegriffen worden. Die zumeist älteren etablierten Fachvertreter widersetzten sich der notwendig gewordenen Handhabung der Wissenschaftsdisziplin als ein Projekt, verbunden mit der Reflexion ihrer Funktion und Geschichte in der Universität. Jedoch stand German damit nicht allein. Andere kleinere geisteswissenschaftliche Fächer wie Religionsstudien, Philosophie und Antikenwissenschaft büßten ihre Selbstsicherheit als Pfeiler westlicher Kultur ein, mussten zunehmend ihre Funktion in der Universität beweisen. Ihre Vertreter mussten sich auf Reformen einlassen.

Wir waren auf dem Weg, auch Germanistik nicht mehr als selbstverständliche akademische Einrichtung zu verstehen, wie sie in Deutschland existiert, vielmehr als Projekt, als eine Einrichtung im amerikanischen Erziehungssystem, die nur mit guter Organisation und gezielter Unterstützung ihre Anziehungskraft behält. Das hieß auch, ihren Vertretern das Bewusstsein zu verschaffen, in amerikanischer Perspektive deutsche Literatur und Kultur zu vermitteln und zu beforschen. Die German Studies Association wurde mit ihrem Zusammenführen von Germanisten und Historikern zu dem Forum, auf dem das Umdenken auf einzelnen Panels erprobt werden konnte. Zweifellos ein Forum der Praxis und der Praktiker, zu denen ich mich rechnete, als ich organisatorische Aufgaben in der GSA übernahm.

Ich hatte meine Kontakte zu Historikern seit der Tricentennial Conference gepflegt und erweitert. Das kam mir bei der Zusammenstellung interdisziplinärer Sektionen auf den Jahreskonferenzen 1988 in Philadelphia und 1989 in Milwaukee zugute. Der Einbezug von Historikern wie Michael Geyer und Konrad Jarausch oder auch Thomas Hughes war mir als *local organizer* zusammen mit John McCarthy und Margaret Devinney ebenso wichtig wie die Kartenbestellungen für das Philadelphia Orchestra und der Besuch der Ausstellung über den Münchener Jugendstil, ganz zu schweigen von der Organisation eines unvergesslichen Kabarettabends mit dem großartigen Brecht- und Eisler-Sänger Johannes Hodek aus Berlin. Offenbar war der Aufbruchsgeist dieser interdisziplinären Organisation inzwischen auch zu Kollegen in Deutschland gedrungen, jedenfalls gewann die Konferenz ihr besonderes Profil im Miteinander amerikanischer und deutscher Fachvertreter, aus der Germanistik Eberhard Lämmert, Jost Hermand, David Wellbery, Stanley Corngold; aus der Geschichtswissenschaft Jürgen Kocka, Georg Iggers, Geoff Eley, Susanne Miller; aus anderen Gebieten Elisabeth Noelle-Neumann, Arnulf Baring, Christoph Stölzl.

Noch in anderer Hinsicht wurde die Konferenz 1988 denkwürdig. Neben Wissenschaftlern suchten auch deutsche Offizielle den amerikanischen Resonanzraum der Association zu nutzen. Das ging nicht ohne Misshelligkeiten ab, vor allem da Gerald Kleinfeld darin eine Anerkennung »seiner« Organisation von deutscher Seite sah. Gewiss war das unumgänglich, insofern Kleinfeld finanzielle Unterstützung im Auge hatte. Jedoch fragten sich die Teilnehmer, ob sie tatsächlich zulassen sollten, dass ein deutscher Botschafter seine Einladung nicht mit kurzen Dankesworten abgalt, das Podium vielmehr für eine unerträgliche Propagandarede für die Politik der Bundesregierung missbrauchte. Noch während er sprach, spürte man den Unwillen der Wissenschaftler emporkochen. Die Arroganz, sich als Abgesandter der Bundesrepublik als Hüter deutscher Wahrheiten aufzuspielen, trug zu der Bereitschaft bei, die Arbeit dieser Organisation eindeutig von solchen Kolonisierungsmanövern zu bewahren.

Bereits am Tag davor hatte sich die Eigenständigkeit des amerikanischen Faches auf einem von Paul Michael Lützeler organisierten Workshop manifestiert, auf dem sich jüngere Germanisten und Germanistinnen mit feministischen, historistischen, anthropologischen und portmodernistischen Theorien auseinandersetzten. Er gelangte im folgenden Jahr unter dem bezeichnenden Titel »*Germanistik* as German Studies: Interdisciplinary Theories and Methods« in dem zentralen Fachorgan *German Quarterly* zum Abdruck. Zur selben Zeit lieferte der Band *Germanistik in den USA. Neue Entwicklungen und Methoden*, den ich beim Westdeutschen Verlag unterbrachte, zum ersten Mal für ein deutsches Publikum eine Übersicht über den Zustand und die intellektuellen und methodologischen Innovationen des Faches in Amerika. An diesem Unternehmen hatten ebenfalls zumeist als progressiv bekannte Germanisten wie David Bathrick, Russell Berman, Henry Schmidt, Egon Schwarz, Biddy Martin, Jeffrey Sammons, Wulf Koepke, Albrecht Holschuh und Robert Holub teil.

Amerikanische Historiker deutscher Geschichte waren in ihrer Fachidentität nicht vom deutschen Fachverständnis abhängig. Kollegen wie Konrad Jarausch, Michael Geyer, Jane Caplan, Rudy Koshar, Thomas Childers, Peter Jelavich unternahmen ihre methodischen Vorstöße innerhalb der amerikanischen Disziplin, wenn sie den Theoriewandel in den *humanities* für das Studium deutscher Geschichte fruchtbar machten. Das prägte im Dezember 1989 das gemeinsam erarbeitete Sonderheft von *Central European History* unter dem Titel *German Histories: Challenges in Theory, Practice, Technique*, das der Conference Group for Central European History of the American Historical Association entsprang, Es erschien mir als eine attraktive Brücke für die Zusammenarbeit. Hier zeigten Historiker das enorme Potential an neuen Einsichten in die deutsche Geschichte durch den Wandel an Theorien und Methoden. Das zog mich mehr an als der von einigen Kollegen propagierte, literaturwissenschaftlich entwickelte Historismus, der nach dem Vorbild des Shakespeare-Forschers Stephen Greenblatt an Berkeley der Disziplin neue Relevanz zu verschaffen behauptete, ihren Fachkokon letztlich nicht sprengen konnte und das Problem hatte, mit dem alteingefahrenen Historismus verwechselt zu werden.

Mit Michael Geyer und anderen Historikern diskutierten wir die Unterschiede im Zugang zu deutschen Dingen und hielten fest, dass sich Germanisten bei ihrem Engagement für Sprache und literarische Texte auf eine Identifikation einlassen, welche Historikern eher hinderlich erscheint. Jedoch können sie sich in ihren jeweiligen Vermittlungen dort nahekommen, wo ihre Untersuchungen zugleich von der Selbstverständigung über ihre geographisch-kulturellen Positionen heuristisch bereichert werden. In dieser Verständigung gewinnt die amerikanische, manche würden sagen: transatlantische Perspektive ihre Substanz.

Das fand erste Artikulation bei einem Panel auf der GSA-Tagung 1989 in Milwaukee, das Arlene Teraoka, Michael Geyer, Patricia Herminghouse, Jeffrey Peck und ich bestritten. Unter dem Titel »Germany as the Other: Towards an American Agenda for German Studies« definierte es sich als Manifestation dieser Bemühungen und wurde so 1990 in der *German Studies Review* abgedruckt. Die Amerikaner Jeffrey Peck und Patricia Herminghouse konzentrierten sich auf die Überwindung der Dichotomien *native/non-native* und *insider/outsider* bei diesem Studium, während die beiden aus Deutschland gebürtigen Vertreter von Geschichte und Germanistik die erkenntnisfördernde Distanz zu Deutschland betonten, Michael Geyer weit ausholend im Hinblick auf die zerbröckelnde atlantische Gemeinschaft, ich im Hinblick auf die Vermittlung zwischen distanzierenden und identifikatorischen Faktoren bei der Begegnung mit der anderen Sprache und Kultur.

Als Ort solcher interdisziplinären Verständigung lieferte die German Studies Association in den Folgejahren das geeignete Forum. Hier kamen auch die Kritiker auf ihre Kosten, die bezweifelten, dass man Germanisten und Historiker ohne weiteres im Dienst der Wissenschaft zusammenzwingen könne. Das war nie beabsichtigt, sollte nicht dem Dilettantismus Tür und Tor öffnen. Tatsächlich klappte die Verständigung oft nur schleppend. Als Faustregel ist mir als Verantwortlichem die Maxime geblieben, dass Interdisziplinarität, wenn sie neue Ergebnisse liefern soll, organisiert werden muss, möglichst thematisch. Im Organisieren vorauszudenken ist als Maxime geblieben, möglichst mit zündenden Themen, die von verschiedenen Herangehensweisen profitieren.

Mit alledem möchte ich die Bedeutung der GSA nicht überbetonen. Jedoch stellte sie mit den Jahreskonferenzen und ihren Publikationen eine wachsende Fachöffentlichkeit her, die von der deutschen Sektion der Modern Language Association nicht mehr wie früher geboten wurde. Die Old Boys Networks gerieten zugunsten organisationswilliger Kollegen und Kolleginnen mit ihren neuen Kommunikationsformen in den Hintergrund. Damit war die männliche Domäne nicht sofort gebrochen, wurde aber dank der demokratischen Struktur aufgelockert und weiblichen Mitgliedern zugänglich. Trotzdem dauerte es relativ lange, bis die feministischen Kolleginnen, die mit der Vereinigung Women in German und ihrer Zeitschrift *Feminist German Studies* ihre eigene Öffentlichkeit schufen, sichtbar in die Führung der GSA eingriffen. Es geschah erst 1995, dass Jennifer Michaels vom Grinnell College als erste Präsidentin wirken konnte. Sie bereitete einer Reihe eindrucks- und einfallsreicher Frauen als Präsidentinnen den Weg.

Neben der GSA verdienen andere, universitätsnähere Unternehmungen Erwähnung, die häufig darauf zielten, das Fach mit dem aus England importierten Konzept der *cultural studies* zu bereichern. Am weitesten ging an Cornell Peter Uwe Hohendahl mit der Einrichtung der German Studies als German Cultural Studies, später in einem Institut gleichen Namens. Er zielte auf eine Art Avantgardemodell intellektueller Strömungen, das sich von aktuellen Theorien speist. Vorbedingung war der Übergang zum Englischen, mit dem man German Cultural Studies als anschlussfähig zu anderen Fächern betrachtete. Das erzeugte neue Aufmerksamkeit in der *academic community,* allerdings auch den Vorwurf, dass damit die Basis von German als Universitätsfach ins Wanken kam. Diese Basis, in die die Dekane ihr Geld investieren, bildet nun einmal die Lehre von Sprache und Literatur im Zusammenhang der *humanities.* Dieser Lehre gilt die Ausbildung der Studenten. Wenn Sprachvermittlung ins Sekundäre rutscht, geht ein gewichtiger Teil der Ausbildung verloren. So geschehen, wenn Nachwuchsgermanisten, die die notwendige Sprachpädagogik und Lehrerfahrung vermissen ließen, bei Jobgesprächen für Assistant Professorships in der Gefahr waren durchzufallen, mochten sie auch noch so anziehende intellektuelle Thesen über *cultural studies* vertreten.

Das löste in den neunziger Jahren schließlich Alarm aus. Als Heidi Byrnes, mit Janet Swaffar und Claire Kramsch eine der führenden Reformerinnen der Sprachpädagogik, im Auftrag der AATG mit einleuchtenden Argumenten die Rückbesinnung auf die Notwendigkeit guter Sprachlehre für die German Studies einforderte, schloss ich mich ihr an. So auch auf einem Mahnpanel bei der GSA mit Patricia Herminghouse, Gerhard Weiss und Lynne Tatlock, erfahrenen Kollegen, die auf diesem Gebiet viel größere Meriten besaßen. Ich musste ja nicht über meine fragwürdige Kompetenz als Sprachlehrer sprechen.

Der Fall der Mauer und die Rettung des deutschen Geistes

Wurde das Fach *German* attraktiver? Ich glaube schon. Jedoch ist unbezweifelbar, dass mehr als alle unsere Reformbemühungen ein ungeplantes Ereignis seine Attraktivität erhöhte: der Fall der Mauer zwischen Ost und West. Wenn etwas die Zusammenarbeit von Germanisten und Historikern förderte, war es die Gewissheit, dass keine Fachdisziplin allein dieses Ereignis und seine Tragweite erklären und vermitteln konnte.

Plötzlich erweckte Deutschland neues Interesse, erforderte Umdenken der seit Kriegsende und Kaltem Krieg wenig modifizierten Einschätzungen eines

Landes, das sich im Westteil in den demokratischen Westen integriert und mithilfe enormer Wirtschaftsleistung konsolidiert hatte. Wie ließ sich die Zusammenführung zweier Landesteile verstehen, in denen sich unterschiedliche Lebens- und Staatsformen herausgebildet hatten und die nun Altes und Neues, darunter die Einfügung in eine Nation, neu ordnen mussten?

Bei der Bemühung, die Vorgänge beim Zusammenbruch des Kommunismus in Europa und Russland besser zu verstehen, griffen ausländische Beobachter mehr als zuvor zu kulturellen Faktoren. Davon profitierten wir. Da viele der vom Kalten Krieg geprägten Deutungskategorien unbrauchbar wurden, scheuten sich die Kollegen in Politologie und International Studies auf einmal nicht mehr, bei Geisteswissenschaftlern nach kulturellen Kriterien zu angeln, die dem politisch geänderten Bild besser gerecht würden. Als der russische Premier Boris Jelzin bei seinem US-Besuch die Amerikaner mit einem sehr ›russischen‹ Auftritt verunsicherte, der beträchtliche Mengen Alkohol einbezog, nahm ich bei einem Campusspaziergang mit dem Experten für sowjetische Wirtschaftsgeschichte an Penn die Gelegenheit wahr zu fragen, woher er sich bei dem Mangel an konkreter Information Aufklärung über die russischen Wandlungen besorge. Unvergessliche Antwort dieses wohlerfahrenen Kremlbeobachters:

I read Tolstoy.

Für die deutsche Situation ließ sich entsprechend ins Feld führen, dass man die Spannungen zwischen Ost- und Westdeutschen während und nach der Wiedervereinigung, so komplex die administrativen und finanziellen Umstellungen waren, am ehesten kulturell erfassen könne. Das kam meinem späteren Auftrag, im American Institute for Contemporary German Studies in Washington das Humanities Program zu leiten, zugute, insofern es dem Gebiet der Kultur, sonst in Washington beiseitegeschoben, Aufmerksamkeit verschaffte. Darüber später mehr.

Um das erstaunte, lange Zeit eingeschläferte Interesse amerikanischer Kommentatoren zu verstehen, sollte man nicht vergessen, dass die Bundesrepublik in den späten achtziger Jahren bei amerikanischen Eliten in geringem Ansehen stand. Der Bonus der Frontstellung im Kalten Krieg war längst verflogen, wenn er je geistiges Prestige mit sich geführt hatte. Es herrschte eher Missbehagen, dessen Ausmaße mir erst als Mitglied des akademischen Beirats des American Institute for Contemporary German Studies voll bewusst wurden. Man sprach vom Mangel an Kreativität und Inspiration, als ob sich die Bedeutung der Bundesrepublik nur darin erschöpfe, eine starke Wirtschaftsmacht und einen unentbehrlichen militärischen Bundesgenossen darzustellen.

Allein der Tonfall in Washington machte wach, Ich erfasste nicht alles, wohl aber, dass es sich bei der groß geplanten Konferenz 1988 an der Johns Hopkins

University um etwas Grundsätzliches handeln würde. In einem Einladungsbrief an führende deutsche Intellektuelle stellte Steven Muller, der Präsident der Universität, der in diesen Jahren im Zenith seiner Karriere stand, die provokante These auf, dass es der Bundesrepublik an tiefgreifender Geistigkeit *(intellectualism)* mangele, wohl eine Folge des Nationalsozialismus und der Existenz zweier deutscher Staaten. Die Konferenz solle unter dem Titel »The Contemporary German Mind« Gelegenheit geben, bemerkenswerte intellektuelle Aktivitäten zu demonstrieren oder entsprechend aufzuzeigen, was deren Manifestation hindere – von einer Nation vorgebracht, die mit einer langen und glorreichen Geschichte von Dichtern und Künstlern die Welt früher herausgefordert habe. Mit anderen Worten, intellektuell sei die Bundesrepublik uninteressant geworden, stoße in den USA auf Desinteresse, und ihre prominenten Vertreter sollten an einer führenden amerikanischen Universität das Gegenteil beweisen.

Muller, der illustre Kritiker der deutsch-amerikanischen Beziehungen und Gründer des AICGS, demonstrierte in dieser Einladung zweifelsohne die Arroganz des Großen Bruders, als der die USA im Kalten Krieg auf deutscher Seite oft tituliert wurden. Selbst im Nachhinein kann ich jedoch kaum den Eindruck einer bereitwilligen Gefolgsamkeit wegwischen, mit der die prominenten deutschen Gäste, darunter Jürgen Habermas, Wolf Lepenies, Hans Magnus Enzensberger, Karl Dietrich Bracher, Marion Gräfin Dönhoff, die man als streitlustige Intellektuelle kannte, ihre Verteidigung der deutschen Situation brav ablieferten. Auch Habermas' detailverliebtes Abhaken der stockenden Wiederaufnahme des intellektuellen Lebens seit 1945 wirkte als Erwiderung solide, aber matt. Denkwürdig war eher der Moment, als der Philosoph Peter Sloterdijk geendet hatte und Habermas bemerkte, er habe ihm zum ersten Mal richtig zugehört und müsse feststellen, was Sloterdijk an aphoristischen Bemerkungen vorführe, habe Enzensberger seit langem witziger geliefert.

Diese Konferenz miterlebt zu haben, half mir dabei, die von Kanzler Helmut Kohl Ende der achtziger Jahre auf Anraten des deutsch-amerikanischen Koordinators Werner Weidenfeld initiierte intellektuelle Investition der Bundesregierung in den USA als überfällig anzusehen. Offenbar wachte man auf.

Bereits die Etablierung des German Historical Institute 1987 in Washington lässt sich Kohls Repräsentationspolitik zuordnen. Allerdings kam es Kohl, wie sich später herausstellte, in diesem Fall weniger auf die wissenschaftliche Anerkennung als auf Etablierung einer Institution an, mit der sich die Bundesrepublik gegen die verkündete Schaffung eines amerikanischen Holocaust-Museums, von der er eine starke Beeinträchtigung des deutschen Ansehens befürchtete, in eine bessere Positur setzen würde. Dass diese Ausrichtung von Anfang an keinerlei Gewicht für das Wachstum des Instituts besaß, war dem deutschen Gründungsdirektor Hartmut Lehmann ebenso wie den amerikanischen Historikern zu verdanken, die sofort gut zusammenarbeiteten.

Auf amerikanischer Seite sah man in der Zuordnung zum Holocaust-Museum eine Verkennung der kritischen Einstellung, die man den Bundesdeutschen zu verstehen gab. Man freute sich jedoch zunächst an den neuen Investitionen von deutscher Seite, über deren Prestigewert ich noch einiges zu berichten habe.

All dies führt vor Augen, wie stark die offizielle Selbstdefinition der Bundesrepublik noch Ende der achtziger Jahre über die USA lief. Und wie stark das von Deutschen verinnerlicht worden war. Hiervon lebte nicht zuletzt ihr Antiamerikanismus und die Kritik an Amerika, gerade weil sie sich von den USA in ihrer Selbstdefinition abhängig sahen.

Amerikanische Historiker hatten einige Weichen dafür gestellt, vor allem indem sie die deutsche Geschichte, deren nationale Erzählung in der Bundesrepublik erst einmal auf Eis gelegt worden war, als Modernisierungsgeschichte erzählten, als Geschichte der Abweichung vom westlichen Modell demokratischer Modernisierung. Das war die Historie eines vom Wege abgekommenen Landes, das dank des amerikanischen Demokratiemodells den richtigen Weg zur Moderne wiedergefunden habe. Michael Geyer folgerte, dass das mit dem Auseinanderdriften des atlantischen Blocks und der Wiedervereinigung zu Ende gehe. Nun müssten die Deutschen wieder ihre eigene Geschichte machen (und schreiben), jedoch nicht im Sinne Kohls, der die »alte« Bundesrepublik 1989, im vierzigsten Jahr ihres Bestehens, dafür krönen wollte, sondern souverän im Einbezug der DDR und der Nation. Es dauerte eine Weile, bis der Gedanke einsank, dass es nun darum ging, ein anderes Deutschland mitsamt eines veränderten Deutschlandbildes zu schaffen. Das intern wirklich größer wurde und extern die Vergrößerung nicht abstreiten konnte. Das sich extern nicht mehr aus der Verantwortung für die Nation Deutschland mitsamt Holocaust stehlen konnte, wie es viele Bundesbürger zu praktizieren gelernt hatten.

Wenn wir kurz vor dem Mauerfall in der German Studies Association daran gearbeitet hatten, eine amerikanische Agenda für Deutschstudien als Kernprogramm herauszustellen, und damit auch theoretische Kriterien für die jeweilige Herangehensweise statuierten, fanden wir uns nach dem Mauerfall und angesichts der nationalen Selbstfindung der Deutschen in die Situation versetzt, dazu gleichsam spiegelbildlich eine deutsche Agenda für die deutsche Seite ins Bild zu rücken. Die Feststellung, nun müssten die Deutschen ihre Geschichte wieder selbst gestalten und schreiben, belebte auch unter Amerikanern eine Vielzahl von Neuinterpretationen.

Michael Geyer, der genialische Historiker an der University of Chicago, der bei Vorträgen einen überzeugenden Kissinger-Akzent und einen gewissen Predigerton kultivierte, vermittelte in dieser geschichtsbewegten Weltminute das *big picture* für das Denken jenseits der deutschen Satellitenmentalität. Dank seiner Originalität und intellektuellen Dynamik stellte die Chicagoer Graduiertenabteilung in History das interessanteste Forum für die Diskussion von *Modernity, global history* und Holocaust als Teil der deutschen Geschichte dar.

An mehreren Workshops nahm ich mit Gastbeiträgen teil. Als mich der Freund aufforderte, das Verhältnis von Geschichte und Kunst in einer Abhandlung über den faszinierendsten deutschen Künstler dieser Jahre, Anselm Kiefer, im *Journal of Modern History* zu durchleuchten, sagte ich sofort zu. Die Beschäftigung mit Kiefer, der 1988 mit Ausstellungen in Philadelphia und Chicago seinen spektakulären Durchbruch in Amerika erzielte, bot Gelegenheit, im Einbezug der Publikumsreaktion den Wirkungsmechanismen dieser großflächigen, deutsche Mythen einbeziehenden Malerei auf die Spur zu kommen. Kiefers riesige Kompositionen aus Farbe, Dreck, Stroh und Handschrift, in denen man endlich mal wieder was lesen konnte, wie mir ein Museumsbesucher achtungsvoll zu verstehen gab, bestätigte, dass in der Kunst auch ein größeres Publikum Zugang zur deutschen Welt finden konnte. Kiefer öffnete den Sinn dafür, dass die Ausrichtung auf die langweilig gewordene Bundesrepublik Entscheidendes versäume, wenn sie die geschichtliche Tiefe nationaler Mythen und Phantasien ausließ. Der Aufsatz fand unter dem Titel »Germany's Past as an Artifact« Widerhall.

Noch eine Blamage, aber nicht nur meine

In Chicago habe ich allerdings auch die peinlichste Erfahrung meiner Laufbahn als Professor für Deutschstudien gemacht, obgleich erst am 9. November 1989 voller Beschämung verstanden. Es geschah im Frühjahr dieses Jahres, dass ich auf Einladung des Goethe-Instituts bei einem Lunchvortrag in der hochfeinen Union League, dem Forum der Chicagoer Businesselite, die Möglichkeit der Wiedervereinigung kategorisch abstritt. Nach meinem Vortrag über die gegenwärtige Situation der Bundesrepublik erhob sich einer der Geschäftsleute vom Mittagstisch und stellte die Frage, die mich durchaus vorbereitet traf:

When will Germany be reunited?

Meine Antwort: *It will not be reunited, at least not in the foreseeable future.*

Sah ich nicht die Zeichen, die dieser Geschäftsmann als zwingend anführte? Wollte ich sie nicht sehen? Gewiss das Letztere. Denn ich hatte mich, obwohl es

13 Mit Jost Hermand an seinem 70. Geburtstag 2000.

mich von meiner Heimat abschnitt, mit der Teilung abgefunden. Ein Umdenken würde viel Energie verbrauchen und in die Nähe des vertrackten Nationalismus führen. Damit stand ich nicht allein.

Selbst der Besuch in meiner Heimatstadt Zwönitz in der DDR, bei dem Alex zwei Jahre zuvor als Dreijähriger die Spannung lockerte, hatte sich, obwohl er uns die Augen über den Niedergang des Systems öffnete, nicht tief genug eingegraben, um bei der Frage des Geschäftsmannes zumindest Zweifel erkennen zu lassen. Die Reise war durch Natalies Vorwurf zustande kommen, ich erwähne zwar meine Heimatstadt im Erzgebirge öfters, habe sie ihr jedoch bisher vorenthalten. Dank der Gastfreundschaft des Zwönitzer Schriftstellers Klaus Walther, der mich vormals in Philadelphia besucht hatte, lernten wir also eine Familie in der DDR kennen.

Auch hier kamen die Einsichten über die tatsächliche Situation, die sich in den Lebensbereichen der vier Familienmitglieder manifestierten, erst später. Jeder gab nach und nach eine Standortbestimmung, der Vater als Schriftsteller, die Mutter als Lehrerin, die Tochter als Linguistikstudentin, der Schwiegersohn als Ingenieur. Ich kürze ab. Während die Eltern kritische Zufriedenheit mit ihrer Lebenssituation äußerten, brach aus den Jüngeren die Missstimmung hervor.

Der Ingenieur beschrieb seine Frustration darüber, wie etwa ein Neuerungsvorschlag im Betrieb von den bürokratischen Entscheidungsstationen so verzögert werde, dass er veraltet sei, wenn er schließlich zur Anwendung gelange. Das sei nur ein Beispiel dafür, dass in diesem Staat das, was zur Produktion zähle, zum Schrott gehöre, mochten sich auch die Sphären von Kultur und Erziehung noch aufrechthalten. Der junge Ingenieur gebrauchte noch nicht den Begriff der Implosion, machte aber deutlich, dass die technische Elite den Staat bereits aufgegeben hatte.

Dem Verdikt der Ingenieure verschaffte dann 1991 bei einer Konferenz an Harvard der prominente Ostberliner Molekularbiologe Jens Reich, ein vielgefragter Sprecher in diesen Jahren, Ausdruck. Reich fügte kritisch hinzu, dass diese vom Staat geförderte Schicht zwar die Implosion der DDR-Wirtschaft lange vor dem Mauerfall konstatiert, jedoch keine wirksame Agenda für die Reform dieser Gesellschaft bereitgestellt habe. Mit Jens Reich, dem scharfsinnigen Kritiker der DDR-Intelligenzia und Mitbegründer des Neuen Forums 1989, hob sich die Harvard-Konferenz über eine gescheite Veranstaltung der Außenbeobachter hinaus, insofern Reich die im Intellektuellendiskurs vernachlässigte Produktionssphäre als Ort der Implosion des Systems erkennbar machte. Reichs Klage, dass er auf solchen Konferenzen allein für die DDR spreche, während aus den anderen Reformländern bekannte Dissidenten dabei seien, entsprang dem Unmut darüber, dass die DDR-Intelligenz in ihrer Staatsnähe und Produktionsferne ihre Illusionen gepflegt hatte, mit dem Umbruch erschreckend ratlos war und außer Klagen wenig beitragen konnte.

Eingedenk der Blamage vor den Chicagoer Geschäftsleuten drückte ich, als ich 1990 von zwei lokalen Radiostationen zu Kommentaren aufgefordert wurde, im Hinblick auf die Selbstbefreiung der Ostdeutschen tüchtig auf die Tube. Ich hatte jeweils kaum mehr als zehn Minuten Zeit zur Vorbereitung. In diesen Momenten fielen all die rührenden und empörenden Geschichten über die Teilung aus der Argumentation heraus. Mit ihnen konnte ich Leuten, die sonst nicht viel über Deutschland wussten, nichts zum Nachdenken bieten. Was blieb, musste ich aus dem *big picture* herausholen, mit dem sie das Riesenmaß dieses Umbruchs verstehen sollten. Ich forcierte das Argument, dass die Ostdeutschen zum ersten Mal in der deutschen Geschichte ihre Selbstbefreiung durch eine Revolution bewirkt hatten. Diese Deutschen hatten eine Revolution gemacht, ohne Blutvergießen, hatten sich aufgerichtet und protestantisch mit ihrer politischen Trotz- und Widerstandshaltung die bewaffnete Staatsgewalt ausgehebelt. Das Argument machte mich stolz, und die positive Reaktion des Interviewers bekräftigte den Stolz. Bei dieser Botschaft musste ich mich nicht mehr gegen den

Nazivorwurf wappnen, der öffentliche Äußerungen über die Deutschen auch zu dieser Zeit häufig begleitete.

Für einige, vor allem jüngere amerikanische Fachkollegen zog die Wiedervereinigung auch unerwartet negative Folgen nach sich. Fast über Nacht mussten sie befürchten, dass mit der Auflösung der DDR ihr Forschungsgebiet auf den Abfallhaufen der deutschen Geschichte gekehrt würde. Ich erlebte mehrere Male, wie jüngere Germanistinnen, die Christa Wolf und DDR-Literatur als ihr Arbeitsgebiet erkoren hatten, mit Erschütterung und Ratlosigkeit auf diese Voraussage reagierten. Das von mir einberufene Panel über die DDR-Literatur auf der GSA-Tagung 1990 in Buffalo präsentierte alle Reaktionen zwischen symbolischem Kopfnicken, Ärger und Betroffenheit. Wolfgang Emmerich, der mit seiner *Kleinen Literaturgeschichte der DDR* prominenteste westliche Experte der DDR-Literatur, projizierte Dürers berühmten Kupferstich *Melencolia I* auf die Leinwand und traf damit die Gefühle und Stimmung vieler DDR-Experten.

Leben mit der German Studies Association

Die Amtszeit des Präsidenten der German Studies Association beträgt vier Jahre, zwei als Vizepräsident, zwei als Präsident. Ich hatte das Glück, dass diese vier Jahre von 1989 bis 1992 in die bewegte Zeit der Wiedervereinigung fielen. Der offizielle Glückwunsch der GSA zur deutschen Wiedervereinigung an die Bundesregierung erging bei der Jahreskonferenz im Oktober 1990, zur Zeit der Vereinigung. Das war mehr oder weniger alles an offizieller Stellungnahme der Organisation. Inoffiziell geschah mehr, wobei Gerald Kleinfeld als Executive Director die Außenkontakte beträchtlich zu nutzen verstand. Dem gewählten Präsidenten blieb nur übrig, wenn solche Kontakte direkt auf ihn zielten, so etwas wie Repräsentanz spüren zu lassen. Das geschah unter anderem bei einer Reise des American Council of Learned Societies und ihres Präsidenten Stanley Katz nach Berlin, wo wir in der ehemaligen Akademie der Wissenschaften der DDR am Gendarmenmarkt tagten.

Ich kam Kleinfelds Betriebsamkeit nicht ins Gehege, da meine Ambitionen auf diesem Gebiet gedämpft waren. Bei den nächtlichen Anrufen aus Arizona, die von seiner Seite gewöhnlich mit der ganz tiefen Stimme der ewig im Keller Verdammten begannen, um sich dann im Gespräch auf eine lockere Normalität emporzuschwingen, empfand ich als wesentlich, nicht auszurasten, den Untergang der Welt, sprich der GSA, als nicht unmittelbar bevorstehend zu annoncieren und schließlich nach Hund und Haus zu fragen, da Kleinfeld als Junggeselle lebte. Und eigentlich mit der GSA und ihrer Zeitschrift, der *German Studies Review* verheiratet war.

Änderungen? Entlastung des Executive Director? Ausweitung des Halbtagsbüros an der Arizona State University aufgrund höherer Mitgliedsbeiträge? Hundertmal von den Vorgängern und mir vorgebracht und im Sande verlaufen. Kleinfelds Einsatz gründete auf der Einsicht, dass den Mitgliedern an einer gemeinschaftlichen Organisation gelegen war, in die sie, wenn sie tagte, ihre Ambitionen und Kontakte einbrachten, dass sie von sonstiger Organisationsarbeit jedoch verschont werden wollten. So regierte dieser quicklebendige, erfindungsreiche, etwas kurz geratene Mann mit Kaiser Wilhelms Es-ist-erreicht-Schnurrbart unter dunkler Mähne bis Mitte der neunziger Jahre über einen ziemlich ungebärdigen Haufen von Deutschland- und Österreich-Kennern, machte sich als »Gerry« für alle unentbehrlich, war jedoch dann häufig unauffindbar, wenn man ihn wirklich brauchte, wie etwa bei Budgetentscheidungen. Allerdings verstand es Gerry, mit deutschen Geldgebern zur rechten Zeit zum Wohle der Association übereinzukommen, mochte es den Präsidenten bei den nächtlichen Anrufen auch viel an Seelenmassage kosten, um ihn davon zu überzeugen, dass er nicht am Abgrund stehe.

Es dauerte noch rund zehn Jahre, bis sich die Situation angesichts der rasant anschwellenden Mitgliederzahl und den erhöhten Anforderungen an die Geschäftsstelle in Arizona änderte. Dann blickten die Leute nostalgisch zurück und sagten, mit dem kleineren Verein sei es gemütlicher und anregender gewesen.

Eines war gewiss, zur Wiedervereinigung fiel jedem etwas ein. Da ließen sich auch amerikanische Beobachter, die der Bundesrepublik Ideenlosigkeit vorgeworfen hatten, zu gewagten Ideenkombinationen über die kommende Berliner Republik anregen. Berliner Republik: wie das klang! Nicht mehr das dumpfe Bonn, sondern etwas Großzügigeres, Interessanteres, bei dem man nur aufpassen musste, dass es nicht in neuen Nationalismus ausartete. Bei der Abstimmung, ob die Bundeshauptstadt nach Berlin verlegt werden solle, hofften viele jüngere Akademiker auf Berlin, wo sie gerne einmal Station machen wollten.

Auf deutscher Seite sah man die Chance, aus dem Impuls der Vereinigung neues Interesse bei den Amerikanern herauszuschlagen, und wusste doch zugleich, wie es der Beauftragte für die deutsch-amerikanische Zusammenarbeit, Werner Weidenfeld, unmissverständlich klarmachte, dass die beiden Länder ohne die sowjetische Drohung dabei waren, auseinanderzutreiben. Die Nichtbeteiligung der Deutschen am amerikanischen Feldzug gegen den Irak Anfang 1991, die Kohl mit Geld kompensierte, gab einen Vorgeschmack. Hier gewann die von Weidenfeld konzipierte, von Kohl mit Millionen durchgesetzte wissenschaftliche Prestigeinitiative in den USA ihr Gewicht.

Allerdings stieß das, was der Deutschen Botschaft zur Wiedervereinigung für die Kulturpolitik in den USA einfiel, nicht nur bei mir auf wenig Gegenliebe: das Potential der Deutschamerikaner für größeres Interesse an Deutschland zu mobilisieren. Solche Ideen waren anlässlich des Tricentennials 1983 in den Blick deutscher Politiker gerückt. Jedoch stellten sie ein sehr fragwürdiges Guthaben dar, das in früheren Jahrzehnten seine Zerbrechlichkeit und zugleich Explosivkraft gezeigt hatte. Zwar spielten bei der Rekrutierung von Studenten für Deutsch der *heritage bonus* eine wichtige Rolle, aber der erwies sich häufig als nicht viel effizienter als das jüdische Interesse am Deutschen als Sprache der einstigen Peiniger. Barthold Witte, der Ministerialdirektor und Kulturreferent im Auswärtigen Amt, lenkte bei einer Konferenz im Oktober 1990 über die geplante Kulturpolitik ein; ihm war klar, wie heikel eine solche Mobilisierung sein würde. Nicht weniger Genugtuung löste unter uns seine Zusicherung aus, dass die für Kulturarbeit bereitgestellten Mittel zwar zunächst für die osteuropäischen Länder bestimmt seien, das Budget für die Arbeit in den USA jedoch erhalten bleiben würde.

Mit Wittes Einlenken war das Thema Deutschamerikaner jedoch nicht erledigt. Dank des rührigen Direktors des New Yorker Goethe-Instituts, Jürgen Uwe Ohlau, der als Regionalbeauftragter des Goethe-Instituts für Nordamerika seine Frühjahrstagung 1991 in die Deutsche Botschaft in Washington einberief, wurde das Thema bei der Planung für die deutsche Kulturpolitik in den USA kritisch zur Diskussion gestellt. Ohlau wusste, dass er mit einem kritischen Beitrag von mir die Diskussion voranbringen würde. Das geschah auch. Ich hatte als Außenstehender freies Schussfeld. Ich nutzte es, ohne die Brücken hinter mir abzubrechen. Meine Kritik an der Botschaft und ihren Intentionen war realistisch und direkt angelegt. Das gefiel, wenngleich wohl etwas süßsauer. Kulturreferent Josef Rusnak wollte sie als internes Papier nutzen. Heinrich Baumhof, ein Veteran der Botschaft, der fünfundzwanzig Jahre lang die Verbindung zu Sprachlehrern im Lande gepflegt hatte, fand, ich hätte die Kritik sogar noch schärfer formulieren sollen.

In diesen Jahren wurden kulturpolitische Weichen gestellt. Dazu gehörte, dass für kulturelle Projekte Gelder flossen. Das meiste Geld der Bundesregierung kam der Sprach- und Kulturarbeit im östlichen Europa sowie der Restauration und Kulturpflege in den neuen Bundesländern zugute. Wie erwähnt, sah Bundeskanzler Kohl aber auch darauf, dass dem Vorhaben, dem Ansehen der Bundesrepublik in den Vereinigten Staaten durch Wissenschafts- und Kulturinvestitionen aufzuhelfen, genügend Unterstützung gewährt wurde. Dieses Vorhaben half dabei, den Himmel über dem Atlantik weiter aufzuhellen.

12. Der jüdische Anteil an German Studies

Die Frage am Ankunftstag in New York

Aus Deutschland kommend und von Jack Zipes an die Familie seiner Frau Linda in New York empfohlen, erhielt ich, wie berichtet, am Ankunftstag als erste gravierende Frage vom Gastgeber, als wir uns zu einem Picknick auf Long Island niederließen, ob ich vielleicht jüdisch sei. Mein Name könnte das hergeben. Als ich verneinte, schloss er die Frage an, ob ich über das Schicksal der Juden in Deutschland wisse. Ich habe diese Frage in den folgenden Jahren so oft gehört, dass ich fand, sie gab mehr Aufschluss über die Fragenden und ihre Umstände als über mich.

Dennoch grub sich die Tatsache, dass ich die Frage am Ankunftstag in Amerika gestellt bekam, tief in mein Bewusstsein ein. Bevor ich hier einige der Erfahrungen mit Juden und jüdischen Perspektiven in den USA skizziere, habe ich gezögert, ob ich das wirklich in einem Einzelkapitel tun solle, separat von den Bemühungen um German Studies. Denn meine Erfahrungen in den achtziger Jahren brachten mich ja gerade dazu, den jüdischen Anteil nicht vom alltäglichen Lernen und Leben zu trennen. Das ermöglichte mir, einen anderen Umgang mit diesem Phänomen zu entwickeln, als es Freunde und Verwandte in Deutschland praktizierten. Die Trennung von Deutschen und Juden, Deutschem und Jüdischem stellte genau das Mitbringsel aus Deutschland dar, das mich zu Beginn daran hinderte, die Akkulturation der Juden in der amerikanischen Gesellschaft voll zu verstehen und für meine eigene Akkulturation nutzbar zu machen. Bei Aufhebung der Trennung ging es mir nicht um die Verwischung der Unterschiede, vielmehr um Verständnis und Vergleich in einer Gesellschaft ethnischer Identitäten, in der dem Außenseiterstatus nur bedingt Gewicht zugemessen wird, da ihn jeder potentiell zu seiner Identität zählt oder von außen zugemessen bekommt.

Aus dieser Erkenntnis resultierte mein Bedürfnis, die von jüdischen Zeitgenossen geforderte Anerkennung der Schuld an der Vernichtung der Juden anzusprechen, jedoch nicht dabei stehenzubleiben. Das Schuldgefühl, das sich unter Deutschen in der Reaktion auf die TV-Serie Holocaust 1979 herauskristallisierte, hatte mich bereits lange zuvor begleitet und 1963 zum Besuch des Auschwitz-Prozesses geführt. Es blieb erhalten, fesselte mich jedoch nicht an die in Deutschland entwickelten Denkbahnen über Juden. Ich lernte, mein Verhältnis zu Juden in Amerika von ihrem Selbstverständnis zwischen Außenseitertum und Integration her zu entwickeln. Diesem Selbstverständnis eingedenk fand ich Wege, über die stereotype Fixierung des Deutschen hinaus im ethnischen Kontext in dieser Gesellschaft zu funktionieren und über amerikanische und jüdische Probleme mitzusprechen. Nur so verfing ich mich als Beobachter deutscher Dinge nicht mehr in den Identitätsbestätigungen als deutscher »Deutscher«, die mir von deutschen Gesprächspartnern routinemäßig abverlangt wurden. Für die amerikanische Praxis der German Studies lieferten sie ohnehin keine fruchtbaren Argumente.

Die Besinnung darüber, wie das Fach German als Lehre deutscher Sprache und Literatur, ohne seine wissenschaftliche Basis aufzugeben, innerhalb der amerikanischen *academy* substantiell gestärkt werden konnte, führte notwendigerweise zur Reflexion des amerikanischen Verständnisses deutscher Kultur allgemein. In diese Reflexion hatten nach Krieg und Shoah jüdische Wissenschaftler und Wissenschaftlerinnen einen reichen Fundus an Kenntnissen eingebracht. Oftmals sehr viel genauer vertraut mit den mitteleuropäischen Verhältnissen, vermochten sie den vorhandenen Wissensschatz intellektuell zu erweitern, gleichsam provokativ aufzurauhen.

Den Begegnungen mit Emigranten, Historikern und (jüdischen) Germanisten verdankte ich die Klärung einiger dafür notwendiger Einsichten. Schließlich waren es Diskussionen mit Michael Geyer und Jeffrey Peck, mit denen 1989 eine amerikanische Agenda für German Studies auf der GSA thematisiert werden konnte. Insofern die Konzeption dieser Agenda durch Pecks Reflexion jüdischer Selbstreflexion von Identität und Außenseitertum im Verhältnis zu den Deutschen an Substanz gewann, glaube ich, ist es gerechtfertigt, die Erfahrungen mit Juden und jüdischen Perspektiven gesondert, jedoch in enger Verbindung mit den Bemühungen um German Studies zu reflektieren.

Erhellungen durch David Bronsen, Thomas Koebner, Herbert Strauss

Meine ideelle Ausrüstung für die Begegnung mit Juden war, wie bei jungen Deutschen der Nachkriegsgeneration, die im Alltag wissentlich keinen Juden antrafen, unzureichend. Ich hatte mir Aufschluss über die Judenverfolgung verschafft, aber dabei blieben Juden in den Schwarz-Weiß-Fotografien stecken, in denen die Dokumentation einschließlich der Kristallnacht die Endgültigkeit von Friedhöfen ausstrahlten. Ähnliches empfand ich bei einer ersten mehrteiligen Dokumentationssendung des deutschen Fernsehens im Winter

1960. Juden, das waren die Leichenberge, die von Baggern in Bergen-Belsen in ein Massengrab geschaufelt wurden. Das hatte nichts mit der deutsch-jüdischen Familie Pevsner in London zu tun, die durch die Heirat meiner Stiefschwester Inge zur Verwandtschaft wurde. Ließ sich das überhaupt zusammenbringen? Vielleicht über Theorie, wie ich fand, nicht über Erfahrung. Aber auch das half nicht viel, als ich in New York ankam. Was ich in London gelernt hatte, hinderte eher daran, die Einstellung amerikanischer Juden zur Judenverfolgung zu verstehen. Es dauerte einige Zeit, bis ich lernte, was es mit dem Selbstverständnis amerikanischer Juden im Unterschied zu dem europäischer Juden auf sich hatte, im Wesentlichen denen in den wesentlich homogeneren Gesellschaften Frankreichs und Englands.

Ahnungslosigkeit ist um so peinlicher, je mehr man glaubt, vieles zu wissen und eingeweiht zu sein. Das erfuhr ich an einem Abend Anfang der siebziger Jahre in einem kleinen Restaurant in West Philadelphia, als mir David Bronsen, der jüdische Kollege an der Washington University St. Louis, farbenvoll von seiner exotischen Radtour durch Galizien erzählte, die der Recherche von Joseph Roths Jugend galt. Seine Schilderung kam in ihren kaum glaublichen Begegnungen fast einer Erdichtung des großen Erzählers nahe. Die erste Ernüchterung geschah, als ich merkte, dass der Wissensstand, auf dem ich Roths Romane in der Dissertation und dem anschließenden Buch behandelt hatte, angesichts Bronsens Recherchen absolut ungenügend war. Zum Glück kam Bronsens monumentale, in jedem Kapitel neue und staunenswerte Biographie des Autors von *Hiob* und *Radetzkymarsch* erst knapp zehn Jahre nach meiner Darstellung von Roths mythischer Wiedererrichtung des alten Österreich heraus.

Tiefer traf die andere Ernüchterung. Die galt dem Judentum von Adolf Klarmann, dem Kollegen und Mentor an Penn. Adolf und Isolde Klarmann waren über Jahrzehnte hinweg enge Freunde von Franz Werfel und Alma Mahler-Werfel gewesen. Adolf hatte Werfels Werke herausgegeben; Alma hatte einen Teil des Nachlasses der Bibliothek der University of Pennsylvania vermacht. In meiner Freundschaft mit den Klarmanns war viel von Franzl und Alma die Rede, von Almas aufreizendem Lebenswandel ebenso wie von ihrem offenen Antisemitismus. Offenbar hatte dieser ihre Ehe mit dem Juden Werfel wenig beeinträchtigt, da sie, wie Isolde insistierte, über gemeinsam praktizierte Musik immer wieder zusammenfanden. David Bronsen hatte den Klarmanns einen ausführlichen Besuch abgestattet. Er hakte sich an Almas Antisemitismus fest. Ich stutzte, als er Klarmann als Juden bezeichnete. Klarmann war kein Jude. Ich berichtete, ich hätte ihn nie ein Wort über Juden sagen hören. Ich insistierte darauf, dass er kein Jude sei. Er sei lange vor 1933 immigriert.

Zum Glück war der Abend lang, der Wein verträglich und David Bronsen willens, meine Ahnungslosigkeit über jüdische Lebensformen in diesem Land, Universitäten eingeschlossen, zu korrigieren. Ich verdanke ihm, gerade im Nichterwähnen des Jüdischen im Umgang mit dem Deutschen ein Kennzeichen mitteleuropäischer Juden in Amerika zu erkennen und zugleich das Insistieren darauf, Jude zu sein, eher osteuropäischen Juden zuzurechnen, wobei diese in diesen Jahren zunehmend den Hinweis auf die Vernichtung beimischten. Noch war der Begriff des Holocaust nicht im Gebrauch, die Platzierung der Antipathie gegen die Deutschen dementsprechend emotional und unfokussiert. Roths Biograph war wohlerfahren im Definieren von Außenseitertum und Identitätssuche und darin, dass der Umgang der Juden mit deutschen Dingen deshalb so viele Aufschlüsse liefre, weil sie sich selbst mit ins Bild schöben und die Angewohnheit hätten, sich dabei nicht zu erwähnen.

Für Bronsen war Klarmann einer der mitteleuropäischen jüdischen Germanisten, die die amerikanische Germanistik endlich aus dem nationalen Korsett deutscher Philologen befreiten. Er, Bronsen, habe davon profitiert. Ich profitiere auch davon. Dass sie dafür Beifall bekommen sollten, war mir entgangen. Ich fand eher, etwa bei der MLA-Tagung 1967, die Präsenz des Old Boys Networks bemerkenswert, in das sie sich offenbar erfolgreich integrierten. Das wiederum fand er weniger wichtig als die Tatsache, dass da eine Brücke zu den Werken von Roth und anderen Exilanten geschlagen werden konnte, nämlich im Anspruch, dass Juden maßgeblich daran beteiligt waren, die attraktiven Seiten der deutschen Kultur zu bewahren und anderen zu vermitteln. Bronsen lag daran, das Verhältnis von Deutschen und Juden in seiner problematischen Verflochtenheit, nicht in Abgrenzung und Ausschließung zu thematisieren. Das Letztere aber dominierte, wenn ich recht sehe, von der TV-Serie *Holocaust* definiert, in den folgenden Jahrzehnten.

Im Rückblick klingt es ironisch, gehört jedoch zur Story von Adolf Klarmann, dem Juden aus Brünn, der bereits in den zwanziger Jahren mit Familie in die USA immigrierte: dass er kurz vor seinem Tod das tat, was sein Freund Franz Werfel geplant, aber nicht ausgeführt hatte, die Konversion zum Katholizismus. Nach Adolfs Tod 1975 folgte seine protestantische Witwe Isolde darin nach.

Als Herbert Strauss mich im Zuge der Vorbereitung der Tricentennial Conference mit den Zweifeln darüber konfrontierte, ob die Juden in dieser Feier der Deutschamerikaner einen Platz hätten, war ich nicht ganz unvorbereitet. Wegen früherer, zugegebenermaßen sporadischer Auseinandersetzungen über die deutsch-jüdische Thematik versetzten mich die Wochen, in denen er mich auf eine Antwort warten ließ, in nicht gelinde Spannung. Bei den literaturgeschichtlichen Darstellungen der siebziger Jahre hatte ich dem Jüdischen keinen besonderen Raum gewährt und ärgerte mich im Nachhinein, diese Thematik in der gemeinsam mit Jost Hermand verfassten Darstellung der Kultur der Weimarer Republik ausgelassen zu haben. Anders bei dem Aufsatz über die Prosa der Nachkriegsautoren in dem 1971 von Thomas Koebner herausgegebenen Tendenzen-Band. Dort hatte ich die Verbrechen an den Juden als die entscheidende (und lange nicht behandelte) Herausforderung der deutschen Nachkriegsliteratur bezeichnet, was Stephan Braese später bei seiner Studie über jüdische Autoren als Novum und Ausnahme hervorhob.

Apropos Thomas Koebner, der die Herkunft aus jüdischer Familie in der Studienzeit und danach den Freunden gegenüber nie thematisierte: Erst in den achtziger Jahren wurde mir bewusst, dass der nahe Freund über die problematische Verflochtenheit zwischen Juden und Deutschen vieles zu sagen hatte, was ich mir bei meinen amerikanischen Begegnungen erst langsam zugänglich machte. Wir sprachen nur in Andeutungen darüber, und nur die Neugier darauf, was er in dem Eröffnungsaufsatz des 1985 gegründeten Jahrbuchs *Probleme deutsch-jüdischer Identität* zu sagen hatte, öffnete die Augen darüber, dass hier ausgerechnet aus Deutschland Einsichten kamen, die eben nicht auf der inzwischen akzeptierten Linie der Aufklärung über den Holocaust und die Schuld der Deutschen lagen. Hier sprach ein Wissender (und Betroffener) über die Verflochtenheit und Ähnlichkeit der Stereotype zwischen Deutschen und Juden, darüber, dass die Projektionen »des« Jüdischen aus deutscher Sicht oft nur der verdrängten Selbstwahrnehmung entspringen (in der sich häufig Minderwertigkeitsgefühle äußern) und dass sich in die Kennzeichnung des deutschen Charakters aus jüdischer Sicht verdeckte Aussagen über die eigene Befindlichkeit mischen.

Gewiss ein mitteleuropäischer Ansatz, jedoch für mich als Deutschem unter Amerikanern und Juden höchst aufschlussreich, insofern ich gut darüber Bescheid wusste, wie man Identität in ständiger Selbstbeobachtung, die zugleich Fremdbeobachtung projiziert, formt, aber auch ständig transformiert. Ich ahnte, dass Koebner manche der Einsichten dem emigrierten Kulturphilosophen Erich von Kahler verdankte, den er in Princeton interviewt hatte, war mir jedoch sicher, dass er seine Verständnishilfen für die wechselnde Identität von Eigenem und Anderem aus eigener Erfahrung formulierte. Kein Wunder, dass ihm das Verdienst gebührt, das für die Exilforschung maßgebliche Jahrbuch gegründet und wissenschaftlich etabliert zu haben. Seine Essaysammlung *Unbehauste* ist ein einmaliges Dokument der Affinität eines jüdischen Deutschen zu Leben und Werk literarischer Emigranten, ohne sich von ihnen ins Ausland gezogen zu fühlen. Koebner hat Amerika zunehmend ungern besucht.

Wie erwähnt, gab Herbert Strauss nach einigen Wochen eine positive Antwort. Positiv hieß, dass ihm die Gemeinsamkeit im historischen Gedächtnis wichtiger als die Trennung erschien und er den Einleitungssatz seines Vortrages beim Tricentennial 1983 demgemäß formulierte: »Es ist völlig in Ordnung, dass die Einwanderung der Juden aus Deutschland nach den USA seit 1933 in einer Gedenkfeier zur dreihundertjährigen Geschichte der deutschen Einwanderung nach Amerika hier in Philadelphia vertreten ist.« Strauss' Zögern war berechtigt. Die Deutschamerikaner, denen die Konferenz wichtige Panels widmete, hatten sich zu Juden unter den deutschsprachigen Immigranten wenig entgegenkommend verhalten.

Aber Strauss ging es um mehr. Das von ihm bestimmte Panel »Jewish-German Immigration after 1933« illustrierte ein besonders bemerkenswertes Kapitel in der Begegnung zweier Kulturen, insofern es sowohl die fruchtbare Einwirkung zumeist jüdisch-deutscher Emigranten auf die amerikanische intellektuelle und künstlerische Szene als auch die erzieherische Rückwirkung auf die deutsche Nachkriegsintelligenz herausstellte. Es wurde von dem jungen Film- und Gospelexperten Anthony Heilbut geleitet, dessen gerade erschienene glanzvolle Darstellung *Exiled in Paradies: German Refugee Artists and Intellectuals in America from the 1930s to the Present* die ganze Bandbreite dessen zeigte, was hier verhandelt wurde. Heilbut gehörte selbst zu der von uns bewunderten Gruppe inspirierter und inspirierender jüdischer Intellektueller; ich hatte das Vergnügen, ihm später in New York eine Zeit lang bei seinem Manöver als Biograph zuzuschauen, Thomas Mann weniger im Olympischen als im Homoerotischen agieren zu lassen und damit gegenwärtigen Lesern neu zu erschließen.

Anfang der achtziger Jahre stand das Ansehen von Kulturhistorikern wie Fritz Stern und Peter Gay, die beide auf der Konferenz sprachen, und George Mosse, brillant von seinem Schüler Paul Breines repräsentiert, auf dem Höhepunkt. Indem sie die jüngste deutsche Geschichte als eine Selbstauslieferung der Deutschen an eine Kultur mythisch-violenter Irrationalität darstellten, lieferten sie eine Zeit lang den Zugang zu der Frage, wie sich die Deutschen dem Nationalsozialismus unterwerfen konnten. Mit eingängig geschriebenen Texten machten diese Immigranten, angefangen von Peter Gay mit seinem Großessay *Weimar Culture. The Outsider as Insider*, die Beschäftigung mit dem Rätsel Deutschland über die Kultur zugänglich. Das stellte zugleich eine Werbung für die von ihnen gegen die *Nazi Culture* verteidigte progressive deutsche Kultur dar, verkörpert in der ins Fabulöse stilisierten Weimar Culture (der Henry Pachter wesentlich weniger Glanz zugestand).

Als Sprecher der jüngeren Generation auf dem Panel fühlte sich Breines berechtigt, die Selbstbescheidung deutsch-jüdischer Intelligenz im Vergleich zum Auftrumpfen osteuropäischer Juden zu kritisieren, zugleich aber mit dem ebenso starken Auftrumpfen Georg Mosses als Anwalt der Aufklärungsideale und humanistischen Kultur zu verteidigen. Im selben Jahr machte Mosse, ohnehin nicht um einprägsame Worte verlegen, in *German Jews beyond Judaism* dieses Selbstbewusstsein deutscher Juden explizit, indem er mit Stolz anführte, dass osteuropäische Juden dieser Verpflichtung klassischer Kultur gegenüber außer der Herausstellung des Judentums nichts Gleichwertiges zur Seite zu stellen hatten. Er verleugnete nicht, dass die deutschen Juden für ihre Vermittlerrolle von den Deutschen bestraft worden waren und damit von den osteuropäischen Juden für ihre Kulturarroganz als assimilatorisch verurteilt wurden.

Deutsche Schuld und innerjüdischer Disput

Mit seiner Entscheidung, die Juden dem Tricentennial zuzuordnen, aber in einem eigenen Panel behandelt zu wissen, antwortete Strauss somit auch einer innerjüdischen Auseinandersetzung. Wenn ich davon berichtete, von Emigranten gelernt zu haben, so zählt diese, von Deutschen sonst kaum bemerkte innerjüdische Debatte zu den wichtigsten Lehrstücken bei der Frage, wie deutsch-jüdische Immigranten nach den schrecklichen Verbrechen gegen die deutschen Juden ihre kritische Vermittlung für das amerikanische Publikum gerechtfertigt haben.

Ein sehr persönliches Beispiel der Selbstüberwindung eines deutschen Juden, der es in den USA zu höchstem Ansehen gebracht hatte, lieferte Steven Muller bei einem Workshop des AICGS in Washington. Der von Peter Uwe Hohendahl geleitete Workshop behandelte den Brain-Drain deutscher Wissenschaftler und ihren Einfluss auf amerikanische Einstellungen zu Deutschland. Muller, inzwischen Präsident Emeritus und von Krankheit gezeichnet, fühlte sich von der Diskussion der zwiefachen Perspektive so angeregt, dass er eine sehr persönliche Erinnerung heraufrief, die uns Jüngere packte. Er sprach von dem Hass auf die Deutschen, der ihn nach der vollen Enthüllung der Verbrechen jahrelang begleitet hatte. Bis er 1950 beim ersten Besuch seiner Heimatstadt, des ausgebombten Hamburg, sah, wie viel Schreckliches seine Bewohner erlebt hatten. Ohne Sentimentalität ließ er uns wissen, dass die Deutschen nicht besser geworden waren, dass er jedoch das Ausmaß der Pein und Zerstörung verstand, das viele von ihnen ohne Verschuldung erfahren hatten. Er habe den

Hass aufgegeben. Das Eintreten für das Land seiner Verfolger habe ihn nie gereut.

Das Thema Holocaust und die Deutschen ließ in den neunziger Jahren auch in Washington, wo 1993 das United States Holocaust Memorial Museum eröffnet wurde, Funken springen. Das geschah vor großem Publikum im American Institute for Contemporary Studies, wo ich aus Anlass der Veröffentlichung des Buches von Daniel Goldhagen, *Hitler's Willing Executioners. Ordinary Germans and the Holocaust,* Ende 1996 eine Abenddiskussion organisierte, auf der neben der Schuld der Deutschen die innerjüdische Auseinandersetzung über das Verhalten der deutschen Juden zum Holocaust verhandelt wurde. Ich hatte neben Herbert Strauss, Jeffrey Peck und Lily Gardner Feldman den bekannten Präsidenten des Bard College, Leon Botstein, als Teilnehmer der Podiumsdiskussion gewinnen können, der über sein osteuropäisches Judentum keinen Zweifel ließ. Zudem nahm als wichtige Stimme aus Deutschland an der Diskussion der Schriftsteller Peter Schneider teil, der Goldhagen aus Berlin gut kannte. Goldhagen hatte mit seiner Darstellung, dass die Deutschen den Judenmord willig und mit innerer Zustimmung vollzogen, einen Bestseller gelandet. Die brutalen Einzelheiten des Judenmordes ebenso wie die These vom eliminatorischen Antisemitismus der Deutschen schockierten und lieferten Stoff für zahlreiche Debatten, bei denen Kritik an Goldhagens Forschung (etwa von Historikern wie Hans Mommsen) ebenso wie Zustimmung und Schuldbekenntnisse (von Jürgen Habermas) in Deutschland breite Resonanz fanden.

Bei den vorbereitenden Recherchen für die Veranstaltung unter amerikanischen Juden kam ich zur Überzeugung, dass Goldhagen gewiss eine wichtige Bombe hatte platzen lassen, damit das Problem, das die wissenschaftliche Öffentlichkeit seit langem beschäftigte, jedoch nur neu beleuchtet, nicht gelöst hatte. Dem innerjüdischen Disput kam dabei einige Bedeutung zu. Der Harvard-Historiker Charles Maier, den ich zur Diskussion einlud und der wegen der Einstellungsverhandlungen mit Goldhagen absagen musste, formulierte sie zuvor mit wissendem Lächeln: Man könne es, salopp gesagt, auch als eine Art Revanche ostjüdischer Provenienz an den deutschen Juden ansehen, die sich auf diese Kultur, dieses Volk eingelassen hätten. Die mitteleuropäisch-jüdische Herkunft dieses Arguments war unverkennbar. Wie würde Leon Botstein aus osteuropäisch-jüdischer Perspektive argumentieren?

Botstein eröffnete die Diskussion in gewohnt witziger, selbstkritischer Rhetorik, als er die Herkunft seiner Familie aus Polen beschrieb. Das berechtige ihn dazu, die Polen und ihr Verhalten in seine Kritik einzubeziehen. Er begrüßte Goldhagens scharfes Geschoss, das die Debatte aufwühle, lehnte jedoch die Erklärung des Holocaust als Erzeugnis einer bestimmten Ausrichtung der deutschen Kultur ab. Mit dieser Form der Lokalisierung des Holocaust werde nichts erklärt. Goldhagens Konstrukt einer generellen kulturellen Kausalität aus etwas, das er deutsche Kultur und eliminatorischen Antisemitismus nenne *(a general cultural causality of something he calls German culture and eliminationist anti-semitism)*, halte einer wissenschaftlichen Analyse nicht stand. In Botsteins Zurückweisung dieser Reduktion der deutschen Kultur, in der sich so viele Juden assimilierten, hallte nach, was George Mosse auf seine selbstbewusste Weise verteidigt hatte.

Im Anschluss an Lily Gardner-Feldman, Peter Schneider und Jeffrey Peck fühlte sich Herbert Strauss aufgerufen, zu der Frage zurückzukehren, wie man als Jude mit dem Holocaust fertigwerden könne. Er bilanzierte seine jahrelangen Erfahrungen als Direktor des Instituts für Antisemitismusforschung an der TU Berlin, als Jude unter Deutschen, mit den Worten: »Wir müssen zu verstehen versuchen, müssen sie zum Verstehen bringen, dass wir trauern, zugleich aber auch die Trauer überwinden und in etwas Positives wenden wollen. *There is no other way.*«

Es fiel nicht schwer, dieser Schlussfolgerung zuzustimmen. Sie gab einer jüdischen Gegenwartsstimme ohne Pathos moralisches Eigengewicht.

Wie stand es jedoch um die deutschen Gegenwartsstimmen im Umgang mit dem Holocaust? Dieses noch explosivere Thema verlangte zwei Jahre später wiederum nach einer großen Veranstaltung in Washington. Als »Walser-Bubis-Debatte« betitelt, ballte sich Ende 1998 eine schmerzhafte Kontroverse über die Rede zusammen, die der Schriftteller Martin Walser anlässlich der Verleihung des Friedenspreises des Deutschen Buchhandels in der Frankfurter Paulskirche gehalten hatte und in der er sagte, Auschwitz eigne sich nicht als »jederzeit einsetzbares Einschüchterungsmittel oder Moralkeule oder auch nur Pflichtübung«. Ihm hatte Ignatz Bubis, der Vorsitzende des Zentralrats der Juden in Deutschland, daraufhin »geistige Brandstiftung« vorgeworfen. In Washington stand damit die durch die Errichtung des Holocaust-Mahnmals in Berlin und des Holocaust-Museums in Washington aktualisierte Frage im Raum, ob die Deutschen dabei seien, mit dem Gedenken an Auschwitz Schluss zu machen. Das zog Anfang 1999 ein noch größeres Publikum an.

Vorbereitung und Moderation der Podiumsdiskussion lagen wiederum bei mir. Das nahm mir die nicht weniger schwierige Aufgabe ab, selbst eine hieb- und stichfeste Stellungnahme vorzutragen. Angesichts der Tatsache, dass Amerikaner dazu tendierten, das Verhältnis der Deutschen zu den Juden einsträngig an Auschwitz zu binden, hätte meine Kritik an dieser Argumentation zu Missverständnissen geführt. Zudem hätte ich aus eigener Erfahrung erwähnen müssen, dass Walser neben Rolf Hochhuth in den sechziger Jahren großen Anteil daran hatte, mich intensiv mit Auschwitz zu beschäftigen, bevor noch der Terminus Holocaust im Umlauf war, und dass seine frühe Mahnposition wohl auch zu seiner rohen Ungeduld drei Jahrzehnte später beigetragen hatte. Die Diskutanten waren Ian Buruma, der bekannte Kritiker des Kriegsgedenkens in Japan und Deutschland, David Kamenetzky, Bubis' früherer Sekretär, Ernestine Schlant, Autorin eines Buches über die Vergangenheitsbewältigung deutscher Schriftsteller und Frau des Präsidentschaftskandidaten Bill Bradley, sowie Lily Gardner-Feldman vom AICGS, die wohl am überzeugendsten und kritischsten das geforderte Gesamtbild deutscher Erinnerungskultur beschwor.

Das ging alles ziemlich akademisch vor sich, bis ich die Zuhörer zur Teilnahme auffordern konnte. Damit entwickelte sich der Abend zwischen Verteidigung und Verurteilung von Walser kontroverser und darin wohl auch dem Thema angemessener. Exemplarisch sei die Aussage einer jungen Dozentin aus Deutschland erwähnt, die sich, worauf Peter Schneider in der Goldhagen-Debatte hingewiesen hatte, im Namen ihrer Generation gegen die Vereinnahmung zusammen mit den Älteren wehrte. Wörtlich lautete das:

Es geht doch gar nicht um das Vergessen. Wir führen den Dialog mit Griechen, mit Türken, mit Juden und sind dabei wahrscheinlich nicht sehr gut, müssen noch die richtige Sprache lernen. Aber Auschwitz kann dabei nicht an erster Stelle stehen.

Jeffrey Peck, der jüdische Kollege an der Georgetown University, der den Abend mitorganisiert hatte, aber an der Teilnahme verhindert war, hätte das Argument von der sich wandelnden Interessenlage der Jüngeren wohl auch auf jüdischer Seite vorgebracht. Peck hatte mich kontinuierlich mit dem Leben junger Juden vertraut gemacht, die sich dafür entschieden, in Berlin zu leben. Er arbeitete daran, ein Buch über das neue Leben von Juden in Deutschland zu schreiben, das dann 2006 erschien.

Juden als Mitschöpfer der kulturellen Agenda

Mit meinem Entschluss, in Amerika zu bleiben, hätte ich kaum gedacht, in so hautnahe Berührung mit Juden und jüdischen Perspektiven zu kommen. Erst im Rückblick ist mir aufgegangen, wie stark meine Vermittlung moderner deutscher Literatur und Kultur, etwa beim gemeinsamen Unterrichten mit Thomas Childers, tatsächlich auf dem Lernen von Emigranten aufbaute, den kulturorientierten Werken von Gay, Mosse, Stern, den Gesprächen mit Pachter, Remak, Strauss und anderen jüdischen Intellektuellen zumeist der älteren Generation. Das prägte nachhaltig. Dennoch kam ich im Laufe der achtziger Jahre zunehmend von der ausbalancierenden Perspektive ab, als ich mit jüngeren amerikanischen Juden vertraut wurde, die in den Deutschen und ihrer Kultur gerade das andere, Befremdende, Abzulehnende suchten, das sie zu Abwehr und Erklärung aufforderte. Eine überraschende Wandlung, die noch etwas mehr Erläuterung verdient, da sie die Beschäftigung mit Deutschland generell beeinflusst hat.

Am augenscheinlichsten war wohl die Tendenz, den Holocaust als Thema nicht mehr zu vermeiden, wie es die ältere Generation gewohnt war. German Departments, erschreckt von den schwindenden Einschreibzahlen, begannen, dem Beispiel von History Departments zu folgen und Kurse über den Holocaust anzubieten. Was ältere Fakultätsmitglieder, um dem Ruf ihres Departments besorgt, abgelehnt hatten, gewann nun eine, wie sie fanden, perverse Attraktivität und zog zahlreiche jüdische Studierende an, die sich über das auch in ihren Familien oft verdrängte Thema Aufschluss verschaffen wollten.

Das stand im Gegensatz zu der von der Kohl-Regierung in Washington betriebenen Politik der Vermeidung dieses Themas, um das Ansehen der Bundesrepublik nicht weiter zu schwächen. Ich bekam einige der Kontroversen bei der Vorbereitung der Gründung des German Historical Institute (GHI) in Washington mit, als mir mehrere Historikerkollegen mit Alarm berichteten, offenbar habe man in Bonn vor, dieses Institut, das den Austausch mit amerikanischen Historikern fördern solle, als eine Art Propagandabasis für die Kohl'sche Version deutscher Geschichte zu etablieren. Dass dabei die Angst vor dem geplanten amerikanischen Holocaust-Museum eine treibende Kraft darstellte, habe ich erwähnt.

Zum Glück konnte der Gründungsdirektor Hartmut Lehmann, ein dieser Politik gegenüber kritischer Historiker der frühen Neuzeit, auf die Unterstützung der amerikanischen Historikergilde bauen, die von Fritz Stern, Felix Gilbert und Gerald Feldman bis zu Mack Walker, Konrad Jarausch und Vernon Lidtke im Verein der Freunde des GHI bald institutionelle Unterstützung gewährte. Sie stärkte Lehmanns Rücken, der aus Bonn, etwa von dem Historiker Klaus Hildebrand, starken Gegenwind erfuhr. Lehmann gelang es, mit der ersten Großveranstaltung, der zusammen mit James Sheehan organisierten Konferenz »German-Speaking Refugee Historians« 1988, einen symbolisch so bedeutenden Markstein zu setzen, dass die von Regierungsseite betriebene Kritik des von Lehmann inspirierten und liberal geführten, in einem Prachtbau nahe dem Dupont

14 Mit Henry H. H. Remak (links) und Egon Schwarz (rechts) bei der Tagung »Modernisierung oder Überfremdung?« über emigrierte Germanisten am Deutschen Literaturarchiv Marbach a.N. 1991.

Circle angesiedelten Institut wenig ausrichtete. Ein glanzvolles Ereignis, das einem Außenseiter wie mir die Heterogenität der intellektuellen Emigration und zugleich die Verschiedenheiten der beiden Historikerkulturen in den USA und Deutschland vor Augen führte. Als ein unter amerikanischen Historikern deutscher Geschichte nicht völlig unbekannter Fremdvogel, der als Germanist über den Tellerrand der Literatur hinausblickte, nahm ich an zahlreichen Veranstaltungen des Instituts teil. Mit Hartmut Lehmann und seiner Frau, einem für die deutschen Belange in Washington höchst attraktivem Gastgeberpaar, stand ich in freundschaftlichem Austausch.

Kein Fremdvogel war ich bei den entsprechenden Tagungen der Germanisten, in denen die Emigranten in ihren heterogenen Lebenswegen und Leistungen sowie ihren Beiträgen zu den Aufnahmeländern im Mittelpunkt standen, zugleich geehrt und wissenschaftlich befragt. Im Deutschen Literaturarchiv Marbach erlebte ich das 1991 unter Leitung der beiden prominentesten deutschen Germanisten Eberhard Lämmert, dem ehemaligen Präsidenten der Freien Universität und Vorkämpfer für eine entnazifizierte Germanistik, und Wolfgang Frühwald, der kurz zuvor zum Präsidenten der Deutschen Forschungsgemeinschaft erkoren worden war. Sie hatten mit dem Dresdener Germanisten Walter Schmitz eine intellektuell stimulierende Dialogform gefunden, bei der jüngere Kommentatoren die Berichte von Emigranten wie Richard Thieberger, Hans Reiss, Paul Hoffmann, Henry Remak, Guy Stern, Egon Schwarz, Hans Eichner begleiteten und damit dem deutschen Publikum zugänglich machten.

Direkt auf den Beitrag jüdischer Emigranten zur Germanistik bezog sich wenige Jahre später ein von deutscher Seite mitgefördertes Symposium an der Brandeis University in Massachusetts unter dem Titel »German Literature, Jewish Critics«. Hierzu luden die Veranstalter Stephen Dowden und Meike Werner eine Vielzahl von Kommentatoren ein, mit denen ein zuvor nicht in dieser Klarheit bekanntes Panorama jüdischer Beteiligung an der amerikanischen Nachkriegsgermanistik entstand. Unter den bekanntesten Vertretern stellten Walter Sokel, Peter Demetz, Egon Schwarz, Peter Heller ihre Einschätzungen zur Diskussion; hinzu traten Beiträge zu Käte Hamburger, Marcel Reich-Ranicki, Hermann Levin Goldschmidt (während Hans Mayer fehlte); von britischer Seite behandelte Ritchie Robertsons die einflussreichen Kritiker J. P. Stern, Siegbert Prawer und George Steiner. Vergleichbar der GHI-Konferenz der Historiker stellte das Brandeis-Symposium mitsamt seiner Veröffentlichung einen Markstein für die große Bedeutung jüdischer Emigranten für die Germanistik dar.

Die Konferenzen am Marbacher Literaturarchiv und an Brandeis widmeten sich der älteren Generation und gewannen ihre Resonanz aus der längst überfälligen Ehrung derer, die der deutschen Literatur in anderen Ländern ihr intellektuelles Profil erhalten oder neu geschaffen hatten. Beide Konferenzen vermieden Nostalgie, rechneten mit den antijüdischen Vorurteilen ab und stellten die Leistung heraus, Literaturwissenschaft für ein anderes Publikum attraktiv zu machen.

Um 1990 änderte sich allerdings mit dem wachsenden Interesse am Multikulturalismus die Einstellung zum jüdischen Anteil in den Seminaren und fachlichen Diskussionen. Bei der Koordination der Tagungen der German Studies Association und anderer Organisationen ließ sich die Notwendigkeit nicht mehr übersehen, von den homogenisierenden Großthemen Deutsche-Juden zugunsten partieller Sujets und Debatten abzugehen und diese interdisziplinär aufzurauhen. Ein viel diskutiertes Beispiel für den unbekümmert harten Ton im Umgang mit jüdischer Existenz lieferte die mir gut bekannte Kollegin Ruth Angress, später Ruth Klüger, mit ihren Erinnerungen an die Erlebnisse als Kind in Auschwitz und den mühsamen Aufstieg als Germanistin in den USA. Anders als die jüdischen Immigranten der älteren Generation wischte Ruth Klüger jegliche germanistische Verklausulierung beiseite, illustrierte die Verwundbarkeit als Frau und Jüdin unbeschönigend mit den eigenen Erfahrungen.

Die Jüngeren agierten ohnehin unbekümmerter bei der Bemühung, jüdischen Komponenten deutschsprachiger Kultur, teilweise unabhängig von der Beschäftigung mit dem Holocaust, neues Gewicht zu verschaffen. In diesem Prozess befreiten sich die German Studies nach und nach vom Ruch nationaler Identitätsvermittlung, der der traditionellen Germanistik anhing, Einige jüdische Kollegen, allen voran Sander Gilman in *German* und Anson Rabinbach in *History*, unterwarfen das Identitätsdenken (und -suchen) scharfer Kritik.

Das half bei der erwähnten Formulierung einer amerikanischen Agenda für German Studies, die stark von der Überzeugung getragen wurde, dass einer neuen Generation von Amerikanern und Amerikanerinnen ein anderer Zugang zu deutscher Kultur vermittelt werden könne. Dieser Zugang führe weniger über Affirmation kanonischer Literatur und eher über Erkundung des Heterogenen, Individuellen, Nicht-Identischen und Unpatriarchalischen. Das verlangte eine sensible Vermittlung zwischen einem der Aufklärung und Moderne offenen Kanon (der ja gerade, wie Mosse betont hatte, von den deutschen Juden gepflegt worden war) und nichtkanonischen, politisch, psychologisch und ästhetisch provokanten Texten.

In diesem Licht gewann mit der Wiedervereinigung die Reflexion von Nation und nationaler Kultur, die bis zum Fall der Berliner Mauer am ehesten im Einigungsbegriff Kulturnation eine Funktion gehabt hatte, eine neue dringliche Bedeutung. Während die meisten deutschen Diskussionen von den Hindernissen zur Einigung zweier staatlich unterschiedlicher Lebensformen handelten, konzentrierten sich die Debatten amerikanischer Vertreter der German Studies vornehmlich auf zwei zentrale Aspekte: zum einen das Faktum, dass die Kultur des neuen Deutschland nur im Einbezug der Minoritätenkulturen und multikulturellen Heterogenität definiert werden könne, zum anderen die mit der politischen Vereinigung unumgängliche Auflage, den Holocaust und die Verbrechen des Naziregimes im Selbstverständnis des neuen deutschen Staates sichtbar werden zu lassen.

Jeffrey Peck hatte 1989 auf dem Panel über die *American agenda* der German Studies das Abgehen von der Identitätsbestätigung (*»going native«*) gefordert. Durch ihn wurde ich Zeuge der von Bundesdeutschen zunächst als kuriose Randerscheinung wahrgenommenen Profilierung der neuen jüdischen Berliner. Nicht zufällig lieferten amerikanische Juden wie Sander Gilman, die in die Debatten über die postnationale deutsche Kultur eingriffen, ideelle Hilfe bei der Verselbstständigung deutsch-jüdischer Autoren und Autorinnen wie Barbara Honigmann, Maxim Biller, Esther Dischereit, Irene Dische. Dieses besonders mit Berlin verbundene Phänomen besitzt in Wien mit Robert Menasse, Robert

Schindel, Ruth Beckermann, Doron Rabinovici und anderen ein erfolgreiches Gegenstück. Berlin und Wien bieten ähnliche Voraussetzungen für kritisches Schreiben, wie das Geschwisterpaar Eva Menasse in Berlin und ihr Bruder Robert in Wien als erfolgreiche Romanciers bekunden, die für Deutsches und Österreichisches eindrucksvoll klarsichtige Narrative liefern.

Amerikanische Studierende lernten das Thema der Minderheitskultur zunächst über die Lektüre türkisch-deutscher Texte kennen. Daran ließ sich anknüpfen, wie Jeffrey Peck zeigte, als er den Kontext für jüdische Autoren definierte, am erfolgreichsten in einem Workshop des AICGS in der Veranstaltungsreihe über die deutsche Gegenwartskultur, die ich nach 1995 veranstaltete. Den Workshop »*German Cultures Foreign Cultures: The Politics of Belonging*«, der die jüdischen und türkischen Elemente im gegenwärtigen Deutschland thematisierte, empfand ich 1996 als Schritt über die Schwelle zu einem Verständnis deutscher Juden und jüdischer Perspektiven, das sich an ungewohnten (das heißt nicht mehr allein von Holocaust und der Emigrantengeneration definierten) Kriterien ausrichtete. Mit dem Workshop ging mir auf, dass mich der Umgang mit den jüdischen Freunden und Kollegen in den USA für die Wahrnehmung der Juden als Minorität und Außenseiter auch im neuen Deutschland vorbereitet hatte und dass ich angesichts der innerjüdischen Abrechnung mit Opferdasein, Auschwitzgedächtnis, Holocausttrauma und ihrer Transformation in der Medienkultur meine Stimme nicht mehr senken müsse.

Was ich dann auf einer Konferenz der Großmeister der jüdischen Selbstverständigung 1998 an der University of Chicago auch nicht mehr tat. Schon im Titel »*Catastrophe and Meaning: The Holocaust and the Twentieth Century*« manifestierte sich der übergreifende Anspruch, mit dem bekannte Forscher wie Saul Friedländer, Geoffrey Hartman, Shulamit Volkov, Anson Rabinbach, Dan Diner, Paul Mendes-Flohr, Froma Zeitlin, Moishe Postone noch einmal den von ihnen seit Jahrzehnten erforschten Zivilisationseinbruch diskutierten. Bei der Vorbereitung der Konferenz ging mir als Außenseiter die Frage durch den Kopf, ob diese öffentliche Zusammenkunft noch neue wissenschaftliche Argumente zum Holocaust bringen würde; es mochte eine der letzten Tagungen mit diesem Aufgebot an bekannten Fachleuten sein.

Hier waren sie alle versammelt, die jüdischen Sachverständigen, wurden von Saul Friedländer vor Hunderten von Zuhörern höchst eindrucksvoll eingeführt. Ich begriff, dass unter den Veranstaltern vor allem Michael Geyer mit seinem unwiderstehlichen Hang zum *big picture* den Ton setzte, der in der Frage gipfelte, verkürzt, wie am Ende des 20. Jahrhunderts der Holocaust in die vom Massentod beherrschte Geschichte dieses Jahrhunderts einzuordnen sei. Wo sich doch, was einige Sprecher beunruhigend klar machten, dem Holocaust kein »*meaning*« zuordnen lässt.

Was sollte ich als Nichtjude auf dieser Konferenz? In dieser Funktion sprachen ebenfalls der Freiburger Historiker Ulrich Herbert und der Kulturhistoriker Dominick La Capra von Cornell, und wir verständigten uns über die möglichen Erwartungen. Zwar hatte ich, etwa als Initiator der Debatten über Deutsche und Juden in Washington ein gewisses Profil bei diesen Diskussionen bewiesen, doch reichte das hier nicht allzu weit. Ich musste meinem Außenkommentar zumindest so viel Interesse verschaffen, dass der sporadische Umgang mit Holocaust-Forschung weniger ins Gewicht fiel.

So setzte ich auf den Versuch, die Formen, in denen die jüngere Generation der Deutschen die Katastrophe von Auschwitz emotional anging, in einem Vortrag zu fassen. Er sollte den Schritt von der Dokumentations- und Moralsprache, die ich in Deutschland verinnerlicht hatte, zur emotionalen Selbstverständigung sichtbar machen, und zwar auf einer größeren Leinwand, auf der sich auch die anderen Katastrophen der Kriegs- und Nachkriegsjahre, Stalingrad und Hiroshima, eingegraben hatten. Freuds Formel über die Kriegserfahrung, »Erinnern, Wiederholen und Durcharbeiten«, half dabei, die Haltung der *self-victimization* Anfang der achtziger Jahre zu erhellen, mit der die jüngeren Deutschen mehr als die Protestler in den europäischen Nachbarländern ihr Dasein unter die Atomdrohung der Supermächte stellten, wobei viele sich nicht scheuten, ihren Opferstatus dem der Juden zuzuordnen. Die riesigen Antiatomdemonstrationen nach 1980 in Bonn und anderen Städten hatten sich mir als eine von Amerika her eher verwunderliche Ausprägung des Opferdenkens eingeprägt. Unverkennbar war ihre emotionale Verknüpfung mit der durch die TV-Serie *Holocaust* ausgelösten Schuldverarbeitung.

Ließ sich damit auf dieser Konferenz, die sich der »Bewältigung« des Holocaust im Jahrhundertmaßstab widmete, etwas anfangen? Die Reaktion war erstaunlich interessiert, vielleicht etwas gönnerhaft, etwa vonseiten des schärfsten Kritikers der deutschen Intransigenz, Geoffrey Hartman. Sie verschaffte zumindest das Gefühl, die »andere Seite« dank des Ausflugs ins Psychotherapeutische der Katastrophenverarbeitung zur Diskussion zu stellen. Schon im Titel »Stalingrad, Hiroshima, Auschwitz: The Fading of the Therapeutic Approach« äußerte sich eine gewisse Provokation der Einmaligkeitsthese über den Holocaust. Sie fand ihre Begründung in der von Philip Rieff formulierten Lehre vom *Triumph of the Therapeutic* als aktueller Zeiterscheinung. Mit Blick darauf, wie die emotional labile Nachfolgegeneration von Kriegs- und Nachkriegserschütterungen mit der Verinnerlichung der Judenverfolgung angesichts der neuen Atombedrohung fertigwürde, gewährte Rieff, der einst von mir als arroganter Rechthaber abgelehnte »Statthalter Freuds«, bedenkenswerte Argumente über den Einsatz und die begrenzte Reichweite des Therapeutischen in der öffentlichen Emotionalisierung.

Debórah Dwork, die junge, tatkräftige Mitbegründerin des ersten Center for Holocaust Studies in den Vereinigten Staaten, das im Jahr darauf an der Clark University in Worcester in Massachusetts eingerichtet wurde, wollte mich daraufhin bei der Gründungskonferenz dabeihaben. Sie war am Einbezug des Therapeutischen interessiert, fand darüber hinaus, ich hätte mit der Schilderung vom Zusammenbruch des Polen im Auschwitz-Prozess etwas Authentisches beigetragen. (Um Authentizität bewegte sich gegen Ende der Tagung ein Großteil der Diskussion, als man das KZ-Memoir von Binjamin Wilkomirski als Beispiel einer angelesenen Holocaust-Erfahrung anprangerte.) Dwork akzeptierte willig den Untertitel »Looking Beyond the Holocaust of the Historians«, mit dem ich meinen Vortrag über die Kontinuitäten und Brüche im politischen Selbstverständnis der Deutschen charakterisierte. Ihr Charme und Enthusiasmus für diese Gründung waren ansteckend. Ich vergrub meine Zweifel, ob angesichts der Erschöpfung der Debatten über den Holocaust die Gründung eines Forschungszentrums opportun sei (es musste ja viel Fundraising betreiben). Yehuda Bauer vom Yad Vashem, der große israelische Erforscher der Shoah, belehrte beim Eröffnungsvortrag die Beteiligten darüber, dass diese Forschung viel Potential habe und für das kommende Jahrhundert der institutionellen Grundlage bedürfe.

Auch hier eine Art Fremdvogel mit fragwürdiger Kompetenz. Die ich allerdings im jahrelangen Umgang mit amerikanischen Studierenden als Lehrer eines Freshman-Seminars ausgebaut hatte, das den Besuch des Holocaust-Museums in Washington einschloss. Freshman-Seminare konfrontieren die studentischen Erstjahrgänge mit interessanten Themen unter Anleitung etablierter Professoren, umfassen nicht mehr als zwanzig Mitglieder und erlauben Spontaneität und Selbstaussagen, für die in späteren Kursen weniger Gelegenheit besteht. In meinem Seminar »Postwar Germany and the Holocaust« fanden sich im Allgemeinen je zur Hälfte jüdische und nichtjüdische Studenten ein. Die Diskussion wurde umso kritischer, je mehr Juden teilnahmen. Ich erlebte mehrere Male, dass gerade sie den Besuch des Holocaust-Museums als enttäuschend betrachteten, mit Kommentaren wie *Nothing new ... I knew everything ... Not enough heinous stuff ...* Sie stimmten Peter Novick zu, der am Ende seines provokanten Buches *The Holocaust in American Life* von einem Abflauen des Interesses sprach. Allerdings blieb die Diskussion der Studierenden über die Frage, ob der Holocaust allzu ausschließlich die Identität der Juden in Amerika bestimme, unentschieden.

Es war nicht an mir, diese Frage zu beantworten. Im Umgang mit jüdischen Kollegen und in den Auseinandersetzungen mit jüdischen Perspektiven hatte der Holocaust selten im Vordergrund gestanden. Eine Ausnahme bildete der Historiker Jeffrey Herf, der mit *Reactionary Modernism* bekannt wurde, mir jedoch noch mehr in seiner unerbittlichen Kritik am Umgang der Deutschen mit dem Holocaust in beiden Staaten zum Provokateur und Gesprächspartner geworden ist. Herf wirkte wie ein Seismograph des deutschen politischen Diskurses, in dem nach der Wiedervereinigung das Holocaust-Gedenken eine Zeit lang die politische Selbstverständigung beherrschte.

Auf ganz andere, entgegengesetzte Weise rückte ein Germanist der Columbia University in provozierenden Artikeln in der *ZEIT* und im *Chronicle of Higher Education* das Studium des Holocaust ins Zentrum. Mark Anderson klagte die amerikanische Germanistik an, dass die German Studies weitgehend zur Beschäftigung mit dem Holocaust geworden seien. Anderson, ein angesehener Kafka-Forscher, verwechselte einen wichtigen Fokus dieser Jahre mit dem Ganzen der Deutschstudien, die mit Wiedervereinigung, Ost-West-Kontroversen, Cultural Studies ihre Themenvielfalt bewiesen. Damit erntete er auf der GSA-Konferenz 2002 scharfe Entgegnungen. Immerhin zwang er jüdische und nichtjüdische Sprecher dazu, sich der Dynamik der thematischen Umformungen des Faches zu stellen.

Meine Interessen lagen eher bei jüdisch-deutschen Distanzierungen und Gemeinsamkeiten, sei es habitueller oder psychologischer, sei es intellektueller Art. Wenn ich daran zurückdenke, wie oft ich mich in meinem amerikanischen Universitätsleben in Konkurrenz zu anderen sah, die es besser machten und es mich auch wissen ließen und die ich darin anzuerkennen lernte, entging mir nicht ihr jüdischer Hintergrund, ihre oftmals wesentlich gewandtere Form des Denkens und sprachlichen Artikulierens. Wenn ich etwas beneidete, war es die verbreitete Fähigkeit zu witziger Selbstrepräsentation, zum Erzählen, zum Unterhalten selbst im engsten akademischen Fachkäfig. Einsichten in Außenseitertum, Sonderbewusstsein, Identitätszweifel entsprangen solchen Aha-Situationen. Sie halfen dabei, geistvoll kritische Eigenheiten im Konzept der German Studies als Treibsatz intellektuellen Interesses zu erkennen und einzusetzen. Sie halfen dabei, den jüdischen Anteil an der Herausbildung moderner deutscher Kultur seit der Aufklärung genauer zu bestimmen.

Ein Glücksfall war der Austausch mit dem israelischen Kulturhistoriker und Deutschlandkenner Steven Aschheim, den ich 1996 von seinem Studienaufenthalt am Advanced Study Institute in Princeton zu einem Vortrag über »Nazism and Holocaust in Contemporary Discourse« an Penn herüberholte. Aschheim, das Gegenteil eines jüdischen Ideologen und Eiferers (von denen ich genügend Vertreter kennengelernt habe), wurde der ideale Diskussionspartner im Hinblick auf die herrschende Ansicht, dass die Geschichte deutschsprachiger Juden ans Ende gekommen sei. Hatte Hannah Arendt, die 1956 darüber schrieb, damit Recht? Wie ließen sich damit die Erfahrungen, die ich in diesen Jahren diesseits und jenseits des Atlantiks gesammelt hatte, vereinen? Waren diese Erfahrungen überhaupt repräsentativ? Aschheim artikulierte seine Zustimmung zu Arendts Denken, schränkte ihr Verdikt jedoch angesichts der neuen Entwicklungen ein, ja sprach diesen eine neuartige jüdisch-deutsche Befruchtung zu. Allerdings sollte ich nicht vergessen, setzte er hinzu, dass er als israelischer, nicht amerikanischer Jude spreche.

Als ich zehn Jahre später daranging, ein größeres Werk über die offizielle Kulturpolitik der Deutschen gegenüber anderen Ländern zu schreiben, hatte ich dank Aschheims Studien über die deutschen Juden als Mitverfasser der deutschen Kultur seit der Aufklärung, seit Lessing, Mendelssohn und Heine, eine treffende Argumentation zur Hand. Die jüdische Präsenz stellte ich nicht mehr nur als »Beitrag«, sondern als mitkonstitutiv *(co-constitutive)* bis weit ins 20. Jahrhundert hinein dar. Ich fühlte mich bestärkt von der in Amerika gemachten Erfahrung, dass der Begriff des Mitkonstitutiven auch noch in den späteren Jahrzehnten des 20. Jahrhunderts berechtigt ist, nicht zuletzt bei der Umformung der German Studies.

13. Amerikas Flamingos und der Wechsel der Erzählungen

Ein großer Abend in Nashvilles Opryland

Wenn ich an die Momente denke, in denen mir das Ungewöhnliche der weltpolitischen Umwälzungen 1989/90 besonders nachdrücklich zum Bewusstsein gekommen ist, schieben sich immer wieder die rosa Flamingos der Grand Ole Opry in Nashville vor die Erinnerung. Die rosa Flamingos überdecken die Bilder vom offiziellen Auftritt des deutschen Botschafters und seiner Disputanten, die sich vor einem 300-köpfigen Publikum amerikanischer Deutschlehrer in einem Vortragssaal des Riesengebäudes abmühten, der Bedeutung der historischen Stunde Ausdruck zu verleihen. Nichts konnte die Ferne amerikanischen Lebens von der deutschen Wiedervereinigung nachdrücklicher markieren als die Flamingos, die, gemalt und real, die Teilnehmer auf den langen Gängen durch die laute Countrymusik und unter den gleißend-bunten Disneyland-Kaskaden der glasüberdachten Hallen ins Surreale eintauchen ließen, bevor sie als Zuhörer den offiziellen Höhepunkt des Tagungsprogramms 1990 miterlebten. Ausgerechnet in Opryland schlug man für die Deutschlehrer das neue Kapitel auf. Wer hätte daran gedacht, die Grand Ole Opry, das Mekka der Countrymusikkultur, zu so etwas in Beziehung zu setzen wie dem Ende des Kalten Krieges und der Umarmung der Bonner Funktionäre mit den Dresdener Bürgern? Aufgrund einer älteren Tagungsplanung geschah es: Amerika ließ die Flamingos flattern, die Deutschen diskutierten die Nation.

Als Moderator des Abends blieb mir nur übrig, die Ernsthaftigkeit der deutschen Selbstfeier – mit dem forcierten Ernst, der auch wohlgesinnte Deutschlehrer missmutig macht – durch den Versuch zu mildern, etwas Humor einfließen zu lassen. Ich stieß schnell an die Grenzen meiner Begabung, wurde dann aber von der überraschenden Koinzidenz gerettet, dass die beiden Disputanten, Norman Birnbaum, der bekannte Washingtoner Journalist und Deutschlandkenner, und Josef Joffe, der bekannte *ZEIT*-Journalist und Amerikakenner, die schweren Gewichte mit Witz anhoben, die Botschafter Jürgen Ruhfus dem diplomatischen Ritual gemäß aufs Podium hievte. Sie bewirkten, dass sich Ruhfus, der 1988 die Teilnehmer der German-Studies-Tagung in Philadelphia mit seiner Propagandarede für die Bundespolitik erzürnt hatte, in der Frage-und-Antwort-Sektion geistesgegenwärtig über den Bonner Provinzialismus hinaushob.

Ein Erweckungserlebnis wohl auch für die Politikprofis, die vom *big picture,* das sich plötzlich auftat, verunsichert wurden. Ich selbst lernte, den Umschwung von der Herablassung gegenüber der Bundesrepublik zur Neuerwartung gegenüber dem sich vereinigenden Deutschland als Antrieb zu verstehen, die bisherigen Erzählungen über die Deutschen im 20. Jahrhundert zu revidieren. Man begann bereits, von der alten Bunderepublik zu sprechen und setzte mit dem neuen Begriff der Berliner Republik das Verständnis der größeren Nation voraus, das sich jedoch vom alten Bild der Nation unterscheiden sollte.

Es ergab sich in den folgenden Jahren, dass die langwährende Faszination für die *Weimar Culture,* die sich diese alte Bundesrepublik auf ihr Konto geschrieben hatte, dem Interesse an dem gegenwärtigen Mit- und Gegeneinander von Ost- und Westdeutschen wich und dass keine ernsthafte Diskussion über die Deutschen im 20. Jahrhundert ohne deren Mithaftung für den Holocaust geführt werden konnte. Das gehörte fest zu den neuen Erzählungen der neunziger Jahre. Sie erzeugten frisches Interesse, verschafften dem Reden über Kultur als Schlüssel zur Gegenwart noch einmal breite Wirkung, auch wenn die Budgets der öffentlichen Kultureinrichtungen mit bürokratischen Argumenten zunehmend beschnitten wurden.

Mir bot sich die Gelegenheit, in den folgenden Jahren einige dieser Erzählungen an Ort und Stelle, im American Institute for Contemporary German Studies in Washington, vorzustellen und vom amerikanischen Publikum überprüfen zu lassen, sei es in Workshops mit Wissenschaftlern und Intellektuellen, sei es in Diskussionsveranstaltungen mit deutschen Gästen oder in der Teilnahme an den *cultural wars,* die sich in dieser Dekade zuspitzten, nachdem Reagan und seine Gefährten die konservativen Strömung ins Militante gewendet hatten.

Zunächst aber etwas anderes: unser ganz eigener Höhepunkt des Jahres 1990, fernab von der Weltpolitik, sowie der Alltag des Literaturprofessors in den neunziger Jahren.

Vorortidyll dank des Mauerfalls

Als wir den sechsjährigen Alex fragten, ob er sich lieber ein Brüderchen oder Schwesterchen wünsche, gab er zur Antwort: Ich möchte gern einen großen Bruder. Das ließ sich nur schwer einrichten. Als der Junge dann das zerbrechliche Wesen Martina in den Armen hielt, merkte man, dass es ihm selber Spaß machte, der große Bruder zu sein. Natürlich ärgerte das Martina in späteren Jahren, und die Frage schloss sich an, ob sie das nicht aufholen könne. Auch das ließ sich nur schwer einrichten.

Für dieses zentrale Familienereignis des Jahres 1990 bot das älteste Hospital der Vereinigten Staaten den Schauplatz, eine, wie es sich für Philadelphia gehört, Gründung Benjamin Franklins. Im Pennsylvania Hospital dauerte es »nur« halb so lang wie bei Alex, allerdings waren das immer noch sechzehn schwere Stunden, die Natalie durchzustehen hatte. Nach einigen Komplikationen, mit dem medizinischen Team in vollem Einsatz, war es geschafft. Ich bekam das krähende kleine Wesen in die Arme, drückte es an mein blaues Hemd und legte es Natalie an die Brust. Noch einmal der unvergessliche Moment der Geburt, noch einmal das gemeinsame Glücksempfinden, in dem die Jahre der Enttäuschung, ja Verzweiflung abfallen, da sich nichts meldete, *the world is blue*.

Beim Umgang mit Alex hatte ich gelernt, dass man sich sputen muss, um mit den Kindheitsjahren mithalten zu können, und nahm mir noch mehr Zeit, so viel wie möglich mit Natalie zu handhaben, vom Wickeln, Füttern, Spielen bis zu den heiklen Momenten des abendlichen Nicht-Einschlafens, in denen man verzweifelt auf Socken aus dem Zimmer schleicht, um dann im panischen Aufschluchzen des Kindes wieder zurückbeordert zu werden. Martina war anspruchsvoller als Alex, wie mir prophezeit worden war, ein Mädchen verlangt mehr. Und der ältere Vater, der alles doppelt genießen will, wird eben auch doppelt an die Kandare genommen. Freund Bloss, mit vier Mädchen gesegnet, konnte es nicht begreifen, dass ich mit diesen Dingen, die man koordinieren konnte, so viel Zeit verbrachte. Seine Frage, kopfschüttelnd: Musst du nicht abends mal die Zeitung studieren?

Was da in der *New York Times* tagtäglich vorüberzog, war es in der Tat wert, dass man sich ausführlich mit den Vorgängen in Europa beschäftigte. Zumal sie für unsere Familie, einst in Sachsen hinter dem Eisernen Vorhang ansässig, bedeutsame Auswirkungen besaßen. Selbst unsere Mutter konnte nicht umhin, ihr Urteil vom Tag nach dem Mauerfall zu revidieren, als sie über das Zusammenkommen der Deutschen kopfschüttelnd bemerkte: Das hätte ich nie gedacht. Aber es berührt mich nicht mehr. Ich habe das alles hinter mir. Ich will es nicht mehr aufrollen.

Wenige Jahre später, vor ihrem Tod 1994, erkannte sie an, dass da etwas Wichtiges aufgerollt wurde, und nicht zum Nachteil der Familie.

Wie hatte die Mutter darum gekämpft, uns unser Haus zu erhalten! Hatte schlaflose Nächte damit verbracht, dem Sequestrierungsbefehl der kommunistischen Obrigkeit die treffende Dokumentation, dass der Vater kein Nazi war, entgegenzusetzen! Mit der die Beschlagnahmung 1948 tatsächlich und ausnahmsweise aufgehoben wurde. Und nun lag es an uns, sprich meinem Bruder Klaus in Aachen, der Aufforderung der Stadt Zwönitz nachzukommen und das entsprechende Verfahren zur Rückgabe des Privatbesitzes aus staatlicher Hand einzuleiten.

Das Aufrollen der Familienvergangenheit war unvermeidlich, insofern Klaus und ich bei dem Besuch 1991 in Zwönitz auf Besitzverhältnisse angesprochen wurden, die die Stadtverwaltung regeln musste, um neue Siedlungs- und Bauprojekte vorantreiben zu können. Das Erzgebirgsstädtchen, das sich bei unserem Besuch 1987 in wenig attraktiver Verfassung präsentiert hatte, ließ unter dem tüchtigen Bürgermeister Uwe Schneider und seinem Vize Artur Dietze bereits einen ungewöhnlichen Aufbaugeist erkennen, der uns beeindruckte (und der angehalten hat). Man richtete ein Gymnasium ein, eine Neugründung für den Ort und seine Umgebung, legte den Grundstein zu einem Gewerbegebiet und förderte mit schnell beantragten Mitteln Straßen- und Wohnungsbau. Unser Haus, die Trommler-Villa, besaß für den neu gebildeten Freistaat Sachsen die richtige Größe, um eines von den zwölf geplanten Landwirtschaftsämtern aufzunehmen.

Klaus brachte Rückgabe und Verkauf an den Staat unter Dach und Fach. Davon wurden keine Mieter betroffen, da das Haus als Kindergarten gedient hatte, den man schließlich auflöste. Dem Gärtnerssohn Lothar Prill, mit dem wir unsere Kindheit verbracht hatten, wurde mit seiner Frau Monika im Gärtneranbau Wohnrecht auf Lebenszeit garantiert. Klaus führte zudem mit Claus von Rotsmann, dem Ehemann unserer Cousine Ellen Trommler, Tochter von Paul Trommler, die Verhandlungen über die Restbestände der Firma, deren Produktionsmöglichkeiten wie so viele von der Treuhand abgewickelten Firmen der Null nahegerückt wurden. Was übrigblieb, sollte mit der Lastenausgleichszahlung, die einst für Ostgeschädigte erfolgt war, verrechnet werden.

Der Hausverkauf war ein Glücksumstand, der sich bis nach West Philadelphia auswirkte. Und zwar sehr direkt, insofern mein Erbanteil ungefähr jene Summe ausmachte, die wir als Anzahlung brauchten, um zusammen mit dem Hausverkauf in Hazel Avenue jenen Sprung wagen zu können, den unzählige Amerikaner angesichts der zunehmenden Kriminalität in den Großstädten und, wenn sie Kinder im schulpflichtigen Alter besaßen, angesichts der riesigen Kosten von Privatschulen in die Vororte machen. *Wenn* sie ihn finanziell machen können.

Den Ausschlag für den Auszug gab ein Vorfall, wie er sich selbst in dem drogen- und kriminalitätsträchtigen West Philadelphia Anfang der neunziger Jahre selten ereignete. Ein schöner Abend, den wir mit Birgit und ihrem Ehemann Gustav, die auf der Durchreise von Washington nach New York Zwischenstation machten, höchst angeregt verbrachten. Bis uns das rot kreisende Licht vor das Haus lockte und wir in die Ansammlung von Feuerwehr-, Polizei- und Rettungswagen gerieten. Was wir hörten, konnten wir zunächst nicht glauben.

Joel, unser Nachbar zwei Häuser weiter, mit Revolver? Ja, erklärte die Nachbarin. Er habe im stockdunklen Haus in Richtung Einbrecher gerufen, er ziehe einen Revolver. Als der Mann, der durchs Küchenfenster eindrang, nicht abließ, habe er zwei Schüsse ins Dunkel abgefeuert. Eindringen ins Haus, Notwehr. Das zählte.

Dazu gab der andere Nachbar die Erläuterung, die Polizistin habe Joel, als er ihr vom Kauf des Revolvers berichtet hatte, Folgendes geraten: *Be sure that the guy falls into your house! If you hit him outside, carry him in!* Nur dann könne er von Notwehr reden. Auf diese Bedingung angesprochen, führte Joel später an, so schlimm eine solche Tötung eines Einbrechers im Haus sei, sie bringe es mit sich, die Küche von einer großen Menge Blut säubern zu müssen. Das stelle im Zeitalter von AIDS eine gefährliche Sache dar, die einem niemand abnehme. Letzteres habe ihn kaum weniger aufgeregt als die Schüsse. Wir hatten gesehen, wie ein unter einer Plane liegender Körper zum Rettungswagen getragen wurde.

Drastisch genug? Selbst für Birgit und Gustav, die in ihrer Liebe zur Großstadt nie nachließen, wobei sie allerdings immer New York oder München meinten, erfüllte es die Bedingungen zum Umzug an einen Ort, den sie zu vermeiden suchten: einen Vorort. Ausgerechnet das Zwönitzer Erbteil machte den Umzug möglich. So viel über das Aufrollen der Vergangenheit. Seltsame Kausalkette. Nach schwieriger Suche fanden wir das geeignete Domizil, nicht weit von der Vorortbahnstation Wynnewood entfernt. Der Schulbezirk Lower Merion machte dem guten Ruf seiner öffentlichen Schulen Ehre. Wir bedauerten die zehn Jahre in Hazel Avenue nicht. Weitere zehn Jahre später erholte sich University City insoweit, als sich die Hauspreise verdoppelten. Sie verdoppelten sich, während wir beim Verkauf Geld verloren! Aber man kann nicht warten, bis sich die Welt ändert.

Die Heimsuchung der Fremdsprachen

In den Universitäten gab die Öffnung der Berliner Mauer in den Deutschdepartments zur Hoffnung Anlass, dass amerikanische Studierende ein neues Verhältnis zu deutschen Dingen suchen und dem Deutschunterricht Auftrieb verschaffen würden. Man richtete neue Kurse ein, die der deutschen Gegenwart, dem Holocaust, der Kultur Mittel- und Osteuropas galten.

Bald aber ließ sich nicht mehr übersehen, dass mit dem Ende des Kalten Krieges die einst vom Sputnikschock beflügelte Verpflichtung des Staates (der Staaten) abnahm, die Universität als öffentliche Institution für Wissenschaft und

Ausbildung breit zu fördern. Die unter dem Title VI des Higher Education Act finanzierten Studien der Fremdsprachen und *Area Studies* zählten zum Grundbestand. Lange Zeit hatten die Sicherheitsinteressen der USA den entscheidenden Antrieb für die Beschäftigung mit anderen Kulturen und Weltregionen verschafft. Nun wurde die Abwendung davon unter der Maxime, das sei die verdiente *peace dividend*, zu einem Bestandteil offizieller Kulturpolitik. Der Eindruck entstand, es sei nur eine Bürde und nicht die Selbstverpflichtung der westlichen Führungsmacht gewesen, die ja diese Stellung weiterhin behauptete. Das neue Stichwort lautete Globalisierung. Es wurde auf alles und jedes angewandt und war von Achselzucken gegenüber Europa begleitet. Wer sich auf Globalisierung berief, musste sich nicht unbedingt um Europa kümmern. Experten sprachen vom unersetzlichen Verlust von *local knowledge*.

So die generellen Trends. Sie machten die Arbeit in einem Department, das mit sich uneins wurde und zwei seiner bekannten Germanisten an die Emeritierung verlor, nicht einfacher. Wir zogen nach wie vor gute Graduate-Studenten an und hatten ein von dem Barockforscher und Sprachpädagogen Karl Otto souverän beaufsichtigtes Undergraduate-Programm. Ein bitterer Verlust war der Weggang des immer anregenden und kooperativen Aufklärungsforschers John McCarthy an die Vanderbilt University in Nashville gewesen. Mit der Einstellung von Liliane Weissberg von der Johns Hopkins University, einer Expertin zu Rahel Varnhagen und dem jüdischen Berlin von Aufklärung und Romantik, erhielt das Department eine anregende und nach außen eindrucksvolle, nach innen schwierige Kollegin. Es schrumpfte mit der Emeritierung des Philologen Albert (Larry) Lloyd, der von Otto Springer das *Etymologische Wörterbuch des Althochdeutschen* übernommen hatte, und des eindrucksvoll kollegialen Altmeisters der Themen- und Motivforschung Horst Daemmrich, der die Maßstäbe überlieferter Textwissenschaft hochhielt und uns auch sonst die Qualitäten des deutschen Professors vorlebte. Unsere Bemühungen um Nachfolger gerieten zunächst auf peinvolle Abwege.

Jedes Department geht durch solche Misereperioden. Nur sollte man nicht unbedingt die Verantwortung tragen müssen. Die kam, nachdem Daemmrichs Zeit als Chair abgelaufen war, wieder auf mich zu. Wobei ich die höchst unangenehme Aufgabe hatte, das Department vor dem Zusammenschluss mit dem Slavic Department zu bewahren, das vor der Auflösung stand. Das konnte ich nur bewerkstelligen, indem ich als *acting chair* neben dem German auch das Slavic Department leitete. Ich willigte unter der Bedingung ein, dass beider Rekonstituierung getrennt vonstattengehen konnten. Ich überzeugte den neuen Dekan Samuel Preston und die Humanities-Dekanin Rebecca Bushnell, dass dies nur in jeweiliger Unabhängigkeit zum Erfolg führen würde.

Es gelang nach einigen Anläufen mit der Berufung der bestens beleumundeten Sprachpädagogin Christina Frei von der University of California Davis sowie zweier höchst erfolgversprechender Nachwuchsgermanisten, Simon Richter von Johns Hopkins und Catriona MacLeod von Yale, die in den folgenden zwei Jahrzehnten die Hauptlast des Programms und der Verwaltungsarbeit trugen. Bis zu meiner Emeritierung 2007 unterstützte ich sie verschiedentlich als *Acting Chair*. Gastprofessoren belebten die Arbeit mit Graduate-Studenten, von Johns Hopkins Rainer Naegele, von der Freien Universität Rolf Peter Janz, beide Meister im *close reading,* einer Interpretationsmethode, deren Feinziselierung mir abging. Auf Peter Janz, den unternehmungslustigen Freund aus Berlin, einen bekannten Schillerexperten, folgte einige Jahre später Hendrik Birus, der Komparatist und Goethe-Fachmann von der Uni München, der dann in Bremen als Dekan der neu gegründeten privaten Jacobs University Verantwortung übernahm.

Auch der Wiederaufbau des Slavic Departments gelang, allerdings erst nach einer Durststrecke 1996–99, in der ich alles auf den Esprit der Russischlektoren setzte, die mir als Anwalt des Departments vertrauten. Sie nahmen hin, dass man vom *P-Russian Department* witzelte, und ich zählte auf den Geist von Tauroggen, Rapallo und eine große Portion Toleranz und Humor. Ich baute auf meine Erfahrungen als Departmentverwalter. Die waren bei den verschiedenen Fremdsprachen ähnlich. Auf mein Russisch konnte ich nicht bauen, das reichte gerade für die Entzifferung von Speisekarten. Dieses Handicap bescherte verschiedene peinliche Situationen, die peinlichste während des Jobinterviews mit der Hoffnungsträgerin für die erkämpfte Dozentenposition, die für die Konsolidierung der Abteilung unabdingbar war. Das Interview wurde für die Tagung der Modern Language Association in San Francisco geplant und setzte das Beisein meines Russischkollegen Eliot Mossmann voraus. Wer nicht kam, war der Fachmann. So blieb ich mit der zunehmend enttäuschten Daria Kirjanov im Zimmer allein. Wie konnte eine Einstellung erfolgen, wenn ihre Russischkenntnisse nicht geprüft wurden? Empfehlungen und Dossier waren erstklassig. Das war mein Glück. Und das Glück des Departments war, dass sich das Dossier bewahrheitete und Doktor Kirjanov in der Folge eine überaus konstruktive Rolle spielte.

Nach drei Jahren hatte ich alle Sünden früherer Vernachlässigung russischer Literatur abgebüßt. Ich brachte das seit langem gepflegte Interesse an deutschrussischer Gegnerschaft und Freundschaft auf den neuesten Stand, wurde von dem jungen Russlandhistoriker Benjamin Nathans klug beraten und gelangte in der Wiederbegegnung mit dem anregenden russischen Kunstphilosophen Boris Groys über die gängigen Klischees vom russischen Missionsgefühl hinaus. Bereits in früheren Jahren war ich von den beiden Russlandexperten des

Geschichtsdepartments, Alfred Rieber und Moshe Lewin, die mit ihren Forschungen Weltruf genossen, in die Problemstellungen russischer Geschichte eingeführt worden, durch Rieber in die ewige Nervosität der Regierenden über die russischen Grenzregionen, durch Lewin in Gorbatschows Reformen und die Erschütterungen bei der Auflösung der Sowjetunion. Nach den drei Jahren waren die Einstellungsgespräche mit den jungen Literaturhistorikern Kevin Platt und Ilya Vinitzky kein Balanceakt mehr.

Eine brillante Frauenriege in New York

Die Englischdepartments, gestützt von der Vielzahl ihrer Bachelor-Absolventen, spürten die Gefahren nur am Rande. »Die Franzosen«, die lange Zeit von guten Einschreibzahlen verwöhnt worden waren, fingen an, die Zeichen an der Wand zu beachten. »Die Deutschen«, an Kummer gewöhnt, gingen am weitesten bei der Umstrukturierung ihrer Disziplin, lernten jedoch, dass sie von der Unterstützung der großen Berufsvereinigung, der Modern Language Association, nur profitierten, wenn sie sich selbst darin engagierten. Zusammen mit Peter Uwe Hohendahl erlebte ich als Mitglied des Executive Board der Modern Language Association (MLA) mit, wie den Fremdsprachen offiziell zwar ein ebenbürtiger Platz eingeräumt wurde, die Verbandsmacht aber überwiegend von den Englischkollegen ausgeübt wurde. Umso mehr hielt ich mich an die Fremdsprachensektion der MLA, die Association of Departments of Foreign Languages (ADFL) und fand in deren Leiterin Elizabeth Welles eine höchst kooperative Lobbyistin, mit der auch Freund John McCarthy, der effiziente Fremdsprachenadvokat an Vanderbilt University, viel zusammenarbeitete.

Die interessengeleitete Verbandsarbeit, an der ich mich als Lobbyist in Washington beteiligte, machte allerdings nur einen Teil der Arbeit an der Spitze der MLA aus. Die Sitzungen zwischen 1995 und 1998, zunächst in den engen Räumen am Astor Place in New York, dann im geräumigen Hauptquartier am Broadway, sind mir als eine einmalige Begegnung mit einer Elite geistvoller, erfolgreicher Frauen der amerikanischen *academy* im Gedächtnis geblieben. Ende der sechziger Jahre hatte ich die Modern Language Association als Zitadelle des Old Boys Network erlebt. Davon war nichts mehr übrig, wenn man nicht die unverkennbar männlich-wichtigtuerische, ständig auf Stanford verweisende Art, mit der Herbert Lindenberger seine einjährige Präsidentschaft zelebrierte, als Nachhall dazurechnet. Hier zeigten bekannte Vertreterinnen der Literaturwissenschaft wie Martha Banta, Naomi Schor, Linda Hutcheon und die Femi-

15 Als Mitglied des Executive Board der Modern Language Association mit (von links) Frances Smith Foster, Andrea Lunsford, Naomi Schor, Sandra Gilbert 1995 (© MLA).

nistinnen Elaine Showalter, Sandra Gilbert und Eve Kosofsky Sedgwick, wie ein derartiger Berufsverband auch an der Spitze von Frauen geführt werden konnte: mit mehr Empathie und Eleganz, mehr Witz und Einfallsreichtum, und natürlich mit bunteren Formen der Eitelkeit und Selbstbeweihräucherung.

Unter der taktvollen Regie der erfahrenen und eloquenten Geschäftsführerin Phyllis Franklin verhalf diese Gruppierung dem Gesamtunternehmen MLA als zentraler Vertretung amerikanischer College- und Universitätslehrer mit Recht zu dem Ruf, eine wirklich demokratische Organisation zu sein. Mit den unabdingbaren Regeln der Versammlungstechnik, *Robert's Rules of Order,* einigermaßen vertraut, lernte ich in diesem Gremium, dass Versammlungsdemokratie mehr durch demokratisches Denken als durch Regeln erzeugt wird. Auf der männlichen Seite sorgten Peter Brooks, der beeindruckend gescheite Kollege an Yale, und später Robert Scholes für Balance, der bekannte Narratologe und Theoretiker an der Brown University.

Auch hier sollte ich die Schattenseite nicht unerwähnt lassen. Zunächst der Zugewinn: die nähere Bekanntschaft mit Martha Banta, der großartig »realistischen« Amerikanistin an der University of California Los Angeles, die wir anstelle von Hillis Miller mit seinem dogmatischen Dekonstruktivismus zur Herausgeberin der *PMLA, Publications of the Modern Language Association,* kürten. Bantas Interesse an visueller Kunst und Technik stellte Gemeinsamkeit her; sie sorgte dafür, das die Zeitschrift *PMLA* endlich ästhetisch ansprechende Titelseiten erhielt. Dazu der Austausch mit Linda Hutcheon, der kanadischen Anglistin und Komparatistin, deren Forschungen zur Oper auch ins Deutsche hinüberreichten; Hutcheon bereicherte vor allem mit ihren anschaulichen Analysen des Postmodernismus die Abendgespräche. Das geschah zumeist bei den von Phyllis Franklin als Belohnung für die Sitzungsarbeit organisierten Abendessen in New Yorker Spitzenrestaurants.

Die Schattenseite: der Frondienst auf dem Editorial Board der Zeitschrift *PMLA,* auf den ich mich nach der Zeit auf dem Executive Committee als Vertreter deutscher Literaturwissenschaft 1999–2001 einließ. Um es klar zu sagen, von deutscher Literatur war in der *PMLA* seit Jahren kaum noch etwas zu lesen. Ich musste mich mit den anderen, wesentlich kundigeren Boardmitgliedern durch zahllose mittelmäßige Manuskripte von Assistant-Professoren über die entlegensten Themen englischer und amerikanischer Literatur hindurchkämpfen.

Kafka als Anker für Germanisten

Deutsche Literatur? Mit Kafka ließ sich auch dort etwas anfangen, wo man nur Englisch las. Meine Sternstunde als Deutschprofessor erlebte ich jedoch ausnahmsweise an meiner eigenen Universität. In der University of Pennsylvania war es üblich, allen ankommenden Erstsemestern – den *Freshmen* – die Lektüre eines Textes vorzuschreiben, den sie in den ersten Wochen unter Anleitung von Professoren aller Fächer gemeinsam besprechen sollten. Kaum überraschend war es Kafkas Erzählung von der Dezimierung des Ich zwischen Beruf und Familie, *Die Verwandlung,* die bei den akademischen Kollegen trotz der Rätselhaftigkeit Zustimmung fand. Im Jahr 2000 fiel die Wahl auf diese peinvolle Erzählung, und ich hatte den Auftrag, mit drei Kollegen in einer großen Versammlung in College Hall 200 der Fakultät eine Anleitung für die Diskussion mit den Studenten zu geben.

Es ist in meiner langen Karriere an Penn, in der ich selten, zumeist in administrativer Rolle vor der Fakultät gesprochen habe, das einzige Mal gewesen, dass ich tatsächlich etwas Grundsätzliches über Literatur sagen konnte. Ich hatte mich gut professionell vorbereitet. Nachdem sich die Vorredner auf Religion, Psychologie und Theorie bezogen, fand ich die Zeit gekommen, etwas über die literarischen Qualitäten der Geschichte, die im Englischen *Metamorphosis* heißt, vorzubringen. Ich schob mein Manuskript beiseite und führte die Zuhörer an das Personal dieser unheilvollen Erzählung heran. Damit entzog ich Kafkas Verhältnis zu dem in ein Ungeziefer verwandelten Gregor Samsa der üblichen Mystifizierung. Dass dieses freie Sprechen inspirierte, versicherte die Universitätspräsidentin Judith Rodin, als sie, wie sie sagte, gegen ihren Vorsatz das Podium bestieg und ihren Fachkenntnissen der Familienpsychologie freien Lauf ließ.

Kafka verhalf mir zu vorübergehender Professorenprominenz an Penn. Offenbar hatte ich als Lehrer eine brauchbare Anleitung für die Diskussion mit den Studierenden geliefert. Mir selbst hatte der von Horst Daemmrich entwickelte Standard- und Kultkurs *Mann – Hesse – Kafka*, den ich viele Jahre auf Englisch vor einem interessiert diskutierenden Studentenpublikum hielt, die geeignete Sprache verschafft. Er ließ mich allerdings auch erkennen, dass der Leseeifer unter den Studierenden, unter denen sich lange Zeit auch zahlreiche von der Wharton Business School befanden, deutlich zurückging. Die Leseliste verkürzte sich auf schockierende Weise. In den achtziger Jahren reichte sie von Thomas Manns Erzählungen, dem *Zauberberg* und *Doktor Faustus* über Hesses *Steppenwolf* sowie *Das Glasperlenspiel* zu Kafkas Erzählungen und dem Roman *Der Prozess* – insgesamt ein beträchtliches Pensum. Zu Beginn des 21. Jahrhunderts enthielt diese Liste an großen Werken nur noch die Romane *Der Zauberberg*, *Steppenwolf* und *Der Prozess*. Lektüre und Aufmerksamkeitsspanne hatten sichtlich abgenommen,

In den Kursen für Graduate-Studierende, insbesondere in Comparative Literature, fand die abnehmende Begeisterung für Literatur – das Lesen von Romanen – eine Kompensation im Engagement für Theorie, *literary theory*. Mit diesem Engagement hatte ich in den achtziger Jahren dank Barbara Herrnstein Smith meinen Frieden geschlossen. Meine unoriginelle Behandlung von Theorie blieb nicht unbemerkt. Ich verstand meine Rolle eher als Mentor für das Lesen von Texten in ihrer Aussagekraft innerhalb spezifischer historischer und personeller Konstellationen, suchte Studenten auf die richtigen Fragen über den intellektuellen und narrativen Fokus hinzulenken. Genugtuung empfand ich, wenn Studierende nach dem Kurs auf mich zukamen und nach mehr Literatur verlangten.

Mir gab zu denken, dass ich in meinem Schwanken ausgerechnet von dem Kollegen und Freund Charles Bernheimer bestätigt wurde, der den 1993 von der American Comparative Literature Association in Auftrag gegebenen Report *Comparative Literature in the Age of Multiculturalism* organisierte und herausgab.

Der Nachmittag im Oktober 1995, an dem Charlie in mein Büro kam und seine Frustration ausschüttete, hat sich mir tief eingeprägt. Wir kannten uns gut, spielten oft Squash miteinander, wobei er regelmäßig gewann. Seine Familiengeschichte war jemandem, der in München studiert hatte, vertraut: Er war Nachkomme des Hauses Bernheimer am Promenadeplatz, bis zu Machtübernahme der Nazis *dem* führenden Haus für Antiquitäten. Davon legten einige kostbare Möbel in seiner Wohnung in Old City Philadelphia Zeugnis ab. Charles Bernheimer hatte die umstrittene Öffnung der Komparatistik zum Multikulturalismus dieser Jahre als gegeben und notwendig beschrieben. Als Chair des Komparatistikprogramms an Penn hatte er eine mit Theorie und Psychoanalyse gefüllte Leseliste durchgesetzt. Dem stand ich deutlich fern. Das hatte ich ihm auch gesagt. Um so tiefer bewegte mich sein Bekenntnis an besagtem Oktobernachmittag.

Als ich Charles versicherte, dass ich sein Interesse an anderen Disziplinen teile, winkte er ab. Das mag gut sein, erwiderte er, aber es sei nicht, was er wirklich machen möchte. Er schien auf etwas Grundsätzlicheres auszugehen. Wörtlich: *What I want to do is teach the love for literature ... Really in a way, we have undermined ourselves. We have had this great boom of deconstruction, and now it's hard for me to say what is the subject of my studies, of my teaching.* Ausgerechnet Charles Bernheimer fand, dass die Welle von Dekonstruktion ins Leere geführt habe! Literatur war zum Lesen da! Musste ich mich selbst an die Nase fassen?

Dieser Nachmittag blieb mir immer vor Augen, wenn ich an Charlie dachte. Bis ich Jahre später die furchtbare Nachricht erhielt, dass er plötzlich unheilbar an pankreatischem Krebs erkrankt sei. Da erhielt das Bekenntnis zu der aufklärenden und heilenden Rolle von Literatur in unserem Leben einen schwarzen Akzent. Sein brillanter Doktorand John Zilcosky, der ihn zuletzt in Berkeley aufsuchte, ließ mich diese Folgerung ziehen. Zilcosky, den ich als Doktoranden übernahm, verfasste eine geistreiche Dissertation über die Reisen eines Autors, der gerade nicht fürs Reisen bekannt ist: Franz Kafka.

»Body Architecture«: Natalies neue Zugnummer

Ein Haus mit Garten, ein schönes, kein perfektes Haus im Vorort, dort, wo ich über zwanzig Jahre lang *nicht* hinwollte. Flüchtlinge aus der Großstadt nannte man uns, die Kinder vermissten die schwarzen Spielgefährten. Wenige Tage nach dem Umzug beobachteten wir in einem Restaurant in Bryn Mawr,

16 Natalie Huguets Poster für einen Yoga-Kurs auf Instagram (2019).

wie die vierjährige Martina von Tisch zu Tisch ging und die Gäste von unten musterte. Sie tat es langsam und gründlich, so gründlich, dass wir fragten, ob sie etwas suche. *Yes,* war die Antwort, *but there are no black people here.* Das war nicht West Philadelphia. Und doch begrüßte uns über den Gartenzaun hinweg eine schwarze Familie, die wir von derselben Kinderkrippe in West Philadelphia kannten. Im Jahr darauf zog eine andere schwarze Familie im Haus gegenüber ein. All das federte die Eingewöhnung in *suburban life* ab: in einem alten Vorort an der sogenannten Main Line, keineswegs dem teuersten, jedoch mit guten Schulen und toleranter Atmosphäre.

Was ich lange bespöttelt hatte, der amerikanische Weg, die Flucht vor den Problemen zu ergreifen, aus der Großstadt, wo der Arbeitsplatz liegt, wegzuziehen, war nun auch unsere Sache geworden. Das beendete meine Selbsttäuschung, unkonventionell zu leben. Es offenbarte, wie sehr ich trotz aller Eskapaden und Reisen auf etwas Festes aus gewesen war. Ich schuldete Natalie ein Leben, in dem sie sich nicht mehr gefährdet fühlte, und den Kindern ein Elternhaus, das eine unbeschwerte Kindheit ermöglichte.

Als dann in den neunziger Jahren noch viel aufregendere Herausforderungen auf mich zukamen und Natalie einen neuen Berufsweg suchen musste, konnte das ohne eheliche Zerwürfnisse nur dadurch geschehen, dass ich mich noch nachdrücklicher in diesem lauten, strapaziösen Familienleben festsetzte und volle Mitverantwortung für die Betreuung der Kinder übernahm. Ich weiß, auch das war nur eine Teillösung, befreite Natalie nicht davon, sich als Hauptlastträger der Kindererziehung zu fühlen. Nach der Heimkehr von Konferenzen ließ sie es mich spüren. Und doch: ich schlug Gastprofessuren aus, ließ Prestigeberufungen abgleiten. Hatten Berkeley oder Chicago wirklich so viel mehr (außer Geld) zu bieten als das, was wir in Philadelphia zwischen New York und Washington an Chancen und Beziehungen besaßen? Ich wollte in dieser Stadt ja keine Tanztruppe aufbauen.

Es war die Zeit der Computerisierung. In jedem Büro zogen die Apparate ein, mit komplizierten PC-Codes zum mühsamen Gebrauch hergerichtet, Frustrierungsmaschinen anfangs noch ohne Maus. Nur dass man sich ihnen in der Universität nicht in der Weise ausgeliefert fühlte, wie es Natalie im Designgeschäft erfuhr. Sie konnte sich nicht auf einen Computerfachmann wie Phil Miraglia stützen, der mich und die Kollegen aus der Ahnungslosigkeit rettete und mir jahrzehntelang die schlimmsten Frustrationen erspart hat. Natalie hatte nicht das Glück.

Nach einem Lehrgang in CAD-Design erwarb sie dank eines Darlehens der Blossens das neueste Mac-Modell, ein Schwarz-Weiß-Screen neben einem kleineren farbigen Screen, natürlich von Mackintosh, da nur diese teure Marke einigermaßen gutes Design ermöglichte. Natalie hatte hervorragende Gebrauchsgraphik in Broschüren und Plakaten geliefert, für die Annenberg School of Communication, die Gallery an der Market Street, die Wharton School, für das Penn Medical Center, für den Oak Tree Health Plan und andere größere Institutionen. Sie war »angekommen« und merkte doch Anfang der neunziger Jahre, dass ihr mit dem Vordringen der Computergraphik der Boden als selbstständige Graphikerin entzogen wurde. Ihre großen handwerklichen Fertigkeiten, die sich in originellen Designlösungen niederschlugen, wurden von den billiger arbeitenden Computerstudios beiseitegedrängt, keineswegs mit besserer Graphik, im Gegenteil. Bot ein Computer nicht das billigere Produkt? Sicherlich, ihn konnten die technisch versierten Anfänger schneller bedienen, die weniger Ideen hatten und weniger Geld kosteten. Das zählte bei den meisten Kunden mehr als die Qualität. Was Milton Glaser, das Graphikgenie, in New York einst angefeuert hatte, wurde von der Computermaus von Mackintosh verschluckt.

Es folgten Jahre ohne Berufsmühle, die trotz oder gerade wegen der Kindererziehung auch Jahre der Verjüngung wurden. Natalie blühte auf. Der Umzug aus der täglichen Spannung West Philadelphias mochte daran noch mehr Anteil haben als die Aufgabe des Graphikgeschäfts, die nur schweren Herzens erfolgte. Das kam den Kindern zugute, noch mehr uns beiden.

Schließlich begann Natalie Berufsmöglichkeiten in der Sozialarbeit in einem Programm an Bryn Mawr College zu erforschen, dann in einem Graduate-Studium in Innenarchitektur an der Drexel University. Ich bewunderte ihre enorme Hingabe an die in jedem Sinne erschöpfende Entwurfs- und Studienarbeit, fand jedoch ihren Entschluss, einer ganz anderen Karriere eine Chance zu geben, einleuchtend. Zur rechten Zeit, als Yoga in Mode kam, absolvierte sie verschiedene Lehrgänge und wurde binnen kurzem eine gesuchte Yoga-Lehrerin, und als ihr das zu langweilig wurde, eine gesuchte Pilates-Lehrerin. Als ich hörte, dass ihre Pilates-Klasse unter dem schönen Titel »Body Architecture« von mehr als zwanzig Enthusiasten belegt wurde, zog ich schnellstens meine Professorenflügel ein. Die Aufmerksamkeit von zwanzig Studenten mit Kafka und Thomas Mann anderthalb Stunden lang aufrechtzuerhalten, mag eine nicht immer leichte Sache darstellen, jedoch ist es nichts im Vergleich mit dem Können, zwanzig Personen dazu zu bringen, anderthalb Stunden lang ihre Glieder zu verrenken, mit Schweiß und Hingabe.

Das Schöne an ihrem Erfolg als Lehrerin war, dass er ihr eine Gefolgschaft und uns beiden neue Freundschaften zuführte. Dazu gehörten die temperamentvolle Elba Hevia Y Vaca, die bolivianische Flamenco-Königin von Philadelphia, und ihr Ehemann Allen Sabinson, erfolgreicher Filmproduzent in Hollywood and nun überaus einfallsreicher Dekan der Media Arts & Design-Fakultät an der Drexel University; ebenso Linda de Jure, die ehemalige Bankerin, eine der Stützen von Philadelphias berühmtem Mural Arts Program, sowie Stefan Rotman, der paris- und käsebesessene Kochkünstler. So lieferte auch der Vorort, was wir in der Stadt mit gemeinsamen Kinderkrippenfreundschaften gefunden hatten. Und was hin und wieder selbst in der akademischen Umwelt die Ehefrau miteinschloss wie im Falle von John und Mecki McCarthy, die uns einst an einem Winterabend zusammenbrachten. Meine langjährigen Freundschaften mit Stephen Dunning, dem Religionswissenschaftler und Squashpartner, sowie Horst Daemmrich, dem Germanisten und Departmentkollegen, nährten sich zuallererst aus dem akademischen Miteinander.

Ganz anders die Begegnung mit dem bekannten Historiker Jonathan Steinberg und seiner Partnerin Marion Kant, der Tanzhistorikerin und ehemaligen Ehefrau des DDR-Schriftstellers Hermann Kant, zwei unerhört anregenden Gesprächspartnern, die zwischen Penn und dem englischen Cambridge pendelten. Die Begegnung war ein Glücksfall unerwarteter Sympathien zwischen zwei Paaren, die dann viele Jahre lang zu viert in den verschiedensten Restaurants

Philadelphias eine Konversation betrieben, die sich dank Steinbergs unersättlicher Wissbegierde und unerreichter Kenntnis europäischer Geschichte sowie Marion Kants mutigem Lebensentwurf zwischen drei Ländern zu einer Art Seismographen transatlantischer Beunruhigungen formte.

Der Schock vor der Londoner Hochzeit

Familien leben mit Reiseerzählungen, ob sie wollen oder nicht. Sie stärken sich an ihnen, langweilen sich an ihnen, zerstreiten sich an ihnen. Allerdings gehört das, was man als Aufbruch in die Welt bezeichnet hat, der Vergangenheit an. Die Welt ist längst im Wohnzimmer angekommen. Wenn ich hin und wieder den Kindern von den früheren Reisen erzählte, winkten sie ab oder meinten, das sei doch schon ziemlich lange her. Sie wollten es selbst erleben. Das geschah bei Reisen nach Irland, England, Frankreich, Spanien, Italien.

Bei einem der Reiseerlebnisse merkten sie, dass es auch mit Schrecken verbunden sein kann. Die Reise nach London im Jahr 1996 galt der Hochzeit von Nikolaus Pevsners Enkelin, meinem Patenkind Kate Pevsner, mit Toby Anstruther aus alter schottischer Familie, angesetzt auf einen schönen Samstag. Wir kamen begeistert von einer aufregenden London-Rundfahrt auf dem Deck eines der roten Doppeldeckerbusse in unser Familienhotel in Kensington zurück, das Tom Pevsner bestellt hatte.

Nichts war es mit dem friedlichen kleinen Familienhotel. Alle Begeisterung über London verflog, als wir feststellten, dass uns während der Rundfahrt Kamera, Ausweis und Reisegeld aus dem Zimmer gestohlen worden waren.

Shocking, terrible!

Ich stand im weißen Hemd im Zimmer, als die beiden Polizisten von Scotland Yard artig an die Tür klopften, Mann und Frau in schwarzer Uniform mit Checkerband-Mütze, Schlagstock und Notizblock, ein Bild aus bekannten Filmen, nur dass wir nun alle Einzelheiten selber aufzählen mussten. Sie gaben sich Mühe, bei der Aufnahme der Fakten sorgfältig zu erscheinen, und ließen uns doch bald wissen, dass dieser Hoteldiebstahl in London eine Routinesache sei. Die Diebe würden die Euroschecks in Spanien einlösen. Natürlich würde Scotland Yard fahnden. Wir waren dankbar, dass sie vermieden, uns unsere Nachlässigkeit und Ahnungslosigkeit unter die Nase zu reiben. Stattdessen komplimentierten sie unsere festliche Hochzeitsgarderobe, was beiden Kinder noch mehr Tränen in die Augen trieb.

Hard to follow up!

Was hieß das und was sollte man da sagen? Inzwischen hatte die Hochzeit begonnen. Wir würden uns verspäten. Mit schlechten Nachrichten, die man einer Hochzeitsgesellschaft besser nicht zumutet.

Es war eine laute, eindrucksvolle Angelegenheit unter den alten Bäumen des Thurloe Square vor dem Victoria and Albert Museum, einem erlesenen, mit hohem Eisengitter eingezäunten kleinen Park. Wir verkürzten den Kriminalbericht für Tom und Inge Pevsner, die als Brauteltern ohnehin genügend gestresst waren. Neben dem Schock im Hotel und dem glücklichen Lächeln der schönen Kate ist mir vor allem die Antwort ihres Schwiegervaters im Gedächtnis geblieben, als ich fragte, wie er denn diesen exquisiten Platz gegenüber dem V & A habe mieten können:

We own it.

Wer seine Herkunft von der schottischen Nobelfamilie ableiten kann, die sich mit Oliver Cromwell anlegte, macht diese lässig vorgebrachte Antwort über einen der edelsten Plätze Londons glaubwürdig.

Bis zum Schloss Belcaskie der Anstruthers weit nördlich von Edinburgh hat es bisher nur Alex auf der Reise in den Norden Schottlands geschafft, als er 2009 als junger Glaskünstler ein Prestigestipendium beim North Lands Glass Studio in Lybster erhielt. Kate und Toby sahen wir öfters in ihrem Stadthaus am Thurloe Square in London.

Soweit das Selbsterleben. Was die Kinder daneben wertzuschätzen lernten, war die Tatsache, dass Freunde und Verwandte an den Erlebnissen ihren Anteil besaßen. Ohne Thomas Koebners Empfehlungen hätten wir nicht zweimal auf der Insel Mallorca schönste Urlaubszeiten verbracht; ohne ihn und das Haus seiner Freunde hätten wir kaum die Provence zusammen mit David und Maureen Othmer kennengelernt, mit Sonne und Lavendel einerseits und dem Diebstahl unseres Mietautos am Schwimmbad von Carpantras andererseits. Ohne Frank und Inge Thelens Bereitstellung von lebenswichtigen Hausratsgegenständen wäre schon der erste längere Deutschlandaufenthalt 1984 in den Widrigkeiten einer fast leeren Wohnung zur Minimalexistenz verkümmert. Ohne Birgit Trommler und Gustav Ehmck wäre an keine Geburtstagsfeiern für Martina im Garten in Gräfelfing zu denken, ohne Birgits Mutter, Tante Else, hätte es keine Kurzferien mit einer liebevollen Ersatzomi in Witten gegeben; ohne Rudi und Karin Lettenmeier hätte sich Alex in München nicht zum ersten Mal heimisch fühlen können. Zum Sommer in Deutschland gehörten unbedingt die Ferientage bei Bruder Klaus und Schwägerin Ruth in deren Haus mit Wasserschlachten im Schwimmbad in Aachen hinzu, ein Auftanken in einem anderen Teil der Familie, gesteigert durch Ruths inspirierte rheinische Regie, Familienfeste zu feiern.

Ohne Jochen Bloss' Vermittlung öffentlicher Vorträge für das Goethe-Institut hätten wir nicht mitten im Januar Leon Trotzkis und Frieda Kahlos Häuser in Mexiko besichtigt; ihm und Carola verdanken wir Familienreisen nach Prag und nach Spanien, jeweils mit ausführlichen Familienfeiern. Mir galten Geburtstagspartys mit ihrem großen Münchener Freundeskreis, zu dem Schriftsteller wie Horst Bienek und Tankred Dorst und Journalisten wie Gernot Sittner von der *Süddeutschen Zeitung* ebenso gehörten wie Kollegen des Goethe-Instituts, unter ihnen Renate Albrecht, die einst die Vorträge in Asien auf unserer Weltreise vermittelte.

Bloss, einst an der ungarischen Grenze in mein Leben getreten, verschaffte mir auch zwei denkwürdige Reisen in südosteuropäische Länder, zum einen nach Slowenien, wo ich bei der deutschen Kulturwoche des Auswärtigen Amtes 1981 als Kommentator des Dramatikers Tankred Dorst auftrat, zum andern nach Rumänien, wo ich mich seiner Familienreise zu Freunden in Siebenbürgen anschloss. Im gelben VW-Bus mit einer Kiste Lebensmittelkonserven erlebte ich dieses von Deutschen seit dem Mittelalter kultivierte Land im letzten Stadium seiner deutsch-ungarisch-rumänischen Geschichte. Noch hielt sich der überwiegende Teil der angestammten Bevölkerung in dieser gesegneten Gegend, wurde allerdings von Diktator Ceaușescu buchstäblich ausgehungert. Dank Bloss' Bekanntschaften lernte ich diese deutschsprachige Region als Freund von Freunden kennen, zu denen Schriftsteller und Kritiker wie Gerhardt Csejka und Peter Motzan und der eindrucksvoll urwüchsige Lyriker Franz Hodjak gehörten. Die meisten von ihnen übersiedelten wenige Jahre später wie die Nobelpreisträgerin Herta Müller in die Bundesrepublik.

Eine späte Ehrung in der sächsischen Heimatstadt

Schließlich eine ungewöhnliche Geschwisterreise mit bejahrtem Personal in die Vergangenheit. Mit Bruder und Schwester besuchte ich 1994 auf Einladung unsere Heimatstadt Zwönitz im Erzgebirge. Für die Schwester, die immer die intensivste Erinnerung an Kindheit, Heimat, Vaterhaus gepflegt hatte, war es wohl der schönste Ausflug, die sie in ihren späteren Jahren erlebt hat. Um so mehr, als er der Ehrung unserer Familie galt. Die Zeremonie richtete sich auf Großvater Albin Trommler, den Gründer der Schuhfabrik A. Trommler, die sein Sohn, unser Vater, zur zweitgrößten Kinderschuhfabrik Deutschlands emporführte. Mit diesem Unternehmen hatte Zwönitz, ein Ort mit alter Schuhmachertradition, den größten Arbeitgeber erhalten. Die neue Führung der Stadt, erfolgreich in ihren Unternehmungen seit der Wende 1990, wollte den Firmengründer damit ehren, dass sie eine Straße im neu gebauten Gewerbegebiet nach ihm benannte: Albin-Trommler-Straße.

Die Auer-Ausgabe der *Freien Presse* brachte das Ereignis am nächsten Tag, dem 15. März 1994, auf der Titelseite. Auf dem Foto sind Bürgermeister Schneider und sein Stellvertreter Dietze neben uns verewigt, ebenso auch die Spuren des gewaltigen Mittagswindes, der uns, die Sektgläser und das Straßenschild an diesem kalten Märztag fest weggeblasen hätte.

Mit dem Großvater, den keiner mehr zu Gesicht bekommen hat, ist die Familie Teil der Stadtgeschichte geworden. Doch nicht nur mit ihm. Noch konnten sich die Alten an seinen Sohn erinnern, unseren Vater, dem der erfolgreiche Firmenaufbau zum Triumph und zum Verderben wurde, wozu die Verhaftung durch die Besatzungsmacht 1945 mit ihrer Auslöschung seiner Existenz als Führungsfigur dieses Unternehmens gehört. Was hätte er zu dieser Ehrung im Märzwind gesagt, bei der das, was einst mit ihm geschehen war, aus der Versenkung geholt wurde, als die Vertreter der Stadt das Unrecht an seiner Familie beim Namen nannten? Was hätte er dazu gesagt, nachdem er mit seinem Freitod in Depression und Verzweiflung alles Andenken an sich vernichtet sehen wollte?

Die Offiziellen verstanden diese Ehrung als wichtigen Schritt zur Aufarbeitung einer nicht von ihnen verschuldeten Geschichte. In ihrer Zeremonie richteten die beiden Bürgermeister das Andenken der Firma und ihrer Chefs wieder auf und schrieben den gegenwärtigen Unternehmern ins Gewissen: »Möge der Name Albin Trommler für die Gewerbebetriebe an dieser Straße Ansporn und Vorbild für erfolgreiches Wirken in Zwönitz sein.«

Wir äußerten unsere Dankbarkeit. Als wir nach der Zeremonie beim Umtrunk mit den Vertretern der Stadt im alten Lokal »Feldschlößchen, genannt Wind« feierten (der uns an diesem Tag wirklich fast umwehte) und sie uns stolz die Erfolge auftischten, spürten wir etwas Unerwartetes. Offenbar kamen wir ihnen gelegen, um als weither angereiste Betroffene eines dunklen Kapitels dieses Ortes wirksam zu bezeugen, dass sie ein helleres Kapitel aufgeschlagen hatten.

Das war wohl der richtige Zeitpunkt, an dem wir den Bürgermeistern die Frage stellen konnten, warum im sogenannten Technischen Museum der Stadt, einer alten Papiermühle, die Trommler-Firma, in der einst die modernste Anlage für die Massenherstellung von Schuhen entwickelt worden war, die in der Schuhindustrie 1938 als Vorbild galt, nur mit drei verstaubten Vitrinen repräsentiert wurde, in denen ein paar Kinderschuhe aus der VEB-Zeit mit zwei Festzeitungen und Werbematerialien dahindämmerten. Bürgermeister Schneiders Initiative, die eine ABM-Gruppe jüngerer Leute vorbildlich umsetzte, sowie eine größere Spende von unserer Seite führte dann tatsächlich ein Jahr später zur

Einrichtung des Trommler-Zimmers mit originalen Exponaten, das Bruder Klaus als eindrucksvoll etikettierte. (Bis es dann zwanzig Jahre später wieder im Depot verschwand.)

Wie anders der Eindruck, den das Städtchen im Vergleich mit dem grauen Bild von 1987 machte, als Alex dabei gewesen war. Hell gestrichene Häuser mit neuen Schieferdächern, instandgesetzte Straßen, Schaufenster, Blumen, Reklamen. Wir hörten die Erfolgsgeschichte von schnellen und effektiven Bewerbungen um Fördermittel für die Entwicklung nach der Wende. Sahen Ergebnisse, zu denen das Gewerbegebiet gehörte. Sollte man sie abstreiten, auch wenn Gisela von ihrer Jugendfreundin Maria Reimann, der Tochter vom Beyer-Becker, die Klage vernahm: Zu viele Supermärkte, zu viele Großhandelsgeschäfte, nicht viel für den kleinen Mann!

Der Besuch wurde zum Balsam für die Seele der Schwester, die den Tod des Vaters nie verwunden hat. Als Höhepunkt empfand sie die Führung in unserem inzwischen zum Landwirtschaftsamt umgebauten Elternhaus durch den Amtschef Dr. Baumgartl. Auch dies denkwürdig: der Chef stolz auf diese unter seiner Leitung auf Bürobetrieb hergerichtete Villa, deren provinzielle Eleganz erhalten blieb, eine Ausnahme unter den Landwirtschaftsämtern. Die Eleganz kam ihm nun zugute, wenn ländliche Besucher feststellten: Scheen habters hier, so scheen hammirs nich mal im Urlaub!

Wie aufmerksam von dem Pfarrer, dessen Namen Trommer dem unseren nahekam, uns seinen teuren Stolz, die renovierte Barockkirche St. Trinitatis, zu zeigen und sich höchstselbst an die Orgel zu setzen und einen Choral zu improvisieren! Ein großer Mann, selbstbewusst und lutherisch, der volle Register zog, die in der hellen, leeren Kirche gewaltig widerhallten. Ein Jubelton für die seltenen Besucher, der Giselas Herz spürbar weitete, das sich seit dem Niedergang ihrer Kinderarztpraxis in Hamburg und der Pflege der sterbenden Mutter schrecklich zusammengezogen hatte. Eine voll tönende Beschwörung der Kindheit. Ich weiß, welche Engel am Altar ihr immer Eindruck gemacht haben, während ich im Kindergottesdienst, rechts vor dem Altar postiert, stets bemüht gewesen bin, den Blick des blaugewandeten Engels zu erhaschen.

All das nach dem Besuch des Trommler'schen Familiengrabes auf dem Friedhof an der Kirche, in dem Großeltern, Onkel, Tanten und der Vater ruhen.

Noch ist März, die Blumenschalen auf dem Grab noch nicht besonders bunt, doch wirft die Sonne bereits ein kleines Schattenspiel auf die singenden Engel über den steinernen Namenstafeln. Giselas Worte beim Weggehen: Hier möchte ich auch beerdigt werden. Es ist Jahre später, im schneereichen Januar 2013, geschehen.

14. Der fremde Blick auf deutsche Kultur: The Washington Connection

Engagement am American Institute for Contemporary German Studies

Im Frühjahr 1994 luden mich Jack Janes und Lily Gardner Feldman ein, das neu etablierte und finanzierte Humanities Program des American Institute for Contemporary German Studies in Washington zu leiten. Beide, Executive Director und Research Director des 1983 von Steven Muller auf der Tricentennial Conference bekanntgegebenen Instituts, waren mir wohlvertraut und ich ihnen auch, sonst hätten sie sich nicht auf mich, einen Germanisten an der University of Pennsylvania im über zwei Stunden entfernten Philadelphia, eingelassen. Sie halfen mir über die Überraschung hinweg, indem sie diese Leitung mit einem Arbeitsprogramm verbanden, das meine akademische Seele in Schwingung versetzte, insofern es die Tür zu Aktivitäten öffnete, die ich an der Universität nie hätte unternehmen können: die kulturellen Wechselwirkungen zwischen den Vereinigten Staaten und Deutschland im politischen Raum Washington von Experten studieren und diskutieren zu lassen sowie mit paradigmatischen Workshops, Vorträgen und Seminaren für die amerikanische Seite fruchtbar zu machen. Sie stellten mir volle Unterstützung für Planung und Durchführung der Projekte in Wissenschaft und Kulturpolitik in Aussicht. Die Entfernung zu Philadelphia ließ sich überbrücken, natürlich setze das Ganze mein Pendeln zwischen beiden Städten voraus.

Sie bauten auf mein Interesse an der Aktivierung deutsch-amerikanischer kultureller Beziehungen, das seit der Tricentennial Conference 1983 zur Teilnahme an verschiedenen transatlantischen Veranstaltungen geführt hatte. Als Mitglied des Academic Council des AICGS hatte ich kontinuierlich am Wachstum dieses Instituts teilgenommen, das sich als freischwebende, obgleich mit der Johns Hopkins University verbundene Institution dem Studium Deutschlands in Politik, Wirtschaft und Kultur widmet. Freischwebend heißt, dass es von privaten Geldern lebt, vornehmlich von amerikanischen und deutschen Sponsoren und Stiftungen, nicht von staatlicher Unterstützung abgesichert wie das German Historical Institute in Washington, zugleich jedoch auch mit der Garantie politischer Unabhängigkeit.

In den Diskussionen über die wachsenden Aufgaben der German Studies Association und den Strategiesitzungen des AICGS hatte sich in mir die Überzeugung geformt, dass ich mit Vergleichen zwischen deutscher und amerikanischer

Kultur, wie ich sie 1989 in einem großen Essay über das verschiedene Raum- und Zeitverständnis im Band *Germanistik in den USA* formuliert hatte, zu den nun auftretenden Problemen zwischen den beiden Ländern nicht viel beitragen konnte. Wollte ich die Wechselwirkungen amerikanischer und deutscher Kultur in ihren aktuellen Problemfeldern erfassen, die vom Ende des Kalten Krieges und der neuen politischen Souveränität der Bundesrepublik bestimmt wurden, konnte ich nicht mehr nur den Koffer packen, sondern musste auch abreisen.

Mit der Wiedervereinigung der beiden deutschen Staaten musste das AICGS seine Funktion neu und breiter definieren. Dank des Interesses von Steven Muller und Gerald Livingston, dem in Washington bestens beschlagenen ersten Direktor, der vom German Marshall Fund herüberkam, hatte das Institut von Anfang an ein Deutschlandbild angesteuert, das die DDR einbezog, um über die eingefahrenen Klischees des Kalten Krieges hinauszukommen. Das Institut gab ostdeutschen Stimmen (begrenzte) Gelegenheit zur Selbstdarstellung. Auf exterritorialem Boden in Washington ermöglichte es freiere Kontakte zwischen West- und Ostdeutschen, wie etwa 1988 bei der Aussprache zwischen der Grundwertekommission der SPD und der Akademie der Gesellschaftswissenschaften der SED. Der Vorwurf der *Frankfurter Allgemeinen*, das Institut arbeite der DDR zu, blieb nicht aus und hing noch einige Zeit in der Luft. Ich fand, er hatte sein Gutes, insofern er in Washington dem Interesse am östlichen Teil der innerdeutschen Vereinigung einen Resonanzraum verschaffte, der informierte Diskussionen ermöglichte. In den Folgejahren konnte ich in den Kulturveranstaltungen darauf aufbauen.

Seit dem Ende des Kalten Krieges, der seine eigene öffentliche Rhetorik gespeist hatte, genügte für ein Institut, das als Thinktank gründliche Informationen über die deutschen Entwicklungen liefern sollte, die Ausrichtung an *public affairs* mit Stipendien und Vorträgen nicht mehr. Gefordert waren eine Vertiefung und Verbreiterung der wissenschaftlichen Analyse. Neben wirtschaftlichen und politischen Studienprogrammen entschloss man sich, ein Humanities Program einzurichten, das die gelegentliche Organisation von Vorträgen über Kultur und Wissenschaft mit einer umfassenderen Agenda von Workshops, Stipendien und Publikationen ersetzen sollte. Hierfür gelang es, vom National Endowment for the Humanities eine Starthilfe von 180.000 Dollar für die Einrichtung eines Endowment einzuwerben, die als *challenge grant* eine Verdreifachung der Gesamtsumme erforderte. Es war vor allem Harry Gray, dem früheren Chef von United Technologies und OTIS Elevators, und seiner Frau Helen zusammen mit Marieluise Hessel zu verdanken, dass die große Summe von rund 600.000 Dollar zusammenkam, aus der pro Jahr dem Humanities Program etwas über 30.000 Dollar für die Aktivitäten bereitgestellt werden konnten. Es erhielt den Namen Harry & Helen Gray Humanities Program.

Zu diesem Umdenken in Richtung auf eine breitere wissenschaftliche und kulturpolitische Agenda sollte ich beitragen. Gerry Livingston sah damit großzügig über mein beim Tricentennial wenig entgegenkommendes Verhalten ihm gegenüber hinweg, erwies sich als Spiritus Rector des in Washington sonst unter Professionellen wenig geschätzten Einbezugs von Kulturpolitik in die Arbeit dieses Thinktanks. Bis 1994 hatte Manfred Stassen hervorragende Arbeit als Organisator von Vorträgen und zwei wichtigen Konferenzen geleistet. Als ehemaliger Professor an der Wesleyen University und Direktor des DAAD-Büros in New York kannte sich Stassen in der Welt deutscher und amerikanischer Universitäten gut aus und sorgte für eine intellektuell hochrangige Reihe von Veranstaltungen. Mit dem Übergang der Leitung des AICGS an Jack Janes, der zuvor das deutsche Büro des German Marshall Fund of the United States leitete, sowie Lily Gardner Feldman, zuvor Professorin an Tufts University, gewann das anspruchsvoll entwickelte und ausreichend finanzierte Humanities Program beeindruckendes Gewicht in diesem Institut.

Das nahm ich mit Herzklopfen und Genugtuung wahr, als mich beide 1994 einluden. Zwar bildete ich mir ein, mit meinem publizistischen Engagement an der Entwicklung von Kulturpolitik in Deutschland zehn Jahre zuvor einiges Grundsätzliches formuliert zu haben, sah meine umfangreichen Beiträge zu dem *Kulturpolitischen Wörterbuch: Bundesrepublik Deutschland/DDR im Vergleich* (1983) jedoch eher als Teil akademischer Beschäftigung an. Immerhin kam mir die Kenntnis der Kulturpolitik in beiden deutschen Staaten zugute, als ich meine Vorschläge betreffend Kulturpolitik zwischen den USA und Deutschland sowie zu anderen Themen machte, darunter eine Serie über die Abwicklung der Kultur der DDR nach Auflösung des Staates. Diese Projekte stellten kein Politikum dar, reichten jedoch weit genug in die Sphäre von Politik und Diplomatie hinein, um in Washington als Information über das vereinigte Deutschland wahrgenommen zu werden.

Bei der Vorbereitung verkomplizierte sich die Sache natürlich. Wie ließ sich die eindimensionale Wahrnehmung der Bonner Republik mit ihrer wenig eindrucksvollen intellektuellen Präsenz, wie sie Steven Muller 1988 in der Einladung zur Konferenz »The Contemporary German Mind« beschworen hatte, aus aktualisierender Perspektive überwinden? Wie konnte man verhindern, dass die sich in Amerika schnell wieder anbietende Frage nach Nationalismus und Identität der neuen Deutschen die Diskussion absorbierte, die erfahrenermaßen differenzierenden Problemstellungen aus Kultur und Alltag wenig Raum ließ?

Gefragt war ein Programm, das die für Washington charakteristische Politisierung vieler Dinge für kulturelle Themen nutzbar machte und kulturelle Themen wiederum für politische Folgerungen transparent werden ließ, um neue Erwartungen gegenüber dem nun zusammengemischten Phänomen *Germany* zu wecken. Wie würden die Deutschen mit der national übergreifenden, Ost und West einbeziehenden Situation umgehen? Es galt, dem Publikum Themen und Debatten anzubieten, mit denen es für solche Erörterungen historische und aktuelle Kontexte geliefert bekam, möglichst von führenden Experten. Politisierung hieß in diesem Falle, Akteure *(agency)* sichtbar zu machen, möglicherweise direkt anzusprechen, um Anregungen sowohl für den interkulturellen Austausch über dem Atlantik als auch den interkulturellen Diskurs in den USA zu liefern.

Mit dieser Ausrichtung zielte das AICGS in eine andere Richtung als das auf Medien konzentrierte Goethe-Institut und mobilisierte ein gemischteres Publikum als das German Historical Institute, das sich auf dem Gebiet wissenschaftlicher Kooperation deutscher und amerikanischer Historiker eine zentrale Stellung erarbeitet hatte. Offenbar eher als Anreger denn als Konkurrent empfunden, füllte das Humanities Program zwischen 1995 und 2003, so gut es ging, einen Freiraum deutschlandorientierten Interesses aus (oder stellte ihn, wie mir langsam aufging, öfters erst her). Wahrscheinlich verstärkte die Tatsache, dass Washington in den neunziger Jahren selbst Schauplatz rauher Kulturkämpfe darstellte, die Bereitschaft, die vom Fall der Mauer ausgelösten Beben in Europa und speziell Deutschland in kulturellen Kategorien wahrzunehmen. Das ebnete den Weg zu verschiedenen direkten Begegnungen und Kooperationen im Bereich der Kulturpolitik, insbesondere deren öffentlicher Verwaltung und Finanzierung.

All das erforderte eine gewisse Lehrzeit in Washington, sowohl was die organisatorische Arbeit als auch den Umgang mit Offiziellen anging. Bei Letzterem musste man die Fronten in den *cultural wars* bedenken, in denen seit Reagans Präsidentschaft Kulturförderung ebenso wie der an Universitäten betriebene Multikulturalismus zunehmend unter Beschuss standen. Die Diskussion über die *cultural wars* war auf den Tagungen der German Studies Association häufiges Thema. Wir hatten Allan Blooms heiß debattierte Streitschrift *The Closing of the American Mind* (1987) als Warnung davor gelesen, die Förderung progressiver Tendenzen in Forschung und Lehre als selbstverständliche Qualität der amerikanischen Universität zu verstehen. Mit dem Vordringen multikultureller Auffassungen mehrten sich die konservativen Attacken gegen die von Bloom beschworene Zersetzung des amerikanischen Geistes. Als Deutschprofessor fühlte man sich davon insofern seltsam betroffen, als Bloom das Verderben der Universität deutschen Emigranten und ihrem Mentor Friedrich Nietzsche in die

Schuhe schob. Merkwürdig diese Zuordnung solchen Einflusses zu einer Zeit, da man von deutscher Geistigkeit nicht allzu stark beeindruckt war.

Am meisten lernte ich zweifellos von Jack Janes. Zahllose Male hat er mir mit seinem inspirierten, immer praktisch und konstruktiv angelegten Temperament zu Lösungen verholfen, hat Beziehungen spielen lassen und vor allem das besondere politische Klima Washingtons zugänglich gemacht. Als ein Pendler, der jeden Monat mindestens einmal mit dem Zug von Philadelphia in diese Welt eintauchte, brauchte ich unbedingt einen solchen Meister freundschaftlich kritischer Kommunikation. Dazu traten Carl Lankowski, der Lily Gardner Feldman eine Zeit lang als Research Director ablöste, sowie andere Mitarbeiter wie Susanne Dieper, die die Infrastruktur dieses immer um Geldeinwerbung bemühten Instituts intakt hielten, die Stipendiaten betreuten und die Veranstaltungen professionell durchführten. Lily Gardner, die in diesen Jahren ihr beeindruckendes Projekt über die deutschen Versöhnungsbemühungen mit Israel, Frankreich und Polen entwickelte, machte vor, wie man eine Tagung, Sitzung, Diskussionsrunde mit knapper, präziser Gesprächsführung in die Verpflichtung nimmt; Jack Janes zeigte exemplarisch, wie man eine Zuhörerschaft, mochte sie auch noch so groß und unübersichtlich sein, mit Witz und Temperament zur Mitarbeit bringt. Nicht vergessen möchte ich William (Bill) Gilcher, den Medienexperten des Goethe-Instituts, der mir, nicht zuletzt mit seiner Erfahrung aus dem White House, über die dschungelhafte Verbands- und Institutsarbeit in Washington Aufschluss verschaffte.

Die Sitzungen des AICGS Board in New York und Washington, auf denen man möglichst knapp und mit Witz Bericht erstatten und auf Querschläge gefasst sein musste, wurden vom *corporate thinking* durchweht. Es ging dabei um einen Haushalt von zwei bis drei Millionen Dollar, zu denen die Boardmitglieder aktiv beitrugen. Die Leitung hatte Harry Gray, ein bejahrter, an der Kulturarbeit »seines« Programms gemessen interessierter Steuermann, dessen jahrzehntelange Leitung eines riesigen Industrieunternehmens sich in der Gelassenheit seines Führungsstils niederschlug. Sein Co-Chair war Steven Muller, der als Präsident der Johns Hopkins University in dieser Runde der Corporate Elite die allseitigen Verflechtungen mit privaten Spitzenuniversitäten demonstrierte.

Boardsitzungen fanden verschiedene Male in der Citicorp-Verwaltung in New York statt. Die Herren in dunklen Anzügen wurden von Harry Gray bei Laune gehalten. Das Wichtigste war, im rechten Moment zu Wort zu kommen, und wenn man es hatte, es ohne Zögern weiterzugeben.

Einen absolut untypischen, jedoch bewegenden Moment erlebte ich am Ende einer Sitzung in New York mit, als man Muller an seinem Geburtstag feierte und mit drei Filmausschnitten aus Hollywood überraschte. Jack Janes hatte diese tief in der Versenkung verschwundenen Szenen ausgegraben, in denen Muller nach seiner Flucht aus Hamburg zwischen 1942 und 1944 in Hollywoodfilmen als blonder deutscher Junge aufgetreten war und seine Familie finanziell unterstützen konnte. Delikate Rollen für einen jungen Juden, der in einem Film als deutscher Junge zu Besuch in England die Herausforderung des Hausherrn mit einem heftigen Glaubensbekenntnis an das nationalsozialistische Deutschland zu beantworten hat. In dem wohl berühmtesten Antinazifilm Hollywoods, Fred Zinnemanns *Das siebte Kreuz,* nach Anna Seghers großem Roman, wirkte Muller mit, spielte den Jungen, dem der Held und KZ-Flüchtling Georg Heisler die Windjacke stielt. Dieser Junge, ganz im Nazigeist erzogen, macht eine Ernüchterung durch, als er nach anfänglichem Rachegefühl im Verhör mit der Gestapo aufgefordert wird, die Jacke als sein Eigentum zu benennen. Damit würde er den Täter aufdecken. Er entscheidet sich dagegen und lässt davon ab.

Im soundsovielten Stockwerk des Citicorp-Wolkenkratzers an der Park Avenue blitzte im abgedunkelten Raum ein bewegender Geschichtsmoment auf, der so gar nichts mit der Runde der Geschäftsleute zu tun hatte. Er wurde mit Lächeln hingenommen, ließ jedoch das Herz stocken.

Deutsch-amerikanische Interaktionen in der Kulturpolitik

D as geschah 1997. Bis dahin hatte eine Vielzahl von Workshops, Vorträgen, Stipendien dem Humanities Program bereits ein beträchtliches Publikum in Washington verschafft. Es rekrutierte sich aus deutschen und amerikanischen Thinktanks wie der Friedrich-Ebert-Stiftung und der Brookings Institution, aus Universitäten, darunter Georgetown, American University, George Washington University, University of Maryland, Johns Hopkins, Howard University, hin und wieder Penn, ebenso wie aus diplomatischen Vertretungen und an deutschen Dingen interessierten Gästen. Die Vorbereitung der Veranstaltungen hatte mich tief in die immer flüchtige, immer auf die nächste Gelegenheit der Selbstdarstellung bezogene Mentalität dieser Stadt eingeführt, dieses Konglomerat an politischer Schnelllebigkeit und Vergesslichkeit, aus dem ich für das AICGS ein wenig Aufmerksamkeit für Kooperation herauszuschneiden versuchte.

Remember, lautete der immer gültige Ratschlag, *in Washington the attention span lasts about eight minutes.* Bei den zumeist schwer erhältlichen Terminen mit den Ansprechpartnern muss man das Anliegen in wenigen Minuten abspulen, um dann noch ein paar Minuten zur Klärung übrig zu haben. Es klappte oder es klappte nicht. Und selbst wenn ich die Verpflichtungen in der Hand hatte, konnte ich darauf zählen, dass, je höher Rang oder Bekanntschaftsgrad des Betreffenden war, desto höher die Wahrscheinlichkeit stieg, dass ich zuletzt mit einer Absage zurechtkommen musste. Es war durchaus möglich, durch Empfehlungen bekannte Sprecher zu bekommen, wenn die Veranstaltung andere Prominenz oder interessante deutsche Gäste umfasste. Aber dann tickerte ein Fax mit der Absage herein und die Planung musste von neuem beginnen.

Hatte das alles seinen Wert über die übliche Betriebsamkeit von Thinktanks in Washington hinaus? Das Gegenargument lautete: Ein auf Deutschland ausgerichtetes Institut sollte daran interessiert sein, die Klischees über die selbstabsorbierten Deutschen zu korrigieren, die zwischen Fremdenhass in Rostock und Holocaustdenkmal-Debatte in Berlin für Ausländer ziemlich mysteriös blieben. Zum Glück hatten wir im Programmentwurf für das Humanities Program einige Projekte zur Kulturpolitik vorgesehen, die vor allem bei Praktikern Interesse wecken konnten. Das geschah in überraschend politischer Weise mit dem Vorhaben, amerikanische und deutsche Experten über die Möglichkeiten diskutieren zu lassen, in den unterschiedlichen Praktiken der Kulturförderung *(Arts Sponsoring)* Wege zu gegenseitiger Anregung und Kooperation zu finden. Bei vier Workshops in Washington und Leipzig kamen 1995-97 solche Anregungen in der Tat zustande.

Zwar war jedem mit der Materie Vertrauten bekannt, dass Deutschland mit seinem ausgedehnten Netz öffentlicher Kunstförderung einen Riesenvorteil über die USA besitzt, wo nur das National Endowment for the Arts, das National Endowment for the Humanities und der Museumsverband mit ihren vergleichsweise kleinen Budgets die Kulturförderung des Bundes repräsentieren. Jedoch füllte sich Mitte der neunziger Jahre das Bild mit mehreren komplizierenden Faktoren. In den USA ballte sich mit der Übernahme des Repräsentantenhauses durch die Republikaner unter Anführung von Newt Gingrich 1994 eine Attacke der Rechten gegen alle Unterstützung der Kunst vonseiten des Staates zusammen, und man prophezeite dem National Endowment for the Arts (NEA) für 1996 und dem National Endowment for the Humanities (NEH) für 1997 das Aus. Damit wäre alle Kunst- und Wissenschaftsförderung endgültig privaten Spendern und regionalen Organisationen überlassen worden. Zur gleichen Zeit mehrten sich in Deutschland Stimmen, die nach der Aufbruchsphase aufgrund wachsender Budgetengpässe die staatliche Kunstförderung beschneiden und zunehmend privaten Spendern anheimstellen wollten.

Deutsche und amerikanische Kulturverantwortliche sollten sich, so mein Plan, dafür interessieren lassen, von den Erfahrungen und Lösungen des anderen unter dem Stichwort *public-private sponsorship in a new light* zu lernen. Das bedeutete für deutsche Offizielle, amerikanische Modelle gemischter Förderung kennenzulernen, und für amerikanische Offizielle, Unterstützung bei der Verteidigung von Kunst und Kultur auf Kosten der Steuerzahler zu erhalten. Tatsächlich hatte ich damit einiges Glück. Für die deutsche Seite bedeutete die Reise nach Washington nach wie vor eine gewisse Prestigesache, für amerikanische Verantwortliche ergaben sich aus diesen Fachdiskussionen mit Ausländern zumindest das Gefühl, aus dem Washingtoner Mief die Nase herauszustecken.

Bezeichnenderweise gewann der erste Workshop, der die großen Linien ziehen sollte, seine Dynamik weniger aus der Thematik jeweiliger Kulturpolitik als aus der Balance zwischen Funktion und Bedeutung der Sprecher. Die ich durch Absagen von Stanley Katz, dem bekannten Vorsitzenden des American Council of Learned Societies (ACLS), und dem Congressman Steven Gunderson, dem Präsidenten des Council on Foundations, in letzter Minute ausbügeln musste. Freimut Duve, dem brillanten SPD-Kultursprecher, konnte ich immerhin einen prominenten Konservativen vom American Enterprise Institute, John Fonte, gegenüberstellen, und die deutschen Gäste, Dieter Benecke von Inter Nationes und Günter Coenen vom Goethe-Institut, fanden entsprechende Gesprächspartner im Director der American Association of Museums, Edward Able, und dem Deputy Director des President's Committee on the Arts and Humanities, Malcolm Richardson.

Vom Erfolg solcher Paarungen hing der intellektuelle, bisweilen auch politische Ertrag dieser internationalen Workshops ab. Das gelang besser im zweiten Workshop über auswärtige Kulturpolitik. Dort kam es zu einem enthüllenden Gespräch zwischen dem Kulturverantwortlichen im Bonner Auswärtigen Amt, Hagen Graf Lambsdorff, und dem Director der (abschussverdächtigen) United States Information Agency, Joseph Duffey, über die jeweiligen kulturpolitischen Strategien nach dem Ende des Kalten Krieges in Osteuropa. Die Runde von etwa 25 Teilnehmern hörte Stellungnahmen von den abgebrühten Washingtoner Insidern Walter Raymond und Henry Butterfield Ryan über die amerikanische Kulturpolitik, die in osteuropäischen Ländern viele Chancen für Demokratisierungsprogramme gehabt habe und aus Geldmangel verspiele. Zuversichtlicher klang, was Stephan Nobbe vom Goethe-Institut über die intensiv auf Sprache und Kultur orientierte Arbeit der Deutschen und Ann Philipps über die erstaunliche Wirksamkeit der deutschen politischen Stiftungen in diesen Ländern vorbrachten.

Am hellsten zündete der dritte Workshop im September 1995, auf dem Repräsentanten zentraler amerikanischer und deutscher Organisationen neue Wege zur teils öffentlichen, teils privaten Förderung lokaler und regionaler Kultur debattierten. Hier begegneten sich zwei brillante Kulturpolitikerinnen, die Kölner Kulturdezernentin Kathinka Dittrich van Weringh, die Gründungsdirektorin des Moskauer Goethe-Instituts, und die Vorsitzende des President's Committee on the Arts and the Humanities, Ellen McCulloch-Lovell. Die beiden machten im Austausch praktischer Erfahrungen mit gemischt finanzierten Projekten einiges an gemeinsamem Terrain sichtbar, was Jürgen Uwe Ohlau von der ähnlich finanzierten Kulturstiftung Sachsen aufgriff und angesichts der unterschiedlichen Steuergesetzgebung zur Debatte stellte. Ich belasse es bei der zweimaligen Erwähnung des Presidential Committee, das mit seinen Repräsentanten McCulloch-Lovell und Richardson tatsächlich einen Lichtblick in der sich verdüsternden kulturpolitischen Szene Washingtons darstellte – ein allerdings weitgehend symbolischer Lichtblick, mit dem Bill Clinton seine Präsidentschaft nicht im Banausentum von Newt Gingrichs Kulturkrieg einsinken lassen wollte.

Der Kulturkrieg wurde im Jahr 1995 tatsächlich zu einem Politikum. Phyllis Franklin, die vielerfahrene Geschäftsführerin der Modern Language Association, konnte auf meine Mitarbeit in der Lobbyarbeit zählen, da ich ohnehin in Washington zu denen gehörte, die international arbeiteten und damit für den Einsatz zugunsten öffentlich geförderter Kultur prädisponiert waren. Ich sprach mich mit gleichgesinnten Kollegen in der National Humanities Alliance ab, agitierte in den langen Korridoren des Cannon House (Congress) Building am Capitol bei den republikanischen Vertretern von Pennsylvania und erlebte mehrmals, vom *staff* der Abgeordneten abgeschmettert zu werden. Das Abgeschmettert-Werden gehört zum Geschäft, und man lernt einfach, ziemlich unangenehm zu werden, wenn man als Wähler nicht einmal angehört wird. Trost erwuchs immerhin einmal, als wir zu John Murtha vordringen konnten, einem einflussreichen Abgeordneten von Pennsylvania, der sich in seinem fahnengeschmückten engen Büro das Plädoyer über NEA und NEH wohlwollend anhörte. Allerdings ein Haken auch hier: Murtha war Demokrat und ohnehin auf unserer Seite.

Ich hatte zum Kampf für die Aufrechterhaltung des NEA einen weiteren, allerdings noch weniger wirksamen Zugang. Durch Birgit, meine ehemalige Ehefrau, die als Choreographin in New York mit Künstlern zusammenarbeitete und mit dem Komponisten Philip Glass eine größere Choreographie vorbereitete, hatte ich Jane Alexander kennengelernt, die als Schauspielerin durch Theater und Film gleichermaßen berühmt geworden war. Jane Alexander ließ sich vom Gegenwind gegen die staatliche Förderung nicht davon abschrecken, 1993–97 den Vorsitz des National Endowments for the Arts zu führen und diese unersetzliche Förderinstitution der Künste durch Reisen in alle Teile der USA zu retten. Das Hauptargument war, dass Kunst eine Investition darstellt, die den Kommunen oftmals mehr Einkünfte beschert als Sportveranstaltungen.

Von Jane Alexander, die eine elegante Würde ausstrahlte, lernte ich nach einem ihrer großen Auftritte in Washington einiges über die einzuschlagende Taktik. Sie verwies darauf, dass sie im besten Falle nur mit ihrem persönlichen Einsatz etwas bewirken könne. Von den rüden Angriffen der Gingrich-Leute lasse sie sich nicht aus der Bahn werfen. Jedoch stehe hinter ihr kein mächtiger Apparat. Damit repräsentierte sie den Gegentypus zu Lynne Cheney, der Ehefrau des späteren Vizepräsidenten und Galionsfigur der Rechten, die lange die Schwesterstiftung NEH in konservativem Geist geführt hatte, nach der Übergabe des Amtes an Sheldon Hackney, den liberalen ehemaligen Penn-Präsidenten, jedoch schroff umgeschwenkt und auf die Seite derer getreten war, die beide Endowments als liberale Bedrohung der Vereinigten Staaten abschaffen wollten. 1997 verurteilte das Repräsentantenhaus das NEA mit einer Stimme Mehrheit in der Tat zum Tode. Es sah wie das Ende aus. In letzter Minute kam im Senat eine Ehrenrettung zustande. Den Senatoren machte es die elegante Dame aus New York, die jeder aus Filmen kannte, schwer. Sie stimmten für die Beibehaltung, wenn auch Reduzierung des NEA-Budgets.

Zurück zum Lichtblick, in diesem Falle dem von Ellen McCullogh und Malcolm Richardson vertretenen President's Committee for the Arts and the Humanities, das zwischen offizieller Unterstützung und privater Förderung vermittelte. Es verband praktische Koordinierungsarbeit über NEA und NEH hinaus mit Repräsentation und war für unkonventionelle Vorschläge zugänglich. Ein solcher Vorschlag betraf eine größere Konferenz über das Thema öffentlich-privater Kunstförderung, auf der man amerikanische Kulturpolitiker mit Vertretern deutscher Stiftungen zusammenbringen könnte. Jack Janes war sofort Feuer und Flamme. Der Schlüssel lag bei Jürgen Uwe Ohlau, dem unternehmungslustigen ehemaligen Leiter des New Yorker Goethe-Instituts, der nach der Vereinigung nach Dresden gegangen war, um mit Förderung des Ministerpräsidenten Kurt Biedenkopf die Kulturstiftung des Freistaates Sachsen aufzubauen. Ohlaus Gründung dieser Stiftung entsprang genau dem Bedürfnis, private Kulturfinanzierung in die öffentliche Struktur einzubauen und bot damit ein Beispiel dafür, dass so etwas auch in Deutschland gemacht werden konnte.

Ohlaus Organisationstalent und Beziehungen verdankten wir, dass am 6. Mai 1996 in in der Alten Nikolaischule in Leipzig die Tagung »New Forms of Arts Sponsorship in the United States and Germany« unter Beteiligung des Kulturkreises der deutschen Wirtschaft im Bundesverband der Deutschen Industrie, der Kulturstiftung Sachsen, des AICGS und der Stadt Leipzig stattfinden konnte. Die amerikanischen Sprecher waren neben James Allen Smith, dem Direktor der Howard Gilman Foundation in New York, Ellen McCulloch-Lovell und Malcolm Richardson. Ich trat als Moderator auf.

Zunächst erschien die Konferenz als ein Schaustück, eine Extravaganz. Sechs Jahre nachdem in Leipzig die Insignien der DDR weggekratzt worden waren, diskutierten etwa sechzig vorwiegend dunkelgekleidete Personen, zumeist männlich, in nicht immer gutem Englisch darüber, wie man Kunst und Kultur nach dem Abstieg der öffentlichen Förderung mithilfe privaten Sponsorings unterstützen könne. Nicht wenige Teilnehmer – ich gehörte zu ihnen – mussten in den ersten Minuten zweimal schlucken, um das Außergewöhnliche, fast Groteske dieses Unternehmens in einer Gegend zu verdauen, in der bis vor kurzem nicht privates Sponsoring, sondern volle staatliche Finanzierung der Kunst geherrscht hatte. Für die Begrüßung stellte mir die Routine genügend gute Laune bereit, um über das zweimalige Schlucken hinwegzukommen. Ich hatte das unumgängliche Bekenntnis, aus der Gegend unweit von Leipzig zu stammen, bereits am Vorabend in der Dinnerrunde der Konferenzsprecher zum Besten gegeben. Dabei war ich von den Elogen beinahe errötet, mit denen Ellen McCulloch, eine Presbyterianerin, ihren Besuch des »wunderbar musikalischen« Sonntagsgottesdienstes in der Thomaskirche auf mein sächsisches Konto schrieb.

Die elegante Amerikanerin machte, Jane Alexander vergleichbar, auf die Herren in dunklen Anzügen, die namhafte Stiftungen vertraten und von Industrieboss und Backpulverkönig Arend Oetker angeführt wurden, beträchtlichen Eindruck. Ellen McCulloch musste sie nicht umstimmen, stimmte sie jedoch für die besondere Art ein, mit der sich Kunstförderung in den USA in diesen Jahren, zumal an der Ostküste, immer noch in nicht geringem Maße aus der Repräsentation von Geschmack, Status und Kultiviertheit nährte. Das stand nicht im Widerspruch zu der sachlichen Art, mit der sie dem Publikum die Modalitäten der neuen *public-private ventures* vorrechnete. Sie gab ihren Neid auf die staatliche Unterstützung im Gastland ohne Zögern zu, ließ jedoch erkennen, dass sie zusammen mit Richardson und Smith durchaus einiges zu bieten habe, das dann am Nachmittag von Bernd Meyer, dem Kulturdezernenten des Deutschen Städtetages, Ulrich Unger von der Ruhrgas AG und Roland Kaehlbrandt von der Bertelsmann Stiftung kritische Erwiderung fand.

Dieses Unternehmen, das sich an die Workshops mit deutschen Teilnehmern in Washington anschloss, blieb wohl eine Extravaganz, ging aber ins Blaubuch des Kulturkreises der deutschen Wirtschaft im BDI als paradigmatisch ein und wurde vom Aktionskreis mehrfach zitiert. Im Rückblick gehört es zu jener Aufbruchsgesinnung der neunziger Jahre, bei der sich Deutsche, vom Verdauungsprozess der Wiedervereinigung niedergedrückt, von Ausländern motivieren ließen, einen neuen Ansatz im Umgang mit öffentlicher Kultur ernsthaft ins Auge zu fassen. Kurz darauf formalisierte die neue Bundesregierung unter Gerhard Schröder die gewandelte Gesinnung mit der Schaffung des Kulturstaatsministeramtes.

Während politische Beobachter in Washington das Engagement der Deutschen an Mittel- und Osteuropa als deren Domäne kommentierten, machten sie aus dem Stillstand der deutsch-amerikanischen politischen Beziehungen kein Hehl. Das erlebte ich wenige Wochen später bei einem Mittagessen, bei dem sich die Deutschlandexperten des State Departments mit dem Board des AICGS im festlichen Rahmen der Amtsräume mit weitem Ausblick auf den Potomac und das Jefferson Memorial zum Gespräch trafen. Was das deutsch-amerikanische Verhältnis und seine Entwicklung seit dem Kalten Krieg betreffe, gab Under Secretary Peter Tarnoff sarkastisch zum Besten, habe das State Department eigentlich nur noch eine Rede, und die werde immer wieder gehalten. Die Deutschen, fügte er hinzu, hätten inzwischen wohl eine Art Nostalgie für den Kalten Krieg entwickelt, weil da so viele Kontakte und Richtlinien zwischen den beiden Ländern existierten, die nun wegfielen und mühsam neu gesucht werden müssten. Die Arbeit des AICGS sei natürlich in dieser Situation äußerst hilfreich.

Meine Folgerung, dass Kulturarbeit angesichts dieser konzeptionellen Ebbe tatsächlich gewisse Berechtigung besaß, stieß bei den Tischnachbarn auf Widerhall. In dieser unentschiedenen Situation ließe sich mit *cultural diplomacy* zwischen Ländern durchaus etwas ausrichten, bestätigten zwei professionelle Deutschlandbeobachter des Amtes, Bowman Miller und Daniel Hamilton. Miller untermauerte dieses Mitdenken unter Hinweis auf seine Vorlieben. Zum Nachtisch präsentierte er mir als Germanisten zunächst seine Kenntnis über Grass und Böll, gestand mir dann seine wirkliche Liebe ein: sein einstiges Studienthema, der mittelalterliche Minnesang, insbesondere Walter von der Vogelweides säkulare Minnelieder! Ein denkwürdiges Mitbringsel vom »Foggy Bottom«, wie das State Department nach seiner Lage am Potomac und der dazugehörigen U-Bahn-Station oft genannt wird.

Intellektuelle Fixpunkte der neunziger Jahre

Wenn man sich auf eine solche ziemlich hochprofilierte Aufgabe einlässt, ist erfahrungsgemäß der Schwung, einige Anfangsschnitzer eingerechnet, in den ersten Jahren am stärksten. Acht Jahre sind da eigentlich fürs Durchhalten

17 Sprecher auf dem AICGS Workshop »The Cultural Legitimacy of the Federal Republic« in Washington 1998 (von links, Trommler, Barthold Witte, Andreas Johannes Wiesand, Charles Maier, Jeffrey Herf) (© AICGS).

viel zu lang. Allerdings bedarf es zur Etablierung einer institutionell glaubwürdigen Operation einiger Jahre, in denen sich der Wirkungskreis auf bisweilen unerwartete Weise vergrößert. So geschah es bei der Zusammenarbeit mit dem Deutschen Akademischen Austauschdienst (DAAD), die schon bei der Ausweitung der Germanistik zu German Studies Früchte zeitigte. Darüber später mehr.

Mit dem Thema Kunstsponsoring in den USA und Deutschland konnten wir zwischen 1995 und 1997 tatsächlich ein wenig zur Auseinandersetzung über die Wandlungen öffentlicher Kulturpolitik beitragen. Das gleichzeitig angeregte Projekt »The Dismantling and Restructuring of East German Cultural Institutions« war länger gestreckt und schlug sich in Workshopdebatten und ihren Publikationen nieder, für die wir jeweils auch Experten aus der ehemaligen DDR einluden. In diesem Programm wirkte das vor 1989 etablierte Interesse des AICGS am anderen deutschen Staat nach. Daraus ergab sich die einmalige Gelegenheit, mit fünf Veröffentlichungen in der Reihe des Humanities Program ein gewisses Gesamtprofil sichtbar zu machen. insofern Literatur, Musik, Kunst und Film der ehemaligen DDR eigens thematisiert wurden. 2002 organisierte die Cornell-Professorin Leslie Adelson einen abschließenden Workshop unter dem Titel *The Cultural After-Life of East Germany: New Transnational Perspectives.*

Einen weniger akademischen Abschluss aus der Sicht einer Berliner Schriftstellerin, die sowohl im Ost- wie im Westteil der Stadt gelebt und darüber ein erfolgreiches Buch unter dem Titel *Mauerblume* veröffentlich hatte, veranstalteten wir 2001 mit dem Besuch von Rita Kuczynski als *writer-in-residence*. Gleichermaßen kritisch gegenüber den Überlegenheitsgefühlen der Westdeutschen und der nachträglichen Konstruktion einer Ostidentität sorgte die engagierte Autorin in Washington ebenso wie an Penn und Cornell für kontroverse Diskussionen, mit denen Amerikaner und Amerikanerinnen einen Einstieg in die peinvollen Empfindlichkeiten zwischen Ost- und Westdeutschen fanden.

Als Schlüssel zum politischen Verständnis wahrgenommen, zog das Thema Ostdeutschland in Washington Interesse an. Gleich zur Eröffnung sorgten der Medienforscher und AICGS Fellow Andreas Graf mit den Referenten dafür, dass das Thema Abwicklung der DDR-Kultur als gravierender Teil interner deutscher Kulturpolitik in kritische Beleuchtung rückte. Der Workshop stellte die brutale Übernahme der DDR-Presse durch westdeutsche Medienkonzerne ins Zentrum. Unterstützt von der erfahrenen DDR-Expertin Joyce Mushaben, die bereits in den achtziger Jahren für das Institut DDR-Forschung betrieben hatte, förderte das AICGS auch in der Abwicklungsphase eine von westdeutschen Diskussionen unabhängige Einschätzung der Entwicklungen innerhalb der vielbeschworenen Berliner Republik.

Mir kam es darauf an, den Diskurs über die DDR-Kultur nicht nur über die etablierte Schiene der Literatur laufen zu lassen. Dass auch dies mit neuen Gesichtspunkten geschehen konnte, garantierte Jost Hermands Kollege aus Wisconsin, Marc Silberman. Auf seinem Workshop trat David Bathrick auf, Professor an Cornell, Mitarbeiter des Berliner Ensembles und Freund Heiner Müllers, und setzte die heikle Diskussion darüber in Gang, ob es eine sozialistische Öffentlichkeit gegeben habe. Nicht weniger heikel war die Diskussion über das von Christa Wolf geprägte und dann gegen sie gewendete Wort »Was bleibt?«. Silberman stellte die kritische Bestandsaufnahme unter dieses Motto. Es signalisierte sowohl Skepsis angesichts der Überlebenschancen der künstlerischen Leistungen in dieser Republik als auch die leise Hoffnung, dass sich damit mehr als das einseitig westdeutsch ausgerichtete Narrativ der Nachkriegsentwicklungen erhielte.

Auf den beiden Workshops über Kunst und Musik vermittelte Jost Hermand dem Publikum ein Gefühl für den enormen kulturpolitischem Ehrgeiz in den Gründerjahren der DDR. Die Tagung über Kunst bereitete angesichts des Mangels an amerikanischen Fachleuten besondere Schwierigkeiten. Nur dank ihrer weitreichenden Verbindungen gelang es der immer rührigen und wohlinformierten Historikerin Marion Deshmukh, mit der Einladung der Berliner Experten Matthias Flügge und Eckhard Gillen eine bemerkenswerte Bestandsaufnahme der DDR-Malerei zu veranstalten. Weniger logistische Probleme bereitete der Film, bei dem Barton Byg mit der von ihm an der University of Massachusetts-Amherst etablierten DEFA Film Library auf ein breites Netzwerk zurückgreifen konnte. Am kurzweiligsten verlief die Diskussion über Musik. Auch hierzu luden wir zwei Experten aus der DDR ein. Beide bestätigten die vom Organisator Edward Larkey entwickelten Thesen über die Bedeutung der Popularmusik und die Wirksamkeit der Westeinflüsse auf die Verunsicherung des Systems. Damit kamen wir in den Genuss, den berühmtesten Jazztrommler der DDR, Günter »Baby« Sommer, sprechen und spielen zu hören. Mehr noch, ich kam persönlich in den Genuss, bei der Begrüßung am Abend zuvor in der Hotelhalle von dem temperamentvollen Sommer mit den Worten angesprochen zu werden: »Hallo, Sie sind also der Herr Trommler! Ihren Namen wollte ich immer haben!« Was mir dann auch die Tonbänder der Tourneen bescherte, auf denen er Günter Grass, den Blechtrommler, und Christa Wolf mit seiner expressiven Trommelei begleitete.

Einige der Workshops basierten auf der Arbeit der Fellows, die am AICGS ihren Forschungsprojekten nachgingen und ihrer Spezialität entsprachen, mit anderen versuchte ich Themen zu erschließen, die in Washington allgemeiner Beachtung wert waren. Zum Ersteren gehörte der Workshop, der fünfzig Jahre nach dem Ende des Zweiten Weltkrieges der Legende vom kulturellen Nullpunkt 1945 nachging, von Stephen Brockmann mit jüngeren Germanisten 1995 einen erfolgreichen Auftakt gab und den Ton für wissenschaftlich engagierte, dennoch gelockerte Debatte setzte. Zum Letzteren zählte ein Workshop 1998, in dem die kulturpolitische Diskussion über die deutschen und amerikanischen Strategien in Osteuropa nach Ende des Kalten Krieges neue Beleuchtung fand. Auf die offiziellen, wenig inspirierenden Präsentationen der deutschen und amerikanischen Kulturarbeit durch Helmut Hoffmann vom Auswärtigen Amt und Paul Smith von der United States Information Agency antworteten zwei brillante Vortragende. Der ungarische Amerikanist Tibor Frank rechnete mit den Versäumnissen der amerikanischen Kulturpolitik in Osteuropa ab (dem entsprach die skandalöse Politik, mit der Senator Jesse Helms die United States Information Agency im Jahr darauf auflösen und ins State Department überführen ließ). Die Juristin und Penn-, dann Princeton-Professorin Kim Lane Scheppele, die einige Zeit an der Central European University in Budapest unterrichtet hatte, setzte mit dem von George Soros überlieferten Rat an einen Journalisten ein: *Just write that the former Soviet Empire is now called the Soros Empire.* Scheppele verschaffte einen faszinierenden Einblick in die Demokratisierungsaktionen des ungarisch-amerikanischen Finanziers, die zu dieser Zeit tatsächlich noch großes Gewicht in Osteuropa besaßen.

Im fremden Blick auf die deutsche Kultur blieb häufig der von Deutschen als selbstverständlich gehandhabte Begriff vom Kulturstaat im Netz hängen. Darüber einen Workshop zu veranstalten, der auch den kritischen Stimmen aus den USA ein Podium bot, drängte sich mir geradezu auf. Es geschah im Frühjahr 1998 unter dem Titel *The Cultural Legitimacy of the Federal Republic: Assessing the German* Kulturstaat. Zwei deutsche Experten suchten das Konzept Kulturstaat hieb- und stichfest zu machen: Andreas Johannes Wiesand, der Leiter des Zentrums für Kulturforschung in Bonn, und Barthold Witte, der ehemalige Leiter der Kulturabteilung des Auswärtigen Amtes. Zwei Amerikaner klopften es auf seine Tragfähigkeit im Rahmen nationalen Kulturdenkens ab, Jeffrey Herf, Historiker an der Ohio University, im Hinblick auf seine Wirksamkeit für die Verarbeitung des Holocaust, Charles Maier, Historiker an Harvard, hinsichtlich seiner Aussagekraft über deutsche Kultur. Maier fand die Anstrengung der Deutschen bemerkenswert, ihre Kultur derart zentral zu stellen. Das sei wohl aus gewissen Mangelerscheinungen zu erklären, vornehmlich dem Mangel an einem *Empire*, ohne den Vorteil einer Frankophonie, ohne die Vorteile einer Weltsprache. Das Konzept der Kulturgesellschaft finde er als Amerikaner in jedem Falle überzeugender als das des Kulturstaates. Damit sollten sich die Deutschen weiter von Amerika abkoppeln. Was unter Schröder auch geschah, obgleich eher im Sinne des Kulturstaates.

Ausgefallener war das Vorhaben, eine Tagung über Schwarze in Deutschland zu veranstalten. Ich hatte bei einem Wiedersehen mit Leroy Hopkins, einem meiner ersten Studenten an Harvard, inzwischen wohlbestalltem Professor of German an der Millersville University in Pennsylvania, festgestellt, dass er für eine solche Tagung der geeignete Organisator sei. Hopkins, einer der ganz wenigen schwarzen Deutschprofessoren, war bestens in der schwarzen Diaspora in Deutschland und unter schwarzen Literaturforschern in den USA vernetzt. Jack Janes, zunächst von dem Vorhaben verblüfft, stimmte ihm begeistert zu, als er Hopkins, einem erfahrenen, witzigen Sprecher, beim Einleitungsreferat zuhörte und merkte, dass er hier tatsächlich der ersten Veranstaltung dieser Art mit deutschen und amerikanischen Sprechern beiwohnte. Nicht zufällig erfuhr ihre anschließende Veröffentlichung unter dem Titel »*Who Is A German? Historical and Modern Perspectives on Africans in Germany*« besonders starke Nachfrage unter den Bänden der Humanities Series, die die Workshopvorträge einer breiteren Öffentlichkeit zugänglich machten (und sich immer noch auf dem Web abrufen lassen).

Konnte es ein dankbareres Thema im Bereich deutsch-amerikanischer Beziehungen geben als Berlin? Die 1998 erfolgte Verlegung der Bundeshauptstadt von Bonn nach Berlin bot Anfang 1999 den geeigneten Anlass. Mit György Konrád, dem bekannten ungarischen Dissidenten und allseits gelobten Präsidenten der Berliner Akademie der Künste, kam Berlins Rolle für Mitteleuropa ins Visier, nicht nur die Stadt deutsch-amerikanischer Verbrüderung. Konrád, eine Art Teddybär, der auch im Deutschen und Englischen ungarisch sprach, gab dem kritischen Optimismus des Schriftstellers Raum, während der andere Gast aus Berlin, die Ausländerbeauftragte Barbara John, in ihrer nüchternen Bestandsaufnahme eher dämpfend wirkte. Auf diesem Workshop kam die ganze Tonleiter zwischen Skepsis und Berlineuphorie zum Klingen, immer auch, wie es Andreas Daum, einleuchtend vortrug, mit der Berufung auf die elektrisierende Worte Kennedys, »Ich bin ein Berliner.« Als Thomas L. Hughes, der ehemalige Präsident des Carnegie Endowment for Peace, Anrecht auf die richtige Aussprache der Worte anmeldete, fühlte sich Gerry Livingston, der in der fraglichen Zeit in Berlin gearbeitet hatte, berufen, die Fakten richtigzustellen. In gewohnt sarkastischer Art machte er darauf aufmerksam, dass für die Zahl der Personen, die behaupteten, Kennedy die richtige Aussprache des berühmten Satzes beigebracht zu haben, die Finger an einer Hand nicht ausreichten.

Andere können besser beurteilen, ob der Schwung später abnahm, die Veranstaltungen weniger inspirierten. Bis 2002 gelang es, einige der besten Germanisten, Historiker, Politologen und Praktiker mit und ohne Fellowships dazu verpflichten zu können, die aktuelle Diskussion eines zentralen Themas aufzubereiten und hochkarätige Gastsprecher auszuwählen, die den eintägigen Workshops, zumeist freitags, ein engagiertes, obgleich nicht immer zahlreiches Publikum zuführten. Ich habe Jeffrey Pecks innovative Tagung 1996 über das Verhältnis der Deutschen zu den türkischen und jüdischen Minderheiten erwähnt. Eindeutig auf das Gegenüber von deutschen und amerikanischen Perspektiven waren andere Workshops bezogen, *Whose Brain Drain? Immigrant Scholars and American Views of Germany,* für den Cornell-Professor Peter Uwe Hohendahl als Fellow im Jahr 2000 verantwortlich zeichnete, *Does Euroland Have A Culture? An American-European Exchange,* den der Europaspezialist Paul Michael Lützeler von der Washington University in St. Louis im selben Jahr über eine mögliche gemeinsame europäische Kultur organisierte, und *Feminist Movements in A Globalizing World: German and American Perspectives,* mit dem meine Penn-Kollegin Silke Roth zusammen mit Sara Lennox von der University of Massachusetts-Amherst 2001 die internationalen feministischen Netzwerke zur Diskussion stellte.

Mit Peter Uwe Hohendahl verband mich seit Anfang der siebziger Jahre freundschaftliche Konkurrenz. Sehr verschieden in unserem Zugang zu Literatur und Wissenschaft kamen wir uns in dem Entschluss nahe, im Fach übergreifende intellektuelle und organisatorische Verpflichtungen zu übernehmen und seine US-Geschichte transparent zu machen. Im erwähnten Institut for German Cultural Studies hatte Hohendahl einen weithin sichtbaren Turm intellektuellen Avantgardismus aufgebaut, nicht eigentlich einen Aussichtsturm für Interessierte, die das germanistische Terrain erkunden wollen, vielmehr einen Leuchtturm für diejenigen, die im Meer der Theorien kreuzen und eine Anlegestelle suchen. Ein Glücksfall für die amerikanische Germanistik, deren Durchschlagskraft in der *academy* sehr begrenzt ist, hiermit jedoch in Theorie – am eifrigsten in der Nachfolge von Adorno und der Frankfurter Schule – etwas Substantielles bietet. Nicht von ungefähr gehörte Hohendahl zum Redaktionskreis der intellektuell gewichtigsten Zeitschrift *New German Critique*, ebenfalls einem Glücksfall, insofern die Gründer Jack Zipes, Anson Rabinbach und David Bathrick zusammen mit Andreas Huyssen bis ins hohe Alter Ansprechpartner für ein, zwei Generationen von Nachwuchswissenschaftlern geblieben sind und eine progressive, obgleich für mich zu eng an die Kritische Theorie angelehnte theoretische Ausrichtung garantiert haben.

Hohendahl, den wir für einige Monate als *scholar-in-residence* zu Gast hatten, trug auch zu zwei Veranstaltungen bei, die im Jahr 2000 wohl am treffendsten einen Moment poetischer Besinnung zwischen zwei Jahrtausenden durch einen dafür berufenen Sprecher beschworen. Durs Grünbein, der bekannteste deutsche Lyriker der jüngeren Generation, aus Dresden gebürtig, von Heiner Müller entdeckt, als Vertreter der »Nach-Wende-Deutschen« (nicht nur der Ostdeutschen) mit Preisen ausgezeichnet, kam sowohl bei seiner Lesung aus Gedichten als auch bei einer Podiumsdiskussion *(»Poetic Lessons at the Turn of the Millenium«)* in Washington gut an. Das lag daran, dass Grünbein in seinen – nicht leichten – Gedichten und Essays die Ost-West-Spannungen erkennen ließ, Amerika reflektierte und mit den Assoziationen antiken Bildungsgutes das im Jahr 2000 besonders aktivierte Gefühl für die historische Dimension des Zeitgeistes herausforderte. In der Fülle der Anspielungen ging nicht verloren, dass er mit dem Titel des Gedichtbands *Nach den Satiren* (des Juvenal und anderer römischer Dichter) die Gegenwart nicht unter dem Zeichen des Aufbruchs, sondern des Nachlebens beschwor.

15. Transatlantische Prestigeunternehmungen und zwei Pleiten

Der Glanz der hellen Jahre

Das Jahrzehnt der *cultural wars* war auch das Jahrzehnt kultureller Investitionen, speziell von deutscher Seite. Repräsentation zählte, und da stellte Washington für die offiziell vereinigten Deutschen einen wichtigen Schauplatz dar. Beim Ausbau deutsch-amerikanischer wissenschaftlicher Projekte schielte man auf deutscher Seite auf die amerikanisch-britischen und -französischen Vernetzungen. Das Bilaterale überwog, bei dem sich die einzelnen Länder ins Licht rückten. Dem entsprach, dass das AICGS-Board die Vorschläge, die Zuständigkeit des Instituts auf Europa zu erweitern, nach eingehenden Diskussionen ablehnte. Bei der Finanzierung erweist sich die nationale und firmenspezifische Ausrichtung als ausschlaggebend. Deutsche und amerikanische Sponsoren agieren in dem eingefahrenen Rahmen der Gegenseitigkeit.

Die Europäische Union entwickelte nach dem Vertrag von Maastricht 1992 ein eigenes wissenschaftlich-kulturelles Förderprogramm, das sich eindeutig auf die Propagierung der Union spezialisierte und an verschiedenen amerikanischen Universitäten Studienzentren initiierte. An Penn war das Interesse an Forschung über das politische Europa, wie ich mit Bedauern erfuhr, recht begrenzt. Mein gemeinsam mit dem Politologen Henry Teune unternommener Vorstoß, ein Undergraduate-Programm in European Studies einzurichten, fand bei mehreren Departments beträchtlichen Widerhall, gelangte beim Zögern der Dekane jedoch kaum über eine sekundäre Existenz hinaus.

Prestige: Das hatten sich Amerikaner vor hundert Jahren an deutschen Universitäten beschafft, zumeist in Medizin und den Naturwissenschaften; jetzt besorgten es sich Deutsche an amerikanischen Universitäten, ebenfalls zumeist in Medizin und den Naturwissenschaften. New York und Washington, Harvard und Berkeley stellen nicht nur Standorte dar, verschaffen vielmehr Status auch in Europa. Beim Entwickeln seiner Projekte konnte das AICGS auf das ungebrochene Prestigedenken amerikanischer Hochschulen setzen. Ihm war die Unterstützung des aktivsten deutschen Akteurs in der internationalen Wissenschaftsförderung, des Deutschen Akademischen Austauschdienstes, gewiss.

Bei seiner in den neunziger Jahren intensivierten US-Strategie setzte der DAAD auf Partnerschaften. Im Falle der Kooperation mit dem AICGS fiel verständlicherweise dessen Mitfinanzierung weg. Mit seinem amerikanischen Profil handelte das Institut eher als Mittler, stellte Anträge für Projektfinanzierung, wählte Fellows aus, während es für größere wissenschaftliche Projekte bei Volkswagen, Thyssen, Bosch, dem German Marshall Fund sowie anderen amerikanischen Stiftungen erfolgreich Summen einwarb.

Um das Prestige der German Studies bemüht, ermöglichte der DAAD einen alljährlich mit 5000 Dollar versehenen Preis, den das Institut ausschrieb und im Dreijahresturnus für Political Science, Economics und Humanities organisierte. Als Humanities Chair fiel mir die Aufgabe zu, mit einem Komitee die besten Kandidaten für den *DAAD Prize für Distinguished Scholarship in German Studies* in den Humanities auszuwählen. Angesichts höchst eindrucksvoller Nominierungen aus allen Teilen des Landes bot der Preis Gelegenheit, mit der Auswahl und repräsentativen Verleihung jüngeren *(»mid-career«)* Wissenschaftlern eine gewisse Prominenz zu verschaffen und mit der Auszeichnung wiederum die für die German Studies repräsentative akademische Profilierung herauszustellen. 1996 hatte Leslie Adelson von Cornell als erste Preisträgerin in den Humanities die Ehre, bei einem Festessen in New York von Bundespräsident Richard von Weizsäcker den Preis überreicht zu bekommen. Die junge Wissenschaftlerin mit bahnbrechenden Arbeiten über die Literatur der Minderheiten, speziell der Deutsch-Türken, zeigte sich der Situation mit einer kurzen, witzigen Danksagung in perfektem Deutsch bestens gewachsen.

Einige Jahre lang fungierte der German Studies-Preis beim Jahresbankett, das in New York in glanzvollem Rahmen der Einwerbung der großen Firmengelder diente, als ein Anzeiger dafür, dass die vom AICGS vertretenen German Studies mit Forschungen zu Kultur, Wirtschaft und Politik in den Wissenschaften Prestigewert besaßen. Die illustre Selbstfeier der deutsch-amerikanischen Geschäftswelt gipfelt darin, mit dem Global Leadership Award eine herausragende Führungspersönlichkeit großer deutscher und amerikanischer Firmen auszuzeichnen, was sich mit einem substantiellen Beitrag der jeweiligen Firma zum Budget des AICGS verbindet. Faszinierend zu beobachten, wie die CEOs, darunter mehrere Frauen, die Aufgabe angingen, sich vor den vierhundert schwarz befrackten Geschäftsleuten und ihren Frauen mehr oder weniger witzig ihrer Prominenz würdig zu erweisen. In mehreren Fällen ließ sich das hohe Image allerdings nicht halten, als die zu Global Leader Erkorenen kurze Zeit darauf, etwa Ron Sommer von der Deutschen Telekom, Heinrich von Pierer von Siemens, Martin Sullivan von der Versicherungsgesellschaft AIG in die Abgründe von Firmenskandalen rutschten. Wir fragten uns öfters, ob diese glanzvolle Trophäe das Gegenteil einer Glückgarantie enthalte, das heißt, grob amerikanisch gesprochen, *the kiss of death* darstelle.

In dieser bemüht gelassenen und doch elektrisch geladenen Abendgesellschaft war es für jüngere Akademiker keine leichte Aufgabe, zwischen Vorspeise und Filet Mignon die Stimme der Wissenschaft für drei Minuten zum Klingen zu bringen und Interesse dafür zu wecken, was in Archiven und Hörsälen Gewicht besaß. Ähnlich beeindruckend wie Leslie Adelson bewährte sich 1999 die Japanisch-Amerikanerin Arlene Teraoka von der University of Minnesota, als das Bankett zum zweiten und letzten Mal auf dem hundertsten Stockwerk des World Trade Center hoch über New York stattfand. Für manche schmeckte dieser Moment akademisch-weiblicher Diversität im Fest der Geschäftshonoratioren nach Alibi, jedoch demonstrierte auch Arlene Teraoka brillant, dass das Deutschstudium nicht mehr allein von weißen Männern repräsentiert werde. Solange ich für die Preise verantwortlich war, kamen in den Humanities außerdem Lutz Koepnick, Stephen Brockmann, Nora Alter, Elizabeth Heineman auf die Bühne. Mit der Preisverleihung erhielt der DAAD einige Jahre die verdiente Aufmerksamkeit der Geschäftswelt in New York. Christian Bode, der erfolgreiche, amerikafreundliche Generalsekretär des DAAD, an großen Auftritten interessiert, ließ sich die Gelegenheit persönlicher Preisverleihung im New Yorker Rampenlicht nicht entgehen.

Ein Wort noch zu diesen Jahresbanketten, die für das AICGS-Budget lebenswichtig sind. Mit ihnen schuf Jack Janes in imponierender Eleganz zumeist im Oktober oder November das zentrale gesellschaftliche Forum für Botschafter, Diplomaten und die Repräsentanten deutscher und amerikanischer Spitzenfirmen wie Siemens, IBM, Deutsche Bank, Adidas, Volkswagen, Daimler, AIG, Telekom, Citicorp, die alle für das Bestehen des Instituts tief in die Tasche griffen. Die eindrucksvollste Lokalität, das Restaurant »Windows of the World« auf dem World Trade Center, verschwand in der Terrorattacke vom 9. September 2001. Ihm folgten abwechselnd zwei der bekannten Riesenestablishments von Cipriani, das eine mit antiker, rot angestrahlter Säulenpracht an der Wallstreet, das andere im ehemaligen amerikanischen Hauptquartier der Cunard Line am Broadway mit phantastischen Wandmosaiken der Weltmeere, direkt gegenüber vom übergroßen Bronzebullen gelegen, dem nicht immer verlässlichen Regenten dieser Gegend Manhattans. In diesem Glamourzirkus wurde man auch als Fußvolk gut unterhalten, etwa von den Chansonsängerinnen Ute Lemper und Nina Hagen. Diese Feste gaben Natalie einmal im Jahr Gelegenheit, ihr elegantes schwarzes Abendkleid auszuführen. Dies und mein einst gekaufter Tuxido reichten als Ausstattung für zwanzig Jahre Besichtigung zahlreicher Prominenter, unter ihnen

Paul Volcker, Gerhard Schröder, James Baker, III, Henry Kissinger. Mit Bravour dirigierte sie AICGS-Director, später President Jack Janes.

Das Auftreten von Christian Bode und Britta Baron, der Leiterin des New Yorker DAAD-Büros, war wohl der leichteste Part im Bemühen des DAAD, nach der deutschen Wiedervereinigung der wissenschaftlichen Kooperation mit den USA mehr Anerkennung zu verschaffen. Grundsätzlich ging es dem DAAD darum, von der Austauschorganisation zu einem Wissenschaftsgenerator zu werden, oder, wie es salopp hieß, vom *people mover* zum *research generator* zu avancieren, nicht nur Studenten- und Wissenschaftleraustausch zu betreiben, sondern auch neue Wissenschaftsprogramme mitzuorganisieren.

Dabei operierte der DAAD beim Schritt zu stärkerem Engagement in den USA nicht nur in eigener Regie. Das geschah aufgrund der 1988 beschlossenen Exzellenzinitiative, die Bundeskanzler Helmut Kohl als Antwort auf das nachlassende Interesse an der Bundesrepublik lancierte. Sie war von Werner Weidenfeld, dem deutsch-amerikanischen Koordinator und Kohls Vertrautem aus Mainzer Tagen, als Millionenprojekt konzipiert worden und erfüllte Kohls Mahnung: »Klotzen, nicht kleckern!« Sie umfasste die Planung für ein Deutsch-Amerikanisches Akademisches Konzil (DAAK), das Bundeskanzler-Stipendienprogramm, drei Centers of Excellence sowie zwei Programme zur Forschungskooperation zwischen dem American Council of Learned Societies, der Alexander von Humboldt-Stiftung und dem DAAD. Auch eine German-American Academy war im Gespräch.

Diese höchstamtliche Initiative verunsicherte verständlicherweise die in den USA agierenden Mittlerorganisationen. Stand sie in Konkurrenz zu bestehenden Programmen und zog wichtige Gelder von der etablierten Austauscharbeit ab? Die Ankündigung, drei Centers of Excellence an Harvard, Berkeley und der Georgetown University einzurichten, stieß bei den Deutschabteilungen im Land auf wenig Gegenliebe, da wir annehmen mussten, dass, wenn so viel Geld für drei Eliteinstitute ausgegeben werde, für die Unterstützung der Programme an anderen Universitäten nicht mehr viel übrigblieb. Es dauerte eine Zeit lang, bis durchsickerte, dass die Initiative als eine Sonderinvestition gemäß Weidenfelds Elitedenken zu verstehen war und dass die ›flächendeckende‹ Kooperation intensiviert würde.

Die Center sollten in deutsch-amerikanischer Partnerschaft ins Leben gerufen werden. Das geschah 1990, sah fünf Jahre Laufzeit, nach positiver Evaluierung weitere fünf Jahre vor, wonach die Universitäten die volle Finanzierung übernehmen würden. Groß geplant, fehlte zunächst ein Konzept für ihre Verwaltung. Zwar bot sich von vornherein der DAAD als Mittlerorganisation an, jedoch erhob sich die Frage, ob ihm auch die volle finanzielle Verwaltung übertragen werde. Letztlich war nur diese Organisation für derartige Partnerschaften ausgestattet. Immerhin hatte der DAAD bei der Konzipierung der German Studies als amerikanischer Unternehmung Ende der achtziger Jahre mitgewirkt. Das stellte eine wichtige Vorbedingung für das Denken in Partnerschaften dar, das heißt im Absehen von deutschem Subventionismus und Dirigismus, der lange geherrscht hatte. Das Problem war nur, auf amerikanischer Seite Kooperationspartner zu finden und auf die Mitfinanzierung festzulegen.

Es lag nicht zuletzt an dem einsatzfreudigen, sympathischen und gut vernetzten Direktor des New Yorker Büros, Wedigo de Vivanco, und seiner Nachfolgerin Heidrun Suhr, dass wir den partnerschaftlichen Angeboten Vertrauen schenkten. Ihnen folgten drei Leiter, die diese Expansion mit starker Hand und Einfallsreichtum steuerten und mit denen ich das Glück hatte, bei einigen der für die deutsche Seite delikaten Probleme zusammenzuarbeiten. Für Rolf Hoffmann, Britta Baron und Ulrich Grothus war ich auf amerikanischer Seite einer der Partner, bei dem sie gute Kenntnis der deutschen Verhältnisse voraussetzen und dem sie Vertrauen schenken konnten. Zuvor war ich bei Auswahlkomitees dabei gewesen und hatte mit dem Historiker Thomas Childers 1988, 1990 und 1992 an Penn DAAD-Sommerseminare für ausgewählte Nachwuchswissenschaftler veranstaltet, die das wilhelminische Deutschland, die Weimarer Republik und die Bundesrepublik nach der Wiedervereinigung zum Thema hatten. Ich gab sie dann an Cornell weiter, als die Kooperation mit Childers an die Grenzen seiner Zuverlässigkeit stieß. Mein Einsatz für den DAAD geschah vornehmlich in Beratung und Evaluierung von Prestigeunternehmungen und erhielt sich noch Jahre nach meiner Emeritierung.

Wissenschaftsprestige braucht Evaluierung

Mit den Centers plante man auf deutscher Seite, junge Spitzenwissenschaftler an Deutschland zu interessieren und in wissenschaftliche Projekte einzubinden. Wenn immer deutsche Veranstalter amerikanische Universitäten für derartige Projekte ins Auge fassen, muss Harvard dabei sein. Die Tradition geht auf Kaiser Wilhelm II. zurück und schmeckt noch manchmal danach. Weidenfelds Prestigekonzept stand in dieser Tradition. Die Centers of Excellence banden mehrere Millionen an die Förderung amerikanischer Nachwuchswissenschaftler in Social Sciences und den Humanities. Die Gelder stammten vom ERP Fund, in den die Zinsen aus der einstigen Marshall-Plan-Investition flossen. Der Millionenaufwand sollte nach fünf Jahren Anfang 1996 von einer gemischt deutsch-amerikanischen Kommission evaluiert werden.

Auf Prestige kam es auch dabei an: Aus Deutschland zog man drei bekannte Fachvertreter hinzu, neben dem Soziologen Friedhelm Neidhardt den Historiker Jürgen Kocka und den Germanisten Eberhard Lämmert, die bei den umstrittenen Evaluierungen der DDR-Wissenschaftler eine prominente und wohl insgesamt positive Rolle spielten. Mit Lämmert war ich gut vertraut, er hatte bei mehreren Amerikareisen in Philadelphia Zwischenstation gemacht und als Gast im Hause für den kleinen Alex mit Freude die Großvaterrolle eingenommen. Unvergesslich ist mir, wie Lämmert 1992 nach dem Besuch der Pennsylvania Academy of the Fine Arts bei einer Rundfahrt durch die Altstadt vom großen, schwer erkämpften Erfolg berichtete, für die besten DDR-Literaturwissenschaftler wie Rainer Rosenberg oder Karlheinz Barck, insofern sie keine politisch führende Rolle gespielt hatten, Literaturzentren durchgesetzt zu haben. Damit waren Auffangstationen für eine schwer geprüfte Gruppierung von Forschern entstanden, die zumeist unter dem Dach der Akademie der Wissenschaften gearbeitet hatten. Beide Gutachter nahmen mit Erleichterung wahr, dass es bei den Centers of Excellence, die 1998 sogar noch um eines im Mittleren Westen vermehrt werden sollten, um Aufbau und Innovation, nicht um Abwicklung ging.

Auf amerikanischer Seite sicherte sich der DAAD die Dienste der Meisterin aller Evaluierungen europäischer Gründungen, der Politologin Alberta Sbragia, die das führende Center for European Studies an der University of Pittsburgh leitete. Unbestechlich den Sozialwissenschaften verpflichtet, präsentierte die Italo-Amerikanerin ein Gegengewicht gegen allzu deutschlastige Beurteilungen. Mit ihr habe ich in den Folgejahren noch mehrere Evaluierungen bestritten, stets von ihrer Fähigkeit beeindruckt, die administrativen Tricks zu durchschauen und die übliche akademische Verschönerungssprache mit der Realität zu konfrontieren.

Das war im Falle von Harvard und Berkeley auch nötig. An Harvard lieferte Guido Goldman eine Meisterleistung darin, unsere misstrauische Annahme (fast) zu widerlegen, dass die Gelder im großen Topf dieser reichen Universität verschwinden würden. Goldman, langjähriger Vertrauter Kissingers, fast legendär als Vermittler zwischen deutschen und amerikanischen Regierungen, Mitbegründer des German Marshall Fund, des Minda de Gunzburg Center for European Studies sowie philanthropischer Organisationen, ließ den Charme und Witz des großen Mannes zugunsten von Harvard spielen – natürlich von Erfolg gekrönt. An Berkeley, der in ihrer zirkushaften Bandbreite intellektuell eindrucksvollsten amerikanischen Universität, setzte der Historiker Gerald Feldman seinen New Yorker Witz ein, um die administrativ ungesicherte Präsenz an Kaliforniens

Spitzeninstitution angesichts der hohen Qualität der Projekte und Studenten in den Hintergrund zu rücken. Während Goldman die Weiterfinanzierung zusagen konnte, blieb das die wunde Stelle an Berkeley, das als Staatsuniversität nicht die Ressourcen besitzt wie eine Privatuniversität. An Georgetown University, der Jesuitenuniversität in Washington, von Kohl als klerikale neben der privaten und der staatlichen Universität ausgewählt (was in ihrem Wissenschaftsbetrieb nicht zu spüren ist), mussten wir am wenigsten auf diesem rutschigen Terrain manövrieren. Sie hatte das klarste Programm verfolgt und einen Master-Studiengang in German Studies eingerichtet, der für Diplomaten ebenso wie Journalisten und Lehrer nutzbringend ist. Auch hier hantierte ein Meister akademischer Manövrierpolitik, Samuel Barnes. Ihm gelang es, die Weiterfinanzierung des Centers als BMW-Center for German and European Studies sicherzustellen.

Wie ließ sich das alles von deutschen Beobachtern einschätzen? Sie glaubten, mit der amerikanischen Hochschullandschaft vertraut zu sein, wurden dann aber von dem dritten amerikanischen Kommissionsmitglied, dem Yale-Politologen Juan Linz bei einem guten Abendessen in einem Restaurant in Georgetown eines Besseren belehrt. Linz nahm kein Blatt vor den Mund, als er sie von der Eliteebene auf die miserable Verfassung des amerikanischen Schul- und Ausbildungssektors herunterholte. Er ließ sozusagen die Luft aus der Eliteblase heraus, die, wie er zugestand, durchaus ihre Berechtigung besäße, aber eben von Europäern allzu schnell verallgemeinert werde. Der Lammbraten schmeckte plötzlich nur noch halb so gut, als sich Linz die Abwendung von europäischer Kultur vornahm und die Verprovinzialisierung des Landes plastisch vor Augen rückte.

Dankbar, dass Linz die notwendige Korrektur an der Harvard-Orientierung deutscher Kollegen anbrachte, war ich doch über deren spontanes Erschrecken erstaunt. Offenbar sank es tief ein. Als wir uns zwei Jahre später bei der Evaluierungsreise für die Auswahl des Midwest Center for German and European Studies wiedertrafen, mit Sbragia und ohne Linz, und Faktoren einbeziehen mussten, die die amerikanische Gesellschaft realistischer reflektierten, gelang es relativ schnell, Urteilskriterien gemeinsam herzustellen.

Die Midwest-Auswahl versprach einige Spannung, insofern sich jeweils zwei profilierte und selbstbewusste Universitäten zu einem Konsortium zusammenfinden mussten, mit welchem die German Studies in innovativen Projekten betrieben werden konnten. Von acht Kombinationen blieben drei übrig, die wir besuchten, die University of Chicago zusammen mit der University of Michigan; die University of Wisconsin-Madison mit der University of Minnesota in Minneapolis; die University of Illinois Urbana-Champaign mit der University of Illinois Chicago Circle. Eine delikate Situation, wenn einige Koryphäen in History und German in Erwartung der Kommission, die ihnen einen Batzen Geld zuerkennen würde, ihr bestes Sonntagsgesicht aufsetzten.

Eindrucksvoll war die Strategie der intellektuellen Brillanz, mit der Michael Geyer die Graduate-Studenten an der University of Chicago ein Geschichtsseminar halten ließ und Sander Gilman die fehlende Infrastruktur im German Department durch blendende Programmatik überdeckte, während die Kollegen in Michigan, unter ihnen Geoff Eley and Kathleen Canning, eher als Konkurrenten denn als Partner Punkte sammelten. Weniger elitär ging es an der University of Illinois Chicago Circle zu, wo Helga Kraft dem Konsortium mit der gelungenen Selbstdarstellung der ethnisch und sozial sehr gemischten Fakultät große Pluspunkte verschaffte, insbesondere für den *Community Outreach*, den die DAAD-Ausschreibung neben intellektueller Qualität verlangte. Zwischen beiden Konsortien ließ sich die Partnerschaft von Wisconsin und Minnesota einordnen, mit Wisconsin als dem akademisch stärkeren Profil, Minnesota mit mehr Kooperation in Schulen und *Community*.

Spannung also in der Auswahl, Spannung vor allem darin, wo und wie den German Studies im Mittleren Westen, der »deutschesten« Region der USA, in der immer noch eine gewisse kulturelle Affinität existiert, am besten geholfen werden konnte. Ich gebe zu, dass das Argument der deutschen Gäste, hier »etwas anderes« hinzustellen und damit dem Gesellschaftspolitischen vor dem Elitären den Vorzug zu geben, im Hinblick auf den Chicago-Campus der University of Illinois Eindruck machte. Genügte das aber, um einen Anker zu werfen, an dem der DAAD eine kostspielige Förderung von Kooperationsprojekten über Jahre hinweg festmachen konnte? Mit dieser Frage suchte ich mein Erfahrungspotential einzubringen, aber selbst Alberta Sbragia fand meine Beurteilung, die Gründung auf der Stärke der Institutionen und ihrem Zugang zum deutschen »Erbe« zu gründen, zu wenig imaginativ. Da präsentierten Wisconsin und Minnesota weniger eine innovative als eine sichere Wahl.

Allerdings einigen sich Komitees selten auf innovative Lösungen, wenn sichere zur Verfügung stehen. So geschah es schließlich im Einvernehmen auch hier, und Rolf Hoffmann, der energische und klar denkende DAAD-Leiter, versprach, den Kollegen Klaus Berghahn in Madison und Jack Zipes in Minneapolis unsere Bedenken gegen eine bloße Erweiterung etablierter Programme mitzuteilen. Nicht ganz unerwartet entwickelten sich beide Partner nach kurzer Zeit auseinander und nahmen je ein Center for German and European Studies für sich in Anspruch.

Dass sich akademische Partnerschaften noch um Grade verkomplizieren, wenn verschiedene kulturelle und sprachliche Faktoren hinzukommen, lernte ich bei den Evaluierungen des kanadischen Konsortiums zwischen der französischsprachigen Université de Montréal und der englischsprachigen York University zur Genüge kennen. Der erhoffte intellektuelle Mehrwert verliert sich schnell beim mühsamen Brückenbauen über verschiedene Kulturen – dem bekannten kanadischen Dilemma.

Zweimal Glanz und zweimal Pleite in Berlin

Noch mehr Komplikationen lauern, wenn sich die Balance durch ambitiöse Projekte verschiebt und Wissenschaft und Prestige in den Schatten der Geldverwaltung rücken, die ja zwischen zwei Nationen besonderer Wachsamkeit bedarf. Dies war der Fall bei den verschiedenen Bemühungen in den neunziger Jahren, deutsch-amerikanische Wissenschaftspartnerschaften zu etablieren. Ich erlebte das zunächst als Gutachter, später als Teilnehmer und habe Aufstieg und Abstieg der Partnerschaften mitgemacht.

Zunächst lief die Forschungskooperation zwischen dem DAAD und dem American Council of Learned Societies, der Spitzenvereinigung amerikanischer Wissenschaftsorganisationen, vielversprechend an. Man gründete die German-American Commission on Collaborative Research und plante, 1992 zunächst in New York und dann in Berlin zusammenzukommen, um die »DAAD-ACLS German-American Collaborative Research Grants in the Humanities and Social Sciences« auszuwählen. Auf amerikanischer Seite war vier Jahre früher der Versuch unternommen worden, eine National Foundation for International Studies in einer Art Parallele zu NEA und NEH zu gründen, war damit aber gescheitert. Die Schatten des Isolationismus zeichneten sich ab; das Fulbright-Stipendienprogramm wurde hart getroffen. Umso erfreulicher war die Zusage für die volle finanzielle Partnerschaft der ersten DAAD-ACLS Auswahlrunde.

Wie vom DAAD geplant, gewährte die Auswahlreise einen unvergesslichen ersten Eindruck von Berlin nach dem Mauerfall. Wir trauten unseren Augen kaum, als uns für die Beratung das Sitzungszimmer Nummer 218 in der ehemaligen DDR-Akademie der Wissenschaften am Gendarmenmarkt zugewiesen wurde, etwas, das Stanley Katz, der weltgewandte Präsident des ACLS, Kenner Europas und des Ost-West-Konflikts, voll zu schätzen wusste. Angesichts der steifen Würde des Raumes, von dem aus man die imposante Architektur des gegenüberliegenden Konzerthauses, das ehemalige Preußische Staatstheater von Leopold Jessner und Gustav Gründgens, liegen sah, verlief die Beratung der Deutschen und Amerikaner steif und würdig. Erst beim langen Gang durch die grauen Korridore legte sich die Befangenheit. Über etwas zeigten sich Katz und Steven Wheatley, der ACLS-Sekretär, sichtlich animiert und irritiert. Hier konnte ich ihnen, die ohnehin auf der Jagd nach Spuren der jüngst untergegangenen Welt waren, eine Lektion in olfaktorischer Authentizität liefern. Was sie nicht mehr mit den Verlautbarungen, sondern mit der Nase erfuhren, war die Verewigung des kommunistischen Regimes durch den Duft seines Putzmittels – der berühmte DDR-Geruch, der sich noch lange in den offiziellen Gebäuden gehalten hat.

Waren wir hier richtig am Platze? Im Innern des Akademiegebäudes fühlte ich etwas Usurpatorisches, den Selbstzweifel des Illegitimen. Konnte man die Spuren des jüngst Vergangenen so schnell wegwischen? Beim animierten Abendessen unter Freunden in Lämmerts Haus wurde mir klar: Die Hiesigen hatten den Vorteil, damit bereits seit zwei Jahren umzugehen. Trotzdem erschien die Frage nicht aus der Luft gegriffen, ob der Germanistikkollege Klaus Scherpe Recht tat, von der Freien Universität zur Humboldt-Universität überzuwechseln. War das auch nur eine Inbesitznahme? Für diese Universität wollte man mit der Bestallung wissenschaftlicher Spitzenvertreter Prestige zurückgewinnen – eine Art Ersatz für die nach der Einigung verpassten Universitätsreformen. Ein rarer Lichtblick, wenn auch auf Kosten der Freien Universität in Dahlem, die ich einst als Lichtblick in der altmodischen Akademikerwelt empfunden hatte. Natürlich fand ich Scherpes Entscheidung für Humboldt richtig. An der Freien Universität riss mit Gert Mattenklott, Peter Janz und anderen bekannten Kollegen die Kontinuität nicht ab.

Auf unerwartete Weise hatte ich dann am folgenden Sonntagmorgen unter regenverhangenem Himmel, als ich nach dem ermüdenden Gang durch die leere Leipziger Straße dort ankam, wo einst der Potsdamer Platz als Berlins lärmende Drehscheibe fungierte, das Gefühl, doch noch einiges von der lokalen Vergangenheit aufzuholen. Der Platz war, in einer Windung der Mauer gelegen, funktionslos geworden, trostlos verlassen bis auf den amerikanischen Zirkus, die inzwischen bemalten Mauerblöcke und die Wohnwagen der Obdachlosen, mit einem kaum glaublich weiten Ausblick auf eine graue Landschaft in Richtung Brandenburger Tor. Mit diesem Blick verlor man sich in einer noch viel größeren Trostlosigkeit, punktiert von den über mehrere leere Straßen hinweg sichtbaren Resten von Hitlers Deutschland, den überwachsenen Trümmerhügeln von Führerbunker und Reichskanzlei, dem plattgewalzten und doch nicht ganz plattgewalzten Bodensatz jüngster deutscher Geschichte, hinter dem die Plattenbauten der DDR aufragten. Ein Moment historischer Stille, da die Straße zum Brandenburger Tor gesperrt war, neuen Asphalt erhalten sollte. Von Straßenarbeitern keine Spur, die riesige gelbe Straßenwalze im Nieselregen rostig und still, die Leere akzentuierend.

Dazu passte, dass der DAAD in seinem Repräsentativprogramm die Besichtigung des Schlosses Cecilienhof einbezog, in dessen hohem Konferenzsaal Truman, Churchill, Attlee, und Stalin die Potsdamer Beschlüsse fassten, welche die Niederlage der Deutschen besiegelten und das Land teilten. Am Vormittag war hier die englische Königin auf ihrem ersten Besuch nach der Wiedervereinigung hindurchgeführt worden. Stalins Schreibtisch? Ja, Stalins Schreibtisch. Trumans Suite? Ja, Trumans Suite. Im harten Englisch des Schlossführers, eines jungen eifrigen Mannes, hörten wir genuine DDR-Töne, genau richtig für Stalins Zimmer mit Ausblick auf den Oktoberregen. Er sagte Josef Dschugaschwili Stalin, wie es sich einst gehörte. Zwei DAAD-Offizielle zwinkerten uns zu: Der hat eben noch die alte Platte drauf. So hatte es die Königin nicht vernommen.

Wir reisten mit den Planungen für das nächste Jahr zurück. Was folgte, war eine Pleite. Man sprach von Partnerschaften und vergaß die fragile Finanzierung, die der Partner, in diesem Falle der ACLS, einbringen musste. Die German-American Collaborative Research Grants mussten aufgegeben werden, da der ACLS nicht genügend Gelder einwerben konnte. Das Transcoop-Programm der Humboldt-Stiftung sollte als eine Art Rettungsanker dienen. 1993 wurde eine größere Unternehmung gegründet, die als Stiftung deutschen Rechts unter dem Namen German-American Academic Council/Deutsch-Amerikanisches Akademisches Konzil (GAAC/DAAK) eine festere finanzielle Grundlage besaß. Mit ihr organisierte man eine bis dahin unerreichte institutionelle Zusammenarbeit wissenschaftlicher Eliten in beiden Ländern, die unter partnerschaftlicher Verwaltung und Finanzierung geschah. Ich muss nicht erwähnen, dass es mit der finanziellen Partnerschaftlichkeit nicht immer weit her war – daher die Stiftungsform nach deutschem Recht.

Sieben Jahre später, 1999, reiste ich wieder als Mitglied einer gemischt deutsch-amerikanischen Wissenschaftskommission nach Berlin, diesmal für den GAAC als Nachfolger des Germanisten von Princeton, Theodore Ziolkowski. Und wieder erlebte ich kurz darauf eine Pleite. Fünf Jahre lang, 1994–1999, hatte die Wissenschaftskooperation eindrucksvolle Projekte ermöglicht, wenngleich dabei die Humanities im Vergleich zu den Naturwissenschaften zu kurz kamen. Meine Aufgabe, von Charles Maier und Ziolkowski formuliert, war, den Humanities mehr Gewicht zu verschaffen.

Ted Ziolkowski, der bei der Berliner Sitzung im Juli 1999 noch einmal dabei war, schwärmte von den aufwendigen Zusammenkünften und lobte die hochkarätigen Debatten. Mit Stolz rechnete er zum GAAC-Erlebnis in Berlin, dass uns der große schottisch-amerikanische Historiker Gordon Craig im feierlich-kalten Senatssaal der Humboldt Universität eine Stunde lang ins tiefste Preußen versetzte. Was immer Craig sagte, habe ich vergessen, nicht aber sein faszinierend würdiges Historikergesicht, in prächtiger Barttracht, so wie ich mir die Historikergrößen Sybel und Droysen vorstellte. Anlass war die Überreichung des Benjamin Franklin-Wilhelm von Humboldt-Preises des GAAC an ihn und den Ameisenforscher Hölldobler. Die Gelegenheit ließ sich der neue GAAC-Vorsitzende Kenneth Dam nicht entgehen, nach der Würdigung von Craigs Weisheiten über die Deutschen die Bedeutung von Hölldoblers Weisheiten über die Ameisen mit den Worten zu charakterisieren: *Since I studied your work, Professor Hölldobler, I see ants everywhere!*

Als beim festlichen Abendessen im Westin Grand Hotel Unter den Linden der ehemalige Forschungsminister und abtretende GAAC-Vorsitzende Heinz Riesenhuber als Meister wissenschaftlichen Schwafelns zwischen den Tischen hin und her stolzierte, begriff ich, dass der peinliche Mangel an Substanz den Beginn eines Staatsbegräbnisses anzeigte. Die Gerüchte, dass der bisherige Direktor Josef Rembser dieses Forschungsschiff auf Grund gefahren hatte, drangen selbst zu mir als Neuling durch. Die mitgekommenen Frauen nahmen kein Blatt vor den Mund. Wenige Monate später wurden die Mitglieder des GAAC vom Staatssekretär im Bundesforschungsministerium, Uwe Thomas, davon in Kenntnis gesetzt, dass der GAAC aufgrund der Prüfung durch den Bundesrechnungshof aufgelöst werde. Rolf Hoffmann, Rembsers Nachfolger, hatte die undankbare Aufgabe, diese Auflösung durchzuführen, die mit den verschiedenen Verträgen viele Komplikationen brachte. Bereits auf der Berliner Sitzung sprach er davon, dass Rembser viel mehr an finanziellen Zusagen versprochen hatte, als er halten konnte. Diesmal lag es an der deutschen, nicht der amerikanischen Seite. Das Klotzen, nicht das Kleckern hatte Glanz gebracht. Nun zog es gleich die ganze Organisation mit in den Abgrund.

Auch diesmal nahm ich denkwürdige Eindrücke von Berlin mit. Nicht aus den Hinterlassenschaften jüngster Vergangenheit, sondern dem Erlebnis lärmender Gegenwart. Als ich am folgenden Tag, einem sonnigen warmen Sommersonntag, aus dem Hotel trat, wurde ich geradezu magisch von einem durchdringenden Bumbum-Rhythmus durch die Linden und das Brandenburger Tor in den Tiergarten gezogen. Der Rhythmus zerrte vom Wege ab, zwischen den Bäumen hindurch, bis man sich plötzlich fasziniert und fehl am Platze fühlte: Auf der ganzen Länge der Straße des 17. Juni bewegten sich eine Million halbnackter Jugendlicher in dumpfem Rhythmus wandernd, tanzend, singend, ein Meereswogen heller Körper. Kein Wunder, dass die Berliner Love Parade für Jugendliche *das* Fest des Jahres darstellte. Eine Million von ihnen paradierten hier lärmend unter blauem Himmel. In diesem Meer kam der bunte Schau- und Musikwagen nur schrittweise voran. Auf ihm feierten Hunderte schunkelnd, winkend und trinkend, stellten nicht Parolen zur Schau, nicht Politik, sondern nur sich selbst.

So harmlos hatte ich mir die Love Parade nicht vorgestellt. Als ich das meinem Nachbarn sagte, der sich gerade von einer Kussorgie mit einer Blondine löste, hörte ich verächtliches Lachen. Kein Wunder, beide waren schon etwas älter, wohl Ende zwanzig, und gaben sich als Beobachter, nicht Mitmacher. Offenbar fühlte sich der junge Mann von meiner Bemerkung so animiert, dass er eine Schimpfkanonade über die harmlosen Seelchen losließ, die da herumwanderten. Ich sollte die Gegenparade sehen, die wirklich was darstelle. Gegenparade? Ja, nicht Love Parade, sondern Fuck Parade, drüben am Roten Rathaus. Sie würden jetzt dorthin ziehen. Wollte ich mitkommen? Natürlich.

Als wir am Palast der Republik vorbeiwanderten, wurden die härteren Rhythmen hörbar. Ich sah eine Parade mit einschüchternd als Partisanenkämpfer in Armeeuniformen gekleideten Männern und Frauen langsam am Rathaus vorüberziehen, einige auf offenen Lastwagen, mit schrillem Singsang aus Lautsprechern, rhythmischem Lärm, dazwischen alten Sozialistenliedern. Das geschah 1999 im ehemaligen Ostberlin. Verglichen mit späteren Paraden auch ziemlich harmlos.

16. Die Rettung der deutsch-amerikanischen Bibliothek in Philadelphia

Heftig angestaubt: ein Dokument deutscher Einwandererkultur

Nicht alles geschah in Washington. Der finanzielle Sonnenschein der Nachwendezeit reichte auch bis nach Philadelphia, wenngleich es vieler Anstrengungen bedurfte, diese Gelder zu sammeln und in unsere Kanäle zu lenken, und das hieß, in die Rettung der deutsch-amerikanischen Bibliothek der German Society of Pennsylvania.

Zunächst war es nichts mit dem Sonnenschein. Da brach plötzliche tiefe Nacht über uns herein. Mit einem Absagebrief aus Düsseldorf mussten wir der deutschen Wiedervereinigung zuschreiben, dass wir die von der neu gegründeten Kulturstiftung Nordrhein-Westfalen für die Bibliotheksrettung zugesagte Summe von 300.000 D-Mark nicht erhielten, da diese in die neuen Bundesländer geschickt wurde. Gewiss, bei uns ging um die Rettung von Büchern, die viel Staub angesammelt hatten. Aber es war mehr als das, diese Bücher gehörten zu der Bibliothek der ältesten deutschen Einwanderungsgesellschaft in Nordamerika und besaßen einmaligen Wert für die Geschichte der Deutschamerikaner. Sie sollten katalogisiert und der Forschung zugänglich gemacht werden.

Was hatte ich damit zu schaffen?

Meine erste Begegnung mit der Bibliothek der German Society of Pennsylvania hatte 1975 stattgefunden, als ich für einen Artikel über deutschamerikanische Poesie – eine mit Wehmut und Salz betupfte deutsche Dichtung des 19. Jahrhunderts – viel Staub wegwischen musste, der sich in vielen Jahrzehnten auf den Regalen abgelagert hatte. So kannten auch andere diese Bibliothek. Sie wurde unter Forschern als größte Privatsammlung deutschamerikanischer Literatur geführt, galt jedoch als kaum zugänglich, da der im 19. Jahrhundert begonnene Katalog mit seinen hand- und schreibmaschinegeschriebenen Einträgen selbst zur Antiquität geworden war.

Sollte es so bleiben? Nach dem Tricentennial 1983 förderten mehrere Gutachten die Ansicht, dass die 1764 gegründete deutsche Einwanderergesellschaft, die den deutschen Immigranten finanzielle und rechtliche Hilfe gewährte, ihre heutige Daseinsberechtigung nur mit einer Aufarbeitung und Zugänglichmachung der kulturellen Schätze beweisen könne, die in dem imposanten Bibliothekssaal vor sich hinschlummerten. Die 1817 begonnene Sammlung wurde als Volks-

18 Die Horner Memorial Library der German Society of Pennsylvania nach der Renovierung und Wiedereröffnung 2007 (© German Society of Pennsylvania).

bibliothek von den Mitgliedern benutzt, jedoch änderte sich das Leseverhalten rapide in den achtziger Jahren. Die Ausleihen gingen drastisch zurück. Der Saal kam beim jährlichen Stiftungsfest stolz zur Geltung, gelesen wurde darin kaum noch.

Eine langgestreckte Raumkulisse aus dunkelbraunem Holz mit Glasschränken unter einer lange Zeit verdeckten Kuppel, mit länglichen Emporen an Klosterbibliotheken erinnernd, flankiert auf den Seiten von weißen Gipsköpfen deutscher Geisteshelden wie Kant, Lessing und Alexander von Humboldt. Generationen deutscher Einwanderer, vor allem Frauen, hatten sich unter deren Blicken Bildung und Unterhaltung besorgt. Der unerhört reiche Schatz an Popularliteratur und Popularwissenschaft, der sich im 19. Jahrhundert angesammelt hatte und seinesgleichen kaum noch in Deutschland besitzt, ließ jedoch keinerlei Funken mehr springen. Ebenso das deutschamerikanische Archiv, das der Penn-Professor Oswald Seidensticker 1867 begründet hatte. Eine Kulisse für würdige Feiern, bei denen man zeigen konnte, wie weit die deutsche Einwanderung zurückreicht, welche Schätze sie gebracht hat.

Erhaltenswert? Sicherlich. Aber wer würde die Restaurierung vieler fragiler Bände und die Katalogisierung der über 50.000 Titel nach heutigen Gesichtspunkten bezahlen?

Wer würde die Bücher benutzen? Die German Society war eine ethnische Gesellschaft alter Mitglieder, die an deutscher Kultur und Sprache festhielt, ansonsten aber keinen Ehrgeiz entwickelte, von der Bibliothek mehr zu erwarten als das Ah und Oh der Besucher angesichts des eindrucksvollen Raumes.

Ohne den Erfolg als Veranstalter der besagten Tricentennial Conference 1983 hätten mich solche Gedankengänge wenig berührt. Als Germanist in Amerika hatte ich genügend Gelegenheit, Loyalität zu deutscher Kultur in Aktion umzusetzen. Ethnische Identität musste ich nicht extra beweisen. Allerdings zieht Erfolg wohl auch eine Selbstfesselung in Kompetenz und Eitelkeit nach sich. Bei der Ausrichtung der Konferenz sowohl auf deutschamerikanische Geschichte als auch deutsch-amerikanische Beziehungen hatte ich mich selbst gefesselt, insofern ich die Vergangenheit für den positiven Blick auf die Gegenwart einspannte und das eine nicht von dem anderen trennte.

Als dann die Entwürfe zur Katalogisierung über das Diskussionsstadium hinausgingen und dank Elliott Shore, dem Bibliothekar des Institute for Advanced Study in Princeton, professionelle Dimensionen annahmen, kam mir die Nähe zu Jürgen Uwe Ohlau, dem Direktor des New Yorker Goethe-Instituts, und Hartmut Lehmann, dem Direktor des German Historical Institute in Washington, äußerst zupass, um die deutsche Seite danach abzutasten, wie stark sie sich in die Rettung dieser zweifellos einzigartigen Sammlung in ihrem historischen Gebäude hineinziehen ließ. Hier bot sich eine Gelegenheit, die oft behauptete Bedeutung der Deutschen für das Wachsen der amerikanischen Nation unter Beweis zu stellen und zugleich diesen einmaligen kulturellen Schatz im Ausland zugänglich zu machen. Woran immer es lag – die engagiertere Kulturpolitik gegenüber den USA um 1990 mochte ihren Anteil haben –, die Ermutigungen blieben nicht aus.

Deutsche Stiftungen als Helfer

Die langwierige Geschichte der Rettung dieser Bibliothek, zum großen Teil mit eingeworbenen deutschen Geldern, werde ich hier nicht aufrollen. Erwähnenswert bleiben die Umstände, unter denen eine deutsche Stiftung uns die zugesagte Summe von 300.000 D-Mark vorenthielt. Als der spätere Bundespräsident Joachim Gauck bei seinem Amerikabesuch 2015 als erstes die wiederher-

19 Mit dem Bibliothekar Elliott Shore während des Renovierungs- und Katalogisierungsprojekts der Horner Library 1994–1999.

gestellte Bibliothek in Philadelphia besuchte, hielten wir ihm vor, dass wir Opfer der Wiedervereinigung geworden seien. Das war etwas Erzählenswertes für den ehemaligen DDR-Dissidenten.

Wir hörten ein gedehntes *Wie bitte?*

Gauck verhehlte nicht seine ehrliche Anteilnahme an solchen Verlusten der Wiedervereinigung.

Trotzdem kamen 1993 die 1,1 Millionen Dollar, die das Katalogisierungs- und Konsolidierungsprojekt kostete, zusammen. Das Library Project, wie wir es nannten, bestand im Wesentlichen aus Katalogisierung und Restaurierung eines Großteils der Sammlung. Die Horner Memorial Library wurde zwischen 1994 und 1999 der Wissenschaft als einmalige Quelle zur Geschichte der Deutschamerikaner zugänglich gemacht, wandelte sich von der Volksbibliothek zu einer *Research Collection*. Ein Forschungsinstitut, das im Gespräch war, verwirklichte sich nicht. Stattdessen ermöglichte die Zusammenarbeit mit dem German Historical Institute in Washington Jahre später unter seinem versatilen und interessierten Direktor Christoph Mauch eine Geschichtsdarstellung der Gesellschaft von der jungen Historikerin Birte Pfleger und einen ersten Katalog von Kevin Ostoyich sowie ab 2007 ein Stipendien-Programm, das seitdem einer großen Anzahl zumeist jüngerer Forscher und Doktoranden aus aller Welt dazu verholfen hat, zentrale Aspekte amerikanischer und deutschamerikanischen Geschichte an Ort und Stelle zu erkunden.

Zwei Faktoren führten zum Erfolg, zum einen die souveräne Meisterung der bibliothekarischen Elemente vonseiten Elliott Shores, der inzwischen zum Direktor der Bryn Mawr College Library aufstieg und die drei *Catalogers*, die knapp 30.000 Titel katalogisierten, anleitete; zum anderen die Tatsache, dass ich als langjähriger Department Chair die Research Administration sowie das Dekanat der University of Pennsylvania in die Finanzverwaltung einspannen konnte, womit die Organisation der Stiftungsgelder möglich wurde. Der Einbezug von Penn war für den Erhalt der Fördergelder der Thyssen- und Bosch-Stiftungen insofern unumgänglich, als sie nur wissenschaftliche Unternehmungen bezuschussen. Ein ethnischer Verein kann nicht der Empfänger sein, wohl aber eine Universität.

Bei den Anträgen machte mich Jürgen Regge, der höchst einsichtige Direktor der Fritz Thyssen Stiftung, auf diese Bedingung aufmerksam. Zu unserem Vorteil stellte ich für diese Stiftung, die die Tricentennial Conference samt Publikation und Übersetzung generös unterstützt hatte, eine feste Größe dar. Thyssen arrangierte die Beteiligung der Robert Bosch Stiftung für zusammen 500.000 Dollar und sorgte für die Bonität des Unternehmens gegenüber dem Auswärtigen Amt, das etwas über 300.000 Dollar bereitstellte, um die wertvollsten Titel, insgesamt etwa 10.000, vom Northeast Document Conservation Center in Andover restaurieren zu lassen.

All dies geschah unter der Voraussetzung, dass die German Society selbst 300.000 Dollar über fünf Jahre einwerben würde. Penn spendete davon 15.000 Dollar, stellte darüber hinaus ein Konto zur Verfügung, mit dem wir *(matching)* Fundraising betreiben konnten, was dank generöser Mitglieder und einer flexiblen Geschäftsführung vonseiten Bernard Freitags, des Nachfolgers von George Beichl als Präsident der German Society, auch gelang. Beichl entsprach dem Bild des bejahrten Schatzhalters ethnischer Kultur, ebenso verdienstvoll wie stur in der Wahrung des einst im 19. Jahrhundert gewachsenen deutschamerikanischen Bewusstseins. Um seine Einwilligung zu diesem Unternehmen zu gewinnen, bedurfte es zwei Wochen meiner Überredungskunst, um seinen Argwohn zu zerstreuen, dass wir die Bibliothek nicht an Penn verscherbeln würden. Freitag stellte die Weichen für eine moderne Handhabung einer solchen Gesellschaft, die ihrem Untergang entgegengeht, wenn sie nur auf Bewahrung zielt.

Altes musste über Bord geworfen werden. So die Maxime. Galt sie auch für die Büchermassen, die, um dem Library-Project Platz zu schaffen, ausgelagert werden mussten und von denen Tausende und Abertausende nicht mehr in die Sammlung passten und kostbaren Platz wegnahmen? Wir schoben die peinvollen Entscheidungen hinaus, machten uns erst daran, als die Katalogisierung des zentralen Bestandes beendet war. Nach der verspäteten Wiedereröffnung der Joseph Horner Memorial Library im Jahr 2007 entschied ein von Frank Genieser neu gegründetes Library Committee, Maria Sturm, Bettina Hess, Friederike Baer und ich, einen großen Anteil englischsprachiger Literatur, weit über zehntausend Bände, die in umliegenden Bibliotheken ohnehin existierten, wegzugeben, in vielen Fällen vernichten zu lassen. Wir wurden zu Professionellen des Bücherwegwerfens – eine seltsame Begleiterscheinung des Bücherrettens. Man nennt das inzwischen Entsorgen. Das überdeckt den Frevel, gewinnt jedoch leider immer mehr an Aktualität.

Verschönerten wir mit der Rettung der Bibliothek nur den Untergang der deutschen Einwanderungskultur? Ich entdeckte, dass bereits hundert Jahre zuvor, um 1900, Marion Dexter Learned, einer meiner Vorgänger als Chairman und Professor of German an Penn, angesichts der sinkenden Einwanderer- und Mitgliederzahlen für die German Society ein akademisches Institut für deutsche Studien mitsamt einer wissenschaftlichen Zeitschrift geplant hatte. Eine akademische Rettungsaktion, von der allerdings nur die Zeitschrift, *Americana Germanica*, später *German-American Annals*, sowie wissenschaftliche Studien Gestalt annahmen.

Im Jahr 2000 die Horner Bibliothek der German Society für die Wissenschaft zugänglich zu machen, stand somit in einer Reihe von Unternehmungen, die ich auch bei anderen ethnischen Gesellschaften beobachtet habe, bei denen die Taue des fragilen ethnischen Schiffs am akademischen Kai festgemacht werden. Im Falle der German Society inspirierte die erfolgreiche Rettungsaktion für Bücher sogar eine zweite Fundraising-Kampagne für die überfällige Renovierung des wilhelminisch konzipierten Gebäudes. Vorwiegend amerikanische Geldgeber stellten eine Million zur Verfügung, mit der vieles am und im Gebäude konsolidiert werden konnte.

Die letzte öffentliche deutsch-amerikanische Bestandsaufnahme des 20. Jahrhunderts

Man konnte allerdings nur dann vom Erfolg dieser Rettungsunternehmung sprechen, wenn man die Frage nach Bedeutung und Verbleib deutschamerikanischer Kultur neu und kritischer stellte. Insofern ein Großteil der Fördergelder aus Deutschland stammte und das Interesse an engen deutsch-amerikanischen Beziehungen dokumentierte, verstand es sich von selbst, dass diese Frage auch die politischen Aspekte, die der Tricentennial Conference ihr Gewicht verschafft hatten, einbeziehen musste. Sechzehn Jahre nach jener Konferenz lohnte es sich somit, diese Fragen auf einer erneuten Zusammenkunft mit internationaler Beteiligung zu behandeln. Mit den Erfahrungen der Zwischenzeit ließ sich ein neues Fazit von Geschichte und Gegenwart des deutsch-amerikanischen Verhältnisses ziehen.

Längst war deutlich geworden, dass das Tricentennial eine frühere Phase dieses Verhältnisses repräsentierte. Damals wollten sich die Deutschamerikaner nach der prekären Selbstmarginalisierung in und nach zwei Weltkriegen wieder sichtbar machen. Die deutsche Politik sah darauf, die Bündnisqualität der Bundesrepublik erneut zu beweisen. Im Jahre 1999 ging es demgegenüber darum, die nach dem Ende des Kalten Krieges aufbrechende, obgleich noch gebannte Entfremdung zwischen beiden Ländern im Lichte der gemeinsamen Vergangenheit zu analysieren und auf ihre Beständigkeit abzuklopfen. Zwei prominente Sprecher von 1983 waren bereit, sich der neuen Perspektive zu stellen, im Bereich deutschamerikanischer Geschichte die Historikerin Kathleen Neils Conzen von der University of Chicago, im Bereich aktueller politischer Beziehungen Theo Sommer, langjähriger Chefredakteur der ZEIT, der sich 1983 recht unfair über das Tricentennial ausgelassen hatte.

Wiederum sprangen die Fritz Thyssen Stiftung und Max Kade Foundation ein, wiederum weitete sich das Programm mit bekannten amerikanischen und deutschen Historikern, Literaturwissenschaftlern, Journalisten und politischen Offiziellen sehr schnell zu einer Großveranstaltung aus, deren Umfang sich im Titel der Buchveröffentlichung – die dank Thyssen auch ins Deutsche übersetzt wurde – niederschlug. Elliott Shore und ich einigten uns auf den vom Historiker Volker Berghahn, der auch teilnahm, vorgeschlagenen Titel *The German-American Encounter: Conflict and Cooperation between Two Cultures, 1800–2000*. Der Titel ist präzise und doch kann man darunter alles Mögliche unterbringen. Im Laufe von zweihundert Jahren gibt es zwischen zwei Ländern immer Konflikte und Kooperation. Wie verteilten sie sich jedoch in diesem Falle, wenn Paralleli-

20 Auf der Abschlusskonferenz »The Future of German-American History« 1999 in der German Society of Pennsylvania. Von links Trommler, Claudia Mayer-Iswandy (Coordinator), Edward Rendell (Mayor of Philadelphia), Jackie Schmenger (GSP Business Director), Bernard Freitag (GSP President).

täten einzurechnen sind, insofern Deutschland sich 1871 zu einem Staat zusammenfand und die USA erst kurz zuvor mit dem Bürgerkrieg die volle staatliche Einigung erzwang? Wie konnte man die gegenseitigen Einwirkungen erfassen, ohne sie sogleich über die beiden Weltkriege zu definieren? Tatsächlich trug die Konferenz zur Klärung einiger dieser Fragen bei.

Im letzten Jahr des 20. Jahrhunderts veranstaltet, durchzog die zumeist vorzüglichen Vorträge und anschließenden Diskussionen eine Bilanzierungstendenz, die dann die Veröffentlichung voll geprägt hat. Den Schlüssel verschaffte Kathleen Conzen, die die auf der Tricentennial Conference vorgebrachte These von der Erfindung der deutschen Ethnizität als konsolidierendem Element im 19. Jahrhundert einen wichtigen Schritt weiterführte. Während sie zuvor die geläufige deutschamerikanische Geschichtsschreibung dafür kritisierte, die Geschichte der Deutschamerikaner nur unter dem Aspekt ihrer für großartig erachteten Beiträge zum Wachsen der USA – eines unkritischen *contributionism* – zu erzählen, plädierte sie 1999 für eine nüchterne Bestandsaufnahme der Leistungen der deutschen Minorität, das heißt eines kritischen *contributionism*. Mit der im Verständnis auswärtiger Kulturpolitik längst praktizierten Aufwertung der Wechselseitigkeit internationaler Beziehungen lässt sich *contributionism* im Begriff der Gegenseitigkeit festmachen.

Diese Tagung, die ganz auf Wechselseitigkeit ausgerichtet war, holte *contributionism* aus der zumeist filiopietistischen Anwendung auf die amerikanische Geschichte heraus und öffnete dieses Konzept auch für die weitgreifenden Beiträge der Vereinigten Staaten zur deutschen Geschichte. Daraus die Gliederung des Sammelwerkes in einen ersten, im Wesentlichen im 19. Jahrhundert angesiedelten Teil, »Der deutsche Anteil an der amerikanischen Geschichte«, in dem unter anderem Schulwesen, Sozialismus, Religion und Literatur zur Sprache kommen, gefolgt von einem im Wesentlichen aufs 20. Jahrhundert, besonders dessen zweite Hälfte bezogenen zweiten Teil, »Der amerikanische Anteil an der deutschen Geschichte«, in dem die politischen, wirtschaftlichen und kulturellen Beeinflussungen im Zentrum stehen. Schließlich ein dritter, auf die gegenwärtige Beziehungsbalance bezogener Teil.

In den Sektionen zum gegenwärtigen Verhältnis schälte sich deutlich eine allgemeine Skepsis über das gegenseitige Verstehen heraus, die Konrad Jarausch treffend unter dem Titel *»Intellectual Dissonance«* fasste. Theo Sommer löste sich aus der 1983 noch passenden Stellungnahme als kritischer Atlantiker, der die Konvergenzen über die Divergenzen stellte, und ließ nun keinen Zweifel an der Stärke der Divergenzen, die mit Globalisierung, der Einigung Europas und der NATO-Krise nur mit einer Neufassung der Atlantischen Allianz zu bewältigen seien. Allerdings lasse sich die kulturelle Trennlinie über dem Atlantik nicht übersehen.

Im Jahr vor der Jahrtausendwende konnte auch der Koordinator der deutsch-amerikanischen Beziehungen, Karsten Voigt, nur die Hoffnung auf ein enges Verhältnis herausstellen. Im privaten Gespräch äußerte sich Voigt, Bundeskanzler Gerhard Schröders Distanzierung aufnehmend, sehr viel skeptischer, ließ wissen, dass er auf dieser Konferenz testen wolle, wie weit man im Verfolg der Distanzierung gehen könne. Mir ist in Erinnerung geblieben, dass er das Schwanken als offizieller Koordinator dieser Beziehungen, seit einem Jahr im Amt, recht offen zu erkennen gab.

Wurde zum offiziellen Abschluss dieses Unternehmens, einem lauten, animierten, teilweise heiteren Bankett, alles unter einen Hut gebracht? Die Feier der Bibliotheksrettung, die historische Wechselseitigkeit der Beziehungen, der

21 Bundespräsident Joachim Gauck besucht die Bibliothek der German Society of Pennsylvania auf seiner USA-Reise 2017 (von links Trommler, Maria Sturm, Anton Michels, Daniela Schadt, Joachim Gauck).

jüdische Anteil, die Feier der Spender und der lokalen Helden, die historische Bedeutung der German Society of Pennsylvania, der Blick auf das vergangene Jahrtausend? Natürlich nicht.

Trotzdem beförderte das Abschlussbankett im festlichen Auditorium der German Society eine durch gegenseitige Lobreden animierte Atmosphäre. Die lokalen Helden wurden auch lokal gefeiert, und dazu erschien, was die internationalen Gäste höchst amüsierte, Philadelphias Starredner pünktlich um 20:30 Uhr. In Edward Rendell, dem bekannten und beliebten Oberbürgermeister, der die Stadt aus der Pleite rettete und später zum Gouverneur von Pennsylvania aufstieg, erlebten sie einen Profi der politischen Schaustellungskunst. Rendell demonstrierte, dass er über alles und jedes zu jeder Zeit mit Witz und Geistesgegenwart sprechen konnte, hier also darüber, dass diese Rettung, obzwar in der Hausrenovierung noch unvollendet, sowohl der Stadt als auch den Deutschamerikanern zugutekommen werde.

Wäre es nach Rendells und Bernard Freitags Lobsprüchen gegangen, hätten wir uns in der Glorie baden können, dass es in Amerika nie eine derart geliebte und erfolgreiche ethnische Minorität gegeben habe. Das Lob, das die Deutschamerikaner während dieses katastrophenbeschwerten Jahrhunderts von Offiziellen selten erfahren hatten, holte der Politiker Rendell im letzten Jahr des Jahrhunderts mit viel Witz nach.

17. Das Ende der Selbstgewissheit

Jack Janes und die Suche nach einer neuen Sprache

Die schwarze Rauchsäule vor knallblauem Himmel über New York: ein schreckliches Fanal der Begegnung mit moderner Weltgeschichte. Ich muss zugeben, dass ich mich am 11. September 2001 von dem Terroristenangriff zunächst weniger getroffen fühlte als Natalie, meine Frau, die Amerikanerin. Vielleicht hatte Natalie recht, dass da noch das Erbe von Dresden in mir nachwirkte, das Erbe des Krieges, den ich mit Bombenangriffen noch erlebt habe. Ich nahm gegen ihren Rat den Vorortzug zu 30th Street Station, um zum Unterricht zu kommen, denn es war der erste Tag des Herbstsemesters an der University of Pennsylvania. Saß dann in der Stadt fest, da der Zugverkehr eingestellt wurde, und musste Natalies Schimpfkanonade über meine Unvernunft einstecken, als sie mich mit dem Auto in einer der verstopften Straßen auflas.

Wir haben alle einige Zeit gebraucht, um über den Schock hinaus, dass Amerika zum ersten Mal direkt angegriffen wurde, die Bedeutung dieses Tages für unsere Welt zu verstehen. Eines wurde uns sofort klar: dass sich mit diesem furchtbaren Tag das 21. Jahrhundert endgültig vom 20. Jahrhundert verabschiedet hatte. Mit seiner Brandfackel endete er die hellen Jahre über dem Atlantik, die Jahre einer selbstverständlichen Nähe zwischen Deutschland und Amerika, die mir und vielen meiner Generationsgenossen Lebenselixier geworden war.

Schwieriger wurde es, wenn es darum ging, für die Unterschiede zwischen dem, was Natalie als Schock und Verwundung empfand, und meiner kühleren Reaktion die geeigneten Worte zu finden. Die Distanzen und Missverständnisse dieses Tages haben mich ebenso gezeichnet wie die Trauer- und Wutgefühle, denen Natalie wie üblich viel deutlicher Ausdruck verlieh, als ich es tat. In den folgenden Wochen gelang es mir beinahe, die Missverständnisse um die kühlere Reaktion abzubauen. Die Politik der Trauerbezeugungen umhüllte jeden ohnehin wie ein schwerer Nebel.

Ich dachte, ich käme davon, ohne mich innerlich entscheiden zu müssen.

Aber diese Illusion galt nur für die Familie. Und auch da nur eine Zeit lang.

Bei dem kurz darauf erfolgten Trip nach Washington brach die Illusion auf. Zwar konnte ich mich in der akademischen Beobachterrolle frei und konstruktiv bewegen – was ich im AICGS auch tat –, aber ich musste vor mir selber ehrlich werden und mir sagen, dass ich nach dieser Attacke naiv wäre, Amerika und

Europa weiterhin mit der traditionellen Partnerschaft zu assoziieren und meine Arbeit daran auszurichten. Die Vereinigten Staaten blickten auf den Nahen Osten, auf Araber, auf den Islam. Da entsprang der Terrorismus. Unter den Feindbildern rutschten die Deutschen mit den Naziuniformen ins Abseits hinter den bärtig dunklen Gesichtern mit Hängegewändern und Maschinenpistolen. Als Freunde waren Deutsche in der Solidarisierung, die den erschreckenden Bildern aus New York entsprang, angenehm. Aber würde das für die Zukunft genügen?

Ich saß bei Jack Janes im Büro des AICGS an der Massachusetts Avenue und duckte mich unter dem ununterbrochenen Rattern der Helikopter über Washington, das auch bei geschlossenen Fenstern auf allem lagerte, alles beschwerte. Nach einiger Zeit fühlte man sich versucht, dieses unaufhörliche Rattern mit der ratlosen Spannung im Raum gleichzusetzen, einer Ratlosigkeit, die ich bei Jack noch nie gesehen hatte und der ich mich nicht entziehen konnte, denn die Fragen waren auch an mich gerichtet: Wie kann das AICGS auf diese Situation reagieren? Wie kann man den Bezug zum gegenwärtigen Deutschland herstellen? Kann die Erwähnung deutscher Dinge in diesem Moment zu etwas Konstruktivem führen? Spielen die Deutschen, spielt Europa überhaupt eine Rolle, wenn es darum geht, die Amerikaner auf die alles überwältigende Gegenaktion gegen Terrorismus zu vereinen?

Zunächst Jacks grundsätzliche Feststellung: Es handelt sich hier um eine neue weltgeschichtliche Situation, die man dementsprechend angehen muss, und zwar mit einer neuen Sprache.

Einer neuen Sprache?

Welche andere Sprache bleibt außer der des Kriegführens?

Ich bringe meine Sorge an, dass die USA mit dem Denken in Krieg und Losschlagen die Weltmeinung, die gerade erst auf ihre Seite gerückt ist, schnell wieder verlieren wird. Sollten da nicht die Europäer mitdenken und zu der neuen Sprache aktiv beitragen? Jack findet das allzu zugespitzt. Zunächst muss man erst einmal die Stimmen sammeln, die Reaktionen aus Deutschland. Zum Projektemachen ist es zu früh. Wir müssen erst auf Erkundungssuche gehen. Studiengruppen bilden, für die brauchen wir Geld.

Kurze Zeit darauf bin ich wieder in Washington, einer Einladung des German Historical Institutes folgend, für dessen zweibändiges Handbuch über die Geschichte der amerikanisch-deutschen Beziehungen im Kalten Krieg ich die Kapitel über Kultur schreibe und ediere. Der Heidelberger Historiker Detlef Junker, ist froh, in der Rolle des Direktors dieses Instituts durch die Ereignisse nicht in speziellem Zugzwang zu stehen. Umso mehr trifft es Jack Janes und das American Institut for Contemporary German Studies, das sich als zentraler Beobachter und Kritiker deutsch-amerikanischer Beziehungen in Washington eine einflussreiche Stellung geschaffen hat, mit der die grundsätzlichen Probleme dieses Verhältnisses außerhalb der Diplomatie ungehindert zur Sprache kommen können.

Einer neuen Sprache?

Die Sprachlosigkeit wird am 4. Oktober in dem für diese Gelegenheiten zentralen Cosmos Club bei einem Dinner durchbrochen, das die Konrad-Adenauer-Stiftung für den Kohl-Vertrauten und Mitherausgeber des *Rheinischen Merkur*, Michael Mertes, gibt. Mertes soll von den deutschen Reaktionen berichten. Gäste sind Jutta Falke, Journalistin der *WELT* und Frau des deutschen Botschafters Wolfgang Ischinger; Daniel Hamilton, Politologe an SAIS Johns Hopkins, der eine Studiengruppe über die Folgen von 9/11 leiten soll; Ian Brzezinski, der Sohn von Präsident Carters National Security Adviser Zbigniew Brzezinski und hoher Offizieller des Verteidigungsministeriums, sowie Jack Janes, Gerry Livingston und ich vom AICGS. Unverkennbar ist die Tendenz der deutschen Teilnehmer, die Internationalität des Ereignisses zu fassen und daraus Rückschlüsse für die Vorgehensweise zu ziehen. In dieser Sprache spielen Solidarität und Allianzen eine zentrale Rolle.

Es ist ein Angebot. Es bleibt in den kommenden Wochen und Monaten für die europäischen Reaktionen bestimmend – und wird schon an diesem Abend in diesem vertrauten Kreis außer Kraft gesetzt. Ian Brzezinski bringt die andere Sprache aus dem Pentagon ein:

Wenn der kommende Schlag gegen al-Qaida in Afghanistan erfolgreich ausfällt, ist Saddam Hussein im Irak an der Reihe. Wenn der Schlag in Afghanistan nicht erfolgreich ist, kommt Saddam Hussein im Irak dran.

In jedem Falle ist der Krieg die Antwort.

Hier benutzte der Vertreter des Pentagon bereits drei Wochen nach der Attacke die Sprache, die nach einem Jahr Europa und die Welt in Aufregung versetzte und zu scharfen antiamerikanischen Demonstrationen führte. Dazu gehört, dass die beiden Kernländer der Europäischen Union, Frankreich und Deutschland, gegen die Teilnahme am Krieg der USA gegen Irak votierten.

The Americans are from Mars, the Europeans from Venus

Das Folgejahr war voll der Polemik, vor allem jedoch der amerikanischen Machtdemonstrationen, ohne dass Washington den überzeugenden Beweis dafür erbrachte, dass Saddam Hussein Massenvernichtungswaffen besaß, die als Kriegsgrund gelten konnten. In scharfen Ausfällen gegen die Europäer verhöhnte man deren Internationalismus und Multilateralismus als Duckmäusertum. Einiges war davon schon anlässlich des ersten Krieges gegen Irak 1991 zu hören gewesen. Jetzt griff man zu gröberem Kaliber. Da war Robert Kagans Motto »*The Americans are from Mars, the Europeans from Venus*« am freundlichsten, die Charakterisierung der Europäer, besonders der Franzosen, als »*cheese-eating surrender monkeys*« am hässlichsten. Der gewaltorientierte Unilateralismus setzte die Grenzen für das, was das AICGS an politisch konstruktivem Denken einbringen konnte, obgleich auch hier kurz vor dem Irakkrieg die militärische Selbstermächtigung die Sprache mitzubestimmen begann.

Auf einer stark besuchten Veranstaltung im Mai 2002 unter dem Titel »The Just War Debate: Transatlantic Values in Transition?«, bei welcher Francis Fukuyama, David Blankenhorn, Jean Bethke Elshtein und Henryk Broder auftraten, stand das Konzept des gerechten Krieges zur Debatte, das amerikanische Intellektuelle von Links und Rechts, Michael Walzer ebenso wie Samuel Huntington und Fukuyama, in einem Manifest mit eindrucksvoller Argumentation verfasst hatten. Dem zögernden Ja zum Krieg, das es enthielt, widersetzten sich unter den Konferenzteilnehmern nur wenige Sprecher, am mutigsten der Freund und Kritiker Steven Beller, der sich als britischer Europäer für den Multilateralismus und die Anrufung der Vereinten Nationen einsetzte – Argumente, die die Regierung von Bush, Cheney und Rumsfeld im Frühjahr 2003 weitgehend beiseiteschob.

Im Februar 2002 brachte Klaus Scherpe, der Berliner Freund und Germanistenkollege an der Humboldt-Uni, mit seinem Vortrag »Fear and Loathing: German Intellectuals and the America-Debate« die Erfahrungen eines mit Prominenz besetzten Graduiertenprogramms in die Washingtoner Diskussion ein. In diesem Vortrag ebenso wie bei dem von Michael Geyer im Herbst 2002 organisierten AICGS-Workshop »War and Terror: Historical and Contemporary Perspectives« ließ sich die deutsche Reaktion auf den Terroranschlag ausmachen. Sie richtete sich vornehmlich auf Gewalt und Terror, während amerikanische Intellektuelle vor allem von der Debatte über Kriegsführung und gerechten Krieg gefesselt wurden.

Ich selbst spürte während der Vorbereitung des Workshops deutliche Unzulänglichkeiten beim Umgang mit der Sprache des Krieges. Dabei fror mir das Gehirn ein, wie man sagt, da waren die Assoziationen an deutsche Kriegserfahrungen allzu lebendig. Michael Geyer schien als versierter Militärhistoriker davon nicht betroffen. Mit amerikanischen Militärexperten setzte er den Schwerpunkt stärker auf den globalen Kontext von Terror und Krieg unter Betonung der wachsenden Bedeutung von *small wars*, die kaum weniger Gewalttaten initiieren als *conventional wars*. Aus Deutschland importierte Geyer dafür den bekannten

Experten für Kriegsgewalt, Trutz von Trotha, den Abkömmling des Generals Lothar von Trotha, der im kolonialen Ausrottungskrieg in Deutsch-Südwestafrika hundert Jahre zuvor zu trauriger Berühmtheit gelangt war. Wir wurden in das Denken vom »global small war« eingeführt, ein erschreckendes Rüstzeug für den »War on Terror« der kommenden Jahre.

Es geschah, wie Ian Brzezinski gesagt hatte. Wie konnte es anders sein, nachdem die USA 250.000 Soldaten an Iraks Grenzen stationiert hatten? Wir teilten Trauer und Wut über diesen sinnlosen Krieg, der nur zeigen sollte, dass der Riese nach seiner Verwundung zurückschlagen müsse, um Riese zu bleiben.

Schluss mit den Gemeinsamkeiten

Der Krieg setzte Dinge in Bewegung, an denen die Vereinigten Staaten noch Jahrzehnte später herumlaborieren. Vermittlern, zu denen ich mich damals zählte, wurde die Sprache der Gemeinsamkeit aus der Hand genommen, mit der man zwischen Amerika und Deutschland auf kulturellem Gebiet Klärungen und Initiativen in Bewegung setzen konnte. Plötzlich klafften die Erzählungen über den jeweils anderen Kontinent in ihrer Sprache auseinander. Zwar hatten wir bei den Workshops die meisten Anregungen durch Betonung der Distanz zwischen beiden Kulturen erhalten, nun aber blieb überhaupt offen, was kulturelle Referenzen an Gemeinsamkeiten herstellen sollten und konnten. Keine Allianz, keine Gemeinsamkeit. Es ging um Ja oder Nein, und zwar von beiden Seiten, um Bekenntnisse, die mir nie abverlangt worden waren. Freund Bloss brachte es in Briefen und am Telefon auf den unangenehmen Nenner: Was bist Du denn, denkst Du wie die Amerikaner und willst den Krieg oder wie wir, die diesen Krieg verabscheuen?

Ich sagte, ich bin wie viele Amerikaner gegen diesen Krieg. Und beantragte binnen eines Jahres die Bewerbung für die Annahme der amerikanischen Staatsbürgerschaft, nachdem mir von offizieller deutscher Seite von der Gesetzesänderung zugunsten doppelter Staatsbürgerschaft berichtet worden war. Die Green Card als Permanent Resident, 1967 für den Job an Harvard ausgestellt und vielmals erneuert, war der Unterpfand der Freundschaftsjahre gewesen. Ich habe diese Jahre in Junkers Handbuch der deutsch-amerikanischen Beziehungen im Kalten Krieg in den Kulturkapiteln mit deutschen und amerikanischen Kollegen ausführlich ausgeleuchtet.

Als amerikanischer Staatsbürger ließ sich das kritische Verhältnis zu den USA effektvoller handhaben. Ich erhielt die Staatsbürgerschaft 2005 zusammen mit

22 Verabschiedung als Humanities Program Director des AICGS durch President Jack Janes 2003. In der Glasvitrine die 14 Bände der Workshops der Harry & Helen Gray Humanities Program Series.

1200 Einwanderern im Philadelphia Convention Center unter George W. Bushs Präsidentschaft. Man kann sich den Präsidenten nicht aussuchen, der dann den neuen Bürgern von der Leinwand her kraftvolle Worte über dieses einmalige Land verabreicht. Das Faszinierende der in Bahnhofsatmosphäre abrollenden Zeremonie war, als sich nacheinander Angehörige aus 110 Nationen von Afghanistan bis Zimbabwe von den Stühlen erhoben. Die meisten kamen aus Indien und Mexiko, eine erstaunlich große Anzahl aus der Schweiz. Natalie und Martina sahen mich mit einigen Deutschen aufstehen. Die Freunde gratulierten. Sie gratulierten dem neuen Amerikaner! Ein altes Ritual rollte ab. Was sollte ich sagen? Mit der doppelten Staatsbürgerschaft hatte ich meine doppelte Zugehörigkeit legalisiert.

Dass mein Abgang als Director des Humanities Program 2003 mit etwa dreißig Gästen und ehrenden Reden vom AICGS gefeiert wurde, war wohl auch noch von einem anderen Faktor mitbestimmt. Kurz gesagt, dieses Programm, das die Arbeit des AICGS im Geiste der deutsch-amerikanischen Kollaboration mit Blick auf Kultur besonders ansprechend prägte, war nach 9/11 nicht mehr zeitgemäß. Jack Janes behandelte mit viel Umsicht den Übergang zu einer eindeutig auf politischen und wirtschaftlichen Beratungs- und Wissenschaftsdienst orientierten Agenda des Instituts, in der einige Themenkomplexe wie Religion, Informationstechnik und Judentum weiterhin in der Sektion *Culture and Society* behandelt werden würden. Der stehenden Einladung, hin und wieder grundsätzliche Artikel zu Kultur und Kulturpolitik für die Webseite zu liefern, kam ich in den Folgejahren nach. Die Verbindung blieb eng.

Christoph Mauch, Junkers inspirierender Nachfolger als Direktor des German Historical Institute, der zur Etablierung der Bibliothek der German Society als Wissenschaftsstandort mit der Einrichtung eines Fellowshipprogramms entscheidend beitrug, erlaubte sich bei der Abschiedsfeier kollegiale Kritik. Es sei zu befürchten, dass das Institut mit diesem Schritt in der Gefahr stehe, zu einer bloßen Fundraisingmaschine zu werden, wenn es nur die in Washington etablierten Interessen – und das hieß ohne Kulturarbeit – anspreche. Was ich im Nachhinein nicht bestätigen kann. Wohl aber, dass Jack Janes bei seiner Rede mit den vierzehn blauen Bändchen der von mir herausgegebenen Humanities-Reihe, die von Kulturförderung bis zur DDR-Kultur, zu Feminismus, Juden in Deutschland, Brain-Drain und anderen Sujets reichen, eine Themenvielfalt dokumentierte, die bereits im Jahr 2003 historisch zu werden begann. Janes konnte die Einsicht in das Auseinanderdriften mit meinen eigenen Sätzen bestätigen, als er aus der Einleitung zum Konferenzband *The German-American Encounter* eine Passage über die zunehmende Distanz zwischen beiden Ländern zitierte. Das Auseinanderdriften hatte schon lange zuvor begonnen. Umso mehr war es an mir, in diesem Moment das ungewöhnliche Engagement herauszustellen, mit dem Gerald Livingston, Lily Gardner Feldman and Jack Janes den kulturellen Bereich in die institutionelle Analyse der politischen Beziehungen zwischen Amerika und Deutschland einbezogen. Was an vielen Orten Amerikas, in Schulen, Universitäten und Vereinen im Jahrzehnt nach der Wiedervereinigung in vielerlei Variationen aktualisiert worden war, hatten sie dank der Weitsicht Steven Mullers und der Generosität Harry Grays auch in Washington ermöglicht.

Zurück zu zwei Sprachen

Dem Donnerschlag war Donnergrollen vorausgegangen. Allerdings machte das die Reaktion nicht leichter. Allein von einem weltgeschichtlichen Einschnitt zu sprechen, half nicht dabei, der wachsenden Distanz zwischen Amerika und Europa kulturell beizukommen, wollte man nicht die alten Klischees des Antiamerikanismus und der Europaverachtung neu bedienen. In die man auf beiden

Seiten des Atlantiks prompt zurückfiel, als der Krieg im Irak mit seinen empörenden Bildern von der Behandlung der Zivilbevölkerung die Medien beherrschte. Zwar waren die neuen Barrieren, die die Sicherheitskontrollen beim Überqueren des Atlantiks in den Weg legten, nur eine Unannehmlichkeit, kein Symbol, aber man holt sich eben die Symbole, wo sie erhältlich sind. Und in dem Unmut des Schlangestehens, um zum Flugzeug zu gelangen, bildeten sich die neuen Hindernisse ab, die zwischen den Ländern zu überwinden waren. Janes' Parole war: Nun erst recht! Nun besitzt das Institut erst recht seine Bedeutung. Unermüdlich kreuzte er zwischen Washington und Berlin hin und her, schuf im Wiederherstellen des während des Irakkrieges gestörten Dialogs eine Art Selbstermächtigung des Instituts als Vermittler von Expertenaustausch und gegenseitiger Kritik. Allerdings hatte auch er gegen die wachsende Ernüchterung über Amerikas schwindende Vorbildrolle als Vorkämpfer von Demokratie und Menschenrechten, die sich in Europa breitmachte, wenig einzusetzen. Er konnte nur bestätigen, dass die polemische Distanzierung auf beiden Seiten des Atlantiks einer anderen Sprache den Weg ebnete, der Sprache eines Neben- und Gegeneinanders, nicht mehr des Miteinanders im Gebäude des Westens.

Konnte man überhaupt noch von einem Gebäude sprechen? Bei Akademikern bewirkt eine solche Frage mehr als nur Achselzucken. Man kann Vorträge daraus basteln oder ganze Konferenzen organisieren. Zusammen mit dem German Historical Institute und dem AICGS tat sich Penn dank des DAAD-Professors Philipp Gassert mit der Konferenz »The Decline of the West« hervor. Mit dem kraftvollen Untertitel »The Fate of the Atlantic Community after the Cold War« zog diese Tagung 2009 auch Politologen und internationale Gäste an, unter ihnen Adam Michnik, den mutigen, witzig-anregenden einstigen Dissidenten, der Polens zwiespältiges Verhältnis zu Europa diskutierte. Michniks Botschaft war klar: das Europa-Thema sollte man nicht den Akademikern überlassen.

Auch auf dieser Konferenz rückte die Sprache des Miteinanders ins Abseits. Häufigster Satz von Kommentatoren zu dieser Zeit: Amerikaner und Europäer reden aneinander vorbei. Am meisten leuchtete mir ein, was Thomas Friedman, der Kolumnist der *New York Times,* von dem früheren schwedischen Ministerpräsidenten Carl Bildt zitierte, der die einstige Gleichgestimmtheit und den aktuellen Dissens von Amerikanern und Europäern an historischen Knotenpunkten festmachte. Europäer und Amerikaner hätten eine Generation lang dasselbe Datum geteilt: 1945. Die transatlantische Allianz habe sich von der gemeinsamen Verpflichtung an Demokratie, freier Marktwirtschaft und der Abwehr der Sowjetunion hergeleitet. Für Amerikaner sei Europas Stärke ein Teil ihrer eigenen Frontlinie gewesen, für Europa Amerikas Stärke. »Heutzutage«, zitierte Friedman den Europäer, »werden wir jedoch von verschiedenen Daten motiviert. Unser bestimmendes Datum ist 1989 und eures ist 2001. Während wir von Frieden sprechen, sprecht ihr von Sicherheit. Während wir vom Teilen der Souveränität reden, redet ihr von souveräner Machtausübung. Während wir von der Region sprechen, sprecht ihr von der Welt. Nachdem wir nicht mehr primär durch eine gemeinsame Bedrohung vereint werden, haben wir auch versäumt, eine gemeinsame Vision darüber zu entwickeln, wie wir viele der globalen Probleme angehen wollen, denen wir begegnen.«

Zyniker (oder Realisten), die den Amerikanern nachsagten, sich ohne Feindbild als Weltmacht nicht ernstnehmen zu können, hantierten mit der Formel: *Bye bye Communism, hello Terrorism!* Das AICGS erarbeitete europäische Stellungnahmen zu der neuen Form von Terrorismus und machte deutlich, dass diese Auseinandersetzung keineswegs nur Sache der Amerikaner sei. Terrorismusbekämpfung ließ sich 2003, als Friedman Bildts Analyse auch für die USA in Anspruch nahm, als Grundlage gemeinsamer Interessen herausstellen, bot jedoch für die kulturelle Verbindungsarbeit keine Handhabe mehr.

Was hatten die Deutschen angesichts der Bedrohungsdynamik zu bieten, die dem Terrorismus vonseiten der Bush-Administration eine Kriegserklärung bescherte? Nicht einmal der böse Deutsche, dem Hollywood immer wieder mal Leben einhauchte und dem das Holocaust-Museum in Washington permanente Aufmerksamkeit sicherte, war in diesem Moment von Interesse, geschweige der zum Alliierten avancierte gute Deutsche.

Was in den neunziger Jahren als paradigmatisch für das neue Miteinander von Ost und West, das Zusammenführen von Europa und die westliche Partnerschaft auch in Washington Interesse erregte, war dabei, auf ein akademisches Abstellgleis hinüberzugleiten. Aufmerksamkeit erregte demgegenüber die Nachricht, dass die Bundesrepublik nicht mehr den kranken Mann Europas darstelle. Janes hatte wohl nicht Unrecht mit der Konzentration auf das ökonomische und politische Programm.

The Many Faces of Germany

Ich hätte mir für meine Geburtstagsehrung, die mit der Überreichung einer Festschrift in einem holzgetäfelten Festsaal der University of Pennsylvania verbunden war, nicht gerade diesen historischen Moment ausgesucht, der den Beteiligten die schnelle Verderblichkeit der Kulturarbeit vor Augen führte. Die Abschiedsfeier im AICGS ließ keinen Zweifel daran, dass diesen Dingen keine lichte Zukunft beschert war. Nun holte mich die Tatsache ein, dass sich das akademische Netzwerk üblicherweise um den 65. Geburtstag herum zu einem Gespinst verdichtet, aus dem man nicht ungeschoren herauskommt.

Ich habe das Riesenglück gehabt, von drei Freunden, einer generösen Stiftung und zwei Universitäten sowie der treuen Verlegerin Marion Berghahn und einer Vielzahl von Freunden und Kollegen ein Kompendium verehrt zu bekommen, das sich dieser prekären Situation des Auseinanderdriftens von Amerika und Deutschland mit Witz und Nachdruck gestellt hat. Geplant unter dem Titel »Die Zukunft des Vergangenen. Was bleibt vom 20. Jahrhundert?«, dann mit dem Titel »*The Many Faces of Germany. Transformations in the Study of German Culture and History*« 2004 im Berghahn-Verlag veröffentlicht, spiegelt dieser ziemlich dicke Band vor allem den Moment des Schwankens wider, in dem man an einem eingängigen Fall sowohl das bereits Vergangene dieser Art der Beschäftigung mit Deutschland aufzeigt als auch den Übergang zu einer neuen, nüchterneren Form von German Studies in den Blick nimmt. Der eingängige Fall war ich. Meine Arbeit für eine bessere Kenntnis deutscher Kultur und Geschichte stellten die Herausgeber John McCarthy, Thomas Koebner und Walter Grünzweig in den Kontext der historischen und intellektuellen Entwicklungen, die von den Autoren mit teilweise höchst instruktiven Thesen abgehandelt wurden.

Es war wohl weniger meinem Tribut an die Fächer Literatur- und Geschichtswissenschaft zuzuschreiben als dem Umgang mit deren Repräsentanten, was mir die stimulierenden Essays prominenter Germanisten und Historiker eingebracht hat. Zwischen den Stühlen der Disziplinen sitzend, hatte ich Netzwerke geknüpft, die die Herausgeber mit Finesse lüfteten. Das Buch bestätigt, dass einem ein Haufen von Veröffentlichungen zwar Reputation einbringt, darüber hinaus der beste Beitrag jedoch in der Fähigkeit liegt, andere zum Neu- und Andersdenken zu motivieren, und dazu gehört auch das Organisieren entsprechender Gelegenheiten. Diese Festschrift, an sich ein wenig geliebtes Vehikel, macht es deutlich und schließt nicht unbedacht mit einer Sektion persönlicher *testimonials*.

Bei der Lektüre der Artikel ist mir zudem aufgegangen, was *The Many Faces of Germany* heißen kann, wenn man dahinter die Frage hört, warum, wie und wann sich Amerikaner für deutsche Dinge interessiert haben, obwohl Frankreich und England eine so viel größere Ausstrahlung und Vorbildwirkung in Anspruch nehmen können. Diese Frage kommt nicht unbedingt der Selbstgewissheit zugute. Und die Deutschamerikaner spielen eine eher untergeordnete Rolle. Die Frage ist oft gestellt und selten überzeugend beantwortet worden. Ohne die Festschrift hätte ich mich wohl nicht zu einer Antwort veranlasst gesehen. In Kürze, als eine Art generalisierender Nachtrag:

23 Bei der Departmentparty aus Anlass der Emeritierung 2007 mit Alex und Martina Trommler.

Lange Zeit hat die Aufmerksamkeit der Amerikaner vornehmlich Bildung und Wissenschaft gegolten, vor allem wenn im erziehungsbeflissenen 19. Jahrhundert die klassische deutsche Literatur auf Vorbildwirkung hin gelesen wurde und deutsche Universitäten zum Mekka professioneller Ausbildung, Zertifizierung und Statuserhöhung avancierten. Ganz anders im 20. Jahrhundert, eher verstörend demgegenüber die Erfahrung des verfehlten deutschen Weltmachtstreben und der zunächst gescheiterten Demokratisierung. Amerikanische Politiker und Historiker machten diese Erfahrung zu einer zentralen Referenz für Amerikas Aufstieg zur Weltmacht, so dass das Studium dieser Nation, das zunehmend auch den Holocaust einbezog, als Bestandteil amerikanischen Selbstverständnisses gelten konnte.

Die Jüngeren begriffen es schneller: mit dem Reiz des Paradigmas Deutsche Klassik in der *academy* ging es zu Ende. Wir mussten andere Qualitäten deutschen Geistes aus Philosophie, Psychologie, Film und Kunst vor allem bei der Konstituierung der Moderne sichtbar machen, am treffendsten im Jahrzehnt des anderen Weimar, um Amerikaner für das Studium von Sprache und Denken dieser Kultur zu interessieren. Mit den tief in den Alltag hineinwirkenden Umbrüchen zwischen 1989 und 2001 erfuhren dann die Historiker, dass sich die Reichweite des deutschen Sonderweges, den sie als Erklärungsform und -formel mitkonzipiert hatten, kaum ins neue Jahrhundert hinein erstreckte. Sie verloren den Antrieb zu den großen Erzählungen, es sei denn, sie wollten Bilanz ziehen. In das Ende dieses Denkens verschaffte die Konferenz über die Zukunft der deutsch-amerikanischen Geschichte 1999 wichtige Einsichten. Selbst die Beschäftigung mit dem Holocaust als deutschem Paradigma begann, wie ich Ende der neunziger Jahre erfuhr, ihren Diskussions- und Identifikationswert zu verlieren.

Genug vom *big picture*. Unterhaltsamer war in jedem Fall der Moment, in dem mir Tochter Martina die Festschrift mit strahlendem Gesicht überreichte. In Penns holzgetäfelt-festlicher Flag Hall war das Ganze als Geburtstagsfest angelegt, zu dem Jost Hermand und Henry Remak ebenso hinzustießen wie Penns Alt-Präsident Sheldon Hackney, die Dekane Sam Preston und Rebecca Bushnell, AICGS-Präsident Jack Janes, die Direktorin der New Yorker DAAD-Büros, Britta Baron, und die immer optimistische Leiterin des Deutschlehrerverbands AATG, Helene Zimmer-Loew, zwei beeindruckende Frauen, mit denen ich viel zusammengearbeitet habe.

»Stecken Sie sich das Verdienstkreuz selber an«

Von Glück zu sprechen, heißt bei mir auch, dass ich meine Tätigkeiten als Lehrer, Forscher und Vermittler ausüben konnte, ohne einer staatlichen Stelle Rechenschaft ablegen zu müssen. Es mag mit der Generation zusammenhängen, aber auch damit, dass man als amerikanischer Professor keinen Amtseid ablegen muss. Was offizielle deutsche Verpflichtungen angeht, kann ich als einzige Verbindlichkeit nur auf die jugendliche Mitgliedschaft bei den Offenbacher Kickers verweisen, eine leider wenig geschätzte Adresse.

Meine Beschäftigung mit Institutionen des amerikanischen wie des deutschen Staates behielt dementsprechend eine private Note. Damit fiel es mir leichter, neben dem Offiziellen auch dem Unterhaltungswert Beachtung zu schenken. An zwei Beispielen lässt sich das erläutern.

Der Kontakt mit amerikanischen Offiziellen erfolgte in Washington und geschah im Capitol, genauer in einem Hearing Room des Rayburn Building auf Capitol Hill. Ich war von der Congressional Study Group on Germany zu Vortrag und Diskussion eingeladen worden und erfuhr auf diese Weise, dass im Jahr 2000 Kongressabgeordnete vom Mittleren Westen auf meine Darlegung deutsch-amerikanischer Belange mit sehr viel genaueren und unterhaltsameren Beispielen antworten konnten. Das Ganze geschah bei einem Lunch für Kongressabgeordnete und Deutschlandkenner und erlaubte, einige der heikleren Konfliktpunkte zwischen beiden Ländern anzusprechen. Für den Abgesandten der Deutschen Botschaft bot es eine Gelegenheit, den Vorsitzenden der Study Group, John La Falce, Demokrat aus Buffalo und Mitglied des Haushaltsausschusses, zu bitten, sich für den Merger von Telekom mit VoiceStream einzusetzen.

Zu dieser Episode gehört, dass mir zuvor nachdrücklich klargemacht wurde, als Lunchsprecher bei solchen Sitzungen komme man im Allgemeinen weder zum Essen noch zu den angesagten Zuhörern. Die Kongressabgeordneten müssten alle Nase lang der Klingel folgend zur Abstimmung eilen. Ich erlebte mit Dankbarkeit, dass unter den Zuhörern die neun Kongressabgeordneten aus Illinois, Missouri, Nebraska und anderen Staaten, ihr Lunch verspeisten, obwohl die Klingel mehrmals läutete, und sich sogar auf deutsche Dinge konzentrierten, die der Organisator Peter Weichlein mit John La Falce ausgemacht hatte. In diesem Rahmen ließ sich erkennen, dass angesichts der Notwendigkeit, dem Wahlvolk zu entsprechen, *the German connection* in bestimmten Gegenden eine nicht zu unterschätzende Rolle spielt, ob nun ethnisch oder wirtschaftlich begründet. Als ich den wohlinformierten und jovialen La Falce fragte, wie er denn ausgerechnet aus Buffalo in diese Gruppierung gelangt sei, machte er mich darauf aufmerksam, dass es eben nicht nur im Mittleren Westen deutschamerikanische Enklaven gebe, so etwa in Buffalo. Als Bestätigung, dass er die Sitzung für nützlich hielt, beschloss er, das Buch *The German-American Encounter* für die Gruppe zu bestellen. Soweit die Atmosphäre vor 9/11.

Das andere Beispiel weist ins Offizielle, war jedoch nicht politisch. Offiziell war die Ankündigung, dass mir vom deutschen Generalkonsul in New York das Bundesverdienstkreuz am Bande verliehen werden sollte.

An einem sonnigen Augustmittag des Jahres 2004 stellten sich Familie, Freunde und Kollegen im Haus der bundesdeutschen Behörden am East River in New York ein, von dem man zum Gebäude der Vereinten Nationen hinüberblickt. Nach 9/11 erforderte der Zugang eine genauere Prüfung in der Sicherheitsschleuse, bevor man im Fahrstuhl zum obersten Stockwerk hinaufdurfte. Das Beste an der Veranstaltung war, dass Alex und Martina dabei sein konnten und aus erster Hand, dem Mund von Generalkonsul Uwe-Karsten Heye, erfuhren, dass ihr Vater nicht nur bei den Bewohnern des akademischen Elfenbeinturmes Beachtung gefunden hatte. Obwohl ich mich nie zu den ethnischen Verdienstträgern gerechnet habe, sprach mir der Generalkonsul große Meriten um die Erhaltung des deutschen Erbes in Amerika zu. Dafür ließ sich die Vermittlungsarbeit von der Tricentennial Conference 1983 bis zu ihrem Pendant 1999 anführen, bei der die gelungene Rettung der ältesten und größten deutsamerikanischen Bibliothek der German Society of Pennsylvania mithilfe deutscher und amerikanischer Stiftungen offizielle Beachtung fand.

Generalkonsul Heye hielt sich bei der Laudatio im Namen des Bundespräsidenten Johannes Rau an den vorgeschriebenen feierlichen Text. Mit Rau, dem Gewissenspolitiker und Sozialdemokraten, den man gern zum Bruder Johannes erhöhte, konnte ich mich identifizieren. Die erwähnten Verdienste um Volk und Staat machten es offiziell. Ich hielt mich an die Überlegung, dass ich die Ehrung, wenn sie nun schon so offiziell war, auch offiziell im Namen von etwas entgegennehmen müsse. Das geschah unter Berufung darauf, dass ich sie im Namen der Generation annehme, die nach 1980 das Erbe der Emigrantengeneration in der Arbeit an deutsch-amerikanischer Verständigung angetreten habe. Ich verwies auf die Dynamik, welche die Kollegen in allen Teilen des Landes seit langem anfachten. Wir lebten noch davon, allerdings werde sie nun Sache der Jüngeren, die andere Probleme bewältigen müssten.

Heye, der einstige Redenschreiber Willy Brandts und erfolgreiche TV- und Romanautor, fühlte sich von der Erwähnung der Emigranten dazu animiert, etwas von seiner Tätigkeit als Generalkonsul in New York einzubringen: die Tatsache, dass ein Großteil seiner Arbeit der jüdischen Gemeinde und den Holocaust-Überlebenden gelte. Dieser sympathische Zeitgenosse einer bewegten Vergangenheit ließ erkennen, dass ihn die Arbeit in Amerika interessiere, nicht aber das Ordenverleihen. Der ehemalige Pressesprecher der Schröder-Fischer-Regierung bewegte sich so wenig routiniert in seiner Funktion als Diplomat, dass er mir den Orden, anstatt offiziell anzulegen, in die Hand drückte und sagte:

Stecken Sie sich das Verdienstkreuz doch bitte selber an!

Eine unvergessliche Dekonstruktion diplomatischer Etikette, die bei der Freundesgruppe gut ankam. Ohnehin fühlte sich alle an die großen Fenster gezogen, die in gleißender Mittagssonne den schönen Blick über den East River, die UN-Gebäude und die Stadtsilhouette wandern ließen, während die lang erwarteten Hors d'oeuvre mit Sekt gereicht wurden.

Heye selbst sorgte dafür, dass dieser Empfang, der offenbar weniger häufig geschah, als ich dachte, auch für ihn an Unterhaltungswert gewann. Die Gäste machten es ihm leicht: neben Familie und den Kollegen des German Departments, Catriona MacLeod, Liliane Weissberg und Simon Richter, die New Yorker Freunde Marion und Volker Berghahn, der Germanist an der New York University Bernd Hüppauf, Hochschulexpertin Heide Naderer, die immer fröhliche Helene Zimmer-Loew und vom DAAD die New Yorker Beauftragte Barbara Motyka und Generalsekretär Christian Bode, auf jedem besseren Fest vertreten. Der Partystimmung stand nichts mehr im Wege.

18. Was heißt und wie geht Retirement?

»Don't stop!« Was die Freunde tun

Befreiung vom Unterrichten und Verwalten soll die Forschung voranbringen. So lautet die Begründung von Freisemestern, ungeachtet des Vorwurfs, sie seien erfunden worden, um Kollegen neidisch zu machen. Mein Freisemester im folgenden Jahr brachte die Forschung nicht voran, dessen bin ich gewiss. Was es voranbrachte, war die Erkenntnis, dass ich ohne Unterrichten und Verwalten gut leben könnte.

Eine plausible Entdeckung, wenngleich nicht gerade wissenschaftlich.

Die früheren Freisemester hatte ich bei der Familie in Philadelphia verbracht, war nicht zu Archiven gefahren. Diesmal, im Jahr 2005, ging ich mit Familie ein halbes Jahr nach Berlin, das heißt mit Natalie, die von dort mit einer Yoga-Gruppe zu einer Asienreise aufbrach, und der fünfzehnjährigen Martina, die von der internationalen Kennedy-Schule aufgenommen wurde. Berlin hatte mir einst geholfen, einen eigenen Lebensweg zu finden. Jetzt, nach sechsundvierzig Jahren, konnte die Stadt mir eines mit Sicherheit liefern: die Distanz dazu.

Berlin präsentierte, was es Tausenden von zumeist jüngeren Amerikanern und Amerikanerinnen nach der Wiedervereinigung so attraktiv machte: den Mischmasch von Künstlertum und Künstlichkeit, Frivolität und Geldmangel, Urbanität und Hinterhausmief, Naziresten und Geschichtsvergessenheit, neureicher Großspurigkeit und jugendlicher Subkultur. Dass die Stadt während unseres Aufenthaltes sogar unsere jüdischen Freunde Alan und Greta Greenberger anlockte, die Deutschland bisher strikt aus ihrer Reiseagenda ausgespart hatten, spricht Bände. Noch mehr, dass die beiden sich nicht nur auf Checkpoint Charlie, die Ikone des Kalten Krieges zwischen amerikanischem und russischem Sektor, oder auf Libeskinds Jüdisches Museum und die Museumsinsel, konzentrierten, vielmehr die neuen Architekturen, insbesondere der nordischen Botschaften am Tiergarten, inspizierten und vieles erkundeten, was uns entging, ohne sich über die ungeduldigen Deutschen aufzuregen. Wir respektierten Gretas Reserviertheit, wussten, dass diese Reise eine große Herausforderung bedeutete. Berlin machte es möglich.

Mir machte die Stadt die Wiederbegegnung mit den deutschen Freunden möglich, die ich nicht aus den Augen verloren hatte, die ich jedoch nun ausführlicher erleben wollte, ausführlicher in ihrer Lebenseinstellung, ihrer Einschätzung von Fehlern und Leistungen, ausführlicher in ihrer Einstellung zum Alter. Das war ein Thema, dem man, wie ich fand, in Deutschland mehr Aufmerksamkeit, um nicht zu sagen Verehrung widmet als in Amerika. *Retirement* heißt es im Englischen, Ruhestand im Deutschen. Ist das wirklich die adäquate Kennzeichnung? Eigentlich führen beide Worte in die Irre. Typisch, dass sie von den davon Betroffenen selten gebraucht werden.

Im Fall der Freunde sagten sie wenig über die gewandelte Lebenssituation aus. Auch für die Professoren, die sich der Pensionsschwelle von 65 beugen mussten, galt, dass sie als Geisteswissenschaftler mit ihren Forschungen und Aktivitäten weitermachen konnten. Was sie auch taten.

So vermochte Klaus Scherpe, der Literaturprofessor, nach der Emeritierung die international besetzten Mosse-Lectures an der Humboldt-Universität, bei denen ich auch einmal zu Wort kam, mit Elisabeth Wagner zu einer der herausragenden Veranstaltungen des intellektuellen Berlins auszubauen. So betrieb Rolf Peter Janz, viele Jahre eine Stütze der Berliner Germanistik an der Freien Universität, nach der Emeritierung seine Vortragsreisen mit viel Elan vorzugsweise ins Ausland weiter. Janz verstand es, mit seiner ebenfalls reiselustigen holländischen Partnerin Anouk dank ICE einen späten Lebensspagat zwischen Berlin und den Niederlanden zu etablieren. Thomas Koebner, der einstige Mitgermanist in München, hatte 2004 seine Ehefrau Birgit Moers verloren, behielt die Leitung des von ihm gegründeten und bravourös geführten Filmwissenschaftlichen Instituts der Universität Mainz bis 2007 in der Hand. Ich bewunderte, wie der Freund sich dann ohne Klagen, wenngleich mit vielen Doktor- und Magisterarbeiten im Koffer, von dieser quirligen und produktiven Institution löste und wieder voll in München ansiedelte, nun ganz auf das Schreiben von überaus lesbaren und reich illustrierten Büchern über Filmkunst und große Regisseure wie Federico Fellini, Ingmar Bergman, Roman Polanski, Edgar Reitz, Steven Spielberg konzentriert. Koebner zog schließlich nach Berlin um, in einer anregenden Partnerschaft mit der Professorin für Griechische Philologie und Religionswissenschaft, Susanne Goedde, die einen Ruf an die Freie Universität erhielt.

Ebenso Mitstudent in München, entschloss sich Rechtsanwalt Wolfgang Hegels, einst Anreger meiner Amerikareise, viele Jahre in Hamburg als Führungskräftetrainer etabliert, mit seiner Frau Ursel nach Berlin zu ziehen, näher an die Enkelkinder heran, und sich mit neuer Kraft seinem seit der Studentenzeit verfolgten Aufklärungsprojekt über die jüngste deutsche Vergangenheit zu widmen. Konkret hieß das für ihn, den 1. September 1939, den Tag seiner Geburt, an dem der Zweite Weltkrieg begann, als Auftakt der Zerstörung Polens aufzuarbeiten, und das bedeutete, noch konkreter, die brutale Zerstörung der polnischen Stadt

Wilun, des ersten Opfers deutscher Bomber an diesem Tag, aus der Vergessenheit zu holen. Wenige Jahre, nachdem Hegels mit gleichaltrigen Polen demonstrativ an einer Versöhnungsveranstaltung in Wilun teilgenommen hatte, stellte sich Bundespräsident Steinmeier zusammen mit dem polnischen Staatspräsidenten Duda in einer offiziellen Zeremonie in diesem Ort der Erinnerung an das Verbrechen.

Der andere ehemalige Mitstudent, Hansjörg Elshorst, einst in Argentinien als Entwicklungshelfer miterlebt, siedelte sich nach der Pensionierung in Berlin an, genauer in Potsdam, an dessen Universität er einen Lehrauftrag erwirkte. Mit ihm brachte er seine Erfahrung als Leiter des großen Entwicklungshilfeunternehmens GTZ und als Mitbegründer von Transparency International ein, das heißt seine umfassende Erfahrung als Manager von Großprojekten.

Hartmut Mecking, einst Mitschüler in Offenbach, später Chefarzt für Onkologie und Strahlentherapie an einem Duisburger Krankenhaus, vermochte nach seiner Pensionierung mit seiner durch Konferenzreisen in die USA aufrechterhaltenen Expertise noch viele Jahre als Arzt in einer Essener Privatklinik zu arbeiten. Das hielt ihn mobil und half ihm als spätem Familiengründer dabei, die Hypothek für sein Haus abzuzahlen. Die Freunde Jochen und Carola Bloss, mit Berlin eng verbunden, waren in München durch ihre Tätigkeit beim Goethe-Institut als großartige Gastgeber zum Mittelpunkt eines Zirkels von Autoren und Kulturliebhabern geworden. Dazu gehörte, dass sie öfters in den Bergen verschwanden, mal mit, mal ohne ihre Bergkameraden.

David Othmer, der Freund in Philadelphia, der sich nicht leicht mit dem Entschluss abfand, die leitende Stellung an der öffentlichen Radiostation zu früh aufgegeben zu haben, um sich seinem Weinberg zu widmen, brachte es auf den einfachen Nenner: *Don't stop!* Weitermachen, nicht aufhören, Neues erfinden. Keine Frage, dass John McCarthy, der immer schreibende, immer dialog- und witzbereite Germanistenfreund, der mit seiner Frau Mecki unser Familienleben begleitet hat, dieser Maxime sein Leben widmete und es schwer hatte, sich von seinem Lehramt an der Vanderbilt University zu lösen, um nach Portland umzuziehen. Selbstverständlich setzte er an der Pazifikküste neben Großvaterbeschäftigungen seine Forschungen zur Aufklärung fort.

Othmers Maxime sah ich in den Folgejahren ebenso bei anderen Freunden in den USA bestätigt, unter denen dem ältesten die Krone besonderer Bewunderung galt, Egon Schwarz, dem Wiener jüdischen Emigranten, der seinen unermüdlichen Einsatz für ein kritisches Österreichbild noch als Neunzigjähriger auf Vorträgen in aller Welt fortsetzte.

Mit Jost Hermand, dem Freund aus den frühen Jahren an Harvard, war ich immer in engem Austausch geblieben. Auch nach seiner Emeritierung bekam ich jedes Jahr ein gerade erschienenes Buch zugesandt, zumeist – nicht immer – eine neue Durchforstung der von ihm seit den sechziger Jahren erschlossenen Bereiche moderner deutscher Literatur, Musik und linker Kultur, zu der seit den achtziger Jahren Ökologie hinzutrat. Zu diesen immer lesbar geschriebenen Panoramen machte ich ihn in den späteren Jahren regelmäßig darauf aufmerksam, dass die persönlich gehaltenen, bisweilen anekdotischen Episteln und Begegnungen mehr Neues brachten als die großdimensionierten Überblicke (obwohl ich seinen Griff nach dem *big picture* nach wie vor schätzte). Hermands von einem phänomenalen Gedächtnis getragenen Epistel waren es zumal, die nach dem Tod seiner Frau Elisabeth unser jährliches Zusammentreffen in den Jahren vor seinem Tod 2021 für mich zu einer Art Hörfest erhöhten. Ich wurde jedes Mal wieder von seiner durch Zwischenfragen auf Tempo gehaltenen Lebenskonfession gefesselt, wobei die Anklänge an sein früheres Stottern ihre Tiefe und Authentizität erkennen ließen. Er erinnerte mich öfters daran, dass er nach dem Tod so vieler Bekannten kaum noch Gelegenheit habe, deutsch zu sprechen.

Kaum weniger beeindruckend das Weiterschreiben des Freundes Horst Daemmrich, des Penn-Kollegen, der seine Forschungen zu Themen- und Motivgeschichte in Büchern zur Nachkriegsliteratur weiterführte. Ich vergesse nicht den Moment, in dem er mir, in der Oktobersonne vor seinem Haus sitzend, voller Stolz den gerade erschienenen Band *Self-Realization* mit den Worten überreichte: Hier ist mein letztes Buch, es ist Dir gewidmet. Wenige Woche später starb Daemmrich, ebenfalls mit 91 Jahren. In *Self-Realization* hatte er in knapper Form sein Forschungsgebiet mit einer Anleitung zur Selbstverwirklichung aus den Texten großer Literatur verwoben.

Ein eindrucksvolles Panorama, jeweils ermutigend und voller Gesprächsstoff. Jede Freundschaft hat ein anderes Timbre, und jeder Freund kommt wiederum in anderen Netzwerken zu seinem inneren Gastspiel. Es sind tatsächlich innere Gastspiele, die sich da in den Gesprächen entwickeln, wo bekannte Figuren, Gemeinplätze und Marotten jeweils neue Konturen bekommen, getragen vom nahen, geradezu körperlichen Vertrauen, das aus gemeinsamer Vergangenheit herrührt und nicht ersetzbar ist.

Zu meiner Freude ist mir dieses Vertrauen im Umgang mit meinem Bruder Klaus nie verlorengegangen, der mir selbst zum Vorbild des *Don't stop* wurde, als ein bis ins hohe Alter geschätzter Fachmann für internationales Steuerrecht. Er verdankte die Aufrechterhaltung seiner Energien zu einem nicht geringen Teil seiner Frau Ruth, die mit ihrem ungebrochenen Engagement an den Aachener Kulturinstitutionen ein Beispiel dafür darstellt, dass die Trennung von beruflichen Verpflichtungen keineswegs Trennung von Lebensaufgaben darstellen muss. Im brüderlichen Umgang kam das Alter kaum zur Sprache; das gemeinsam in der Familie Erlebte behielt eine Präsenz, die kaum der Sprache bedurfte. Wir hatten später das Glück, dass die in dieser Präsenz manifestierten Belastungen schließlich doch voll zur Sprache kamen, als das Ende der DDR eine Kompensation für den Verlust des Familienbesitzes ermöglichte. Dank seiner einmaligen Mischung aus Geschäfts- und Familiensinn verstand es Klaus, der im Jahr nach seinem 80. Geburtstag einer tödlichen Krankheit erlag, diese Kompensation in fairer Weise sicherzustellen.

Die Vergangenheit holt mich ein, die Kinder nicht

Wie war das mit der Distanz zu dem langen Lebensweg, den ich seit der Jugendzeit zurückgelegt habe? Wenn ich wirklich beabsichtigt hatte, sie in Berlin zu finden, wurde ich an einem kühlen Herbsttag eines Besseren belehrt.

Es geschah an einem Samstagmorgen beim Studium der Zeitungen, das wie üblich ferienmäßig im Bett stattfand, mit Blick auf Wände und Fenster des hellen zweistöckigen Apartments am Wissenschaftlerhaus IBZ am Rüdesheimer Platz in Wilmersdorf. Natalie konzentrierte sich auf die Immobilienanzeigen im *Tagesspiegel,* die ihr verlockend erschienen, ich auf einen Riesenartikel im Dossier der *ZEIT,* farbig, mit Lobreden aus England, persönlichen Zeugnissen über die Größe des Vorhabens, die hunderttausend Spenden, zu denen auch meine zählte, und die glückliche Vollendung.

Warum weinst Du?

Ich, weinen?

Ja, merkst Du nicht, dass Dir die Tränen kommen?

Inzwischen ja.

Was ist denn los? Warum die Tränen?

Schweigen.

Sag, warum?

Gerade jetzt möchte ich nicht reden.

Was holte in mir die Tränen herauf, wie ich es seit dem Fall der Mauer nicht mehr erlebt hatte?

Man feierte in ganz Deutschland die Vollendung des Wiederaufbaus der Dresdener Frauenkirche. Ihre Zerstörung gehörte zu meiner Kindheit in Sachsen. Vor ihren Trümmern hatte ich als Zehnjähriger gestanden. Natalie wusste die Bedeutung dieses Erlebnisses wohl zu einzuschätzen. Sie war beim Besuch 1987 in Dresden angesichts der Riesenregale, auf der die Steine säuberlich nummeriert und sortiert neben dem Trümmerhaufen der Kirche vor sich hin dämmerten, in eine Art Bewunderungsjubel ausgebrochen, hatte sich bei mir versichert, ob dies tatsächlich die Steine der Kirche seien und ob man die tatsächlich wieder aufbauen wolle. Sie wusste, dass ich als knapp Sechsjähriger in meinem Erzgebirgsort Zwönitz den roten Himmel der Dresdener Feuernacht gesehen hatte.

Nun setzte ich mich sechzig Jahre später im Bett in Berlin-Wilmersdorf in Positur und konnte nicht verhindern, dass diese vergangenen Dinge Tränen heraufbeförderten, während ich über die riesige Spendenaktion, die innere Verpflichtung von Tausenden zum Wiederaufbau dieser schönen Kuppelkirche und die Zusammenarbeit mit den Handwerkern in Coventry las.

Als wir wenige Tage später mit den Freunden Peter Janz und Susanne Weiss in einem Restaurant auf diesen Wiederaufbau zu sprechen kamen und mit den Plänen für einen Wiederaufbau des völlig zerstörten Berliner Schlosses verglichen, hörte ich von der Berlinerin Susanne, der Chefredakteurin der Zeitschrift der Freien Universität, *WIR* (für die sie mich als Alumnus zu schreiben animierte):

Der Aufbau der Dresdener Frauenkirche wurde zusammen mit dem Erzbischof von Canterbury vollbracht. Das war eine große Versöhnungsaktion. Dagegen ist der Aufbau des Berliner Schlosses nur dazu da, die Nostalgie einer bestimmten Gesellschaftsschicht, auf jeden Fall des konservativen Teils, zu befriedigen.

Ich erzählte nichts von den Eindrücken des Sechs- und des Zehnjährigen. Das mit der Versöhnungsaktion stimmt sicherlich, da es die Schuld der Deutschen mit der Schuld der Engländer verrechnete. Das war es nicht, was die Tränen beförderte. Sie kamen, weil etwas in mir angerührt wurde, das ich mit mir herumgetragen und das ich verdrängt hatte. Die Wiederbegegnung mit einer verdrängten Zugehörigkeit schafft das spielend, befördert von Sentimentalitäten, die jeder Kindheitserinnerung anhaften.

Wie sehr mich die Zugehörigkeit zur Vergangenheit in Bann hielt, erfuhr ich, als ich Alex und Martina nach Weihnachten eine Tagesreise nach Dresden vorschlug, um den Wiederaufbau der Frauenkirche zu bewundern.

Müssen wir da mitkommen, bei dieser Hundekälte?

Ich hab Euch doch von Dresden erzählt, das sie völlig zerbombt haben.

Und?

Die Frauenkirche ist die schönste Kuppelkirche der Welt, und sie haben sie Stein für Stein wieder aufgerichtet.

So was können wir auch hier in Berlin sehen. Das haben sie mindestens so sehr zerstört.

Die Frauenkirche gibt es nur einmal.

An dem Tag zwischen Weihnachten und Silvester war es in Dresden so kalt, dass wir uns nach der Zugfahrt in ein Restaurant flüchten mussten, um uns aufzuwärmen. Als wir dann die Öffnungszeiten erfuhren und sahen, dass trotz der Kälte bereits eine große Menschenschlange an dem Seitenportal der Kirche wartete, konnte ich die Situation nur retten, indem ich mich eine Stunde lang einreihte, während ich die Familie zum Weihnachtsmarkt und den Ständen mit Glühwein schickte. Wäre nicht das anhaltende Frieren gewesen, hätte ich angesichts dieser monumentalen Aufbauleistung vor mich hin geschwärmt und wäre den Tränen gerecht geworden.

Ich muss zugeben, die Ausstattung des riesigen Innenraumes mit bläulichen und orangenen Pastellfarben zwischen Gold und Weiß enttäuschte auch mich an diesem Tag. Ich brauchte einige Zeit, um mich an das helle Erscheinungsbild der Kirche zu gewöhnen, die in allen Fotos so viel dunkler, gewichtiger und protestantischer ausgesehen hatte. Außerdem machte die Hundekälte draußen alles ungemütlich.

Einhelligen Beifall bekam auf diesem Ausflug nach Dresden nur die Besichtigung der Gläsernen Manufaktur, der für Zuschauer konzipierten Produktionsstätte des VW Phaeton, einer Luxuskarosse, deren Herstellung in erfreulicher Temperatur und mit vereinzelten Arbeitsgestalten, jedoch so ohne Lärm und Schmutz geschah, dass man sich fragte, ob wirklich ein banaler Verbrennungsmotor eingebaut werde. Mit dem Markennamen *Volkswagen* verwundert das Scheitern dieses Prachtautos auf dem Luxusmarkt kaum.

Offenbar kann man nur unter besonderen Umständen mit seiner Vergangenheit erfolgreich hausieren gehen, sie mag einem noch so kraftvoll erscheinen. *Timing* ist alles, auch beim Umgang mit Geschichte. Da ist die Familie besonders unerbittlich.

Der leere Schreibtisch inspiriert

Ich saß an meinem leeren Schreibtisch in unserem Domizil in Wilmersdorf und lauschte den Stimmen der Familie hinter mir im Wohnzimmer. Ich spürte, dass diese Stimmen wichtiger waren als mein leerer Schreibtisch. Was Alex erlebt hatte und Martina erzählte, besaß mit Natalies Kommentar eigenes Gewicht. Mehr Gewicht.

Alex hatte im Frühjahr bei einem Junior-Year-Progamm in München sein Deutsch verbessert, dabei zu einem der führenden deutschen Kunstglasstudios, Franz Mayers Bayerischer Hofkunstanstalt, einen Kontakt hergestellt, der ihm, wie er hoffte, später zugutekommen sollte. Er schloss sich uns nach einem schwierigen Semester an der Alfred University in Upstate New York zu Weihnachten an, selbstsicherer in seinem Entschluss, seinen Master in Fine Arts in Glaskunst abzulegen. Die Eltern lernten, das Unerwartete zu akzeptieren, nicht nur die schönen Glasobjekte, die er schuf, zu bestaunen, vielmehr sich auch damit abzufinden, dass er als Glaskünstler keine einfache Zukunft vor sich hatte. Martina machte sich in Berlin selbstständig, schaffte den Sprung von einer verwöhnten amerikanischen Vorortschülerin zum Großstadtmädchen mit U-Bahn-Expertise und unternehmungslustigen Freunden, nicht nur zur Freude der Eltern. Natalie überprüfte ihre Einstellung zu den Deutschen, wurde dabei allerdings durch die Bekanntschaft mit Amerikanerinnen häufig unterbrochen. Die wissensdurstige und belebende Patricia aus New Hamphire vermittelte ihr ausgerechnet in Berlin einiges vom gelebten Quäkertum, das eigentlich zur Quäkerstadt Philadelphia gehört.

Ich saß am Schreibtisch und begriff, dass ich das *retirement*, das ich in zwei Jahren vorhatte, ohne Schreiben, ohne Projekte nicht bewältigen würde. Die Gespräche mit den Freunden stellten wichtige Weichen. Die Erkundung der Staatsbibliothek und des Preußischen Geheimen Staatsarchivs, die ich für ein Publikationsprojekt mit anderen Freunden unternahm, gab mir nach und nach das Gefühl, dass jenes größere Unternehmen über die deutsche auswärtige Kulturpolitik, das ich seit langem mit mir herumtrug, für die Zeit nach der Emeritierung genau das Richtige war – unübersichtlich, unerforscht, voller politischer Fallen, voller faszinierender Exkursionen in andere Länder, andere Vorstellungen von Kultur, jedoch für jemanden, der Deutschland lange vom Ausland her studiert hatte, legitim und machbar.

Unvermerkt entwickelte sich das aktuelle Publikationsprojekt als ein erster Schritt in Richtung auf die grenzüberschreitende Behandlung von Kultur, die sich am Horizont abzeichnete. Das Projekt hatte in der Freundschaft mit Malcolm Richardson in Washington und Jürgen Reulecke, dem Historikerfreund in Gießen, Gestalt gewonnen. Es galt der Lincoln-Stiftung, von der noch niemand gehört hatte. Dank Richardsons detektivischer Arbeit im Archiv der Rockefeller Foundation konnten wir uns an der Ausgrabung dieser Stiftung beteiligen, die Ende der zwanziger Jahre von der Rockefeller Foundation mit dem preußischen Kultusminister Carl Heinrich Becker ins Leben gerufen wurde, um demokratisch gesinnte jüngere Führungstalente in der Weimarer Republik ausfindig zu machen und zu fördern. Ihre amerikanische Herkunft sollte unbekannt bleiben. Tatsächlich war etwas von der anderen Seite des Atlantiks für die Stützung der Weimarer Republik unternommen worden. Eine aufregende Entdeckung!

Richardson, der zu dieser Zeit in der Verwaltung des National Endowment for the Humanities, nicht mehr im President's Committee on the Arts and Humanities arbeitete, hatte auf meinen Vorschlag hin diesen erstaunlichen Fund im German Historical Institute vorgestellt. Jürgen Reulecke, der Historiker der Jugendbewegung und Experte für Generationsgeschichte, engagierte sich mit Begeisterung und besorgte Gelder für eine Buchveröffentlichung.

Der Fund lieferte einige bemerkenswerte Aufschlüsse über Persönlichkeiten, von denen eine beträchtliche Anzahl später prominent wurden, unter anderem Theodor Eschenburg, Klaus Mehnert, Dolf Sternberger, Bernhard Grzimek; unter Schriftstellern Stefan Andres, Peter de Mendelssohn, Paula Ludwig, Hans Henny Jahn; unter Wissenschaftlern Alfred Sohn-Rethel, Eduard Baumgarten, Raymond Klibansky; unter Jugendführern Hans Dehmel, Fritz Klatt. Die Dokumente zeigten, dass es in der Geschichte der Weimarer Republik Neues zu entdecken gab – und keineswegs von der ominösen Machart. Da hatten bekannte Persönlichkeiten wie Leopold Jessner, Thomas Mann, Wilhelm Flitner, Karl Vossler, Walter Gropius jüngere Talente für Stipendien der Lincoln-Stiftung empfohlen. Unsere Diskussionen hakten sich daran fest, inwiefern die Stipendiaten ihre spätere Tätigkeit im demokratischen oder antidemokratischen Geist ausgeübt hatten. Der Haken saß. Begabung, Ehrgeiz und Führungseigenschaften lassen sich nicht einfach auf politische Richtungen verteilen. Wir schwankten bei verschiedenen Zuordnungen. Darin ist die Ausgrabung sicherlich symptomatisch für die Weimarer Republik.

Die gemeinsame Arbeit am Buch *Weimars transatlantischer Mäzen: Die Lincoln-Stiftung 1927–1934* bezeugte, dass eine breitere Darstellung zwischenstaatlicher Kulturbeziehungen in den zwanziger und späteren Jahren Sinn hatte. Der Schreibtisch füllte sich mit kopierten Akten, Briefen, Memoranda. Auf mehreren der kopierten Akten leuchtete der Stempel »Preußisches Geheimes Staatsarchiv«. Das klang wichtig und vielversprechend.

Martina kurz vor dem Abschied von Berlin:

Dad, wirst du Du nicht das Unterrichten vermissen, wenn Du aus der Uni raus bist?

Nein, wohl aber die Studenten. Von ihnen lerne ich das meiste.

Bist Du nicht ein guter Lehrer?

Es gibt bessere.

Ist Unterrichten nicht das Höchste für einen Lehrer?

Ja, weil es die Rechnungen bezahlt. Aber ich habe mein inneres Gleichgewicht in diesem Beruf durchs Schreiben erhalten. Papier ist geduldig. Studenten sind ungeduldig.

Pause.

Was wirst Du im *retirement* machen?

Schreiben und mich unterhalten. Hoffentlich beides zusammen.

Schreiben? Hast Du nicht in Deinem Leben ständig geschrieben? Dein ewiges Sitzen am Schreibtisch, *come on!* Was kann das Neues bringen?

Ein dickes Buch. Ich will ein dickes Buch schreiben.

Lachen.

Du hast gut lachen. Du kennst Wissenschaftler nicht. Wenn Du genau hinsiehst, habe ich meistens nicht genug Zeit gehabt, um ganze Bücher zu schreiben. Um etwas Neues und Originelles zu sagen, habe ich mich auf Artikel und Vorträge konzentriert.

Aber andere haben Bücher geschrieben, nicht so dicke vielleicht.

Ich habe mich auf Artikel und Essays konzentriert. Die werden übrigens eher gelesen. Oft bringen Bücher dieselben Sachen, nur breiter ausgewalzt. Das zählt für die Unikarriere mehr.

Über was willst Du denn das dicke Buch schreiben?

Etwas, worin ich meine Lebenserfahrungen mit der deutschen Kultur im Ausland einbringen kann. Das geht nicht auf hundert Seiten.

Verstehe ich nicht.

Naja, weil ich weiß, dass Du es wahrscheinlich nicht lesen wirst, gebe ich Dir hier den Inhalt: Ich will über die offiziellen deutschen Kulturbeziehungen mit anderen Ländern im 20. Jahrhundert schreiben.

Das Goethe-Institut und so?

Ja, das Goethe-Institut und so.

19. Man kann so etwas nicht vorhersehen

Wer sagt jetzt die Himmelsrichtung an?

Das Schreiben eines Buches bringt keine Rettung vor dem Altwerden, wohl aber Beschäftigung, Selbstzweifel und gehobene Unterhaltung. Das ist mir nach der Emeritierung von der Universität bald aufgegangen. Jedoch: Wozu lebt man ein langes Leben mit vielen unterhaltsamen und irritierenden Leuten, mit unterhaltsamen und irritierenden Erfahrungen auf beiden Seiten des Atlantiks, mit all dem Glanz und Schrott des 20. Jahrhunderts und einer lebhaften, bisweilen irritierenden Familie, wenn man im Alter nicht darauf bauen kann, davon weiter in Anspruch genommen zu werden?

Das ist geschehen und hat diesen letzten Abschnitt meines Lebens zu einem Erlebnis eigener Art gemacht.

Einiges kann man planen, so die Verwirklichung des Projekts über die deutsche auswärtige Kulturpolitik, auch wenn es fast sieben Jahre brauchte. Das meiste kann man nicht planen, noch viel weniger voraussehen, so etwa die Dinge, die sich nach Erscheinen des Buches 2014, teilweise unabhängig davon, für mich entwickelten.

Zunächst das Buch. Es lehrte mich, dass ich auch auf dem Gebiet der auswärtigen Kulturpolitik, auf dem ich mich auszukennen glaubte, lernen musste, die adäquate Sprache zu finden. Das war anders, wenngleich nicht völlig verschieden von den Momenten der Fassungslosigkeit in Jack Janes' Büro im American Institute for Contemporary Studies in Washington, als wir diskutierten, welche Sprache für das Umdenken der transatlantischen Beziehungen nach der Terrorattacke von 9/11 geeignet wäre. Auf ein deutsches Publikum ausgerichtet, war ich an den Terminus »auswärtige Kulturpolitik« gebunden, der, offiziell sanktioniert und benutzt, eine spezifisch deutsche Form determiniert, Kultur in die Außenpolitik einzubringen. Lässt sich das mit dem französischen Begriff *diplomatie culturelle* und dem englischen *cultural diplomacy* gleichsetzen, den offiziellen Äquivalenten, die einer etwas anderen Grundkonstellation entspringen?

Der deutsche Begriff besitzt in der Amtsorientierung Grundlage und Grenzen. Von Diplomatie ist nicht die Rede. Er verleitet dazu, Selbstdarstellung im Ausland als Norm zu verstehen. Das jedoch verschleiert immer wieder die Problemseite der offiziellen deutschen Aktionen, vor allem das vom Amt eingenommene Selbstverständnis als Kulturmacht. Der Begriff auswärtige Kulturpolitik lässt nicht erkennen, wie er in den Umwälzungen, Kriegs- und Friedensphasen des 20. Jahrhundert gebraucht und missbraucht worden ist. Um etwas von dieser Geschichte einzubringen, habe ich das lange Zeit dominierende Konzept *Kulturmacht* darübergesetzt und dem Band den Titel *Kulturmacht ohne Kompass. Deutsche auswärtige Kulturbeziehungen im 20. Jahrhundert* gegeben. Dieser Titel deutet das ständige Schlingern Deutschlands zwischen Selbstanmaßung und dem Absturz in nationale Ohnmacht nach den verlorenen Weltkriegen an und bringt das Fehlen der Selbstsicherheit gegenüber der eigenen wie den anderen Kulturen auf den Begriff. Mir ging es um die offiziellen Akteure, wohl wissend, dass sich die Zivilgesellschaft ständig international vernetzt, dass entscheidende Initiativen jedoch von politischen Akteuren initiiert und gesteuert werden.

Ein solches Kompendium hatte bis dahin nicht existiert. Es bricht mit der Ansicht, es handele sich bei diesem Thema nur um die Selbstausstellung der Nation. Gewiss geht es auch darum, jedoch nur insofern, als auch das Wechselverhältnis mit den anderen Kulturen, das Geben und Nehmen, wie es Theodor Heuss einst nannte, in dieses Panorama rückt, das die volle Dynamik kultureller Beziehungen zwischen Ländern einsichtig macht.

Da der Band den deutsch-französischen Kulturbeziehungen besondere Aufmerksamkeit schenkt, überraschte die Einladung zu einem Vortragsabend im Pariser Heinrich-Heine-Institut kaum. Der Abend gewann vor allem dadurch, dass ich von dem bekannten Deutschlandexperten Michael Werner eingeführt und kommentiert wurde.

Christoph Bartmann, der Direktor des New Yorker Goethe-Instituts, überschrieb seine ausführliche Rezension des Buches Anfang 2014 in der *Süddeutschen Zeitung* mit der Frage: *Wer sagt jetzt die Himmelsrichtung an?* Das Buch porträtiere die auswärtige Kulturpolitik der Deutschen einleuchtend als Geschichte. Das führe zu der Frage, wie es damit weitergehe: »Welche Rolle spielen Globalisierung und zunehmend multilaterale Aufgaben, etwa in der arabischen Welt, für die kulturpolitische Agenda? Heute redet man viel von Kultur als ›soft power‹. Welche Art ›Kulturmacht‹ ist damit gemeint?«

Ich hatte die Darstellung der deutschen auswärtigen Kulturpolitik seit der wilhelminischen Zeit mit der Wiedervereinigung 1990 enden lassen. Hatte gedacht, damit genügend nahe an die Gegenwart herangeführt zu haben. Auf Bartmanns Frage nach der Himmelsrichtung hatte ich keine passende Antwort. Er offerierte bereits die Stichworte für die neueren Entwicklungen, vor allem den Begriff *soft power*. Er wusste viel darüber, war in New York genügend mit den anstehenden Problemen der internationalen Kulturdiplomatie vertraut.

Ich musste aufholen. Zudem forderte mich das American Institute for Contemporary German Studies in Washington auf, etwas Aktuelleres zu diesem Thema auf seiner Webseite zu publizieren. Wer sagte nun die Himmelsrichtung an?

Am ehesten tat das der Harvard-Professor Joseph Nye, der mit der Wiederauflage des in den neunziger Jahren geprägten Begriffs der *soft power* ein Paradigma in die Welt setzte, das sich in der Neuausrichtung kultureller Diplomatie nach 9/11 international als tragfähig erwies. Mit ihm erschien mir ein neuer Vergleich kultureller Außenwirkung von Deutschland und den Vereinigten Staaten fruchtbar zu sein. Im Hinblick auf die Außenwirkung der USA konzipiert und von vornherein nicht auf kulturelle Austauschprozesse, vielmehr politische Konkurrenz gemünzt, manifestierte sich in *soft power* eine neue Dynamik, die auch auf deutsche Praktiken zutreffen mochte, zugleich geeignet, Fremdheit und Distanzierung im Nebeneinander der beiden Länder erkennbar zu machen. Meine Überlegungen auf der AICGS-Webseite stießen 2015 auf das Interesse deutscher Experten.

Mit der von der Bush-Regierung mutwillig vom Zaum gebrochenen Invasion im Irak und der sie begleitenden wechselseitigen Polemik zwischen Europa und Amerika war es müßig zu hoffen, dass die Rituale deutsch-amerikanischer Verständigung wieder einklinken würden. Gewiss, die Vernetzung der Kulturen war und blieb die transatlantische Brücke, von der wirtschaftlichen Verflechtung ganz zu schweigen. Gefragt war hingegen eine Sprache, in der sich das Nebeneinander fassen ließ, in dem sich die jeweilige kulturelle Präsenz ohne übergreifende Verwandtschaft und Mission als Teil der Außenwirkung des Landes manifestiert. Mit dem Begriff der *soft power*, den Joseph Nye als Gegenbegriff zur militärischen *hard power* den Politikern empfahl, gewann diese Sprache Substanz. Sie rückt die Außenwirkung eines Landes durch Kultur, politische Werte und digitale Selbstdarstellung in die Nähe der Quantifizierungen, mit denen Politiker am liebsten umgehen. Angesichts der Anstrengungen Russlands und Chinas, ihre Außenwirkung in der Weltöffentlichkeit werbend zu verstärken, sorgte Nyes Vorstoß auch in Washington für Aufmerksamkeit. Unter Obamas Präsidentschaft ließ sich das Wort *culture* nicht auf politische Schwäche reduzieren. *Soft power* gehörte zum Instrumentarium amerikanischer Politik unter der Außenministerin Hillary Clinton.

Mit dem Buch als Schlüssel zu deutschen Entwicklungen hatte ich mich zwar im Geschichtlichen verortet, jedoch keinen Wegweiser für Gegenwärtiges aufgestellt. Zum Beispiel für die Frage, ob das Konzept von *soft power* für deutsche Mittlerorganisationen in der internationalen Konkurrenz Verbindlichkeit bekommen könnte.

Auch hier erwies sich die alte Praxis als opportun, über großräumige Fragestellungen, die, ungelöst, als Herausforderungen artikuliert werden können, Fachleute zusammenzurufen, praktisch gesagt: eine Konferenz zu veranstalten. Diesmal in Deutschland. Sie konnte allerdings nicht als akademisches Ritual gemeint sein, musste ermöglichen, dass Theoretiker und Praktiker gemeinsam die Fragen angingen. *Soft power* sollte als Herausforderung der deutschen auswärtigen Kulturpolitik diskutiert werden. Titel der Tagung: »*Soft Power* und auswärtige Kulturpolitik«.

Die eintägige Konferenz ergab sich aus der Kontaktnahme mit dem Altmeister der Forschung zur deutschen auswärtigen Kulturpolitik, dem Historiker Kurt Düwell, der meinem Buch eine gute Empfehlung gegeben hatte, sowie dem Herausgeber des mehrmals aufgelegten Handbuchs *Kultur und Außenpolitik,* Kurt-Jürgen Maaß, der lange Zeit das Institut für Auslandsbeziehungen in Stuttgart leitete, in dem ich einen Großteil meiner Forschungen betrieben hatte. Dank des Interesses der Historikerin Jessica Gienow-Hecht, einer Expertin deutsch-amerikanischer Kulturbeziehungen, konnte die Konferenz Ende 2015 im John-F.-Kennedy-Institut der Freien Universität Berlin stattfinden.

Die zwei Veranstalter, Kurt Düwell von der Universität Düsseldorf auf der deutschen, ich auf der amerikanischen Seite zusammen mit Jack Janes für Penn und AICGS, kamen gut miteinander aus. Am Begriff von *soft power,* den Janes für die Beurteilung der Außenwirkung der Bundesrepublik für unabdingbar hielt, rieben sich die deutschen Teilnehmer, vor allem die Praktiker. Der Terminus bestätigte seine Bedeutung in den Beiträgen über den Wettbewerb mit anderen Ländern, etwa von Kerstin Holm von der *FAZ* über Russland und Martin Löffelholz über China und Asien. Anders bei den Organisatoren der auswärtigen Kulturarbeit. Bei ihnen verlor er an Gewicht, erschien zu wenig definierbar, evozierte zu viel Politik, die man mit Kulturaustausch gerade nicht offensiv verstanden wissen wollte. Am kritischsten sprach Andreas Ströhl vom Goethe-Institut, der zugleich die traditionelle auswärtige Kulturpolitik angesichts der neuen Herausforderungen durch Entstaatlichung, Digitalisierung und Migration zur Diskussion stellte. Ganz ohne *American connection* kamen Andreas Kämpf vom Deutschen Kulturrat und Ronald Grätz, der Generalsekretär des Instituts für Auslandsbeziehungen, in ihrem Dialog über die internationale Kulturpolitik der Europäischen Union aus, dieser neu formierten zwischenstaatlichen Maschinerie. Der Ausblick auf die europäische Zusammenarbeit entzog dem Denken in *soft* und *hard power* unter den deutschen Verantwortlichen seine Dringlichkeit.

Kurt Düwell, wie immer von prüfender Konzilianz, wertete die ganze Sache als eine notwendige Bestandsaufnahme. Mir bestätigte sie den Kälteeinbruch über dem Atlantik, das Zögern auf beiden Seiten, sich einander zuzuordnen, am deutlichsten in der seit langem wachsenden Abneigung, Amerika als modellgebend anzuerkennen, aber auch in Obamas Orientierung zum Pazifik. Nur der Wissenschaftsbereich bildet eine Ausnahme.

Kurze Zeit später gehörte auch eine solche internationale Tagung schon wieder der Geschichte an, insofern auf beiden Seiten so starke politische und gesellschaftliche Umbrüche erfolgten, dass für eine derart einvernehmliche Diskussion von Kulturpolitik die Motivation entfiel. Mit der Aufnahme von über einer Million Flüchtlingen aus dem nahöstlichen Kriegsgebiet vonseiten der Bundesrepublik und ihrer Kanzlerin Angela Merkel verloren zentrale Diskussionspunkte über die deutsche Kulturarbeit im Ausland für einige Zeit ihr Gewicht. In den USA sorgte der Wahlsieg von Donald Trump mit dem Motto *America first* dafür, dass die Rede von *soft power* aus der öffentlichen Diskussion eine Zeit lang verschwand.

Zwei öffentliche Auftritte vor gemischtem Publikum

Hier nun das Unvorhergesehene. Es geschah mit zwei Auftritten im Sommer des Jahres 2014, hatte mit dem Erscheinen des Buches nichts zu tun.

Der erste, ein Abend im Museum of Modern Art in New York, zu dem ich als einer von fünf Sprechern eingeladen wurde, die aus Anlass der großen Ausstellung des Malers Sigmar Polke eine Pop-Rallye für das junge MOMA-Publikum zum Ereignis machen sollten. Wir wurden beauftragt, mit Handmikrofon in verschiedenen Ausstellungsräumen unser jeweiliges Publikum auf ganz verschiedene Weise in die bizarre Phantasiewelt der Rock- und Pop-Periode einzuführen, der man Polke mit seinen Riesencollagen zuordnete. Ich sollte die Welt dieses Generationsgenossen der sechziger und siebziger Jahre in ihrer Turbulenz zum Leben erwecken, etwas, das ich am Abend zweimal wiederholen würde, um die jeweils zwanzig bis dreißig Zuhörer an etwas teilnehmen zu lassen, das ich nur schattenhaft im Gedächtnis hatte.

Natalie brachte ihre beste Jugendfreundin mit, die immer zu *Fun* aufgelegte, belebende Patience Merriman, die extra aus Vermont anreiste. Die Frauen kamen auf ihre Kosten, zumindest bei der ersten Runde, bei der ich Lachen und Verwunderung auslöste, als ich die Umstände ausmalte, zu denen gehörte, dass uns in den sechziger Jahren der Maler Sigmar Polke unbekannt war. Ich dachte, in der Wiederholung würde meine Pop-Predigt noch mehr Schwung bekommen, machte aber die alte Erfahrung, dass die erste, spontane Fassung einer solchen

24 Auftritt als Kommentator und Stegreiferzähler bei der Abendveranstaltung zur großen Ausstellung der Kunst von Sigmar Polke im Museum of Modern Art in New York 2014.

Eskapade im Allgemeinen am besten gelingt. Zudem war die Konkurrenz in den anderen Sälen ziemlich stark: eine Handleserin hatte Tisch und Stühle zur Beratung aufgestellt; ein Experte ging der Fusion von *psychedelic Shamanism* und Kunst nach; eine Kuratorin erklärte die Probleme beim Erhalten von Polkes großdimensionierten Wachtturm-Bildern; schließlich der stärkste Konkurrent, ein Zauberer im leicht verdunkelten Raum. Akademiker holen zwar hin und wieder Überraschungstricks aus der Tasche – gegenüber einem, der richtige Zauberkunststücke vorführt, haben sie jedoch keine Chance.

Katherine Lorimer, die ehemalige Studentin, die mich in den New Yorker Kunst-Blog *Hyperallergie.com* einführte, fand als Mitorganisatorin trotzdem ansprechend, was ich an deutschen Pop-Bagatellen zu bieten hatte. Als Bibliothekarin im Goethe-Institut und Meisterin einer Webseite über New Yorker Graffiti-Kunst, in Brooklin ansässig, verfügte sie über glaubhafte Bewertungskriterien auf den verschiedenen ästhetischen Ebenen. Beim Verlassen der zeitweise unerträglich von Lärm vibrierenden Säle des MOMA einigten sich Natalie und Patience auf vier Charakteristiken des Abends, mit denen ich leben konnte: *long, noisy, weird, and cool.*

Für die zweite Veranstaltung sandte ich Alex und Martina ein Online-Link. Sie sollten sehen, was ihrem Vater da widerfuhr. Etwas nicht Alltägliches. Der Schauplatz lag, viele Autostunden von New York und Philadelphia entfernt, im Norden, im ländlich-gebirgigen Vermont. Eines der traditionsreichen New England Colleges, Middlebury College, in den USA bekannt als das beste Institut für Fremdsprachenausbildung, hatte beschlossen, mir die Ehrendoktorwürde zu verleihen. Das war mit der Einladung verbunden, die Commencement-Ansprache zu halten, die Abschiedsansprache bei der Feier der etwa hundert Studenten, die das Master- oder Doktorstudium abgeschlossen hatten. Anders als zuvor in New York war das Mikrofon auf der Bühne der ehrwürdigen Mead Chapel fest montiert, die Geräusche gedämpft, das Publikum meist jugendlich, jedoch in Talaren. Zu so etwas erschien ich nicht in kragenlosem Hemd mit Sommerjackett, sondern im schwarzen akademischen Talar mit der weinrot-blauen Scherpe der University of Pennsylvania.

Hier hielt ich mich ganz an die vorher ausgemachte Ansprache, vermied die Erinnerung daran, dass ich ein zweitklassiger Sprachlehrer gewesen war. Alles war festgelegt, der feierliche Einmarsch mit den College-Fanfaren, die meist schwarzen akademischen Talare, das Gefühl der Fremdheit, der Ernst der Stunde, die Heiterkeit der Stunde. Hier holte mich die Zeremonie ein, die ich an Penn möglichst vermieden hatte. Als Gast kam mir ein legitimer Platz unter den Würdenträgern zu. Erwartungsvolle Gesichter der über hundert Graduierten, die es nicht auf mich, vielmehr auf die Überreichung ihrer Master- und Doktordiplome der weltberühmten Language School abgesehen hatten. Mit dem speziellen Auftrag versehen, bei der feierlichen Verabschiedung der Studenten die hundertjährige Geschichte der Language School zu würdigen, war ich froh, für die Ansprache einen Anker zu haben, da die traditionelle Huldigungsfracht schnell im Ozean akademischer Lebensweisheiten zu versinken droht.

Ich hatte meine Schularbeiten gemacht. Pries zunächst Lilian Stroebe, die einstige Vassar-Professorin und Gründerin der German School, mit der die Middlebury Summer Language School 1915 ihren Anfang nahm. Das zweite Lob richtete sich auf diese auf *immersion* begründete großartige Ausbildungsstätte für Deutsch, Französisch, Spanisch, Italienisch, Portugiesisch, Chinesisch, Japanisch, Arabisch, Hebräisch und Russisch. Das dritte und umfassendste Lob galt natürlich den Absolventen. Ihnen hielt ich das Ideal der Zweisprachigkeit vor, mit der ebenfalls vor hundert Jahren der amerikanische Publizist Randolph Bourne für ein *Transnational America* »*some form of dual citizenship*« vorschlug,

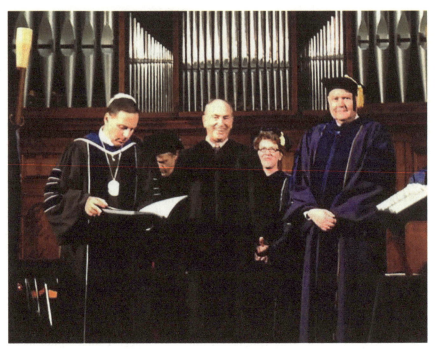

25 Verleihung der Ehrendoktorwürde vom Middlebury College in Vermont anlässlich des hundertjährigen Bestehens der Sommerschule 2014. Links von mir President Ron Liebowitz, rechts Dean Michael Geisler.

etwa zwischen den USA und Frankreich – angesichts der Mission dieser vielgelobten Anstalt durchaus aktuell geblieben. Ich glaubte, diese *dual citizenship* am Beispiel des schwarzamerikanischen Dirigenten Kazem Abdullah aus Indianapolis besonders gut erweisen zu können. Kazem führte bei seinem Anstellungsgespräch für das Sinfonieorchester der Stadt Aachen die Sprachausbildung in Middlebury als Plus an und wurde tatsächlich zum Dirigenten in der rheinischen Stadt bestimmt. Keine schlechte Empfehlung.

Auch der Dekan der Language School, Michael Geisler, ein unterhaltsamer Sprecher, hatte als Zeremonienmeister seine Schularbeiten gemacht. Als einschlägiger Fachmann für German Studies, insbesondere die Medien, machte Geisler meinen Weg von einem hereingeschneiten deutschen Germanisten zum Vorkämpfer for eine um Geschichte und Kultur erweiterte Agenda des Faches plausibel. Bei dieser ausgedehnten, von entspanntem Lachen unterbrochenen Zeremonie registrierte ich ohne Peinlichkeit, dass mir mit den Verdiensten um die interdisziplinäre Ausrichtung des Deutschstudiums ebenso die Verdienste um enge deutsch-amerikanische Kulturbeziehungen so hoch angerechnet wurden, dass sie in der Laudatio des Collegepräsidenten Ron Liebowitz gemeinsam auftauchten.

Irgendwas Besonders muss man gemacht haben, sonst glauben die Studenten, so ein Ehrendoktor hätte nur mit dem Alter zu tun. Hat er natürlich. Und damit, dass bei der Auswahl wohl das Wort von jemandem Gewicht erhält, der einen kennt. Für Doris Kirchner, die erfolgreiche Direktorin der Deutschen Sommerschule war es zugleich das Abschiedsfest als Leiterin. Einst von mir an Penn betreut, stieg Kirchner an Columbia und der University of Rhode Island zu einer national profilierten Pionierin der Sprachpädagogik auf, die Vorbedingung, um am Middlebury College das prestigeträchtige Sprachprogramm zu leiten.

Ich sah an Natalies Gesicht, dass sie auch dieses Schauspiel genoss. Die akademische Wichtigtuerei, die zu meinem Beruf gehört, ging in der musikalisch untermalten Zeremonie auf, zog bestes Essen und geistreiche Tischkonversation nach sich. Beim Abgang vom College gab mir Natalie lächelnd zu verstehen: Siehst Du, das kann Dir widerfahren, wenn Du nicht ewig am Schreibtisch sitzt. Das ist für andere viel unterhaltsamer.

In weiter Ferne so nahe: die Familiengeschichte

Die hellen Jahre über dem Atlantik gehören der Vergangenheit an. Sie besitzen besonderen Erinnerungswert für meine Generation. Natürlich sind inspirierende intellektuelle und kulturelle Beziehungen, auch wenn sich der Himmel verdunkelte, weitergegangen und werden von der nächsten Generation in anderen Formen auf beiden Seiten des Atlantiks gepflegt, erneuert, kritisiert und mythisiert. Das ist spannend, gehört aber nicht mehr hierher.

Generationsübergreifend war bereits die neuerliche Gründung eines Unternehmens, das jungen Amerikanern für die Beschäftigung mit deutscher Literatur den Weg ebnet, indem es ihnen mit Stipendien speziellen Zugang zum Deutschen Literaturarchiv in Marbach verschafft. Die »American Friends of Marbach«, mit germanistischen Kollegen 2008 ins Leben gerufen, ist inzwischen zu einer stattlichen Förderinstitution für transatlantischen Austausch angewachsen und ermöglicht neben der Stipendienvergabe konstante Diskussionen über den Stellenwert von Literatur, ihrer Aufnahme, Interpretation und Archivierung. Ich lerne hier, wie Literatur, die mich einst über den Ozean begleitete und mir in den USA eine Universitätskarriere verschaffte, von Jüngeren mit veränderten Technologien und Kulturpraktiken behandelt wird. Daneben habe ich andere Wandlungen wahrgenommen, die diese Organisation von – zunächst meist

26 Frank Trommler und Natalie Huguet als Gastgeber zum 80. Geburtstag.

männlichen – Germanisten mitbefördert, insofern die Kollegin von Vanderbilt University, Meike Werner, als Präsidentin der American Friends of Marbach mit Witz weiterhin dafür sorgt, dass das traditionell Männerbündische als Fachkrankheit älterer deutscher Germanisten in die Abfalltonne wandert. Auch im Umgang mit einem Archiv muss man nicht alles aufbewahren.

Die Auffächerung erlebter Geschichte in Generationen ist nicht nach jedermanns Geschmack. Ich verstehe das, nehme jedoch für mich in Anspruch, damit eine zentrale Grunderfahrung beleuchten zu können, die mich immer begleitet hat.

Die Elterngeneration verfolgte ihre Lebenspläne in den zwanziger, dreißiger Jahren, musste um sie kämpfen und bangen, doch dann ging es mit der alten Welt zu Ende, und ihre Pläne zerflatterten in Krieg und Verfolgung. Zeitlebens habe ich in mir das Gefühl herumgetragen, dass ich Glück gehabt habe, aus dem dunklen Loch ihrer Schicksalsschläge herausgekommen zu sein. Zeitlebens habe ich mein Generationsgefühl aus dieser Reminiszenz geformt, nicht als schweigende Generation (die waren noch Flakhelfer gewesen), nicht als Achtundsechziger (die hatten das Kriegsende nicht mehr erlebt). Das Entscheidende: ich habe noch in das dunkle Loch hineingeblickt, den kalten Wind gespürt, die Scherben aufgelesen und damit nie ganz aufgehört.

Vergleichsweise ein normales Leben, privilegiert als weißer Mann. Zwar nicht wirklich planbar, jedoch mit Erfolgen, Zufällen und Ahnungslosigkeiten, etwas, für das man sich sogar verantwortlich zeigen kann – im Gegensatz zur Generation der Eltern. Sie konnte sich nicht in dieser Weise bestätigen, hat das Grässlichste zugelassen, teilweise gewollt. Das hat vergessen lassen, ob die Einzelnen eine Wahl hatten.

Damit bin ich ins Romanschreiben hineingerutscht, das ich einst unternahm, um mir neue Erfahrungen zu verschaffen, und das nun eher dazu diente, die Erfahrungen von Einzelnen vor dem Verschwinden zu bewahren. Das Leben des sächsischen Unternehmerpaars zwischen den Kriegen, im Dritten Reich und in der sowjetischen Besatzungszone, Erfahrungen von dem Niedergang deutschen Bürgertums, der mit Thomas Manns *Buddenbrooks*, Generationen vorher, allzu früh auf das 19. Jahrhundert datiert worden ist. Wohl eine Familiengeschichte, aber was sich da romanhaft erkennen lässt, ist die Bürgerwelt der Zwischenkriegszeit, gespiegelt im Leben einer lebenslustigen Frau, die sich in Krieg und Nachkrieg bemüht, den Zusammenbruch der alten Ordnungen aufzufangen, und die dabei innerlich verhärtet. Daher der Titel *Dorothee oder das Nachleben der alten Welt*.

Dem gingen Erzählungen im Familienkreis voraus, die sich häufig als schwer verständlich, abrupt und verwirrend erwiesen und nur, solange die Großmutter in Baden-Baden lebte, als Erklärung für ihr bewegtes Schicksal akzeptiert wurden.

Sohn und Tochter waren es, die nach langen Jahren feststellten, dass da etwas fehle. Warum wir nicht gemeinsam einmal zu den Stätten meiner Kindheitserlebnisse fahren wollten. Es geschah. In dem Erzgebirgsstädtchen fanden sie die Spuren von den Geschehnissen, die zum Tode ihres Großvaters führten. Und erlebten mit, dass der Chronist der Stadt Zwönitz, der ehemalige Bürgermeister Uwe Schneider, gerade dabei war, mit einem Kapitel seiner Stadtchronik die Familiengeschichte zurechtzurücken. Die Legende vom profitgierigen Kapitalisten Trommler war von einem parteikonformen Historiker geschaffen worden, um die Schikanen und politische Verfolgung zu rechtfertigen. Sohn und Tochter lernten Schneider kennen, der diese Legende aus einer bösen Zeit mit Tatsachen und Dokumenten als Teil der Stadtgeschichte widerlegt hat.

Sie wissen bereits, dass da mehr auf sie wartet. Ob sie das ausgerechnet in einem Roman lesen wollen, auf Deutsch, ist die Frage. Ihr eigener Weg spiegelt die transatlantische Verbindung, leider nur allzu weit voneinander entfernt: Martina in Los Angeles, nachdem sie die Kälte in Chicago satthatte, Alex mit seiner bosnischen Frau Nina, einer Architektin, in München, wo er, ebenfalls einige Jahre in Chicago, seinen Traumjob bei ebenjenem berühmten Glasstudio Franz Mayer gefunden hat, das er als Student im Auslandsjahr kennenlernte.

Hier nun die Lebensgeschichte, die ihnen etwas darüber mitteilt, was auch ihre Existenz zwischen Deutschland und Amerika mitgeformt hat. Ich habe mich bemüht, die Sache zugänglich zu machen. Vieles ist auch mir an diesem Leben fremd geworden. Aber es ist mein eigenes.

Personenregister

Able, Edward 298
Adams, Willi Paul 192
Adelson, Leslie 303, 310 f.
Adenauer, Konrad 84, 193
Adorno, Theodor W. 221, 308
Aichinger, Ilse 87
Aidzu, Shin 160–162
Albrecht, Renate 108, 141, 288
Alexander der Große 149
Alexander, Jane 299–301
Alter, Nora 311
Alverdes, Paul 86
Anderson, Elijah 227–229
Anderson, Mark 269
Anderson, Nancy 227
Andres, Stefan 355
Angermann, Erich 192
Anstruther, Kate (Pevsner) 286 f.
Anstruther, Toby 286 f.
Arendt, Hannah 270
Armstrong, Louis 107
Arnold, Matthew 166
Aschheim, Steven 269 f.
Asturias, Miguel 122
Attlee, Clement 319
Auerbach, Erich 98

B., Carole 185–188
Bachmann, Rainer 99
Baeck, Leo 197
Baer, Friederike 327
Bagong, Tanzlehrer 154
Baier, Waschfrau 42
Baker III, James A. 312
Baltzell, Digby 127
Banta, Martha 278, 280
Bantel, Linda 226
Barck, Karlheinz 314
Barden, Maureen 226, 287
Baring, Arnulf 239
Barnes, Samuel 315
Barnouw, Dagmar 208

Baron, Britta 312 f., 344
Barrientos, René 121
Bartmann, Christoph 258
Bastian, Gert 196
Bathrick, David 209, 240, 304, 308
Bauer, Arthur 37
Bauer, Fritz 91
Bauer, Josef Martin 53
Bauer, Yehuda 268
Baumeister, Willi 51
Baumgarten, Eduard 355
Baumgartl, Amtschef 289
Baumhof, Heinrich 251
Bäuml, Herbert 34
Bauschinger, Sigrid 208
Beauvoir, Simone de 204
Becker, Carl Heinrich 354
Becker, Entwicklungshelfer 124
Beckermann, Ruth 266
Beckmann, Max 51
Beethoven, Ludwig van 52
Behr, Alfred 58
Beichl, George J. 193, 326
Beicken, Peter 208
Beller, Steven 336
Beneke, Dieter 298
Benn, Gottfried 98
Berendsohn, Walter A. 171
Bergengruen, Werner 86, 169
Berghahn, Klaus 316
Berghahn, Marion 342, 346
Berghahn, Volker 328, 346
Bergman, Ingmar 187
Berlau, Ruth 177
Berman, Russell A. 240
Bernheimer, Charles 281 f.
Berthold, DAAD-Dozent 161
Biedenkopf, Kurt 300
Bienek, Horst 288
Biermann, Wolf 176, 196
Bildt, Carl 340 f.
Biller, Maxim 265

Bintz, Udo 57
Birnbaum, Norman 271
Birrenbach, Kurt 193
Birus, Hendrik 277
Blankenhorn, David 336
Bleibinhaus, Hans 84
Bloch, Ernst 170
Bloom, Allan 294
Bloss, Carola 117, 121, 172, 215, 282, 349
Bloss, Jochen 96f., 116–121, 150, 172, 205f., 215, 229, 273, 284, 288, 337, 349
Boccherini, Luigi 184
Bochmann, Franz 161
Bochmann, Lotte 161
Bode, Christian 311f., 346
Boerner, Prokurist 42
Bolívar, Simón 118
Böll, Heinrich 140, 173, 179, 302
Bolte, Gisela 163
Bormann, Alexander von 172
Botstein, Leon 259f.
Bourguiba, Habib 70
Bourne, Randolph 363
Bracher, Karl Dietrich 244
Bradley, Bill 261
Braese, Stephan 256
Brandes, Ute 108, 112f.
Brandes, Werner 108, 112f., 115
Brandt, Willy 171, 180, 202, 346
Braun, Lothar 58
Brecht, Bertolt 79, 94, 131, 142, 158, 161, 175f., 198, 200
Breines, Paul 257f.
Breitwieser, Ludwig 62f.
Breschnew, Leonid 144
Brinkmann, Richard 193f.
Britting, Georg 87
Broch, Hermann 95, 101, 130
Brockmann, Stephen 305, 311
Broder, Henryk 336
Bronsen, David 114, 254f.
Brooks, Mel 187
Brooks, Peter 279
Brown, Denise Scott 222
Brzezinski, Ian 335, 337
Brzezinski, Zbigniew 335

Bubis, Ignatz 260
Burger, Ehepaar 157f.
Burns, Arthur F. 194
Buruma, Ian 261
Bush, George H. W. 194f., 230
Bush, George W. 336, 338, 359
Bushnell, Rebecca 276, 344
Byg, Barton 305
Byrnes, Heidi 208, 242

Cackovic, Nina 368
Camus, Albert 57, 71, 73
Canning, Kathleen 316
Caplan, Jane 240
Carstens, Karl 195, 197
Carter, Jimmy 188, 230, 236
Castro, Fidel 116, 118
Ceausescu, Nicolae 288
Cézanne, Paul 52
Che Guevara 118, 120–122
Cheney, Dick 336
Cheney, Lynne 300
Childers, Thomas 219, 233, 240, 261, 313
Chomsky, Noam 134
Churchill, Winston 16, 319
Clinton, Bill 227, 299
Clinton, Hillary Rodham 359
Coenen, Günter 298
Conzen, Kathleen Neils 192, 328–230
Corngold, Stanley A. 239
Cosby, Bill 190
Craig, Gordon 320
Crawford, Hank 111
Cromwell, Oliver 287
Cronkite, Walter 133
Crumb, George 168, 184
Crumbach-Trommler, Ruth 206, 287, 350
Csejka, Gerhard 288
Csokor, Franz Theodor 102
Cunz, Dieter 136
Czempiel, Ernst-Otto 193

Daemmrich, Horst 218, 276, 281, 285, 350
Dahrendorf, Ralf 91
Dam, Kenneth 320
Daum, Andreas W. 307

De Gaulle, Charles 56
De Jure, Linda 285
De Laura, David 135, 174
Debray, Régis 118, 122
DeGaetani, Jan 168
Dehmel, Hans 355
Demetz, Peter 107, 113, 136, 211, 264
Derrida, Jacques 210f.
Deshmukh, Marion F. 305
Devinney, Margaret K. 239
Dieckmann, Liselotte 136
Diem, Liselotte 125
Dieper, Susanne 295
Dietze, Artur 274, 289
Diner, Dan 266
Dische, Irene 265
Dischereit, Esther 265
Dittrich van Weringh, Kathinka 299
Döblin, Alfred 88, 95, 130, 173
Doderer, Heimito von 95, 101 f., 113, 128, 135
Don, US-Soldat 152 f.
Dönhoff, Marion Gräfin 244
Dörries, Reinhard R. 192
Dorst, Tankred 135, 288
Dowden, Stephen D. 264
Duffey, Joseph 298
Dunham, Katherine 168
Dunning, Stephen 285
Dürer, Albrecht 249
Duve, Freimut 298
Düwell, Kurt 360f.
Dwork, Debórah 268

Edel, Alfred 84
Edison, Thomas Alva 221
Eggebrecht, Jürgen 87
Ehmck, Gustav 172, 274f., 287
Ehmke, Horst 193
Eich, Günter 86f., 170
Eichendorff, Joseph von 160f.
Eichner, Hans 264
Eisenhower, David 231 f.
Eisenhower, Dwight D. 71, 231 f.
Elend, Vermieterin 79
Eley, Geoff 239, 316
Eliot, T. S. 142

Elizabeth II. 319
Elkana, Yehuda 223
Elshorst, Hansjörg 95, 98 f., 109 f., 117–123, 349
Elshtein, Jean Bethke 336
Emmerich, Wolfgang 175, 249
Emrich, Wilhelm 207
Enzensberger, Hans Magnus 55, 140, 162, 244
Enzinger, Moriz 89 f.
Eppler, Erhard 124, 196
Erler, Fritz 202
Escoffier, Meisterkoch 204

Fairbanks, Russell M. 183 f.
Falke, Jutta 335
Fanon, Frantz 118
Faulkner, William 51, 107
Faust, Drew Gilpin 224
Feldman, Gerald 223, 262, 314
Feininger, Lyonel 51
Fichtner, Edward G. 191
Fitzgerald, Ella 107
Flitner, Wilhelm 355
Flora, Paul 98
Flügge, Matthias 305
Fontane, Theodor 99, 173
Fonte, John 298
Ford, Henry 111
Foster, Frances Smith 279
Foucault, Michel 210
Frank, Tibor 305
Frankenthal, jüdischer Zeuge 92
Franklin, Benjamin 127, 184, 273
Franklin, Phyllis 279f., 299
Frei, Christina 277
Freitag, Bernard J. 326f., 329f.
Freud, Sigmund 183, 267f.
Freudenberg, Richard 38, 45
Friedländer, Saul 266
Friedman, Thomas 340f.
Friedrich, Carl Joachim 128
Frühwald, Wolfgang 263
Frye, Northrop 136
Fühmann, Franz 176
Fukuyama, Francis 336

Gaiser, Gert 86
Galison, Peter L. 223
Gardner Feldman, Lily 259–261, 291, 295, 339
Gassert, Philipp 340
Gauck, Joachim 324 f.
Gay, Peter 180, 257, 262
Géczy, Barnabás von 27
Geiger, Theodor 91
Geisler, Michael 364
Gelb, Leslie H. 231
Genieser, Frank 327
Gerbner, George 225
Gerlach, Heinrich 53
Gervinus, Georg Gottfried 137
Geyer, Michael 239–241, 245 f., 253, 266, 316, 336
Gienow-Hecht, Jessica C. E. 360
Gilbert, Felix 262
Gilbert, Sandra 279
Gilcher, William 295
Gillen, Eckhart 305
Gilman, Sander L. 265, 316
Gingrich, Newt 297, 299
Glaser, Horst Albert 200, 204
Glaser, Milton 203, 215, 284
Glass, Philip 299
Glenn, John 231
Goebbels, Joseph 68
Goedde, Susanne 348
Goethe, Johann Wolfgang von 78, 99, 135 f., 140, 166, 170, 173 f., 207, 210
Goldhagen, Daniel 259 f.
Goldman, Guido 314 f.
Goldschmidt, Herbert Levin 264
Goldwater, Berry 107
Gombrich, Ernst 105
Goode, Wilson 229
Goodman, Benny 107
Göpel, Erhard 87
Gorbatschow, Michail 277
Gorr, Adolph 170
Graf, Andreas 304
Grass, Günter 140 f., 158, 161 f., 173, 302, 305
Grassi, Ernesto 90
Grätz, Ronald 360
Gray, Harry 292, 285, 339

Gray, Helen 292
Green, Gerald 188
Greenberger, Alan 226, 347
Greenberger, Greta 226, 347
Greenberger, Julia 226
Greenblatt, Stephen 240
Gregorian, Vartan 182 f., 185, 236
Grewe, Wilhelm 193 f.
Grimm Gebrüder 137
Grimm, Dieter 55 f.
Grimm, Reinhold 94, 131, 169, 208
Gronicka, André von 136, 138, 170
Gropius, Walter 105, 355
Grossarth, Rolf 59
Grosse, Ulrich 84
Großklaus, Götz 222
Grothus, Ulrich 313
Groys, Boris 277
Grünbein, Durs 308
Grünzweig, Walter 342
Guinier, Lani 227
Gunderson, Steven 298
Gütersloh, Albert Paris 101
Guthke, Karl 130, 208
Guthrie, Woody 130
Guyer, Paul 130
Gysi, Klaus 177

Haas, Otto 193
Habermas, Jürgen 244, 259
Hackney, Sheldon 195, 212, 300, 344
Haftendorn, Helga 193
Hagen, Nina 311
Hahnemann, Evakuierte 16
Hamburger, Käte 264
Hamilton, Daniel S. 302, 335
Hamm-Brücher, Hildegard 195
Hammer, Jean-Pierre 176
Handke, Peter 102
Hans, Jan 171
Hartman, Geoffrey 136, 266 f.
Hartung, Hugo 53
Hatfield, Henry 130
Hatfield, James Taft 130
Haugen, Einar 128
Hauptmann, Gerhart 173

Haydn, Joseph 52
Heer, Friedrich 89–91
Hegel, Georg Wilhelm Friedrich 101, 142
Hegels, Ursula 348
Hegels, Wolfgang 74, 83 f., 95, 107, 111, 125, 205, 348 f.
Heidegger, Martin 54
Heilbut, Anthony 257
Heine, Heinrich 131, 135, 270
Heineman, Elizabeth 311
Helbig, Louis 238
Helbig, Wolfgang 218
Heller, Erich 114
Heller, Peter 264
Helms, Jesse 305
Hemingway, Ernest 51, 94, 107
Henneke, Hans 99
Hensgens, Joseph 19
Herbert, Ulrich 267
Hereth, Michael 84
Herf, Jeffrey 220, 269, 303, 306
Hermand, Elisabeth 131, 350
Hermand, Jost 94, 131 f., 136, 169, 173, 180, 203, 239, 247, 256, 304, 344, 349 f.
Herminghouse, Patricia 176, 209, 241 f.
Herold, Beate 15
Herold, Hanna 33, 42, 61
Herold, Heinrich (Heiner) 15, 17, 26, 35, 48, 61, 187
Herold, Max 39 f., 61
Herrnstein-Smith, Barbara 210 f., 217, 281
Hess, Bettina 327
Hesse, Hermann 57, 162, 281
Hessel, Marieluise 292
Hevia Y Vaca, Elba 285
Heye, Uwe-Karsten 345 f.
Hildebrand, Klaus 262
Hinderer, Dietlinde 190
Hinderer, Walter 190, 203, 233
Hirsch, Eric Donald 136
Hitler, Adolf 17, 27, 29, 53, 74, 77, 85, 104, 113, 142 f., 169, 183, 187, 198, 202, 318
Hochhuth, Rolf 261
Hodek, Johannes 239
Hodjak, Franz 288
Hofer, Walter 54

Hoffmann, Helmut 305
Hoffmann, Paul 264
Hoffmann, Rolf 313, 316, 320
Höfler, Otto 89 f.
Hofmann, Werner 51s
Hofmannsthal, Hugo von 82, 98, 160 f.
Hohendahl, Peter Uwe 176, 208 f., 242, 258, 278, 307 f.
Hohoff, Curt 86
Hölldobler, Berthold Karl 320
Hollenberg, David 226
Hollenberg, Matthew 226
Holschuh, Albrecht 240
Holthusen, Hans Egon 136
Holub, Robert 240
Hölzen, DAAD-Dozent 162
Honigmann, Barbara 265
Hopkins, Leroy T., Jr. 130, 306
Horst, Karl August 99
Hughes, Agatha 222
Hughes, Thomas 219–223, 239
Hughes, Thomas L. 307
Huguet, Carmelita 203 f., 213, 230
Huguet, George 203–206, 213, 229–231
Huguet, George (Sohn) 203
Huguet, George Sen. 203–5
Huguet, Jamie 203
Huguet, Lynn 203, 226
Huguet, Natalie 189, 203–206, 213–217, 222, 225, 247, 273, 283–285, 311, 333, 338, 347, 351–354, 360–365
Huguet, Robert 203
Humann, Kutscher 43
Humboldt, Alexander von 118
Huntington, Samuel 336
Hüppauf, Bernd 346
Hüser, Fritz 179
Hutcheon, Linda 278, 280
Huyssen, Andreas 170, 208, 308

Iggers, Georg 239
Isajew, Oksana 178
Ischinger, Wolfgang 335

Jahnn, Hans Henny 355

Janes, Jackson 291–296, 300, 306, 311 f.,
    333–335, 338–341, 344, 357, 360
Janz, Rolf Peter 277, 318, 348, 251
Jarausch, Konrad 238–240, 262, 330
Jauss, Hans Robert 132
Jelavich, Peter 240
Jelzin, Boris 243
Jennings, Lee 136
Jeremias, Brigitte 116
Jeremias, Renate 33
Jessner, Leopold 317, 355
Jochimsen, Reimund 55
Joel, Nachbar 275
Joffe, Josef 271
John, Barbara 307
Johnen-Dittmar, Brigitte 236
Johnson, Lyndon 231
Joyce, James 76
Jünger, Ernst 220
Junker, Detlef 334, 337, 339

Kaehlbrandt, Roland 301
Kaes, Anton 208
Kafka, Franz 142, 158, 174, 204, 280–282, 285
Kagan, Robert 336
Kahler, Erich von 256
Kahlo, Frieda 288
Kaiser, Georg 134
Kaiser, Joachim 87
Kamenetzky, David 261
Kämpf, Andreas 360
Kandinsky, Wassily 51
Kant, Hermann 285
Kant, Immanuel 95, 130, 142
Kant, Marion 285 f.
Kantorowicz, Alfred 93–95, 171, 198 f., 202
Kasack, Hermann 169
Kästner, Erhard 74
Kästner, Erich 51, 87
Katz, Stanley 249, 298, 317 f.
Kaysen, Carl 195
Kazem Abdullah 364
Keil, Hartmut 192
Kelly, Petra 196
Kennedy, John F. 165, 231, 307
Kennedy, Robert F. 130

Kesten, Hermann 91
Kiefer, Anselm 246
Kindermann, Heinz 89
King, Martin Luther, Jr. 110, 112
Kircheisen, Gisela (Giga) 15 f., 23
Kircheisen, Hildegard 15
Kircheisen, Nikolaus (Niko) 15 f., 23
Kirchner, Doris 365
Kirjanov, Daria 277
Kirst, Hans Hellmut 53
Kisch, Egon Erwin 58
Kissinger, Henry 152, 193, 246, 312, 314
Kittler, Friedrich 220
Klarmann, Adolf 107, 113, 115, 138, 170, 254 f.
Klarmann, Isolde (Radzinowicz) 182–185,
    254 f.
Klatt, Fritz 355
Klee, Paul 51
Kleinfeld, Gerald R. (Gerry) 237–239, 249 f.
Klibansky, Raymond 355
Klier, Heinrich 97
Klüger (Angress), Ruth 264
Knilli, Friedrich 188
Kocka, Jürgen 239, 314
Koebner, Thomas 95, 100, 169, 180, 200, 205,
    256, 267, 342, 348
Koepke, Wulf 208, 240
Koepnick, Lutz 311
Kogon, Eugen 53
Kohl, Helmut 180, 244 f., 250 f., 262, 312, 315
Kolbe, Jürgen 172
Kolbenhoff, Walter 170
Könen, Evakuierte 15 f.
Konrád, György 307
Korn, Karl 116
Korsch, Karl 200
Kortner, Fritz 84
Koshar, Rudi 240
Kraft, Helga 316
Kramsch, Claire 242
Kratz, Pfarrer 50
Kraus, Wolfgang 101
Kredel, Griechischlehrer 50
Kreplin, Institutsleiter 157 f.
Krüger, Else (Facius) 172, 205 f., 287
Kruntorad, Paul 102

Kuczynski, Rita 304
Kuhn, Anna 224
Kuhn, Hugo 89
Kunisch, Hermann 98 f., 106, 160 f.

La Capra, Dominick 267
La Falce, John 345
Lacqueur, Walter 180
Lambsdorff, Hagen Graf 298
Lämmert, Eberhard 172, 222, 233, 239, 263, 314, 318
Lange, Victor 136, 190
Langgässer, Elisabeth 169
Langhoff, Wolfgang 132, 201
Langmann, Eggert 84
Lankowski, Carl 295
Larkey, Edward 305
Lasch, Christopher 182 f.
Lassalle, Ferdinand 178
Learned, Marion Dexter 327
Lehmann, Hartmut 244, 262 f., 324
Lehmann, Silke 263
Lehmann, Wilhelm 171
Leistner, Ernst 29
Lemper, Ute 311
Lenin, Wladimir Iljitsch 145, 187
Lennon, John 183 f.
Lennox, Sara 209
Lenoir, Timothy 222 f.
Leonhard, Wolfgang 91
Lepenies, Wolf 223, 244
Leppmann, Wolfgang 136
Lessing, Gotthold Ephraim 173, 270
Lettenmeier, Rudi und Karin 287
Lewin, Moshe 277
Lidtke, Vernon L. 266
Liebowitz, Ronald D. 364 f.
Limón, José 168
Lindenberger, Herbert 278
Linz, Juan 315
Livingston, Gerald (Gerry) 292 f., 307, 335, 339
Lloyd, Albert (Larry) 276
Löffelholz, Martin 360
Lohner, Edgar 113
Löhr, Botschafter 149
Lorimer, Katherine 362 f.

Löwenthal, Richard 193
Ludwig, Paula 355
Lukács, Georg 101 f., 161, 200
Lunsford, Andrea 279
Lützeler, Paul Michael 208, 240, 307
Lynne, Gloria 111
Lyon, James 130

Maaß, Kurt-Jürgen 360
MacFarlane, Robert 193
Macke, August 69
MacLeod, Catriona 277, 346
Magris, Claudio 101 f.
Mahler, Gustav 185
Mahler-Werfel, Alma 138
Maier, Charles 259, 303, 306, 319
Mann, Heinrich 88, 93 f., 175
Mann, Thomas 44, 93 f., 130, 133, 140–143, 158, 161 f., 174, 183, 208, 217, 257, 281, 285, 355, 367
Mao Tse-tung 156, 158 f.
Marcuse, Herbert 161
Marcuse, Ludwig 91
Martin, Biddy C. 240
Marx, Karl 178
Mattenklott, Gert 318
Mauch, Christoph 326, 339
Mauntz, Theodor 83, 92
Mayer, Hans 169, 176, 264
Mayer-Iswandy, Claudia 329
McCarthy, John A. 189, 208 f., 239, 264, 276, 278, 285, 342, 349
McCarthy, Joseph 199
McCarthy, Mechthild (Mecki) 189, 285, 349
McCulloch-Lovell, Ellen 299–301
McGeehan, Hanneke 139
McGeehan, Robert 139, 188
McGovern, George 231
McKuen, Rod 186
McLuhan, Marshall 166
McVeigh, Joseph 195, 218
Mecking, Hartmut (Butz) 52, 95, 125, 203–206, 349
Mecking, Susanne 206
Menasse, Eva 266
Menasse, Robert 265 f.

Mendelssohn, Moses 270
Mendelssohn, Peter de 355
Mendes-Flor, Paul 266
Meredith, James 110
Merkel, Angela 361
Merriman, Patience 361 f.
Mertes, Michael 335
Meyer, Bernd 301
Meyer, Conrad Ferdinand 204
Michaels, Jennifer 241
Michalke, Ehepaar 27
Michnik, Adam 340
Midgley, Elizabeth 195
Miller, Bowman 302
Miller, J. Hillis 280
Miller, Susanne 239
Minder, Robert 171
Mitscherlich, Alexander 91
Moenkemeyer, Heinz 170
Moers, Birgit 348
Moltmann, Günter 192
Mommsen, Hans 233, 259
Montgomery, Bernard 70
Morawek, ehem. k.u.k Offizier 81 f.
Morawek, Vermieterin 81
Mosse, George 257–259, 262
Mossmann, Eliot 278
Motyka, Barbara 346
Motzan, Peter 288
Mozart, Wolfgang Amadeus 52
Müller, Heiner 176, 304, 308
Müller, Herta 288
Müller, Max 142
Muller, Steven 194 f., 244, 258, 292 f., 295 f.
Müller, Volker 55, 64, 71 f., 80, 84 f., 95
Müller-Hegemann, Dietfried 177
Müller-Hegemann, Marianne 177
Müller-Jungblut, Geologe 150
Müller-Seidel, Walter 99
Müller-Vollmer, Kurt 113
Murtha, John 299
Mushaben, Joyce 304
Musil, Robert 82, 95, 101, 112, 116, 130
Mussolini, Benito 97

Naderer, Heide 346

Naegele, Rainer 277
Nasser, Gamal Abder 71 f.
Nathans, Benjamin 277
Neidhardt, Friedhelm 314
Nietzsche, Friedrich 142, 183, 295
Nixon, Richard 132, 159, 231
Nobbe, Stephan 298
Novick, Peter 268
Nye, Joseph 359

Obama, Barack 228 f., 359, 361
Oetker, Arend 301
Ohlau, Jürgen Uwe 202, 251, 299 f., 324
Ormandy, Eugen 159, 185
Ossietzky, Carl von 94
Ostoyich, Kevin 326
Othmer, David 226, 287, 349
Othmer, Matthew 226
Otto, Karl 276

Pachter, Henry (Pächter, Heinz) 199–201, 257, 262
Palatzky, Gene 168
Paulsen, Wolfgang 107, 115
Paz, Octavio 122
Peck, Jeffrey M. 209, 241, 253, 259–261, 265 f.
Penn, William 127, 226
Peuker, Klaus 50
Pevsner, Carola (Lola) 104
Pevsner, Dieter 104
Pevsner, Inge (Stadler) 103–105, 214, 253, 287
Pevsner, Kate (Anstruther) 286 f.
Pevsner, Martin 104
Pevsner, Michael 104
Pevsner, Nikolaus` 64, 103–106, 253
Pevsner, Tom 49, 64, 104 f., 214, 286 f.
Pevsner, Uta (Hodgson) 104
Pfleger, Birte 326
Philipps, Ann 298
Picasso, Pablo 51 f.
Pierer, Heinrich von 310
Piontek, Heinz 86
Piscator, Erwin 200 f.
Platt, Kevin 278
Plauen, E. O. 40
Plievier, Theodor 53

Plotnitsky, Arkady 210
Podewils, Clemens Graf von 86
Pol Pot 152
Politzer, Heinz 136
Polke, Sigmar 361 f.
Pomare, Eleo 168
Postone, Moishe 266
Prawer, Siegbert 264
Preetorius, Emil 86
Preißendörfer, Mittelstürmer 52
Preston, Samuel H. 276, 344
Prill, Gärtner 15
Prill, Lothar 274
Prill, Margarete 15
Prill, Monika 274
Prysock, Arthur 111

Raabe, Wilhelm 99
Rabinbach, Anson 265 f., 308
Rabinovici, Doron 266
Radzinowicz, Leon 183–185
Rathenau, Walther 116
Rau, Johannes 346
Raymond, Walter 298
Reagan, Ronald 132, 229–231, 294
Rebhun, Paul 78
Regge, Jürgen 326
Reich, Jens 248
Reichart, Walter 136
Reich-Ranicki, Marcel 233
Reimann, Maria 289
Reinisch, Flüchtlinge 15 f., 18, 20, 23
Reiss, Hans 264
Reitlinger, Gerald 54
Reitz, Edgar 84, 216
Remak, Henry H. H. 201, 262–264, 344
Rembser, Josef 320
Rendell, Edward G. 329, 331 f.
Renger, Annemarie 195
Reulecke, Jürgen 354 f.
Reuther, Roy 111 f.
Reuther, Walter 111 f.
Richardson, Malcolm 298–301, 354 f.
Richter, Hans Werner 87
Richter, Simon 277, 346
Rieber, Alfred 219, 277

Riefenstahl, Leni 73
Rieff, Philip 183, 267 f.
Riesenhuber, Heinz 320
Rilke, Rainer Maria 98, 160, 173 f.
Rinser, Luise 169
Rizzo, Frank 228
Robertson, Ritchie 264
Roble, Susanna Osinago 122
Rochberg, George 184
Rode, Flüchtlinge 15
Rodin, Judith 281
Rommel, Erwin 70
Rösemann, Harm 84
Rosenberg, Rainer 314
Roth, Joseph 82, 94 f., 101, 112, 114, 121, 254 f.
Roth, Silke 307
Rotman, Stefan 285
Rotsmann, Claus von 274
Rowley, Maureen 203
Rudnick, Hans 107
Ruhfus, Jürgen 271
Rulfo, Juan 122
Rumsfeld, Donald 336
Rupprich, Hans 89
Rusnak, Josef 251
Russell, Haide 194
Ryder, Frank 136

Saas, Christa 130
Sabinson, Allen 285
Saddam Hussein 335
Salm, Hanns-Georg 236
Sammons, Jeffrey L. 208, 240
Saroff, Susan 203
Sbragia, Alberta 314–316
Schäfer, Hans Dieter 171
Schelsky, Helmut 61
Scheppele, Kim Lane 305
Scherpe, Klaus R. 318, 336, 238
Schickele, René 88
Schiller, Friedrich 135
Schindel, Robert 266
Schinkel, Dorfschullehrer 461
Schinkel, Rüdiger 461
Schlant, Ernestine 261
Schlunk, Vermieterin 95

Schmenger, Jackie 329
Schmid, Richard 93
Schmidt, Erich 202
Schmidt, Helmut 180
Schmidt, Henry J. 202, 240
Schmidt, Hildegard 202
Schmitt, Christian 164
Schmitz, Walter 263
Schnabel, Kieferorthopäde 31, 33
Schneider, Peter 259–261
Schneider, Uwe 274, 289, 367
Scholes, Robert 279
Schönberg, Arnold 184
Schor, Naomi 278 f.
Schröder, Gerhard 302, 306, 330
Schuhler, Conrad 83 f.
Schulte, Marcel 116
Schultz, Uwe 95
Schulz, Renate 208
Schulze, Ehepaar 27
Schurath, Mieterin 22
Schurz, Carl 198
Schuschumi, Intouristführerin 146
Schuster, Lateinlehrer 50
Schwarz, Egon 136, 240, 263 f., 349
Scudery, Richter 204
Sedgwick, Eve Kosofsky 279
Sedlmayr, Hans 90
Seeba, Hinrich 208
Seeger, Pete 132
Seghers, Anna 173, 175, 177 f., 296
Seidenspinner, Gundolf 83 f.
Seidensticker, Oswald 323
Seidlin, Oskar 136
Shakespeare, William 207, 210, 240
Sheehan, James J. 262
Shore, Elliott 324–326, 328
Showalter, Elaine 279
Siefert, Marsha 225
Siegert, Walther 38, 45 f.
Silberman, Marc 304
Simon, Ekkehard 130
Sittner, Gernot 288
Sloterdijk, Peter 244
Smith, James Allen 300
Smith, Paul 305

Sohn-Rethel, Alfred 355
Sokel, Walter 107, 113, 136, 264
Sombart, Werner 220
Sommer, Günter "Baby" 305
Sommer, Ron 310
Sommer, Theo 196, 328, 330
Sontag, Susan 184
Soros, George 305
Soulages, Pierre 51
Spaethling, Ellen 163
Spaethling, Robert (Bob) 113, 116, 129 f., 163, 229
Spahr, Blake Lee 136
Spengler, Oswald 220
Spiel, Hilde 102
Spoerl, Heinrich 49
Springer, Otto 170, 276
Stadler, Inge (Pevsner) 48 f., 64, 76
Stadler, Maximilian (Onkel Max) 47, 49, 53
Stahl, Karl-Heinz 188
Staiger, Emil 86
Stalin, Josef W. 94, 146, 319
Stamm, Redakteur 58
Stassen, Manfred 237
Stein, Hans 84
Stein, Jack 117, 130, 138
Steinberg, Jonathan 285
Steiner, George 264
Steinmeier, Frank-Walter 349
Stent, Gunther 223
Stern, Fritz 195, 257, 262
Stern, Guy 264
Stern, Howard 129
Stern, Isaac 185
Stern, J. P. 264
Sternberger, Dolf 355
Stevenson, Herta 235
Stifter, Adalbert 89, 99
Stölzl, Christoph 239
Storm, Theodor 160
Straßburg, Gottfried von 89
Strauß, Franz Joseph 84, 86
Strauss, Herbert 197 f., 255, 257–260, 262
Strelka, Joseph 171
Stroebe, Lilian 363
Ströhl, Andreas 360

Sturm, Maria 327
Suharto 155
Suhr, Heidrun 313
Sukarno 155
Sullivan, Martin 310
Summers, Anita 212
Swaffar, Janet K. 241
Szczesny, Gerhard` 91

Takizawa, Koji 159, 162
Tarnoff, Peter 302
Tatlow, Anthony 158
Teraoka, Arlene A. 241, 311
Teune, Henry 230, 309
Thatcher, Margaret 184, 235
Thelen, Frank 95, 157, 172, 213 f., 287
Thelen, Inge 213 f., 287
Thieberger, Richard 264
Thomas, Uwe 320
Thomé, Diane 168
Toller, Ernst 135
Travis, Don 115
Trefousse, Hans 198
Triemer, Schmied 24
Trommler, Albin 41, 288 f.
Trommler, Alexander (Alex) 214–217, 226, 229, 247, 272 f., 287, 290, 314, 343, 345, 351–354, 363, 367 f.
Trommler, Dagmar (Czepa) 20
Trommler, Ellen (von Rotsmann) 20, 274
Trommler, Erich 40, 42
Trommler, Ernst 15–17, 19–21, 26 f., 29 f., 35–39, 42, 45 f., 205, 288, 367
Trommler, Gisela 16, 26 f., 29 f., 35–39, 42, 45 f., 205, 288, 367
Trommler, Ina 20
Trommler, Klaus 16, 19, 26, 30, 35, 40, 43 f., 105, 203 f., 296, 273 f., 287 –290, 350 f.
Trommler, Martha 35
Trommler, Martina 272, 283, 287, 338, 343–345, 347, 351–354, 363, 367 f.
Trommler, Paul 20, 27, 36, 39, 41 f., 274
Trommler, Richard 41
Trommler, Thea (Herold; Stadler) 15–17, 20, 22 f., 25–27, 29 f., 33 f., 38 f., 42–48, 61, 172, 203–205, 215, 273, 367

Trommler-Facius, Birgitta (Birgit) 117–123, 125 f., 138, 153, 159–163, 172, 180, 274 f., 287, 299
Trotha, Lothar von 327
Trotha, Trutz von 327
Trotzki, Leon 288
Truitte, James 168
Truman, Harry 319
Trump, Donald J. 361
Tucholsky, Kurt 55
Turner, Tina 190

Ulmen, Gary 200 f.
Unger, Ulrich 301

Vaget, Hans 208
Van Cleve, John 208
Van der Vreen, Anouk 348
Vargas Llosa, Mario 121
Varnhagen, Rahel 276
Vasallo, Judith 168
Venturi, Robert 222
Verheyen, Egon 107
Vinitzky, Ilya 278
Vivanco, Wedigo de 237, 313
Vogt, Padre 124
Voigt, Karsten 330
Volcker, Paul 312
Volkov, Shulamit 266
Von der Grün, Max 179
Von der Vring, Georg 87
Voris, Karl von 230 f.
Voss, Helmut 139 f.
Vossler, Karl 255

Wagner, Elisabeth 348
Walker, Mack 262
Walser, Martin 99, 260 f.
Walter von der Vogelweide 302
Walther, Klaus 247
Walzer, Michael 336
Wapnewski, Peter 223
Weber, Eugene 113, 116, 129 f., 229
Weichlein, Peter 345
Weichmann, Herbert 171
Weidenfeld, Werner 244, 250, 312 f.

Weigel, Helene 79
Weihrauch, Wolfgang 170
Weinberg, Gerhard 198
Weiss, Gerhard 242
Weiss, Peter 99
Weiss, Susanne 351
Weissberg, Liliane 276, 346
Weisstein, Ulrich 136
Weizsäcker, Richard von 310
Wellbery, David 239
Wellenreuther, Hermann 192
Welles, Elizabeth 278
Weno, Joachim 113
Werfel, Franz 138, 254
Werner, Meike 264, 366
Werner, Michael 358
Wernick, Richard 184
Wheatley, Steven 318
Wiechert, Ernst 169
Wiesand, Andreas Johannes 303, 306
Wiese, Benno von 207 f.
Wilder, Thornton 51
Wildhardt, Willi 56
Wilhelm II., Kaiser 77, 313

Wilkomirski, Binjamin 268
Willson, A. Leslie 208
Wimsatt, William 136
Winkler, Eugen Gottlob 74
Witte, Barthold 251, 303, 306
Wittfogel, Karl August 200–202
Wittkowski, Rudolf 136
Wolf, Christa 173, 176–178, 209, 249, 304 f.
Wolf, Gerhard 177 f.
Wolfe, Thomas 51, 57, 107
Wolff, Ricardo Alcozer 163 f.

Yastremski, Carl 130
Yoder, Don 192

Zeitlin, Froma 266
Zilcosky, John 282
Zimmer-Loew, Helene 344, 346
Zinnemann, Fred 296
Ziolkowski, Theodore 319 f.
Zipes, Jack 107–109, 170, 176, 209, 253, 308, 316
Zipser, Richard 177
Zweig, Arnold 175, 177

Ortsregister

Aachen 206, 273, 287, 350, 364
Acapulco 163
Alfred University 354
American Univ. Washington 296
Amherst (Univ. of MA) 107, 305, 307
Andover, MA 112, 326
Ankor Wat 139, 151 f.
Arizona State University 250
Atamisqui 124
Athen 65, 74
Aue 16, 19, 35
Auschwitz 92, 252, 260 f., 264, 266 f.

Baden-Baden 215
Bali 154 f.
Bangkok 151 f.
Basel 61
Baton Rouge 109
Benares (Varanasi) 150
Bergen-Belsen 254
Berkeley (Univ. of CA) 132 f., 207, 223, 240, 282, 284, 309, 312, 314 f.
Berlin 26 f., 32, 35, 38, 78–80, 84, 93, 133, 192, 197–199, 202, 202, 207, 222 f., 249 f., 260–262, 265, 271, 277, 297, 307, 317, 319–321, 340, 347, 351–354, 360
Bielefeld 207
Bochum 218
Bogota 118
Bonn 124, 163, 194, 250, 262, 267, 306 f.
Borobodur, Java 153
Boston 103, 108, 112 f., 126 f., 132, 163
Brandeis University 264
Bremen 207, 277
Brindisi 74
Brown University 178, 182, 279
Brünn 113
Bryn Mawr 282
Bryn Mawr College 285, 326
Buchara 145, 147
Budapest 56 f., 74, 305
Buffalo 249, 345

Burkhardsdorf 32

Cali 118
Cambridge, MA 117, 126 f., 163
Cambridge, UK 285
Camden, NJ 183
Canterbury 62
Carpantras 287
Chattanooga, TN 111
Chemnitz 15, 19, 26, 31 f., 47
Chicago 111, 136, 284, 368
Chicago, University of 246, 266, 315, 328
Chichén Itza 164
City College New York 197, 199
Clark University 268
Cochabamba 121, 123
Colombo 142–144
Columbia University 114, 134, 138, 195, 200, 269, 365
Cordoba, Argentinien 172
Cornell University 241, 267, 303 f., 307, 309, 313
Coventry 63, 351

Darmstadt 80, 125
Davis (Univ. of CA) 224, 277
Delphi 64
Detroit 109, 111
Dougga 71
Dresden 15, 17, 27, 30 f., 33, 64, 215, 300, 308, 333, 351 f.
Drexel University 285
Dublin 76 f.
Duisburg 205
Durham 62
Düsseldorf 322, 360

Eastbourne 26
Edinburgh 287
Einbeck 47
El Diem 69
Elterlein 41

Eschborn 125
Essen 177
Exeter, NH 112

Frankfurt a. M. 50, 58 f., 71, 84, 92, 100, 103, 107, 116, 125, 131, 139, 198, 260
Frankfurt a. O. 37
Freiburg 95, 267

Georgetown University 261, 296, 312, 315
George Washington Univ. 296
Germantown 191, 194, 196
Gießen 354
Gizeh 71
Göttingen 35, 44, 105, 207
Grenada, MS 110
Grinnell College 241

Hamburg 45, 94, 171, 205, 258
Hannover 135, 169
Hartenstein 18
Harvard University 113, 116 f., 124, 126–138, 163, 168, 170, 175, 190, 199, 207 f., 223 f., 235, 248, 306, 309, 312–314, 337, 359
Heidelberg , 78, 162, 207
Heraklion 75
Hiroshima 159, 267
Hollywood 295, 341
Hongkong 144, 154, 156–158
Houston, University of 115
Howard University 296

Illinois, University of 315 f.
Indiana University 201, 238
Ingolstadt 80
Innsbruck 97 f.
Isfahan 147

Jackson, MS 111
Jacobs University 277
Jakarta 153
Jerusalem 222
Jogjakarta 153
Johns Hopkins University 129, 194 f., 210, 244, 276 f., 291, 295 f.
Juliaca, Peru 119

Kabul 146–148
Kairo 73
Kairouan 69
Kalkutta (Kolkata) 142, 144, 150
Karatschi 144
Karlsruhe 127
Karnak 71
Kassel 51
Kathmandu 149
Kiautschou 143
Kiew 140, 144, 146
Kleve 44–46, 48
Knossos 66
Kobe 159 f.
Köln 117, 192, 235
Konstanz 207
Kopenhagen 171
Korinth 64 f.
Krefeld 194, 196
Kuala Lumpur 142, 144
Kyoto 159–161

Lahore 143 f., 147, 149
La Higuera, Bolivien 122
La Jolla (Univ. of CA) 163
La Paz 173
Las Vegas 190
Lausanne 26
Leipzig 42, 105, 169, 297, 300
Leningrad 140, 145 f.
Liebau 36
Limbach 26, 33, 61
Liverpool 76, 103
Loja, Ekuador 118
London 103–105, 214, 254, 286 f.
Lörrach 48, 61
Los Angeles 113, 368
Los Angeles (Univ. of CA) 280
Ludwigsburg 205
Luxor 73
Lybster 287

Macao 157
Madison (U. of Wisconsin) 130 f., 134, 170, 176, 178, 189, 209, 225, 238, 315 f.
Madras (Chennai) 142, 144, 154

Madrid 205
Mailand 61, 97
Mainz 348
Manila 142, 144, 152, 158
Mannheim 127
Marbach 222, 263 f., 365
Marburg 78, 180
Maryland, University of 190, 296
Mass. Institute of Technology 134, 195
Medellin 118
Meinersdorf 32
Mexiko Stadt 115 f., 163 f., 205, 288
Michailowska 36
Michigan, University of 315 f.
Middlebury College 363–365
Milwaukee 170, 179, 239, 241
Minnesota, University of 311, 315 f.
Montréal, Université de 317
Morschansk 36
Moskau 53, 144–146, 149, 187, 299
Mühlberg 36
München 74, 78–100, 106 f., 172, 212–219, 233, 277, 282, 288, 348, 368
Mykenae 64

Nagoya 162
Nashville 271, 276
Naumburg 104
New Orleans 109
New School of Soc. Research 199
New York 108–110, 112, 117, 120, 126, 132, 139, 167 f., 172, 176, 182, 185 f., 189, 199 f., 202, 221, 235, 252, 254, 275, 278, 295, 299 f., 309– 312, 317, 333, 345 f., 359, 361–363
Nikko 159
Novara 48, 61
Nürnberg 52

Oaxaca 164
Oberlin College 177, 179, 209, 225
Offenbach a. M. 47–52, 54, 56–61, 74, 85
Ohio University 306
Ohio State University 202, 209
Olympia 64
Otavalo, Ekuador 119
Oxford, MS 110

Paris 56 f., 94, 106, 133, 358
Patras 74
Peking (Beijing) 158 f.
Penn (Univ. of Pennsylvania) 127, 129 f., 135, 138, 168, 175–177, 182–185, 188, 190–192, 194- 197, 207, 210–212, 222, 224–231, 233–236, 254, 284, 280, 285, 296, 307, 309, 313, 326 f., 233, 340, 344, 360, 363, 365
Peterborough 63
Phaistos 65–69
Philadelphia 113, 115, 126 f., 139, 159, 167 f., 172, 177–179, 182, 187, 189–191, 193, 202, 214 f., 218, 225–229, 235, 239, 246, 254, 271, 273–275, 282–285, 291, 295 f., 304, 314, 322, 338, 347
Philae 72
Pittsburgh, University of 314
Pondicherry 150
Poona (Pune) 141, 144
Port Said 71
Potsdam 349
Prag 74, 113, 144, 205, 288
Prambanan, Java 153
Princeton University 129, 188–190, 193 f., 233, 256, 269, 319, 324
Potosi 173
Puno, Bolivien 120

Quito 119

Raum b. Zwickau 19
Reval 30
Rhode Island, University of 365
Riga 30
Rom 69
Rosswein 47
Rostock 297

Saarbrücken 232
Sagorsk 144
Saint Joseph's University 193, 235
Saint Louis 114, 136, 176, 254
Salzburg 146
Samarkand 145–147
San Francisco 103, 113, 115, 163, 278
Santiago del Estero, Arg. 23 f.

Schneeberg 19
Schneppenbaum 46
Schwarzenberg 19
Sfax 69f.
Shanghai 155f., 158
Shiraz 147
Siegen 207
Siem Riap 151
Singapore 156
Song My 153
Sotschi 145f.
South Bent, IN 227
Stanford University 107, 113, 222, 238, 278
Stockholm 171
Stollberg 20, 30f.
Straßburg 201
Stuttgart 52, 360
Sucre, Bolivien 96, 119, 121–123
Surabaya 153–156
Swarthmore College 188, 229

Tarabuco, Bolivien 119
Taschkent 146
Tel Aviv University 223
Temple University 215
Teotihuacàn 164
Texas, University of 178
Tiblisi (Tiflis, Tbilisi) 146
Tokio 159, 162
Tonking 152
Trivandrum 143f.
Tübingen 78
Tufts University 293
Tunis 68–71, 123

Uxmal 164f.

Vanderbilt University 208, 276, 278, 349, 366
Verdun 205

Wadi Halfa 73
Washington, DC 130, 185–188, 195, 230f., 236, 244, 251, 259f., 262, 267f., 272, 278, 291–299, 304, 308f., 322, 333–341, 359
Washington University 114, 136, 176, 254, 307
Weimar 180, 343, 354f.
Weinheim 38, 45
Wesleyan University 293
Wien 80, 85, 89, 96, 101f., 107, 171, 265f.
Williams College 188
Wilun 349
Winterthur Museum, DE 192, 198
Witten 120, 205, 287
Wuppertal 180
Würzburg 192
Wynnewood 275

Yad Vashem 268
Yale University 106f., 113, 117, 129, 208, 228, 277, 279, 315
York 62
York University 317
Yunguyo, Peru 119

Zwickau 15
Zwönitz 15, 19, 26f., 29, 39, 41–43, 145, 247, 273–275, 288–290, 352, 367